2014年度西南科技大学学科建设项目资助

区域现代产业发展

一个创新驱动战略理论视角

QUYU XIANDAI CHANYE FAZHAN
Yige Chuangxin Qudong Zhanlue Lilun Shijiao

邓金堂等 著

中国社会科学出版社

图书在版编目（CIP）数据

区域现代产业发展：一个创新驱动战略理论视角／邓金堂等著．
—北京：中国社会科学出版社，2015.4
ISBN 978－7－5161－5668－1

Ⅰ.①区… Ⅱ.①邓… Ⅲ.①产业发展—区域发展战略—
研究—中国 Ⅳ.①F127

中国版本图书馆 CIP 数据核字（2015）第 041724 号

出版人 赵剑英
责任编辑 周晓慧
责任校对 无 介
责任印制 戴 宽

出 版 中国社会科学出版社
社 址 北京鼓楼西大街甲 158 号（邮编 100720）
网 址 http://www.csspw.cn
发行部 010－84083685
门市部 010－84029450
经 销 新华书店及其他书店

印 刷 北京市大兴区新魏印刷厂
装 订 廊坊市广阳区广增装订厂
版 次 2015 年 4 月第 1 版
印 次 2015 年 4 月第 1 次印刷

开 本 710×1000 1/16
印 张 27
插 页 2
字 数 457 千字
定 价 86.00 元

专家序一

当前，国际经济复苏缓慢，外需市场低迷不振，传统资本密集型产业、光伏等新兴产业都出现了产能结构性过剩现象。2013 年第二季度，中国制造业产能利用率为 70% 左右。转方式、调结构遇到了很大困难。大家都认识到，劳动人口红利正在加速消失，低成本竞争优势下滑速度超出人们的预期。近年来，制造业创新能力虽有了一定程度的提高，但核心技术控制在发达国家手中，关键设备和核心元器件依赖进口的状况依然没有得到改变，产业创新的竞争优势令人担忧。发展和构建现代产业体系遇到了挑战。东部、中西部地区发展和构建现代产业体系快慢有别，差异很大。东部地区产业创新竞争优势强于中西部地区是不争的事实，尽管如此，东部地区培育和增强产业创新竞争优势仍然面临着“天花板”。从总体上看，各个区域要加大培育产业创新竞争优势的力度，尽可能缩短产业创新竞争优势增长与低成本优势下滑的时间，否则，中国经济发展可能会面临“中等收入陷阱”。着力培育和构建产业创新优势体系，以此推动区域发展和构建现代产业体系势在必行。

熊彼特指出，创新就是生产要素的新组合。产品创新、工艺创新、市场创新、组织创新、管理创新、制度创新都是创新的内容。建设创新型国家战略，就要求建设区域创新体系，构造产学研合作的产业创新平台体系，促进产学研合作的产业创新体制机制。各个区域在区域创新体系、产学研合作创新平台体系、体制机制方面都取得了一些进展。目前，绝大多数企业还不是创新主体，创新资源仍滞留于大学、研究机构，产业核心技术、共性技术问题依旧十分突出。对各个省的重大科技专项、各个省的技术创新试点引导工程等产业创新政策需要作出理论总结。这些都是践行创新驱动发展中的问题，需要对之从理论上进行深入系统的研究。国内外研究机构和学者都非常注重研究建筑产业、新能源产业、生物医药产业、高端装备制造业、服务业的创新。这是有意义的但却是不够的。中国在后金融危机时代面临着复杂的产业创新问题，既有农业创新问题，又有工业创新问题，还有服务业的创新问题。现代产业体系的创新竞争优势问题可概括为纷繁复杂的创新问题。创新战略研究的战略任务就是要研究如何解决现代产业体系的创新竞争优势问题。东部地区、中西部地区的创新战略任务就是要研究各自区域如何培育和增强现代产业的创新竞争优势问题。本书着眼于区域现代产业创新竞争优势这一战略任务，认真总结区域现代产业创新实践的经验和教训，定位于区域现代产业发展的创新驱动战略主题，是很有现实意义的。

阿罗创新理论、A—U模型、新熊彼特学派、制度变迁理论等创新理论林林总总。国家的、区域的创新体系理论演变为实践，成为各国基本的创新政策。区域创新体系优劣有别，区域创新能力强弱可辨。中国区域创新能力研究报告等说明了创新区域聚类分明。现代产业的中间性组织性质、知识性产业特性追逐知识创新、技术创新和产业创新空间。相应地，创新区位的高低极大地影响着现代产业创新战略的选择。本书吸收了现代区域创新体系的研究成果，借用迈克尔·波特的产业竞争力分析框架，构造了创新竞争优势和创新战略，提出了区域现代产业发展的基本创新战略观点和区域现代产业创新价值链体系观点，对产业创新研究的读者是有启示的。

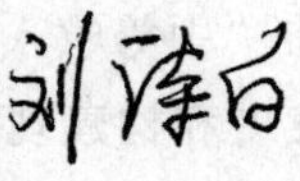

2014

专家序二

党的十七大报告提出了发展现代产业体系问题，党的十八大报告又提出构建现代产业体系问题。近年来，理论界相继开展了工业化与信息化相结合等产业融合研究、区域创新体系研究、战略性新兴产业创新研究。在这些领域已取得了一系列共识。与此同时，现代产业体系研究并行展开。创新在现代产业体系构建中如何发挥作用？创新如何驱动现代产业发展？如何依托创新驱动区域现代产业发展？等等，这些问题都是创新理论界、产业经济界、政府部门十分关注的重大问题。

国际金融危机爆发已经5年了，世界经济形势复杂多变。中国经济在2013年第一、二季度出现下滑。面对国内外经济运行形势，国务院没有采取扩张的财政货币政策，而是采取了一系列创新性政策措施。这种宏观管理方式的创新使中国稳增长、调结构、促改革得以协调推进。近年来，现代农业、现代制造业、现代服务业的创新能力都有了明显进步。但是现代产业的创新竞争力与发达国家的差距并没有发生根本性改变。中国产业创新存在的问题还很多、很突出。比如，缺少核心技术、关键设备和核心元器件依赖进口的状况依然没有得到改变，企业仍不是创新主体，创新资源在大学、研究机构和企业之间配置仍不均衡，区域创新体系建设参差不齐，科技创新服务业发展在东、中、西三大地区的差距很大。东部地区区域创新体系建设显著快于中西部地区，东部地区比中西部地区更有现代产业创新竞争优势。即使如此，东部地区仍然面临现代产业创新竞争优势“瓶颈”。简言之，培育和增强东、中、西地区的现代产业创新竞争优势势在必行。本书以此为核心研究区域现代产业发展的创新战略具有很强的前瞻性。

世界创新浪潮风起云涌。各国竞相制定国家创新战略，建设区域创新体系；加速推进大学、研究机构和企业的协同创新，构造和完善产业创新体系。近年来，中国的 R&D 投入持续增加。国家统计局的数据显示，2012 年，全社会 R&D 投入强度达 1.98%。同发达国家相比，我们仍有一定的差距。从长期看，中国仍将继续提高 R&D 投入强度。随着创新型国家战略的推进，创新资源配置不合理、创新资源配置效率低的问题更加突出。造成这种状况的原因是，中国科技体制机制的行政计划配置资源状况比较严重。市场在配置创新资源过程中的作用不充分。配置创新资源的市场科技体制机制不畅。大学是知识创新的主体，企业是技术创新的主体，政府是制度创新的主体。三大创新主体之间的协同创新体制机制不畅。在知识创新体系中，大学协同创新体制机制非常不完整，很不完善。在技术创新体系中，大企业与中小企业之间的产业协同创新体制机制不畅，有的流于形式。在制度创新体系中，各级政府关于制度改革的认知有着显著的差异，有的政府部门缺少体制改革的动力，政府各部门之既得利益者阻挠行政审批权体制改革。体制机制改革进展缓慢。比如，关于中小企业发展的政策落实不到位，民间资本参与铁路、航空等产业建设进展缓慢等，都是突出的例子。总之，中国产业创新体系存在创新体系不完善、创新链条不完整、产业创新体制和机制不畅等诸多问题。这些问题在区域产业创新体系中表现各异，但都是区域现代产业创新竞争优势增强的主要障碍。系统地研究这些问题，是十分必要的。

自迈克尔·波特提出企业价值链理论以来，价值链就成为应用十分广泛的研究工具并得到不断改进。目前，价值链已扩展到产业价值链、知识创新价值链。产业链、产业价值链、知识价值链的研究成果丰硕。价值链业已成为刻画产业竞争优势的主流工具。区域创新体系研究与区位理论结合，形成了创新区域理论。创新区域实证研究成果不断涌现。这对于创新区域分类和区域创新体系建设都具有重要意义。不同创新区域的现代产业创新竞争优势如何刻画呢？有的学者从知识创新网络角度加以研究，有的学者从模块价值角度着力，有的学者把知识创新价值与模块价值结合起来提出了模块化知识价值网络构念。这些都是极有理论创新价值的，推动了产业创新价值链的研究。把创新区域聚类研究成果与产业模块化知识创新价值链结合起来提出区域产业创新价值链体系构念是一种集成创新理念和方法的运用。把区域产业创新价值链体系构念用于刻画现代产业创新竞争优势。这个思想是有显著创新性的，对于读者来说也是有益处的。

本书探讨了各区域现代产业发展的核心技术—产品创新竞争优势、创新型企业发展优势等基本创新优势的战略解决方案。同时，还深入系统地研究了核心技术—产品创新战略、创新型企业战略、产业创新体系战略、产业集群创新战略等问题，提出了解决区域现代产业发展的创新竞争优势问题的创新战略方案。本书系统地梳理了中国的重要新产品政策、创新型企业政策及其相应的财税政策、信贷政策等，研究了这些政策的不足，提出了一系列区域现代产业发展的创新政策建议，为进一步完善创新政策提供了有益的启示，其应用前景是广阔的。

管理学界倡导中国情境。创新理论与中国情境相结合是中国创新理论界应当坚持的学风。本书选题具有鲜明的中国情境特点。比如，创新区域聚类是中国情境的体现，把价值链理论、竞争优势理论等基本的创新原理与中国情境相结合在本书各章显得非常鲜明。理论与现实相结合是本书的突出特点。

顾新

2014

目　录

表目录

图目录

前　言

党的十七大报告提出要发展现代产业体系，党的十八大报告提出要构建现代产业体系。现代产业体系正是对国际国内产业发展现实和趋势的高度概括和提炼，它包括了现代农业、信息化与工业化的融合、高新技术产业和现代服务业。现代工业是现代产业的基础，只有拥有强大的工业，才会有强大的现代产业。三十年来，中国现代工业发展取得了举世瞩目的成就。据联合国数据，2011 年，中国工业生产总值达 2.9 万亿美元，超越美国工业生产总值 2.4 万亿美元。中国成为世界上最大的工业化国家。2012 年，中国货物进口达 1.8 万亿美元，成为世界第二进口大国。货物贸易进出口总额跃居世界第二位，并且已经连续 4 年成为世界货物贸易第一出口大国和第二进口大国。中国现代产业发展的成就得益于劳动力的低成本竞争优势。现在，这种竞争优势正在逐渐丧失。与此同时，中国现代产业发展的创新竞争优势并没有得到显著增强。比如，在工业领域，2011 年，全国规模以上工业企业研发经费、内部支出占主营业务的收入比重达到 6.71%。全社会用于研究开发的支出占 GDP 的比重达到 1.97%。国家重大科技专项的实施使中国少数工业领域的核心技术取得了突破。中国现代工业创新能力得到不断提高。创新对现代产业发展的驱动作用日益显现。但是，产业结构不合理、科技创新能力不强、核心技术缺乏、发展层次偏低、先进制造业和生产性服务业发展滞后等矛盾和问题仍然比较突出。现代工业的核心技术及其专利仍掌握在发达国家手中，关键设备和主要元器件依赖进口的格局没有得到改变。后金融危机时代以来，中国工业产能出现绝对的、结构性过剩。不仅传统的钢铁、水泥、电解铝、焦炭、船舶、工程机械等资本密集型产业出现严重的产能过剩，而且光伏等新兴产业部门也有严重的产能过剩。国际市场不断缩减，来自国际发达国家和发展中国家的“双反”调查越来越频繁。中国可能正面临着“中等收入陷阱”。现代产业发展的劳动力低成本优势到现代产业发展的创新竞争优势之间的竞争优势洼地是“中等收入陷阱”的本质。这种竞争优势洼地正是各个区域现代产业发展所面临的挑战。培育和增强区域现代产业创新竞争优势是实施创新驱动现代产业发展的根本战略任务。这就是本书研究的课题和任务。

创新是一个民族的灵魂。1995 年以来，中国创新政策不断完善，创新体系建设取得显著进展。建设创新型国家战略和实施创新驱动发展战略，标志着中国经济发展、产业结构调整和升级步入了创新驱动的时代。实施创新驱动现代产业发展战略符合国际上后工业时代产业发展规律的内在要求。创新战略是各国产业政策的重要组成部分。在后金融危机时代，以创新驱动战略性新兴产业发展、高端制造业发展、高端服务业发展已成为各国的主要战略选择。各个区域通过贯彻落实创新型国家战略，推动了本区域创新体系的建设；根据国家重大科技专项，各个区域制定了重大科技专项，推动了以产品创新为基础的产业创新能力的提高，在技术创新引导工程中，促进创新型企业的发展，增强各自优势产业的创新优势。但是，各个区域现代产业发展的创新优势培育和战略选择仍有“同质化”趋势。各个区域如何选择驱动现代产业发展的创新战略仍然是一个重大的现实战略选择问题。各个区域在制定现代产业发展的创新战略时科学性不强，针对性不强。这就是本书要研究的问题。

本书运用改进后的迈克尔·波特产业竞争分析框架构造了创新竞争优势与创新战略分析框架，系统、深入地论证了区域现代产业发展的核心技术—产品创新战略、创新型企业发展战略、产业创新体系战略和产业集群创新战略。

本书共计 9 章。主要内容包括创新竞争优势与创新战略、核心技术—产品创新驱动区域现代产业发展的战略、创新型企业驱动区域现代产业发展战略、产业创新体系驱动区域现代产业发展战略、集群创新驱动区域现代产业发展战略及区域现代产业发展的创新战略环境。

本书认为，区域现代产业发展就是培育和增强区域现代产业创新竞争优势，区域现代产业的基本创新竞争优势是核心技术—产品创新竞争优势和创新型企业发展优势。核心技术—产品创新战略、创新型企业发展战略是驱动区域现代产业发展的基本战略，产业创新体系战略、产业集群创新战略是驱动区域现代产业发展的扩展战略。本书在吸收产业价值链、创新价值链研究成果的基础上提出了区域产业创新价值链体系概念，并运用这个概念刻画区域产业创新竞争优势的演化，揭示区域现代产业发展路径和方向。这就是本书的基本观点和新观点。

本书写作的时间跨度为5年，分工变化很大。在2011年前，本书的主题是区域产业自主创新战略。由邓金堂博士负责全书的总体设计、修改和统稿，承担第1、2、3、4、5章的撰写与修改工作。李进兵博士承担第7、8、11章的撰写工作。王德平、陈文君博士承担了第6、9、10章的写作工作。在2011年后，本书的主题调整为区域现代产业发展的创新驱动战略研究。考虑到项目团队其他成员的时间紧、协调难度、效率等因素，又对本书分工做了重大调整。现在，本书的分工是：由邓金堂博士负责全书总体设计、修改、统稿，承担第1、2、3、4、5及第6章第1、2、3节，第7、8章第1、2、3、5节和第9章第1、2、5节的写作工作。李进兵博士承担了第7、8章第4节的撰写工作，陈文君博士承担了第9章第3、4节的写作工作，王德平博士、陈文君博士承担了第6章第4、5节的写作工作。

本书的基本特点是坚持理论与实践相结合。这个特点体现于选题和内容的设计上。全书知识基础扎实，理论功底深厚，方法恰当合理，力求吸收产业创新的最新成果。这是本书的又一特点。本书资料翔实，力求数据最新、可靠、权威。

本书选题是在多项省部级研究项目基础上提炼而成的，成书内容得益于吸收了创新领域诸多的研究成果、国内同行赐教及西南科技大学的支持。书稿写作历经5年，多次凝炼主题，完善结构，数易其稿，却囿于识见而仍有不尽如人意之处，敬请方家指正。同时，感谢团队成员的辛苦工作。

邓金堂

甲午七月于西科花园

第 1 章

引 言

党的十八大报告指出，转变经济发展方式，促进产业结构升级，就要发展现代产业体系和实施创新驱动发展战略。中国区域发展差异较大，经济发展方式转变有别，但发展现代产业体系是区域调结构促升级的必然选择，以创新方式驱动现代产业发展是区域经济社会实现科学发展梦想的内在要求。因此，研究区域现代产业发展的创新驱动战略有着重要的现实意义。区域现代产业发展的创新驱动战略研究对于深入推进区域经济发展、大力提升区域自主创新能力和综合竞争优势都有着现实的意义。本章主要讨论区域现代产业发展的创新驱动战略研究的必要性和全书的逻辑架构。

第 1 节 问题的提出

一 创新驱动是区域现代产业体系发展的核心问题

（一）区域现代产业体系发展是现代区域经济发展的重大战略问题

首先，发展区域现代产业体系必须发展高新技术产业和新兴产业。美国硅谷经济发展所取得的重大成就得益于发展电子信息产业等新兴产业。中国台湾经济在 20 世纪 80 年代腾飞得益于成功发展计算机产业。深圳经过 30 年时间成为举世闻名的现代工业大城市也得益于发展现代产业体系。美国硅谷，中国台湾、深圳通过发展现代产业体系成功地实现了经济发展转型，提升了区域产业竞争力。

其次，发展区域现代产业体系必须大力推进信息化和工业化的融合。经过三十年来的发展，中国成为世界第二大经济体，取得了举世瞩目的成就。但是，发展中所面临的问题也十分突出，对我们未来的发展提出了挑战。第一，中国区域经济发展模式是数量扩张、高能耗、高污染、高排放的。这种模式的投入产出比低，劳动生产率低。随着劳动人口红利的耗尽，环境挑战日趋严峻，资源约束强化，这种数量扩张型发展模式是不可持续的。第二，全球经济结构大调整来临。自2008年美国金融危机爆发以来，全球陷入了长达5年的经济衰退期，与此同时，发达经济体启动了新一轮产业与科技革命。全球正处于新一轮科技革命的前夜。各国相继制定了以新能源为核心的科技和产业发展战略。中国适时出台了发展战略性新兴产业的策略。在战略性新兴产业领域，中国面临的核心挑战是缺失核心技术。第三，在国际后金融经济危机时代，中国面临着严重的产能过剩问题，同时国际贸易环境恶化，各种形式的贸易保护主义抬头。随着发达国家再制造战略的实施，中国所面临的国际竞争环境更加恶劣。在全球产业价值链上，发达国家处于产业价值链高端，中国位居产业价值链低端。中国工业产能过剩主要表现为低端产品生产能力过剩。据国家统计局调查数据，2013年二季度末，中国工业产能利用率平均只有78.6%，闲置产能高达21.4%。目前，中国钢铁、水泥、电解铝、焦炭、船舶、光伏、工程机械等行业的产能利用率最高仅为75%，光伏仅为60%，工程机械行业由于产能急剧扩张，需求大幅度下降，主要产品的产能利用率不到一半。[①] 随着劳动力成本的攀升，中国低端产品低成本优势逐渐丧失，其产业国际竞争力也逐步下降。第四，中国生态环境恶化更加严重。水污染、大气污染、噪声污染、光污染等环境污染更加恶化。这种情况来源于现在的产业发展模式。应对这些挑战的科学办法就是转变经济发展方式，运用信息技术等高新技术大力改造传统工业，走新型工业化道路。对于国家是这样，对于各个区域也是唯一的选择。

最后，发展区域现代产业就必须发展现代农业。美国以2%的农业人口不仅养活了美国人，而且是世界农产品出口大国。中国以10%的农业人口养活14亿人口，却依旧是世界上主要的农产品进口国。以上简单的比较说明中国农业的国际竞争力远低于发达国家。出现这种情况的主要原因就是，中国农业仍是传统农业。随着中国农业人口的进一步减少，谁来种地？谁来种菜种粮？谁来养活中国？要解决这些问题，就必须加快农业转型，大力发展现代农业。现代农业是现代产业体系的基础产业。无现代农业，就无经济现代化，就不能全面建成小康社会。

---

① 王敏、何雨欣：《产能过剩成经济发展之癌 须促方式调结构》，新华网，2013年9月5日。

（二）创新驱动问题是区域发展现代产业体系的根本问题

第一，创新驱动是发展区域现代产业体系的成功经验。美国发展区域高新技术产业的成功得益于创新。美国硅谷与128公路地区是美国信息产业基地。但是，前者却比后者取得了更大的成功。美国硅谷在发展电子信息产业之前还是农业区，发展现代电子信息技术产业的基础条件、知识优势远不如美国128公路地区。那么，为什么硅谷地区比128公路地区更成功地发展了新兴电子信息产业呢？换句话说，发展新兴电子信息产业这类技术知识密集型产业需要什么条件呢？需要什么样的生产要素呢？硅谷为什么具备吸引新兴产业发展所需要的能力呢？新兴电子信息产业发展的路径是什么？等等。事实上，国内外对硅谷的研究文献十分丰富，研究的角度和所涉及的学科都很多，都希望解释新兴电子信息产业发展的区域基础、电子信息产业发展与区域基础的匹配和相互兼容等问题；都希望研究硅谷的创新体系、新产业制度、创新型人才及其激励体系，等等。共识就是创新。

第二，现代产业创新之路左右着发展区域现代产业体系的成败。安徽芜湖、浙江台州、四川成都几乎在20世纪90年代同时作出发展轿车产业的政府决策。经过10年的发展，安徽芜湖和浙江台州都成功地发展形成了轿车产业，而四川成都却未获成功。论及地理位置，三个城市都没有优势。论及工业基础，成都优于芜湖、台州。论及文化，成都是巴蜀文化中心。因此我们应当追问：为什么芜湖、台州成功地发展了轿车工业而成都未获成功？发展资本技术密集型产业需要什么条件呢？企业需要什么样的发展战略和策略呢？轿车产业自主创新的路径又是什么呢？政府产业政策应如何创新才能满足轿车产业自主创新的需求从而推动轿车产业的发展呢？关于安徽芜湖、浙江台州等地区成功发展轿车产业的研究文献逐步多了起来，但是，给出的解释仍然是令人无法满意的。落后地区如何选择产业创新？如何走出一条成功的产业创新之路？

第三，抓住产业创新能力问题就能促进现代产业竞争力的提升。四川绵阳是内陆地区著名的电子信息产品制造业基地，产生了著名的彩电生产企业四川长虹公司。山东青岛是沿海地区的电子信息产品制造业基地。经过20世纪最后20年的发展，两地都形成了视听电子信息产品制造业，其制造能力在国内均属一流。20世纪末21世纪初，两地视听电子信息产品面临着提升产业竞争力的问题，两地的龙头企业均同时作出创新战略决策，以带动两地视听电子信息产品竞争力的提升。经过5年的发展，青岛的电子信息产业成功地实现了产业升级，绵阳的电子信息产品制造业却未实现预期目标。观察两地的工业基础、创新要素、企业家创新能力、企业创新战略等因素，我们提出的问题是：为什么青岛电子信息产品制造业的产业技术能力成功地实现了升级？而绵阳却未获成功？答案是：两地产业创新体系的差异。那么，什么样的产业创新体系可以支持区域产业技术的能力升级？

第四，产业组织创新影响区域现代产业的成长。中国台湾产业发展得益于中小企业的发展。据台湾当局的统计资料，中小企业在台湾企业总数中所占的比重，20世纪70年代已达95%以上；80年代初期更高达99%；90年代以来占96%以上。台湾中小企业在台湾产业中起着支柱作用。换句话说，发展产业并不一定要跨国公司，并不一定要产业高度集中。我们的问题是：为什么台湾的中小企业能够长期生存和发展？答案是：产业组织创新。那么，区域产业组织创新的战略是什么？区域产业组织创新战略如何演进？产业组织创新与产业技术创新是什么关系？它们在产业发展中起何作用？产业组织创新与产业升级是什么关系？什么样的产业组织才能推动产业升级？总之，我们应当研究产业组织创新的战略问题。洛杉矶盆地是世界上电子制造企业最集中的地区，它拥有丰富的电子及许多其他产业的研究和开发资源，就业人数超过12.5万人。洛杉矶盆地发展电子制造业就是通过产业集群发展的。在这里我们看到，产业集群创新是洛杉矶电子制造业产业创新的特点。我们不禁要问：产业集群创新是如何展开的？产业集群创新是不是对企业规模、产业集中的否定？产业集群适合于哪类产业的发展？传统产业区域是否适合于产业集群创新？我们在改造传统产业和提高其竞争力的过程中如何运用产业集群？

第五，增强产业创新能力是增强区域现代产业核心竞争力的关键。深圳特区在20世纪80年代是贸易加工型产业，产业的核心竞争力是成本竞争力。90年代，深圳产业结构升级，发展了现代物流产业、现代金融业、现代高技术产业。产业核心竞争优势悄然转变，形成了新的产业核心竞争力，即以创新优势为核心的产业竞争力。“十五”期间，深圳特区的高科技产业成为全国著名的高科技产业基地，深圳特区的产业竞争力得以提升，初步形成了以创新优势为核心的产业竞争力。我们的问题是：深圳特区在完成产业价值爬升过程中，创新优势是如何增加产业附加值的？产业创新优势是如何形成的？产业创新竞争战略是如何演进的？政府和企业各自的产业创新竞争战略是如何定位的？这些问题都值得研究。

第六，构建产业创新支撑体系是构建现代产业体系的组成部分。英国高技术产业的发展得益于科学园。据最新统计，到20世纪90年代末，英国科学园区已发展到53个，科学园区内大约有1500个公司，主要从事计算机、通信和生物技术等领域的开发研究，其中，36%的公司从事计算机、通信产业，15%的公司为生物技术产业。园区内公司规模普遍较小，平均每个公司不足20人，大约50%的公司，其员工不足5%，50人以上的公司只占7%，直接从业人数大约3万人，绝大多数是科技人员。英国的科学园区分布于农村和城市，遍布于英国北部和南部，南部居多。[①] 剑桥科学园是最有名的科学园。我们的问题是：遍布于农村地区的科学园也能促进产业发展，也能集聚科技型公司，这是为什么？高技术产业发展需要什么样的产业创新支撑体系？

二　区域现代产业体系发展的创新问题

区域现代产业体系在发展和构建中面临着许多创新问题，其中，事关区域现代产业发展的突出问题是：区域核心技术—产品创新问题；区域创新型企业发展问题；区域现代产业创新体系问题；区域现代产业创新集群问题；区域现代产业创新环境问题。

（一）区域现代产业发展的核心技术—产品创新问题

核心技术—产品创新是中国各个区域发展现代产业所面临的共同挑战。核心技术对外的依存度高，中国80%的高端芯片依靠进口。2012年，集成电路的进口值是1920.6亿美元，仅次于石油的2600.2亿美元的进口。[②] 各个区域发展现代产业所面临的核心技术—产品创新挑战有着程度上的差异。北京、上海、深圳、江苏等区域在现代产业核心技术—产品创新问题上获得了局部突破，但是其现代产业发展仍面临巨大的、严峻的核心技术—产品创新的挑战。比如，智能机产业的芯片技术产品、Android软件产品是智能机产业的核心技术产品，深圳的华为、中兴等国内智能机主流厂商在智能机芯片技术、Android软件产品方面都没有取得突破。高

① 余晓：《英国科学园区》，《全球科技经济瞭望》2003年第3期。

② 徐匡迪：《2014年中国发展论坛发言》，http：finance. sina. com. cn/focus/zgfzgc/t 2014.

通、谷哥等跨国公司始终牢牢地掌握、控制着智能机产业的核心技术—产品。根据欧洲专利局 ESTI 2013 年发布的数据，高通拥有 14% 的 LTE 核心专利量，牢牢地控制着 4G 时代移动通信的核心技术产品。2013 年，全球 CDMA 移动基带芯片市场，高通占全球市场份额的 63%。2013 年 9 月的财报显示，高通的全球总营业收入为 249 亿美元，中国市场营业收入约为 123 亿美元，占比约 49%。高通公司控制着中国移动通信产业。①现代汽车产业的发动机、变速箱等核心技术—产品始终控制在德国大众、日本丰田、美国通用和福特等跨国汽车巨头手中。上海、长春、武汉是中国汽车产业的三大基地。一汽、上汽、东汽等中国汽车产业集团基本上没有掌握现代汽车产业的发动机、变速箱等核心技术。沈阳、西安、成都、上海等区域是中国民用航空制造业基地，但在民用航空发动机等核心技术—产品领域，则远远落后于美国、欧盟。国内各区域发展现代产业必须突破这些产业的核心技术—产品“瓶颈”。

（二）区域创新型企业发展问题

创新型企业是现代产业组织的典型组织形态。产业组织形态经历了生产型企业、营销型企业、质量型企业、创新型企业四个阶段。在改革开放前，中国的企业属于生产型企业组织形态。在改革开放后，中国企业组织形态在 20 世纪 80 年代至 90 年代中期仍属于生产型企业组织形态。从 90 年代后期开始，中国企业组织形态向营销型企业形态转变。到目前为止，中国企业还没有完成质量型企业组织形态阶段，就面临着创新的竞争压力，它没有选择地被要求向创新型企业转型。从企业组织形态看，中国企业落后于欧、美、日等发达国家 20 年。在发达国家，创新型企业早在 20 年前就已是企业的基本组织形态了。2007 年，中国开始了创新型企业的试点工作。经过 7 年的发展，中国创新型企业发展很快。到 2010 年，中国创新型企业约有 6000 家。其中，国家级创新型企业 365 家。中国创新型企业的区域分布呈东重强、西轻弱的特点。创新型企业呈强势的东部，其现代产业发展很快；创新型企业呈弱势的西部，其现代产业发展很慢。创新型企业的发展程度是区域现代产业竞争力的标识。北京的创新型企业发展最快，所拥有的创新型企业数量最多、类型最齐全，北京的现代产业

① 刘燚：《调查高通背后的三重逻辑：垄断、竞争和安全》，《21 世纪经济报道》2013 年 11 月 30 日。

发展也最充分。截至2010年底，中关村国家自主创新示范区确定了三批共计305家创新型试点企业，这些试点企业带动了节能环保、新一代信息技术、生物、高端装备制造、新能源、新材料和新能源汽车七大战略性新兴产业的发展。江苏创新试点企业累计1048家，这些试点企业带动了新能源、新材料、电子信息、物联网、生物技术和医药、农林、金属冶炼和加工等传统产业的发展。除四川外，西部绝大多数地区的创新试点企业数量不足50家，产业覆盖面小，对现代产业发展的带动力弱。只有东部地区创新型企业的更快发展，才能增强现代产业的国际竞争力；中西部地区只有大力发展创新型企业，才能缩短与东部地区现代产业发展的差距。总之，发展创新型企业是区域现代产业发展所面临的产业大挑战。

（三）区域现代产业创新体系问题

现代产业创新体系问题一直受到政府部门的高度重视。“十五”期间，全国各省市重点建设区域创新体系。产业创新体系建设主要在大型企业中推进，大型企业尤其是中央企业建立了较为完备的技术创新组织体系、投入体系、产学研相结合的技术研发体系。大型企业集团完成了技术创新体系的全国乃至全球布局。“十一五”期间，随着全面自主创新战略的实施，产业创新体系建设在高新技术产业、基础产业、制造业里渐进、缓慢推进。但是，现代产业创新体系建设问题依然十分突出。其主要表现是：首先，各产业部门创新体系发展不均衡。高新技术产业创新体系发展较快，传统劳动密集型产业创新体系发展缓慢，装备制造业创新体系依然没有完成从研发、设计、制造、市场渠道到品牌的创新价值链体系构建。大企业与中小企业相协调的创新体系还十分薄弱，中小企业创新体系建设问题尤其突出。其次，东、中、西三大区域的产业创新体系发展不平衡。东部现代产业创新体系发展较快。比如，北京、上海、深圳、江苏、浙江、山东等省市的现代产业创新体系发展很快。中、西部现代产业创新体系发展滞后。在东部地区，东北现代产业创新体系发展明显落后于长三角、珠三角。在中部地区，河南、江西等省的现代产业创新体系发展又滞后于湖北、湖南、安徽等省。在西部地区，除四川、重庆和陕西等省市的现代产业创新体系发展较快外，绝大多数省区的现代产业创新体系发展都十分缓慢。① 最后，

① 陈永忠、王磊、胡晶晶：《西部地区提高自主创新能力和发展优势产业研究》，人民出版社2009年版，第5页。

全国各区域的现代产业创新体系发展不均衡。中、西部地区现代产业创新体系发展不均衡现象非常突出，这主要表现为支柱产业、优势产业的创新体系建设得到重视，发展较好，而绝大多数其他产业的创新体系建设显著滞后。

（四）区域现代产业创新集群问题

2011 年 7 月，科技部根据新时期火炬工作的特点和发展战略，启动了国家高新区“一个行动，两项工程”工作，提出通过实施创新型产业集群试点建设工程，推动战略性新兴产业的培育发展和传统产业的转型升级。2013 年 7 月，全国遴选了十大产业创新集群开展试点工作。它们是：北京中关村移动互联网创新型产业集群、保定新能源与智能电网装备创新型产业集群、本溪制药创新型产业集群、无锡高新区智能传感系统创新型产业集群、温州激光与光电创新型产业集群、潍坊半导体发光创新型产业集群、武汉东湖高新区国家地球空间信息及应用服务创新型产业集群、株洲轨道交通装备制造创新型产业集群、深圳高新区下一代互联网创新型产业集群以及惠州云计算智能终端创新型产业集群。可见，全国各个区域的现代产业创新集群的发展还处于起步阶段。

（五）区域现代产业创新环境问题

现代产业创新环境问题包括体制机制、创新资源集聚、经济发展方式转变、市场竞争环境、国际竞争环境等。这些创新环境问题既是各个区域的共性问题，在各个区域又有差异。体制机制问题是各个区域现代产业创新环境中最基础、最突出的共性问题。市场在创新资源配置中还只是起基础性作用，距离市场在创新资源配置中起决定性作用还有较大的差距。政府行政越权、错位现象十分突出。各个区域创新资源的集聚优势差异很大。东部发达经济区域有强大的创新资源集聚能力，中、西部地区的创新资源集聚能力较弱。经济发展方式的转变是各个区域现代产业创新面临的基本环境条件。各个区域经济发展方式转变的差异性是指东部地区的经济发展方式转变明显快于中、西部地区，这种差异性极大地影响着现代产业创新的发展。市场竞争不公平，跨国公司在中国现代产业中的支配地位，对现代产业专利权的垄断，已成为中国现代产业创新的障碍。比如，葛兰素史克在医药业的垄断、微软公司在操作系统的垄断、高通公司在移动芯片市场的垄断，等等。这些跨国公司在中国市场的垄断地位严重阻碍了国内企业的创新能力。国际竞争是各个区域现代产业创新面临的共同环境。当前，国际竞争环境问题突出表现为：全球经济复苏的脆弱性、复杂性、不稳定性十分明显，贸易壁垒高筑，技术专利垄断权滥用十分普遍，各国政府干预强化。

三　对区域现代产业体系创新驱动战略研究不足

产业分析理论与创新理论结合形成了产业创新理论。产业创新理论是近年来产业经济学和创新经济学研究的前沿。产业创新理论主要讨论产业创新内涵、类型、产业创新与国家或区域创新的关系、产业创新模式、产业创新战略、产业创新动力、产业创新路径等问题。在内容上比较一致的看法是，产业创新包括了产业技术创新、产业组织创新和产业管理创新。在西方学者看来，产业技术创新即产业创新，产业组织创新和产业管理创新包含其中。在国内学者的视野里，产业技术创新、产业组织创新和产业管理创新都属于产业创新的内容。其中，产业技术创新是产业创新的核心内容。产业创新战略问题属于产业管理创新的内容。区域研究与产业创新结合形成了区域产业创新研究。国内学者对这个问题的研究较少。目前，区域产业创新研究主要讨论区域产业创新在国家创新、区域体系中的定位，区域产业创新与企业的产业创新和国家的产业创新的关系，区域产业创新模式，区域产业创新战略，区域产业创新的动力，区域产业创新与区域产业结构问题，区域产业创新体系问题等。有学者指出，区域产业创新是产业创新研究的新趋势。关于区域产业创新战略问题的研究文献就更不多见了。一个区域如何有效地推动产业的创新发展？一个区域选择什么样的产业作为产业创新战略的起点？一个区域产业创新战略的重点是什么？一个区域产业创新战略执行路径是什么？等等。这些问题都是区域产业创新战略要回答的问题。已有的研究文献未能系统地回答这些问题，而区域产业自主创新实践却迫切需要这些问题的答案。

现代产业体系是传统西方经济理论和马克思主义政治经济学中没有的术语。“现代产业”一词首现于中国共产党十七大报告中。党的十七大报告提出了发展现代产业问题。党的十八大报告提出了构建现代产业体系问题。从中国共产党十七大报告到十八大报告，现代产业问题受到了更大的关注。广东省率先出台了《关于加快建设现代产业体系的决定》。[①]近几年

① 琳琳：《关于加快建设现代产业体系的决定》，http：//news. southcn. com/gdnews/nanyuedai；/content/2008－07/28/content _ 4498737. htm。

来，发展现代产业问题开始受到学术界的关注。学术界开始探讨现代产业体系的概念、演变及其本质。[①]创新服务业是现代产业体系发展的核心。[②]为应对国际金融危机，更有必要加快构建现代产业体系。[③]东部地区关于地区现代产业体系的研究较为活跃。如对广东地区现代产业体系现状、问题和战略的初步探讨；[④] 对浙江地区现代产业体系构建路径与对策的研究；[⑤] 对上海现代产业体系构建路径和关键环节的讨论；[⑥] 以及从美国硅谷经验论证得出科技创新应当能支撑现代产业体系发展的观念。[⑦] 从总体上看，对区域现代产业体系发展还处于初步探讨过程中，对以创新驱动区域现代产业的发展这一问题更是研究不足。

第 2 节 研究的意义

一 区域现代产业创新驱动经济发展方式的转变

经济发展方式有粗放型和集约效益型两种。粗放型发展方式的显著特征是高耗能、高污染、高排放、低效益和低附加值。集约效益型经济发展方式的显著特征是资源节约、低污染、低排放、高效益和高附加值。长期以来，中国经济发展方式都是粗放型的，这种发展方式导致了中国经济不能实现科学发展。因此，实现科学发展就是要推动中国经济发展方式由粗

---

① 龚绍东：《产业体系结构形态的历史演进与现代创新》，《产经评论》2010 年第 1 期；张耀辉：《传统产业体系蜕变与现代产业体系形成机制》，《产经评论》2010 年第 1 期；刘钊：《现代产业体系的内涵与特征》，《山东社会科学》2011 年第 5 期；王新新：《基于产业结构调整的现代产业理论与体系构建》，《商业时代》2012 年第 14 期。

② 左刚：《新材料产业》2011 年第 8 期。

③ 刘明宇、芮明杰：《全球化背景下中国现代产业体系的构建模式研究》，《中国工业经济》2009 年第 5 期。

④ 国务院研究室课题组：《构建科学合理的粤港澳现代产业体系》，《珠海市行政学院学报》2011 年第 4 期；周必建：《广东建设现代产业体系大战略》，《浙江经济》2009 年第 11 期；周权雄：《广州构建现代产业体系的现状、问题与对策建议》，《科技管理研究》2010 年第 1 期。

⑤ 田家欣：《构建区域现代产业体系的路径与政策选择——以绍兴市为例》，《商业经济与管理》2010 年第 7 期；唐勇：《构建现代产业体系的路径与对策——以浙江为例》，《当代经济》2010 年第 8 期。

⑥ 王国平：《上海构建现代产业体系的关键环节与根本路径》，《科学发展》2011 年第 8 期。

⑦ 李昊、申向东、周惠来：《科技创新支撑现代产业体系发展的政策研究》，《河南科技》2011 年第 10 期（上）；邹春燕：《武汉现代产业体系构建的创新路径——基于美国硅谷创新跨越经验的比较思考》，《长江论坛》2012 年第 2 期。

放型向集约效益型转变，就是要推动全国各区域经济发展方式由粗放型向集约效益型转变。近十年的实践表明，中国转变经济发展方式的进展不尽如人意，其原因固然很多，但根本的原因却未能明确。要解决粗放型经济发展方式即解决节约资源、减少污染和排放的问题，就必须有先进的节能技术、减污技术、低碳技术。制造业必须依靠技术创新促进节能、绿色化产业技术的发展，推动节能环保技术产业的发展。要发展集约效益型产业，就必须走自主创新的道路，增强制造业、服务业产业的技术创新能力。因此，必须实施创新驱动的经济发展战略。[①]

转变区域经济发展方式取决于各个区域产业创新的发展。新近的实践表明，在中国经济发展方式转变的实践中，区域产业创新问题尤其是区域产业创新战略问题并没有得到足够的重视。在转变区域经济发展方式的实践中，产业创新战略问题在GDP战略面前显得苍白无力，产业创新战略目标定位不准确，产业创新重点不突出，产业创新战略切入点不准确。比如说，产业创新与发展循环经济、低碳经济的关系。发展循环经济的实质就是要建立清洁生产技术体系、发展循环产业。清洁生产技术体系和循环产业发展的实质就是产业创新。新能源产业等低碳产业是产业创新的必然结果，没有产业创新就没有新能源产业等低碳产业。在区域经济发展方式的转变中，区域产业自主创新的战略切入点、战略重点就应当定位于那些制约粗放型经济发展方式向集约型转变的“瓶颈”上。比如，清洁生产技术、节能技术、减排技术等产业技术就是区域产业自主创新战略的切入点和重点。但是，这些战略性问题在区域产业科学发展过程中所受到的重视程度参差不齐，表现差强人意。

必须实施区域产业自主创新战略以驱动经济发展方式的转变。产业结构调整、发展新兴产业、产业融合等是经济发展方式的核心问题。产业结构调整就是要极大地利用现代技术改造传统高耗能、高污染产业，形成循环产业、低碳产业和绿色产业。产业结构调整就是要大力发展资源节约型产业、新兴技术产业。当前，产业结构调整，发展新兴产业，就是要解决产能过剩的问题。中国产能过剩是绝对性过剩、结构性过剩。据国家统计局数据，2012年，中国钢铁产能高达10亿吨左右，市场需求却只有7.2

---

① 胡锦涛：《坚定不移沿着中国特色社会主义道路前进 为全面建成小康社会而奋斗》，http：//cpc. people. com. cn/18/n/2012/1109/c350821 – 19529916. html。

亿吨。水泥生产能力已经接近30亿吨，但需求仅为22亿吨，水泥产能利用率长期低于75%。“2011年，太阳能光伏电池组件产能已达到35GW，占全球产能的60%，但产量只有21GW，产能利用率60%；风电设备产能为30GW—35GW，产量18GW，产能利用率低于60%。”[①]尽管如此，这些产业部门的关键设备、核心元器件等核心技术产品仍需大量进口。因此实施核心技术—产品的自主创新战略是产业结构调整战略的重点，更是发展新兴产业的关键内容。但是，各个区域传统资本密集型产业、战略性新兴产业如何实施核心技术—产品创新战略又是值得系统研究和深入思考的问题。比如，西部地区和东部、中部一些资源型区域如何解决传统资本密集型产业和战略性新兴产业的升级问题，就是一个不同于东部地区传统资本密集型产业和新兴产业发展的问题。可见，要通过实施区域产业自主创新战略来调整产业结构，发展新兴产业，各个区域就要充分认识和科学定位各自区域现代产业创新的切入点、重点。广西、山西、吉林等都是资源型省区，应重点发展环保核心技术—产品、能源核心技术—产品，以此带动产业结构调整，发展新能源等新兴产业。但是广西发展环保产业、新能源产业与山西、吉林发展环保产业和新能源产业的目标、重点是不同的。同样，还有像北京、沈阳、德阳这类重化工业城市，发展循环产业的目标也有各自的特点。

要切实依靠创新驱动战略调整产业结构，发展新兴产业，就必须简政放权。所谓简政就是下放行政审批权，归权于市场。新一轮产能过剩的根本原因是政府行政审批制度及地方政府行政的推动。冯飞说：“地方政府行政力量主导产业发展，特别是以土地、矿产资源、投资配套等极具诱惑力的手段吸引大型投资项目落地，使部分企业更加看重投资项目以外地方政府所给予的资源，造成投资行为异化。而从中央政府角度来看，投资项目行政审批制度存在弊端，扭曲了投资者行为。”[②]改革财税激励机制和土地流转机制，加快资源税改革，加快征收环保税，促进体制机制创新是实施创新驱动战略的重要内容。通过政府行政审批制度改革、财政税收制度改革，进一步完善市场配置资源的机制，解决区域经济发展方式转变中所

---

① 王敏、何雨欣：《产能过剩成经济发展之癌 须促方式调结构》，新华网，2013年9月5日。

② 同上。

面临的这些突出问题，深入、系统地研究实施区域产业自主创新战略，将会驱动各个区域经济发展方式的转变。

二 创新驱动是区域现代产业发展的根本推动力

产业发展通常指产业结构升级、产业技术升级、产业组织升级、产业价值升级。产业结构升级包括：（1）第一、二、三次产业比例关系变动引致产业结构沿着传统农业结构向制造业结构升级，制造业结构向服务业结构升级，以及各自产业内部各个行业结构的升级；（2）生产要素投入比例变动引致产业结构沿着劳动密集型产业、资本技术密集型产业和技术知识密集型产业路径升级；（3）产业周期差异引致产业结构沿着主导产业替代路径升级。新兴主导产业的发展就是紧紧围绕重大发明专利的技术化、重大发明专利技术的产品化、重大技术产品市场的规模化而展开新兴产业的扩张。产业技术升级指产业技术由传统机械耗能污染技术向现代信息节能排污技术发展。其具体内容是：信息技术被广泛应用于机械技术即制造业的信息化；节能技术被广泛应用于耗能技术装备即制造业的新能源化；排污技术被广泛应用于工业“三废”治理即制造业的环保化。产业价值升级指产业在价值链上由低附加值向高附加值产业的爬升。产业组织升级指产业由不规模经济向规模经济发展，并由规模经济向范围经济发展，产业由单一企业组织向产业网络组织、产业集群组织发展。在现阶段，中国产业发展就是由传统产业体系向现代产业体系转型、升级。传统制造业向现代制造业转型是其关键。

中国传统产业体系的特点是：（1）大规模要素投入、产品质量和技术标准整体水平不高，这是中国传统制造业体系的根本特点。据中国有关部门公布的数据，制造业每年直接质量损失超过2000亿元，间接损失超过1万亿元，世界知名品牌前100位中12年来没有中国品牌。（2）传统产业结构正处于深刻的、急剧的转换中。自2012年以来，第一、二、三产业的比例关系出现了令人欣喜的变化。第三产业首次超过第二产业，占比达46.1%。这表明，第三产业发展仍不充分，第一产业竞争力不强。（3）以加工制造业为特点的制造业体系处于全球价值链低端，竞争力不强。多年来，中国制造业过度依赖资源和资金的投入，发展方式粗放，经济效率低下，发达国家制造业的价值增加率一般是在35%左右。美国、德国甚至超过了40%，中国2010年只有21.4%。根据亚行的估算，平均一部手机所需要的成本为189.86美元，其价值多半归属了日本、韩国、美国等企业，负责组装的中国企业只得到了6.5美元。（4）高耗能、高污染是传统制造业体系的突出负产出。近十年来，传统制造业体系这个负产出更加严重，已到了国人难以容忍的程度。中国GDP大概占世界的8.6%，但是能耗占世界的19.3%，单位GDP能耗是世界水平的2.2倍。2010年，全国钢铁建材化工等行业单位能耗比过去先进水平高出10%—20%。（5）制造业信息化水平处于初级阶段。发达国家的制造业已经进入以信息全面综合化、智能化、网络化为特点的新阶段。例如，德国从2012年起启动了工业4.0计划。①

现代产业体系是在产业创新的推动下，由新型工业、现代服务业、现代农业等相互融合、协调发展的以产业集群为载体的产业网络系统，是新时期中国转变经济发展方式的产业载体。② 这个体系具备如下特点：（1）现代产业体系的动态性。所谓现代产业体系动态性指的是某地区、某国家产业体系的非均衡性和时代性，这是立足于产业历史演进主义观点的产业体系概念。（2）现代产业体系的先进性。现代产业体系的先进性指的是基于现代产业技术的高级产业体系。在现时代，基于信息技术的科技革命所引领的信息产业等高科技产业体系就是现代产业体系。新兴的3D打印技术可能会导致更加先进的产业体系的形成。（3）现代产业体系的创新性。创新是现代产业体系的动力。科技创新、管理创新、体制机制创新等驱动着现代产业的发展。（4）现代产业体系的绿色特征。现代产业体系的绿色特征指的是现代产业低污染、低排放、低能耗、低消耗特征。

中国共产党第十七次全国代表大会报告指出，我们要“发展现代产业体系”③。2012年，中国共产党第十八次全国代表大会报告提出，要“着力构建现代产业发展新体系”④。中国产业发展在现代产业体系的构建上取得了显著进展。（1）实施自主创新战略，着力解决重化工业结构的

① 有关制造业的数据来源和判断源于徐匡迪在2014年中国发展论坛上的发言。

② 刘钊：《现代产业体系的内涵与特征》，《山东社会科学》2011年第5期。

③ 胡锦涛：《高举中国特色社会主义伟大旗帜 为夺取全面建设小康社会新胜利而奋斗》，http：//paper. people. com. cn/rmrb/html/2007 - 10/25Content_27198418. htm。

④ 胡锦涛：《坚定不移沿着中国特色社会主义道路前进 为全面建成小康社会而奋斗》，http：//cpc. people. com. cn/18/n/2012/1109/c350821 - 19529916. html。

自主化问题。从 20 世纪 90 年代开始到 2005 年，中国由第一产业向第二产业升级，进入了工业化中期阶段，形成了以重化工业为主导的产业结构。当前，重化工业主导的产业结构正面临着产业技术结构环保化、节能化、信息化、自主化等趋势，其中，自主化是重化工业结构技术升级的关键。自主化包括知识产权自主控制、核心技术自主创造、自主品牌的发展。通过技术创新引导的工程、知识产权战略，工业化与信息化融合战略，循环经济战略和低碳经济战略，重化工业结构的环保化、节能化、信息化和自主化等问题有了缓解。工业制造业的自主创新能力有了一定程度的提高，知识产权体制机制初步建立起来，节能降耗取得了显著进展。（2）产业结构得到初步优化。现代农业在国民经济体系中的比例明显下降，但农业竞争力仍须进一步增强；服务业在三次产业中的比重超过了 50%，现代服务业发展到了新的水平。（3）战略性新兴产业发展势头良好。“十一五”时期，中国战略性新兴产业发展引人瞩目。高铁、航空航天、新能源等战略性新兴产业形成了规模。

区域产业结构升级、区域产业技术升级、区域产业组织升级和区域产业价值升级深刻地反映了一国的产业发展战略。但是，各个区域产业结构、区域产业技术、区域产业组织和区域产业价值的差异性要求产业发展战略突出区域特征。区域产业结构升级、区域产业技术升级、区域产业组织升级和区域产业价值升级各有侧重点，因此区域产业发展战略就是通过区域产业自主创新以实现区域产业结构升级、区域产业技术升级、区域产业组织升级和区域产业价值升级的战略。

中国各省市区根据党的十七大报告发展现代产业体系的要求，着力构建现代产业体系，推动产业发展。以广东省为代表的各个地方政府纷纷出台发展现代产业体系的规划、政策和措施。区域产业发展的突出特点就是以创新推动区域传统产业体系向区域现代产业体系转变。自中国共产党第十七次全国代表大会以来，区域产业发展沿着现代产业体系构建取得了如下进展：（1）加速推进传统产业结构的优化和升级，区域内三次产业比例关系更加合理。（2）制造业的创新能力有了明显提升。（3）现代服务业体系初步建立。

考察中国各个地区产业发展战略的实践，我们发现，战略制定者尽管初步认识到创新是现代产业发展的核心动力，但并没有把这一战略思想在区域产业自主创新战略制定和实施过程中一以贯之。这就产生了区域新兴产业发展趋同化现象，区域产业自主创新低效率现象，区域产业自主创新越位、错位、缺位现象。可见，区域产业自主创新战略方面出现的问题成了区域产业发展战略实践中非常突出的问题。

从发达国家的经验看，首先，区域产业自主创新可以提高区域产业技术能力；其次，技术扩散可以改造传统产业，提升传统产业。比如，美国盐湖城通过区域产业创新成功地推动了产业结构由资源型向高技术产业的转型；美国硅谷产业自主创新推动其由传统农业向现代信息技术产业转型。通过对区域产业自主创新战略的研究，我们可以总结如美国硅谷等区域产业创新的经验，研究区域产业自主创新的规律、区域产业自主创新的约束条件、区域产业自主创新体系的运行机制，这对正确、科学地制定区域产业自主创新战略，完善区域产业发展战略有着重要的价值。在发达国家里，区域产业自主创新主要指区域产业技术创新，因此研究区域产业自主创新战略的重点就是要研究区域产业技术创新战略。在发展中国家里，区域产业自主创新战略不仅要关注区域产业技术创新战略，还要关注区域产业结构战略、区域产业组织创新战略、区域产业管理创新战略等。因此区域产业自主创新战略研究对于推动区域产业结构升级、区域产业技术升级、区域产业价值升级都有着非常重大的现实意义。

三 建设区域现代产业创新体系是现代产业创新驱动战略的要求

创新驱动发展要求构建完整的创新体系。创新体系包括国家创新体系、区域创新体系和企业创新体系。产业创新是国家创新体系、区域创新体系和企业创新体系的核心。建设国家创新体系，就必须建设国家产业创新体系；建设区域创新体系就必须建设区域产业创新体系；建设企业创新体系就必须建设企业产业创新体系。

党的十七大报告提出了发展现代产业的思路，党的十八大报告提出了构造现代产业体系，实施创新驱动发展战略。建设区域产业自主创新体系就是现代产业创新驱动战略的内在要求。2006 年以前，我们着重全面构建国家、区域和企业的创新体系。产业创新体系问题并没有十分突出出来。2006 年以后，产业创新体系成为创新体系建设的重点。其特点是，紧紧围绕企业自主创新设计产业自主创新体系，紧紧围绕“自主性”设计企业创新体系，紧紧围绕产业创新网络设计区域产业自主创新体系，紧紧围绕制造业自主创新开展产业自主创新工作。我们发现，区域产业自主创新体系在产业创新体系中承上启下，联结国家产业创新体系和企业产业创新体系的桥梁中介作用被忽略了。由于区域产业自主创新体系建设滞后，国家的产业创新体系浮于空中，企业的产业创新体系缺乏直接的、良好的产业创新体系支撑。由于区域产业自主创新体系建设滞后，区域知识创新体系缺乏强有力的产业创新体系支撑，从而使得区域知识创新体系不能直接向产业领域扩散，降低了区域创新体系的运行效率。

构建区域产业创新体系是区域产业自主创新战略研究的重要内容。通过对区域产业自主创新体系的研究，更能科学地认识企业创新体系、区域创新体系和国家创新体系。区域产业自主创新体系研究包括对区域产业自主创新体系与国家产业自主创新体系，企业产业自主创新体系关系、功能的探讨，因而有利于进一步打开区域产业自主创新的“黑箱”，完善区域创新体系和国家产业创新体系。

四　区域产业自主创新战略是区域产业核心竞争战略

产业竞争力指竞争参与者在竞争中具有竞争优势的能力。从科学发展理念上看，产业竞争力包括产业经济竞争力、科技竞争力和环保竞争力。从产业价值链观点看，产业竞争力在不同价值结点上表现出不同的特征。一个国家的产业呈现出劳动密集型产业的结构特点，那么产业经济竞争力就成为其显著特征；一个国家的产业呈现出资本技术密集型的产业结构特点，那么产业科技竞争力就成为其显著特征，即产业科技竞争力成为产业经济竞争力、产业环保竞争力的决定性因素；一个国家的产业呈现出技术知识密集型的产业结构特点，那么产业科技竞争力在产业竞争力方面的决定性作用就更为突出。中国产业竞争力的特点是：产业制造竞争力处于优势，产业科技竞争力处于劣势，产业科技竞争力与产业制造竞争力显著不匹配。在区域产业竞争力层面，中国东部地区产业制造竞争力强大，代表了中国产业制造竞争力水平。东部地区产业科技竞争力较弱，也反映了中国产业科技竞争力不强的特征。中国中、西部地区与东部地区的差距就在于产业科技竞争力差距，这导致了中、西部地区产业竞争力在总体上弱于东部地区。在次区域层次上，产业科技竞争力仍然是产业竞争力的主要制约因素。如何提升区域产业自主创新能力已成为区域产业竞争力发展的关键。

增强区域产业的技术自主创新能力是区域产业自主创新战略研究的重

大突出问题。在经济全球化时代，区域产业的技术自主创新能力不强就没有区域产业的国际竞争力。在中国成为“世界工厂”之后，产业自主创新能力不强的问题在所有的制造业尤其是现代先进制造业和高技术产业中都变得十分突出，表现为核心技术少、自主品牌力量弱、知识产权控制力弱。面对始于2007年的美国“次贷”危机所引发的全球金融经济危机，中国制造业自主创新能力不强的问题更加突出。在国家层面，提升产业自主创新能力已成为国家自主创新战略的目标和重点。在区域层面，受本次全球金融危机打击最重的就是东部沿海地区的制造业。这是为什么？从总体上看，东部沿海地区的制造业产业自主创新能力不强。那些自主创新能力较强的地区如深圳特区的制造业所受影响就较小。因为深圳特区政府制定了科学的高技术产业创新发展战略，推动了特区产业结构由“三来一补”的加工贸易型产业结构成功转型为高技术产业结构，使得特区产业竞争力由原来的成本竞争优势成功地转变为创新竞争优势。已有文献注意到这个问题，并提出了必须发展区域产业自主创新能力，才能解决区域产业的核心竞争力缺失的问题。因此区域产业自主创新战略研究必将极大地有利于提升区域产业的核心竞争力。

第3节　分析框架与内容体系

一　分析框架

区域现代产业发展必须依赖创新驱动。我们必须立足于创新竞争优势概念，设计出区域现代产业发展的创新驱动发展战略。区域现代产业发展与区域产业自主创新战略是一个系统，但是，区域现代产业发展是战略目标，而创新驱动战略是战略措施。战略目标与战略措施就是这个系统的基本构成要素。除此之外，区域产业自主创新的战略环境对区域现代产业发展有着重大的影响。

区域产业创新竞争优势是所有区域都孜孜以求的战略目标。区域产业创新竞争优势有两种基本形式：核心技术—产品创新竞争优势和创新型企业竞争优势。区域特色产业创新竞争优势是区域产业创新竞争优势基本形式的衍生形态。

区域核心技术—产品创新竞争优势是任何一个区域在产品和技术两个方面创新竞争优势的高级形态。它体现了产品创新竞争优势和技术创新竞争优势。

区域创新型企业的竞争优势是区域竞争主体优势的基本体现。区域创新型企业的竞争优势与区域核心—技术产品创新的竞争优势的关系是：掌握和拥有核心技术—产品创新竞争优势的创新型企业必然会拥有创新竞争优势。有的区域创新型企业没有核心技术—产品创新竞争优势，有的区域创新型企业可能拥有核心技术—产品创新竞争优势的潜力。任何一个区域产业的创新竞争优势最终都表现在其拥有核心技术—产品创新竞争的创新型企业的竞争优势上。培育和发展这种创新竞争优势就是区域产业自主创新战略的根本目标。

区域特色优势产业的创新竞争优势在本质上表现为拥有核心技术—产品创新竞争优势特征和相应的创新型企业竞争优势特征的产业形态，即一个有着核心技术—产品创新能力的创新型企业及其关联创新型企业所构成的产业内企业创新竞争优势的集合。

区域现代产业创新战略措施就是为了实现区域现代企业创新战略目标的所有措施的总称。区域核心技术—产品创新战略、区域创新型企业战略、区域产业创新的体系战略和区域产业集群创新战略构成了区域现代产业创新战略工具系统。在这个战略工具系统中，区域核心技术—产品创新战略和创新型企业战略是微观工具系统，区域产业创新体系战略是产业工具系统，区域产业集群创新战略是综合性的组织工具系统—— 一种既体现产业组织又体现空间组织特征的组织工具系统。现代区域产业创新的竞争优势总是以产业集群表现出来。区域现代产业创新具有创新群的特征。区域产业集群创新战略必然依据区域核心技术—产品创新战略、创新型企业战略和特色优势产业创新战略的设计。

区域现代产业创新战略环境指的是影响区域现代产业创新战略目标和工具的各种因素的总称。比如，区域制度因素、区域文化因素、区域资本市场因素等。现代产业创新战略选择通常面临着极为复杂的环境。环境因素对区域现代产业创新战略目标有着重要的影响。

二　研究逻辑框架

区域现代产业发展的创新驱动战略研究的逻辑关系是：微观—中观—宏观环境关系、区域现代产业的创新主体—区域现代产业的创新目标—区域现代产业的创新工具—区域现代产业的创新环境、区域现代产业的技术产品创新—区域现代产业的产业组织创新—区域现代产业创新体系—区域现代产业的管理创新、区域现代产业的创新理论（如图 1.1 所示）。

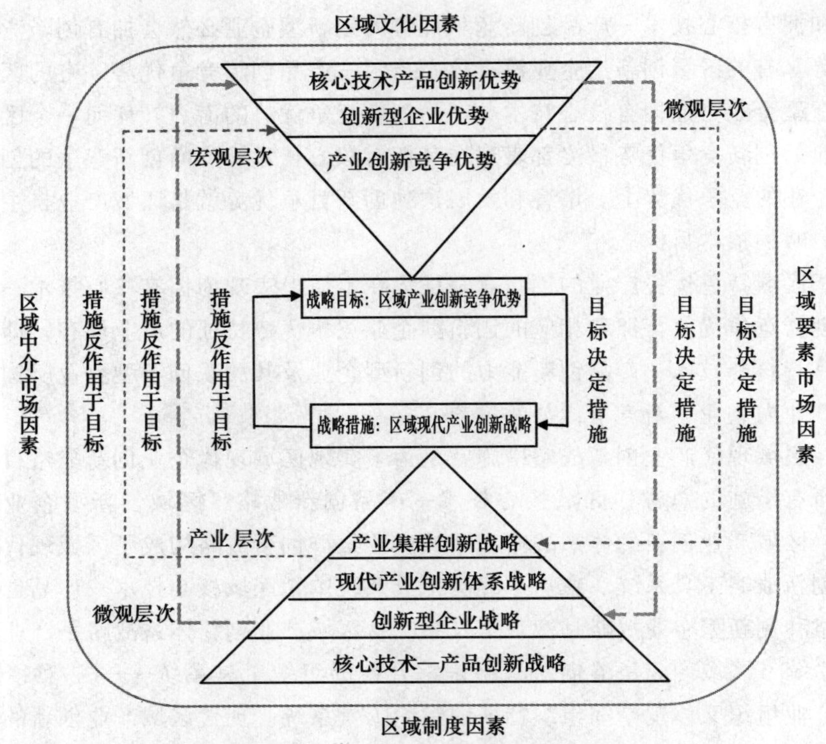

图 1.1　区域现代产业创新战略分析框架

（一）区域现代产业创新战略的微观—中观—宏观环境关系

核心技术—产品创新战略和创新型企业战略体现了区域现代产业创新战略的微观基础，区域产业创新体系战略和区域现代产业集群创新战略体现了区域现代产业创新战略的产业内容，区域现代产业的创新支撑体系体现了区域现代产业的创新战略环境。

（二）创新型企业—区域现代产业创新战略目标—区域现代产业的创新战略工具—区域现代产业创新环境的逻辑分析

区域现代产业的创新战略研究对象是区域现代产业的创新活动，按构成要素分类，包括创新主体、创新目标、创新工具和创新环境。企业是区域现代产业创新主体，核心技术—产品创新是区域现代产业的创新战略目标，产业创新体系、产业集群创新都是区域现代产业的创新战略工具，区域现代产业创新战略的支撑体系是区域现代产业的创新环境。从构成要素的逻辑看，核心技术—产品是区域现代产业创新战略的出发点和落脚点，因而是区域现代产业创新战略的基本目标。从具体实践看，区域现代产业创新战略工具构成了区域现代产业创新战略的中介目标，区域现代产业的创新支撑体系构成了区域现代产业创新战略的环境目标。

（三）区域现代产业的技术—产品创新—区域现代产业的组织创新—区域现代产业的创新体系—区域现代产业的管理创新逻辑分析

从区域现代产业创新内容的演变看，首先，分析区域现代产业的技术—产品创新，为此安排了核心技术产品创新战略作为逻辑起点；其次，分析区域现代的组织创新，创新型企业战略与创新网络反映了这一要求；再次，分析区域现代产业创新体系，阐述了区域现代优势产业的创新与产业集群创新，因为产业集群具有区域空间组织的特点，它介于企业与产业之间，更偏向产业；最后，研究区域现代产业的管理创新，产业管理创新反映了政府职能，区域现代产业创新战略的支撑体系就是政府管理创新的内在要求。

（四）区域现代产业发展的创新驱动战略理论的逻辑分析

区域现代产业创新战略研究的章节安排是这样的：第一章是对区域现代产业创新战略问题加以论述，详细说明研究这个问题的意义和内容、研究方法。第二章是对区域现代产业创新战略的研究成果进行综述，说明本书研究与已有研究的逻辑继承关系。这是对第一章的进一步说明，同时为后面的展开打下基础。第三章说明本书研究的理论来源，这既是建构模型的需要又是后面具体内容论述的需要。第四章对区域现代产业创新战略模型进行论述。第五、六、七、八、九章是对区域现代产业创新战略内容的具体研究，并按上述逻辑展开。

简言之，本书的研究路线图是：研究的问题、意义——理论架构与研究方法——理论分析（详见图1.2）。

第4节 研究方法

区域现代产业创新战略的基本研究方法包括定性分析方法与定量分析

方法。定性分析中有定量分析，定量分析中也有定性分析。定性分析方法包括系统分析方法、演化分析方法、制度分析方法、区域分析方法、产业分析方法、战略分析方法。定量分析方法指实证分析方法。

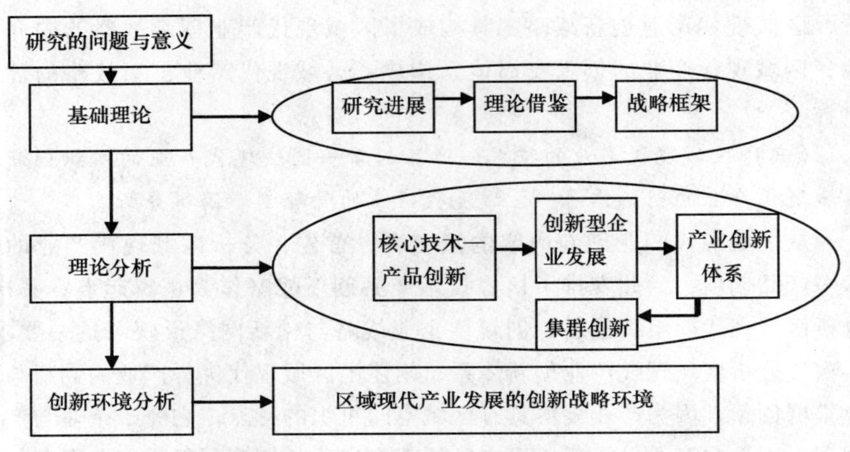

图 1.2　区域现代产业发展的创新驱动发展研究的技术路线

一　系统分析方法

系统分析方法来源于物理学的系统概念。系统可定义为系统构成成分或要素之间的有机联系。系统类型按照事物性质或特征可分为很多类别。自然是一个系统，社会是一个系统，人类思维是一个系统，天、地、人构成一个特别的超级系统。从物理学观点看，系统具有有机性、开放性特征，因而系统是一个自然发展的历史过程。按照系统论观点，区域现代产业创新战略是一个由战略制定者、战略目标、战略工具和战略环境等要素构成的有机的开放系统。每个区域现代产业的创新战略要素都是一个子系统。比如，区域现代产业创新战略的制定者就是一个由专业战略分析师、专业战略情报人员、战略决策者、战略执行者按照规则所构成的有机系统。区域现代产业创新战略目标系统可分为基本目标、中介目标或工具目标等内在要素按其内在的逻辑关系所构成的目标系统。区域现代产业创新战略工具系统是由战略分析方法、战略措施等内在要素构成的一个工具系统。区域现代产业创新战略环境系统就是由支持区域现代产业创新的各个环境因素构成的。系统分析方法既包括系统定性分析方法又包括系统定量分析方法。系统定性分析方法指对系统构成要素及其关系、系统特征、系统功能给予科学的分析。系统定量分析方法指对系统构成要素的数量特征进行分析。我们将根据说明问题的需要对系统定量分析与定性分析进行综合运用。

二　演化分析方法

演化分析方法源于生物进化论思想。在生物学中，演化指事物的演进变化，包括进化和退化两个方向。在社会科学分析中，演化指事物进化和发展。演化思想表明了生物、社会的渐进性发展，这是一个量的累积过程。从马克思主义观点看，事物不仅有量的变化，还有突变或质变。质变指事物性质的变化，包括局部的性质变化和事物根本性质的变化。产业发展就是产业增长与结构演进并重的过程。创新发展可定性为创新增长与结构演进过程。产业创新增长与产业创新结构演进构成了产业演化。产业创新增长可表现为创新型人才、创新资本等各个产业创新要素的增长，也可表现为产业创新活动中企业数量的增加，又可表现为产业的创新扩散。产业创新结构演进表现为第一、二、三次产业的创新依次或并行演进，第一次产业创新结构、第二次产业创新结构、第三次产业创新结构都依从简单到复杂、从低级到高级的秩序演进。我们在区域现代产业创新战略研究中会充分运用演化分析方法研究区域产业技术的创新演进、区域产业组织的创新演进研究、区域产业创新政策的演进等内容。

三　制度分析方法

制度分析方法源于制度经济学思想。制度指行动者的行为规则及规则关系、组织的总称。制度分析方法包括制度创新分析方法与制度演化方法。制度分析方法着重分析制度创新的动力、制度创新的推动者、制度创新的路径等内容。在区域现代产业创新战略分析中，制度分析方法是一种重要的分析方法，可以运用制度分析方法研究区域产业组织的创新与演进。比如，企业规模演进、企业组织结构演进、市场结构演进、战略联盟等创新网络的变迁等。

四　区域分析方法

区域分析方法源于经济地理学思想和区域经济学思想。区域分析方法包括区位分析方法和空间集聚分析方法。区位优势、集聚优势分别是区位优势分析方法和集聚优势分析方法的核心概念，通过区位优势概念、集聚优势概念解释区域产业的创新群、区域产业的创新要素集聚和流动的原因。比较优势分析是区域经济学的一种基本分析方法。这种方法着眼于区域现有的资源优势解释区域产业的发展方向、区域产业的发展重点。竞争优势是一种动态比较优势。这种方法着眼于变动状态的资源和能力优势解释区域产业竞争力的变化情况。在区域产业创新战略研究中，我们运用区域分析方法研究区域产业创新布局和产业集群创新问题。

五 产业分析方法

产业分析方法源于产业经济学思想。产业分析方法包括产业组织分析方法、产业竞争分析方法、产业创新分析方法。产业组织分析方法又称为哈佛学派分析方法，着重讨论企业行为、市场结构与绩效的关系问题。产业竞争分析方法着重讨论竞争者、潜在进入者、替代者、供应商、互补者、消费者等的关系，按照产业价值链选择产业发展战略。产业创新能力分析是产业竞争分析的核心。产业创新分析方法着眼于研究产品创新、工艺创新和市场创新的关系及其演进和路径。在区域现代产业创新战略分析中，我们运用这些方法研究区域核心技术产品战略、创新型企业创新战略、优势产业创新战略等。

六 战略分析方法

战略分析方法是立足于战略环境变化研究企业、产业、区域和国家的优势、劣势、机遇和威胁等问题，从而依据发挥优势、规避劣势、抓住机遇、应对挑战的思想制定相应的战略目标和措施。迈克尔·波特的钻石模型是本项研究的基本战略分析方法。在区域现代产业创新战略分析中，我们运用这些分析方法研究区域产品创新战略、企业创新战略、产业创新战略、集群创新战略和环境创新战略等。

七 实证分析方法

实证分析方法是科学研究的基本分析方法。实证分析方法分为经验实证分析方法和理论实证分析方法。经验实证分析方法的特征是通过数量进行简单的说明。现代实证分析工具越来越丰富。理论实证分析方法本质上是一种演绎分析方法。比如，仿真分析方法。我们主要运用较简单的经验实证分析方法。

第2章

区域现代产业创新驱动发展战略研究新进展

区域现代产业发展的创新驱动研究涉及现代产业发展问题研究和创新驱动研究。本章的文献述评重点在于现代产业发展的研究情况和创新驱动研究的进展。关于创新驱动的述评可追溯到熊彼特，涉及长达80年的时间。与现代产业发展相关的创新却没有那么长的研究史。产业创新直接与现代产业的发展相关。我们的文献述评就从这里开始，随后评述现代产业发展研究的进展情况。

第1节　区域产业创新概念的讨论

一　区域产业创新概念萌生于产业创新概念

产业创新研究在国际上始于20世纪70年代，热于20世纪八九十年代。美国哈佛大学的阿伯纳西（N. Abernathy）和麻省理工学院的厄特拜克（Jame M. Utterback）从70年代起对产品创新、工艺创新和组织结构之间的关系作了一系列的考察，以产品生命周期理论（PLC理论）为基础，通过对许多行业和创新案例的分析，发现三者之间既遵循着不同的发展规律又存在着有机联系，它们在时间上的动态发展影响着产业的演化。他们通过引入主导设计概念，以产品创新为中心，提出了产业创新动态过程模型，即Abernathy-Utterback创新过程模型，简称传统A—U模型。后来，学者们以PLC理论为基础，从产业发展和演变的全过程考察，导出了技术创新和产业发展的长期动态关系模型。弗里曼在其主编的《产业创新手册》中把产业创新定义为一个产业创新过程，这个过程包括技术和技能创新、产品和流程创新、管理和市场创新等阶段。产业分析学家迈克尔·波特指出，产业创新是一个群概念。国内学者在研究产业创新问题时并不局限于产业创新的技术创新指向，而是着眼于产业中观层次提出和界定产业创新。严潮斌认为："产业创新是指特定产业在成长过程中或在激烈的国际竞争环境中主动联手开展的产业内企业际的合作创新。产业创新体系中有两个重要的现实问题，即产业创新主体和研究开发形式。"① 陆国庆立足于衰退产业定义产业创新，他指出："产业创新是技术创新、产品创新、市场创新等的系统集成，是企业创新的最高层次和归属。产业创新就是企业突破已结构化的产业的约束，运用技术创新、产品创新、市场创新或组合创新等来改变现有产业结构或创造全新产业的过程。"②由于衰退产业在中国呈现出全国性和区域性特点，资源型城市衰退产业发展在区域经济发展中具有全局性和战略性，研究衰退产业创新就不仅具有了产业发展特征，而且还有区域特征。

二　区域创新理论孕育了区域产业创新概念

区域产业创新是区域创新理论的重要组成部分。人们在区域创新理论研究中经常提到区域产业创新问题。例如，迈克尔·波特在研究产业竞争力时指出，产业创新能力是产业竞争力的关键内容。赵修卫在研究区域核心竞争力时指出，区域创新包括技术创新、要素创新和产业创新，其中，产业创新是区域创新的最高层面，"即在技术创新和要素创新的基础上，推进产业的升级和结构优化"③。李青、李文军、郭金龙立足于区域创新理论诠释产业发展。他们认为："区域创新视角下的产业发展过程是以创新环境为基础、以创新网络为平台、通过网络内的互动学习和企业空间集聚来进行的，包括产品、工艺、管理等方面的创新活动。从这个意义上说，区域产业发展是一个创新过程，由参与创新的各主体共同完成。"④李青等人对区域产业发展的界定接近于明确提出了区域产业创新概念。

---

① 严潮斌：《产业创新：提升产业竞争力的战略选择》，《北京邮电大学学报》（社会科学版）1999 年第 3 期。

② 陆国庆：《产业创新的动力源和风险分析》，《广西经济管理干部学院学报》2003 年第 2 期。

③ 赵修卫：《关于发展区域核心竞争力的探讨》，《中国软科学》2001 年第 10 期。

④ 李青、李文军、郭金龙：《区域创新视角下的产业发展：理论与案例研究》，商务印书馆 2004 年版，第 88 页。

三　对区域产业创新概念讨论的评论

一般来说，给概念下定义，要从概念的内涵与外延两个角度入手。区域创新概念和产业创新概念是区域产业创新概念的外延，从研究产业创新角度看，产业创新概念是区域产业创新概念的外延，因而它具有与产业创新概念相同的内涵。从区域创新角度看，区域产业创新是区域创新系统的构成要素。就是说，创新体系或创新系统是区域产业创新概念的外延。很多国内研究文献的标题都表明，一部分学者是从产业创新角度理解区域产业创新概念的，另一部分学者是从创新系统角度理解区域产业创新系统的，还有一部分学者既从产业创新角度又从区域创新系统角度理解区域产业创新概念。通过对区域产业创新概念讨论的细心研究，我们发现，区域产业创新概念的讨论对我们科学界定区域产业创新有如下方法论的意义：第一，产业创新是区域产业创新概念的外延；第二，对区域产业创新概念的定义应当运用系统世界观给予界定；第三，区域产业创新的内涵应当是区域创新概念与产业创新概念的交集。遵循交集的思路，区域产业创新内涵不断被发掘出来。比如，区域产业创新模式、区域产业创新战略、区域产业创新体系，等等。

第 2 节　区域产业创新体系难以定论

一　区域产业创新体系的萌芽

胡长华、张朝元在《从国际产业整合的趋势看我国产业结构的战略性改组》一文中指出："提高产业的技术创新能力，构筑有利于科技与经济结合，适应市场经济的新的国家产业创新体系。"①国家产业创新体系包括三层含义：第一，国家产业创新体系的目标是提高国家产业技术创新能力；第二，国家产业创新体系的基础是社会主义市场体系；第三，国家产业创新体系要解决的核心问题是科技与经济的结合问题。胡树华关于国家汽车创新工程的解释完整地诠释了国家产业创新体系概念。他说："国家汽车创新工程，就是围绕中国汽车的技术创新、产业创新，由国务院直接

---

①　胡长华、张朝元：《从国际产业整合的趋势看我国产业结构的战略性改组》，《理论学刊》1999 年第 6 期。

领导组织官产学研大联合，通过强有力资金支持和科学的组织管理，网络全国的科技力量和有效资源，协作攻关、重点突破，以抢占新一代汽车技术制高点，抓住新一轮世界汽车工业发展主动权。它是一项跨部门、跨地区的全国科技大联合、产业大联合、技术大突破、产业大发展的系统工程。这将是我国继'两弹一星'之后，又一开创新时代的世纪工程。"①作为国家创新体系的核心内容，国家产业创新体系应当包括国家产业创新机制，国家产业创新战略。安维复系统地论述了国家产业创新机制和国家产业创新战略，突出强调了国家科技计划在国家产业创新战略中的指导作用，即国家科技计划应当在"真正解决战略产业的选择、扶植一两个重点产业问题上发挥作用"②。顾新在研究区域创新体系失灵问题时讨论了区域创新体系促进产业创新问题。他认为，区域创新系统可以推动区域产业结构升级；区域创新系统可以驱动新产业部门在区域中的生成和发展；区域创新系统会驱动产业的创新扩散；区域创新系统可驱动传统产业的技术创新。③

二　区域产业创新体系的桥梁功能

从产业创新体系角度看，产业创新体系有三个层次：国家产业创新体系、区域产业创新体系和企业层次的产业创新体系。罗积争、吴解生明确指出：产业创新是企业创新到国家创新的桥梁。④ 产业创新的桥梁功能不仅可从产业创新体系角度表现出来，还可从创新能力角度观察得到。有些学者已注意到区域产业创新能力在企业层次产业创新能力和国家层次产业创新能力方面具有桥梁功能。"创新能力分微观、中观、宏观三个层次。微观层次是企业创新能力；宏观层次是国家创新能力；中观层次是产业创新能力和区域创新能力。"⑤管顺丰在其博士论文中系统地研究了区域产业创

---

① 胡树华：《创立和实施国家汽车创新工程的政策建议》，《中国科技论坛》2000 年第 2 期。

② 安维复：《从国家创新体系看现代科学技术革命》，《中国社会科学》2000 年第 5 期。

③ 顾新：《区域创新系统的失灵及完善措施》，《四川大学学报》（哲学社会科学版）2001 第 3 期。

④ 罗积争、吴解生：《产业创新：从企业创新到国家创新之间的桥梁》，《经济问题探索》2005 年第 4 期。

⑤ 薛风平：《基于 PCA 的石化产业自主创新能力测评》，《中国石油大学学报》（社会科学版）2007 年第 5 期。

新系统与国家产业创新系统和企业产业创新系统的关系，利用图形和表格刻画了三者的区别和联系。[①]根据管顺丰的观点，区域产业创新体系与国家产业创新体系和企业产业创新体系的唯一区别在于范围、层次的区别。

三 区域产业创新体系的内容研究处于变化之中

什么是区域产业创新体系？对这一问题学者并没有达成共识。有的学者认为，区域产业创新体系与区域创新体系、产业创新体系没有区别。比如，万迪昉等学者认为："地区创新体系是地区内各有关部门和机构相互作用而形成的推动创新的网络，产业创新体系由建立在地区创新体系基础上治理结构与运行机制有机融合而成，地区创新体系与产业创新体系没有严格的划分界限，对于创新主体企业来说，两者通过互补共同形成了企业创新的制度环境。"[②]有的学者并不认可这个观点，试图建构区域产业创新体系。比如，张璞认为："从创新对象看，区域产业创新体系主要由产业组织创新、产业结构创新、产业技术创新和管理创新四部分组成。其中，组织创新是先导，结构创新是核心，技术创新是关键，管理创新是保证。"[③]有的学者运用这个研究框架对天津滨海、上海浦东、深圳特区的产业创新体系做了系统的研究，构建了天津滨海新区的产业创新体系。天津滨海新区的产业创新体系应当是：构建研发产业集群体系；构建以高新技术产业为支撑和现代物流为重点的结构创新体系；构建以产业可持续发展为目标的技术创新体系；构建以功能和资源整合为突破口的制度创新体系。[④]黎苑楚等研究了区域产业创新系统选择方法，提出了一个三维选择模型。运用这个模型对东部地区、东北地区和中西部地区的主导优势产业做了分析，提出了东部地区、东北地区、中西部地区各自的区域主导产业创新体系。[⑤]

区域产业创新体系的内容研究还体现于具体的区域产业创新体系文献里。洪名勇、董藩研究了西部重工业发展问题，他们认为，构建西部重工

---

① 管顺丰：《产业创新理论研究与实证分析》，湖北人民出版社 2005 年版，第 33 页。

② 万迪昉、王宇光、朱伟民：《西部产业创新发展及重组的初步研究》，《西安交通大学学报》（社会科学版）2001 年第 1 期。

③ 张璞：《区域产业创新体系构建研究》，《现代财经》2003 年第 10 期。

④ 周桂荣、徐作君：《区域产业创新体系构建：天津滨海新区与深圳、浦东之比较》，《中国科技论坛》2007 年第 2 期。

⑤ 黎苑楚等：《中国区域产业创新系统选择与评价》，《科学学与科学管理》2005 年第 2 期。

业的产业创新体系是西部重工业发展的关键。“西部重工业的产业创新体系是由西部公共部门和私营部门的各种机构组成的网络，这些机构的活动和相互作用决定了西部重工业扩散知识和技术的能力。”[①]王家庭、郝寿义认为，应当在国家综合配套改革试验区构建有特色的产业创新体系。[②]王伟光、吉国秀、李征研究了东北地区产业创新体系的现状、路径和政策。他们认为，东北地区的产业创新体系构建应当从如下方面着手：构建与区域资源、产业相称的企业创新体制；强化区域创新体系的宏观协调；构建创新开放式经济组织；制定东北地区产业集群发展规划；联合承接国家重大工程和科技项目；建立区域产业合作创新网络。[③]

四　对区域产业创新体系研究的评论

区域产业创新体系既是产业创新体系的中观组成部分又是区域创新体系的一个核心系统，因此它不仅具有产业创新的一般规定，还具有区域创新的特征。区域产业创新体系在外延和内涵上都小于区域创新体系，比如，它没有区域创新体系中的知识创新系统。区域产业创新体系在外延上要小于产业创新体系。一个产业创新体系包括了多个区域、多个特定的产业创新体系，一个区域产业创新体系与另一个区域产业创新体系的区别不仅在于区域特征，还在于特定优势产业特征。因此简单地把区域创新体系与产业创新体系等同起来是不恰当、不科学的。区域产业创新体系建构有四点是非常重要的：第一，区域产业创新体系建构的基础是区域优势；第二，区域产业创新体系建构的重点是区域优势产业创新；第三，建构区域产业创新体系须遵循产业创新体系的一般框架；第四，建构区域产业创新体系须突出区域产业集群创新体系。

第3节　区域产业创新战略定位有待深入研究

一　区域产业创新战略目标定位

区域产业创新战略目标是什么？迈克尔·波特的答案在西方国家里是

① 洪名勇、董藩：《西部地区重工业发展构想》，《民族研究》2003年第4期。

② 王家庭、郝寿义：《国家综合配套改革试验区的运行及前瞻》，《改革》2006年第9期。

③ 王伟光、吉国秀、李征：《东北地区产业创新体系：变革基础、路径选择与政策取向》，《党政干部学刊》2007年第8期。

很有代表性的。他认为，区域产业创新战略目标是区域产业创新能力和可持续的竞争力。国内学者也普遍接受了波特的观点。比如，管顺丰明确指出，区域产业创新战略目标是提升特定区域产业的创新能力。[①]区域制造业技术创新能力成为一个重点问题。对此问题的研究产生了大量的研究文献。李廉水、杜占元主编的中国制造业发展研究系列报告系统地研究了自 2003 年以来中国各个省份、主要城市的产业科技竞争力，提出了针对性的政策建议。[②]崔万田等研究了辽宁制造业的自主创新能力，提出了提高辽宁制造业自主创新能力的政策建议。[③]不仅如此，国内学者还具体描述了区域产业创新战略目标。从构建区域产业核心竞争力角度看，发展新产业是区域产业创新战略的首要目标，利用新产业技术改造传统产业是区域产业创新战略不可或缺的目标。在中国，有两类重要的区域，一类是衰退产业主导的区域，对这类区域产业如何创新呢？陆国庆认为，衰退产业创新战略目标应当根据产业信息化和产业绿色化发展趋势定位于加快衰退产业的技术创新和结构升级。[④]结构升级的基本方向就是促进企业的技术创新。这包括促进产品升级换代的技术创新和促进产品深加工的技术创新。[⑤]另一类是高新技术产业开发区。这类区域的产业创新战略目标是什么呢？邓世海认为，开发区产业创新战略目标就是要紧紧跟踪世界高科技和知识经济的发展趋势，立足于自主创新，大力发展特色高技术产业和重点高技术产业。[⑥]

二　区域产业技术创新模式

区域产业技术创新模式一直是国内外研究的热点问题。不同学者对区域产业技术创新模式的看法是不同的。在发达国家中，区域产业技术创新模式研究成果丰硕，形成了比较成熟的理论，如 A—U 理论模型、演化理论模型。在发展中国家中，区域产业技术创新模式研究也是成绩斐然，形

① 管顺丰：《产业创新理论研究与实证分析》，湖北人民出版社 2005 年版，第 86 页。

② 李廉水、杜占元：《中国制造业发展研究报告（2005，2006，2007）》，科学出版社 2005、2006、2007 年版。

③ 崔万田等：《东北老工业基地振兴与区域经济创新》，经济管理出版社 2008 年版，第 4 页。

④ 陆国庆：《产业调整的壁垒及其克服途径》，《经济评论》2001 年第 1 期。

⑤ 陆国庆：《论衰退产业调整模式》，《学习与探索》2001 年第 1 期。

⑥ 邓世海：《开发区产业创新方略》，《经济研究参考》2002 年总第 84 期。

成了技术引进——消化——吸收再创新的产业技术创新模式。吴晓波把这称为“二次创新模式”[①]。“二次创新模式”依次有技术模仿模式、创造性模仿、改进性创新、后二次创新四个阶段的技术创新模式。关于产业技术创新模式，管顺丰提出了自己的观点。他认为，产业技术创新模式按创新来源、创新复杂性、创新程度可分为产业技术创新主体模式、产业技术创新路径模式和产业技术创新力度模式，这些产业技术创新模式有各自的特点。[②]除了产业技术创新模式外，还有产业创新的制度模式。管顺丰用战略联盟的制度创新模式概括各个省的产业创新联盟实践。战略联盟的制度创新模式包括技术交流协议、合作研发协议、生产营销协议、战略外包协议、产业协调协议、虚拟企业、供应链。根据技术创新程度和制度创新程度，产业创新模式可概括为五种类型，它们是产业领先模式、技术领先模式、成本领先模式、产业跟随模式、特色优势模式。这些产业创新模式有各自的特点、优势和缺陷。各个区域的产业创新环境不同、可选的区域产业创新模式集合约束、企业和政府博弈能力差异等因素决定了区域产业创新模式的收敛方向。[③]易将能等研究了区域创新对产业创新模式选择的影响，他们认为，区域创新体系对区域产业创新模式影响的关键因素有技术领先能力、技术配套能力、技术扩散能力、创新资金、政府政策、领导性企业、区域人才库、产业网络、创新理念、市场眼光 10 项要素。[④]中国东部区域、西部区域的产业创新实践有着较大的差异。杨龙志、李忠宽在对温州产业创新模式做了系统研究后，提出了产业源头创新模型，即“利用产业链源头创新的传递和扩散，引发温州传统产业创新的“多米诺骨牌效应”，并通过状态依存型路径依赖和行为型路径依赖，实现创新升级和竞争力增强的良性循环，最后达到把点竞争优势转变成群竞争优势或链竞争优势的目的。同时，通过对温州华峰集团产业链效应的实证分析，检验了“多米诺骨牌效应”的创新行为机制。[⑤]曾雁认为，西部地区的产业创新模式应当是：“首先，高科技产业向传统产业的逐渐渗透，包括在

① 吴晓波：《二次创新与我国制造业全球化竞争战略》，《科研管理》2001 年第 3 期。

② 管顺丰：《产业创新理论研究与实证分析》，湖北人民出版社 2005 年版，第 63 页。

③ 同上书，第 74—79 页。

④ 易将能、孟卫东、杨秀苔：《RIN 对产业创新模式的影响》，《重庆大学学报》（自然科学版）2005 年第 3 期。

⑤ 杨龙志、李忠宽：《温州产业创新模式及其案例实证分析》，《企业经济》2004 年第 4 期。

传统技术基础上改进和创新发展新技术、新工艺，或将相关新技术扩散到传统产业。其次，促进国有和民营、军工和民用科技企业及国外相关资源的优势互补，围绕核心能力的培育实现企业与相关产业创新发展。再次，创办科技型小企业，使科技成果尽快向现实生产力转化。”①陆国庆认为，在传统产业中，中国各个区域都有衰退产业，这在东北、山西等资源型地区特别突出，这些地区的衰退产业创新应当走出其特有的模式。他根据产业结构理论定义了衰退产业创新模式。“对这类衰退产业应该实施积极的调整策略，帮助这类衰退产业实行有秩序的收缩和资源向其他产业部门的有效转移，这种以产业转型为目的的调整就称之为产业创新模式。”②当前，中国正在构建区域产业自主创新模式。国内高技术产业开发区的产业自主创新模式建构正成为其实践的焦点。在建构区域产业自主创新模式中，有两个特点值得注意：一个特点是，以知识创新为特点的原创性技术创新模式是战略制高点和根本诉求，一个特点是，以技术集成为特点的集成创新模式是构建区域产业技术自主创新模式的重点。对区域产业技术创新模式的理论方面还缺少研究。

三　区域产业组织创新

对区域产业组织创新的研究比较活跃，这表现在企业规模、产业集群创新研究等方面。从企业规模与创新的关系看，熊彼特提出了大企业创新模式，但演化经济学家纳尔逊等并不赞成这个论点，他们认为，企业规模不过是创新的结果。③中国台湾中小企业创新模式似乎证明了纳尔逊的观点。是大企业更有利于创新还是中小企业更有利于创新？国内学者的研究表明，企业规模是影响中国本土企业创新活动的一个关键因素。④因此，国内各省在选择创新型企业时更倾向于大企业创新模式。产业集群创新模式是产业组织创新模式的重要内容。赵修卫在设计区域核心竞争力框架时

① 曾雁：《西部技术创新体系与产业创新发展》，《重庆师范大学学报》（哲学社会科学版）2003 年第 4 期。

② 陆国庆：《论衰退产业调整模式》，《学习与探索》2001 年第 1 期。

③ 肖德、艾乔：《进化经济学：起源与发展》，《国外社会科学》2001 年第 4 期。

④ 安同良、施浩、卢多维科·阿尔科塔（Ludovico Alcorta）：《中国制造业企业 R&D 行业模式的观测与实证：基于江苏省制造业企业问卷调查的实证分析》，《经济研究》2006 年第 2 期；张杰、刘志彪、郑江淮：《中国制造业企业创新活动的关键影响因素研究》，《管理世界》2007 年第 6 期。

指出，做大企业规模和发展产业集群必须“发展新的产业组织形式和模式”[①]。“产业集群系统分为企业要素构成的核心层、环境要素构成的辅助层，以及结构要素构成的虚拟层。”[②]产业集群创新系统分为由创新型企业要素构成的核心层，由创新环境要素构成的辅助层，由结构创新要素构成的虚拟层，由此形成的系统结构不仅保持着产业集群创新的整体性，而且规定着内部创新要素之间在时空方面有机联系与相互作用的方式或顺序，反映了产业集聚创新能力的基本组成。产业集群创新具有激励优势强、创新成本低、创新活动条件好的优势，其中，知识互动共享是产业集群创新的动力。[③]协作创新机制和竞争型创新机制是产业集群创新机制的基本类型。[④]产业集群创新有部门关联型技术创新集群、技术联系型技术创新集群和松散型技术创新集群三种类型。这三种类型的创新集群具有不同的产业创新扩散式样。部门关联型技术创新集群是在一个产业部门内创新的扩散式样，技术联系型技术创新集群是不同部门之间的技术创新扩散式样，松散型技术创新集群是技术不相关产业部门之间技术创新扩散式样。[⑤]

从生产组织角度看，产业集群创新表现为模块化生产网络系统。“模块化生产网络（Modular Production Network）作为以产品的可模块化为前提，通过编码化信息（Codified Information）的交流与传递，并利用契约，将生产和组装模块的企业连接起来所形成的开放式网络生产体系，正是适应于产业组织纵向分离后企业间广泛协作的最佳网络治理模式，从而成为产业组织形态演进的一种新趋向。”这种模块化生产网络系统不同于传统的生产方式之处在于：“1. 模块化生产网络是一种灵活分散的开放式生产体系；2. 模块化生产网络是一种全球制造系统；3. 知识和信息成为最重要的生产要素；4. 模块供应商与系统集成商之间是一种新型的合作关系；5. 替代经济成为企业追求经济效益的重要手段。”模块化生产网络系统在市场结构、行为和运行绩效上有了不同于传统产业组织的市场结构、行为

① 赵修卫：《关于发展区域核心竞争力的探讨》，《中国软科学》2001 年第 10 期。

② 孙晓华、原毅军：《产业集聚能力的识别框架与培育路径》，《改革》2007 年第 8 期。

③ 陈守明：《知识互动共享与企业簇群的创新优势》，《同济大学学报》（社会科学版）2003 年第 4 期。

④ 岳芳敏：《集群企业创新行为机制分析》，《财经科学》2007 年第 8 期。

⑤ 赵峰、魏成龙：《创新扩散、创新集群机理分析及应用》2004 年第 12 期。

和绩效特征。[①]

从价值链分工角度看，产业集群组织创新表现为企业价值网络。“企业价值网络将各种要素能力协同在一个无形的网络平台上，通过不同组织模块之间的协作、创新和竞争，全面满足用户的差异化需求，从而更好地适应环境的变化。”余东华、芮明杰构建了企业价值网络模型以解释企业价值网络发生的机理。[②]从全球价值链分工体系和产业演化角度看，不同区域的产业集群可归类为创新型集群和运作型集群。王益民、宋琰纹定义了创新型集群和运作型集群，描述了它们的特征。“创新型集群是指一系列导致新市场机会辨识与确认、新技术开发以及新产品设计等的价值活动在某一特定区位的聚集。”“运营型集群主要指生产装配企业与其供应商在特定地理区位的聚集。”[③]发达国家或地区的产业集群大多属于创新型产业集群，发展中国家的产业集群绝大多数属于运作型产业集群。中国东部沿海地区的产业集群绝大多数都可归结为运作型产业集群。产业集群的发展必然由运作型集群向创新型集群演化，而技术标准型企业虚拟集群是创新型集群发展的趋势。孙耀吾、曾德明定义了虚拟集群，描述了虚拟集群的特征，分析了虚拟集群的特性。[④]在创新集群中，有的产业集群是大企业主导型产业创新集群，而有的产业集群是中小企业主导的产业创新集群，有的产业集群却是大企业、中小企业共生的产业创新集群。胡昱、刘文俭在研究青岛家电产业发展模式时指出，青岛家电产业集群发展模式具有显著的大企业主导型集群创新模式特征，是“由最初的组装和外围技术的加工，逐渐向核心部件和关键技术提升”的重点创新型企业带动的、上下游产业相关的、功能性企业随之集聚的产业集群创新模式。[⑤] 中国台湾新竹工业园区的产业集群创新模式则具有典型的中小企业主导的创新集群模式特征，陈晓红、解海涛提出了基于协同创新的中小企业创新体系观

① 柯颖、王述英：《模块化生产网络：一种新产业组织形态研究》，《中国工业经济》2007 年第 8 期。

② 余东华、芮明杰：《模块化、企业价值网络与企业边界变动》，《中国工业经济》2005 年第 10 期。

③ 王益民、宋琰纹：《创新型集群与运营型集群：基于全球价值链的集群间国际分工》，《中国科技论坛》2007 年第 9 期。

④ 孙耀吾、曾德明：《基于技术标准合作的企业虚拟集群：内涵、特征与性质》，《中国软科学》2005 年第 9 期。

⑤ 胡昱、刘文俭：《产业集群形成模式探析》，《中共四川省委党校学报》2003 年第 4 期。

点来解释中小企业主导的创新集群模式。[①]

四　区域产业创新战略类型与政策

区域产业创新战略研究的总体思路是，以地区优势作为产业选择的依据，推进产业选择的区域化道路，而不是全国性的重工业化或轻工业化。[②]"产业创新战略，就是在复杂的国际、国内环境条件下，一个国家或地区为求得稳定、持续的发展，政府对国家经济、社会发展有着深刻的、长远的影响力的产业的创新问题的总体谋划。"[③]区域产业创新战略是区域创新战略的一个组成部分，地方政府是区域产业创新战略的决策主体，其他社会组织是区域产业创新战略的参与者，科技计划和法规是主要的区域产业创新战略工具，是产业创新系统里区域产业创新战略的重点。区域产业创新战略包括区域产业创新系统战略和区域产业竞争战略。[④]

从区域产业竞争战略角度看，一个区域总是存在着有效的核心竞争优势即某个地区所垄断的对地区经济增长具有引擎作用的市场竞争优势。"'区域优势产业'属于资源配置范畴，表示某一地区在某种产业的全国总量中占有较大的比重，具有明显的区位优势。"区域优势产业的形成源于资源禀赋差异、规模经济要求、区域分工协作关系深化。魏益华在做了这些分析后提出，西部地区的产业创新战略应当是培育西部区域的优势产业。[⑤]"产业核心发展能力可以由地区的协调水平、融资能力、基础环境、物质资源、技术开发能力、人力资源六方面来反映，在核心发展能力的组合过程中分别占有不同的权重。战略杠杆则由经济贡献、市场需求、技术需求、产业关联性、政策因素来反映。"根据产业核心发展能力和战略杠杆因素构建区域产业创新战略研究的框架，运用这个框架分析并确定西部产业创新发展的重点，其结论是，农业、轻纺工业、食品工业、采掘工业、建筑建材工业、交通运输业、电力工业等是西部地区的基础产业创新战略的重点；有色金属冶炼业、化学工业，包括石化、盐化和精细化工、

---

① 陈晓红、解海涛：《基于"四主体动态模型"的中小企业协同创新体系研究》，《科学学与科学技术管理》2006年第8期。

② 孙久文：《我国区域经济问题研究的未来趋势》，《中国软科学》2004年第12期。

③ 管顺丰：《产业创新理论研究与实证分析》，湖北人民出版社2005年版，第85页。

④ 同上书，第86—87页。

⑤ 魏益华：《西部地区"有效核心优势"培育与"区域优势产业"成长》，《经济学动态》2000年第9期。

机械工业等是西部地区重化工业创新战略的重点；在高技术产业创新战略方面，其重点应当是，立足国防科技工业，发挥地区尖端学科和领域的优势，加强高技术的研发和高新技术产业的基础建设，开发具有国内外先进水平的高技术产品，并积极促进高新技术产业与传统产业的融合，使原有的传统技术向高新技术过渡。旅游产业应当是西部服务业创新的重点产业。①

在一个区域衰退产业的创新过程中，从企业的产业创新战略角度看，"根据企业产业创新的主动性以及进入时间的早晚，可以把产业创新战略分为进攻型战略、防御型战略、模仿和依赖型战略三种战略"。防御型创新战略对衰退产业中的企业是较优的战略选择。对中国大部分衰退产业中的企业而言，模仿和依赖型创新战略是较为有效的产业创新战略。从可持续发展角度看，企业的产业创新战略应当有绿色创新战略和产业延伸战略及产业融合战略。②从当代国际产业发展的信息化、集群化、生态化趋势看，区域产业创新战略应当是产业信息化战略、产业集群化战略和产业生态化战略。③

五　区域产业创新战略研究评论

区域产业创新战略的目标是什么呢？从区域产业核心竞争力角度看，区域产业自主创新能力应当是区域产业创新战略的目标。制造业是现代产业的基石，对中国来说，制造业自主创新能力不强成为制造业核心竞争力的瓶颈。这也表现在东、中、西部地区的制造业自主创新能力方面。无疑，区域制造业的自主创新能力应当是区域产业创新战略的主要目标。高技术产业和现代服务业是现代产业体系的重要组成部分，其自主创新能力是其核心竞争力的标志。中国各个地区的高技术产业和现代服务业已成为各个地区的重要产业，对于东部地区来说，还是它们的支柱产业。但是，这些地区的高技术产业和现代服务业的自主创新能力较弱，因此高技术产业和现代服务业的自主创新能力应当是区域产业自主创新战略的主要目标。结合区域优势，研究各个区域产业自主创新的战略目标，才能更加科学地确

---

① 万迪昉、王宇光、朱伟民：《西部产业创新发展及重组的初步研究》，《西安交通大学学报》（社会科学版）2001年第1期。

② 陆国庆：《衰退产业中企业创新战略选择》，《经济理论与经济管理》2001年第12期。

③ 厉无畏、王慧敏：《国际产业发展的三大趋势分析》，《学术季刊》2002年第2期。

定每个区域的产业自主创新战略目标。不过，这方面的研究还很不充分。

从产业结构理论或产业发展理论角度看，区域产业自主创新战略目标应当是什么呢？这方面的研究还很少。区域产业创新模式所包含的内容较多，研究的重点有区域产业技术创新模式和区域产业组织创新模式。对区域产业技术创新模式的研究还处于较初级的阶段。现有的研究文献着重从企业的产业技术创新模式角度展开讨论，立足于区域产业技术创新的研究文献还不多。比如，哪些区域的产业技术创新应当走原创性技术创新模式？哪些区域的产业技术创新应当走集成创新模式？哪些区域的产业技术创新应当走吸收、引进和消化再创新的技术创新模式？对这些问题还缺乏深入的研究。区域产业组织创新模式的研究所涉及的文献包括企业规模与自主创新的关系、企业生产组织结构与自主创新的关系、产业集群创新等方面的内容。其中，企业生产组织创新、产业集群创新的研究文献最为丰富，对于区域产业组织创新模式的研究最有意义。区域创新优势差异、区域产业技术创新差异与区域产业组织创新差异相结合，形成了不同区域产业的自主创新战略。当前，这方面的研究集中于企业层面的产业自主创新战略上，尽管这是区域产业自主创新战略的重要组成部分。但是，区域产业层次和区域创新优势层次是区域产业自主创新战略分类研究和选择的基本框架，但这方面的研究文献确实比较少见。从演化分析方法角度看，区域产业自主创新战略在不同阶段有不同的定位，并且总是从一种战略类型向另一种更正确、更科学的战略类型演进。那么，在不同区域中产业自主创新战略又是如何演进的呢？对这一问题现有文献尚未涉及。

第4节　区域现代产业发展研究的进展

区域现代产业发展研究是近几年的事。学术界主要讨论了现代产业的概念、特征并构建了现代产业发展模式等基础理论问题。毫无疑问，区域现代产业发展的路径和对策也包含其内。

一　现代产业体系的概念、特征

（一）现代产业体系的概念

“现代产业体系”一词首先出现于2007年“中央一号”文件中，其次出现于党的十七大报告里，再现于党的十八大报告中。在党的两个政治报告中，“现代产业体系”是因应中国经济社会发展的现实而提出的一个政策术语。其范围包括现代农业、信息化与工业化融合形成的新型工业化、高新技术产业和现代服务业。从学理上看，必须先定义产业体系。产业体系则是“在某一分类标准下所有产业及它们之间的联系”[①]。经济主体结构和存在方式应当是一个重要的分类标准。在这个意义上，可以把产业体系理解为“以特有经济主体结构和特定经济主体生存方式为基础的产业关联、产业构成、产业运行下的经济现象”[②]。现代产业体系则是对应传统产业而言的。传统产业体系是“与传统产业活动相适应的产业体系，其最基本的特征是技术变动相对缓慢，由此导致了企业间和产业间的生产、技术连接相对固定的基本特性”。传统产业体系包括传统农业、传统工业和传统服务业。“现代产业体系”一词在学术上的出现，较早见于 2007 年的少量文献中，如现代农业体系[③]、山东现代产业体系[④]一类的提法。大多数学者都同意对现代产业体系的解读应当明确“现代”一词的概念。“现代产业体系是指具有当代领先的具有竞争优势的又面向未来发展趋势的产业体系。”[⑤]从产业体系结构的历史逻辑演进角度而言，产业技术标准是划分产业体系的另一个重要标准。在这个意义上，产业体系分为农业文明时期的产业体系、工业化时期的产业体系、工业化后期的现代产业体系和后工业化时期的现代产业体系。显然，现代产业体系包括了工业化后期的现代产业体系和后工业化时期的现代产业体系。[⑥]也有学者从产业组织体系解读现代产业体系。从这个意义上看，产业网络化、产业集群化、产业融合化是现代产业体系的本质内涵。[⑦]立足于经济现代化与产业体系的历史逻辑，现代产业体系应当反映产业结构的历史变迁、现代平等观念和共同富裕理念、技术与知识文明等特点，“现代产业体系是以工业化进程不断推进和深化为前提的、服务业所占比重较高、劳动者专业化程

---

① 刘明宇、芮明杰：《全球化背景下中国现代产业体系的构建模式研究》，《中国工业经济》2009 年第 5 期。

② 张耀辉：《传统产业体系蜕变与现代产业体系形成机制》，《产经评论》2010 年第 1 期。

③ 曹利群：《现代农业产业体系的内涵与特征》，《宏观经济管理》2007 年第 9 期。

④ 袁红英：《山东省构建现代产业体系研究》，《理论学刊》2007 年第 9 期。

⑤ 刘明宇、芮明杰：《全球化背景下中国现代产业体系的构建模式研究》，《中国工业经济》2009 年第 5 期。

⑥ 龚绍东：《产业体系结构形态的历史演进与现代创新》，《产经评论》2010 年第 1 期。

⑦ 刘钊：《现代产业体系的内涵与特征》，《山东社会科学》2011 年第 5 期。

度和劳动者利益得到合理保障的、充分吸纳并利用先进技术而形成的具有国内外竞争力的产业体系。这是一个工业深化、结构软化、科技发展和人的发展相结合的产业体系"①。在这里，我们应当特别注意现代产业体系与中国现行产业体系的区别。现行产业体系是指当前一国产业的结构及其运行状态。

（二）现代产业体系的特征

对现代产业体系的特征有很多描述。有的学者认为，现代产业体系的特征是：第一，适应多样性需求和服务于创新竞争；第二，推动知识创造、知识转化；第三，需要更加灵活的外部协作和追求外部规模经济；第四，要求快速沟通和流通；第五，经济全球化和政府深度参与；第六，保证低消耗和低污染；第七，新型制度保障。②有的学者认为，现代产业体系具备动态性、先进性、信息化、稳定性和人本性特征。③美国产业结构演变说明，现代产业体系结构体现了现代性即软化与服务化、技术创新与导向结合紧密等特征。④ 有的学者认为，现代产业体系的特征是，产业创新是现代产业体系的发展动力，产业集群是现代产业体系的网络结点，新型工业、现代农业、现代服务业等产业融合是现代产业体系的主要形式，国际性是现代产业体系的时代特征。⑤综观上述学者对现代产业体系特征的描述，我们可以发现，创新、高新技术知识、人本性、国际性等特征是其关于现代产业体系特征的共识。

二 现代产业体系的构建

（一）现代产业体系构建的指导思想和目标

产业体系历史的演进逻辑表明，现代产业体系的提出是对西方产业体系划分的历史突破。事实上，工业化后期的现代产业体系结构形态已经发生了深刻变化，后工业化时期的现代产业体系结构形态正在不断创新，呈

① 唐家龙：《现代产业体系的内涵与特征——基于现代化与经济现代化视角的考察》，2010年天津市科学学研究所第六届学术年会论文。

② 张耀辉：《传统产业体系蜕变与现代产业体系形成机制》，《产经评论》2010年第1期。

③ 唐家龙：《现代产业体系的内涵与特征——基于现代化与经济现代化视角的考察》，2010年天津市科学学研究所第六届学术年会论文。

④ 赵嘉、唐家龙：《美国产业结构演进与现代产业体系发展及其对中国的启示——基于美国1947—2009年经济数据的考察》，《科学学与科学技术管理》2012年第1期。

⑤ 刘钊：《现代产业体系的内涵与特征》，《山东社会科学》2011年第5期。

现了多维度立体的创新型结构形态。[①]在全球化分工深化之际，中国现代产业体系的目标应当是改变中国参与国际分工格局的方式，由垂直分工转变为水平分工；培育新的比较优势，实现国际分工由比较优势到竞争优势的提升；获取主导产业价值链的治理权。[②]

（二）现代产业体系的构建路径

从国家角度看，中国现代产业体系构建路径是：保持产业体系的开放性，促进产业升级；通过区域经济的一体化，促进产业空间布局的优化；通过自主创新与自主品牌建设，实现价值链的升级和治理。[③]王欣欣提出，现代产业体系发展思路应当注意六个注重，即注重科技创新在现代产业体系构建中的支撑作用；注重战略性新兴产业在现代产业体系构建中的引领作用；注重企业在现代产业体系构建中的主体作用；注重生产性服务在现代产业体系构建中的驱动作用；注重信息化和工业化融合发展在现代产业体系构建中的推动作用；注重人才在现代产业体系构建中的基础作用。[④]科技创新如何支撑现代产业体系构建应当得到深入研究。[⑤]这方面的研究太少，也太简单。从区域层面看，各区域构建现代产业体系的路径差异很大，其政策自然不同。广东率先启动了构建现代产业体系的实践，出台了具体的产业政策。广东构建现代产业体系的战略目标应当是，建成开放型的一体化现代产业体系；其战略驱动力是先进制造业和现代服务业；解决的关键问题是促进产业升级，全面推进产业合作和融合。[⑥] 浙江学者认为，浙江现代产业体系构建应当是发展现代服务业和先进制造业，加大制度创新力度，优化产业布局。[⑦]武汉如何以创新驱动现代产业体系构建呢？

---

① 龚绍东：《产业体系结构形态的历史演进与现代创新》，《产经评论》2010 年第 1 期。

② 刘明宇、芮明杰：《全球化背景下中国现代产业体系的构建模式研究》，《中国工业经济》2009 年第 5 期。

③ 同上。

④ 王欣欣：《基于产业结构调整的现代产业理论与体系构建》，《商业时代》2012 年第 14 期。

⑤ 李昊、申向东、周惠来：《科技创新支撑现代产业体系发展的政策研究》，《河南科技》2011 年第 10 期（上）。

⑥ 国务院政策研究室：《构建科学合理的粤港澳现代产业体系》，《珠海市行政学院学报》2011 年第 4 期；黄嘉涛：《广东产业结构特征与现代产业体系构建探讨》，《岭南学刊》2011 年第 1 期；周必健：《广东建设现代产业体系大战略》，《浙江经济》2009 年第 11 期。

⑦ 唐勇：《构建现代产业体系的路径与对策——以浙江为例》，《当代经济 》2010 年第 8 期（上）；田家欣：《构建区域现代产业体系的路径与政策选择——以绍兴市为例》，《商业经济与管理》2010 年第 7 期。

美国硅谷的经验是：加速完善产业链，努力打造全新的人文环境，构建以市场为导向的人才技术创新链。[①]上海发展现代产业体系有三条路径：一是服务经济；二是战略性新兴产业；三是总部经济。[②]从总体上看，构建现代产业体系的研究还刚刚起步，仅提出了初步的对策性研究。如何以创新驱动现代产业体系发展的问题极少有学者注意。政府在现代产业体系构建中的作用是不容否定的，但也有不赞成政府干预现代产业体系发展的观点，因为现代产业体系发展应是自发内生形成的。[③]

三　战略性新兴产业体系创新的进展

自 2008 年国际金融危机以来，战略性新兴产业研究逐渐成为一个热点问题，并产生了一批研究文献。概括起来，有五个方面的问题受到了学术界的重视。

1. 从新兴产业与战略产业关系角度、技术与产业生命周期角度界定战略性新兴产业的概念、特点。战略性新兴产业是指新兴科学技术及其革命所引致的对一国经济发展具有先导性、支柱性和带动性的新兴产业，这个产业是具有全新社会形态、全新经济形态、全新技术形态、全新组织形态的产业群或产业集群。[④]从总体上看，战略性新兴产业不仅具有新兴产业的创新性、高风险性、高投入、高回报、动态性和集群网络特征[⑤]，同时还具有战略性、不确定性、正外部性和复杂性。

---

① 邹春燕：《武汉现代产业体系构建的创新路径——基于美国硅谷创新跨越经验的比较思考》，《长江论坛》2012 年第 2 期。

② 王国平：《上海构建现代产业体系的关键环节与根本路径》，《科学发展》2011 年第 8 期。

③ 李皓、章冬梅：《现代产业体系下产业政策解析——基于分工的超边际分析框架》，《产经评论》2010 年第 3 期。

④ 宋河发、万劲波、任中保：《我国战略性新兴产业内涵特征、产业选择与发展政策研究》《科技促进发展》2011 年第 9 期；黄南：《世界新兴产业发展的一般规律分析》，《科技与经济》2008 年第 5 期；姜江：《世界战略性新兴产业发展的动态与趋势》，《中国科技产业》2010 年第 7 期；李晓华、吕铁：《战略性新兴产业的特征与政策导向研究》，《宏观经济研究》2010 年第 9 期；胡振华、黎春秋、熊勇清：《基于“AHP—IE—PCA”组合赋权法的战略性新兴产业选择模型研究》，《科学学与科学技术管理》2011 年第 7 期。

⑤ 王新新：《基于产业结构调整的战略性新兴产业发展规律及对策研究》，《商业时代》2011 年第 14 期；刘志阳、程海狮：《战略性新兴产业的集群培育与网络特征》，《改革》2010 年第 5 期；乔晓楠、李宏生：《中国战略性新兴产业的成长机制研究——基于污水处理产业的经验》，《经济社会体制比较》（双月刊）2011 年第 2 期。

2. 多角度全面阐释战略性新兴产业产生的原因与形成机制。首先，从技术经济学看，战略性新兴产业的形成在本质上是新技术经济范式形成过程。[①] 其次，立足于产业经济学进行观察和思考，战略性新兴产业形成过程就是新兴产业组织制度的形成过程[②]，即基于核心技术链条的垄断市场结构和非核心技术产业链条的分散竞争市场结构。[③] 最后，战略性新兴产业发展模式问题也必须受到关注。[④]

3. 十分重视战略性新兴产业选择、培育与政策问题的研究。战略性新兴产业选择标准一直是政策制定者和研究者关注的基础问题。从产业经济学看，很多学者都注意到了罗斯托标准、赫希曼—希克斯标准。有些学者研究了战略性新兴产业的选择方法和区域差异性对战略性新兴产业选择的影响[⑤]；还有的学者研究了战略性新兴产业的培育与支撑体系问题。[⑥] 这些研究都相应地提出了战略性新兴产业选择标准、培育方法等值得重视的政策建议。

4. 战略性新兴产业创新研究还是粗线条式的。战略性新兴产业可能存在着新的技术轨道，其关键核心技术是战略性新兴产业创新的关键环节，自主创新是发展战略性新兴产业的关键，要解决战略性新兴产业的关键核心技术问题，就必须大力推进战略性新兴产业的自主创新。[⑦] 战略性新兴产业创新系统是自主创新的基础，知识基础与技术体系是战略性新兴产业创新系统的基本特征[⑧]，运用战略性新兴产业技术链可以识别战略性新兴产业自主创新的机会窗口，应当重视战略性新兴产业创新绩效评价指

① 朱瑞博：《中国战略性新兴产业培育及其政策取向》，《改革》2010 年第 3 期。

② 平力群：《组织形态创新与新兴产业发展——以日本移植 LLC、LLP 为例》，《现代日本经济》2010 年第 5 期。

③ 吴照云、余焕新：《中国新兴产业市场结构演变规律探究——以有机硅产业为例》，《中国工业经济》2008 年第 12 期。

④ 林学军：《战略性新兴产业的发展与形成模式研究》，《中国软科学》2012 年第 2 期。

⑤ 高友才、向倩：《我国战略性新兴产业的选择与发展对策》，《经济管理》2010 年第 11 期；程宇、肖文涛：《地方政府竞争背景下的战略性新兴产业选择》，《福建论坛》（人文社会科学版）2012 年第 2 期。

⑥ 李桢、刘名远：《中国战略性新兴产业培育与发展支撑体系建设研究》，《经济与管理》2012 年第 2 期。

⑦ 陈柳欣：《战略性新兴产业自主创新问题研究》，《决策咨询》2011 年第 2 期；邓龙安：《战略性新兴产业关键核心技术自主创新理论综述》，《经济研究导刊》2011 年第 7 期。

⑧ 欧雅捷、林迎星：《战略性新兴产业创新系统构建的基础探讨》，《技术经济》2010 年第 12 期。

标体系的构建[①]，在全球价值链视野下，创新要素集聚是引起战略性新兴产业创新绩效差异的关键因素。[②] 此外，对区域战略性新兴产业的发展问题也有了初步探讨。[③]

第5节　简评与小结

现代产业体系发展研究限于现代产业体系概念、内涵、特征、构建路径和对策，以创新驱动区域现代产业发展极少引人注意。战略性新兴产业发展研究亦是如此。区域产业自主创新研究应当包括区域产业自主创新基本概念、区域创新与产业创新的关系，区域产业自主创新研究的方法、区域产业自主创新战略等内容，有学者在2004年陈述区域经济学研究新趋势时提出，区域产业创新应当是产业创新研究的新方向。即使从那时算起，对区域产业自主创新研究的时间也很短暂。这些年来，区域产业自主创新研究分别涉及了前述问题。从总体上看，各个方面的研究都只能算是涉及或略有研究，还比较零散，缺乏系统性。区域产业自主创新体系应当是在所有涉及的问题中研究得最多的了，在这些研究中，看起来还没有科学界定区域产业自主创新体系的本质特征，以致有的学者直接把区域创新体系与产业创新体系等同起来。事实上，研究区域产业自主创新体系必须解决的关键问题是区域创新优势定位与分类、区域中优势产业定位与分类。区域产业自主创新战略研究需要解决研究框架问题。这个框架应当包

---

① 陆国庆：《战略性新兴产业创新的绩效研究——基于中小板上市公司的实证分析》，《南京大学学报》（哲学、人文和社会科学版）2011年第4期；张良桥、贺正楚、吴艳：《基于灰色关联分析的战略性新兴产业评价——以生物医药为例》，《经济数学》2010年第3期；郝明丽：《区域战略性新兴产业选择评价研究》，《华北水利水电学院学报》（社会科学版）2011年第4期。

② 吴福象、王新新：《行业集中度、规模差异与创新绩效——基于GVC模式下要素集聚对战略性新兴产业创新绩效影响的实证分析》，《上海经济研究》2011年第7期。

③ 何花：《珠三角基于企业突破性创新战略的新兴产业培育途径》，《科技管理研究》2010年第3期；蒋清风：《我国西部地区新兴产业市场结构变动探究》，《商业时代》2010年第6期；刘铁、王九云：《区域战略性新兴产业选择过度趋同问题分析》，《中国软科学》2012年第2期；方儒林、何福荣、卞然：《成都发展战略性新兴产业的战略和路径研究》，《理论探讨》2011年第8期；陶武先：《推动四川战略性新兴产业加快发展的思考》，《社会科学》2011年第6期；胡志伟：《发达省域战略性新兴产业竞争研究》，《财贸研究》2011年第4期；薛艳杰：《长三角战略性新兴产业：现状、趋势与对策》，《经济体制改革》2011年第3期；刘嘉宁：《战略性新兴产业与区域产业结构升级耦合机制分析》，《求索》2011年第7期。

括区域产业自主创新的基础概念，区域创新优势、区域产业技术创新与区域产业制度创新三者的关系，区域产业自主创新战略类型等基本理论问题，从目前的研究成果看，这个问题还远没有得到解决。

第3章

理论借鉴

区域现代产业发展的创新驱动战略研究必须以区域经济理论、产业经济理论、演化理论和战略管理理论为基础。本章的内容就是对上述理论的基本思想作简要陈述。章节安排是：首先，区域经济理论的基础概念和理论观点；其次，产业经济理论的基本概念和主要观点；再次，演化经济理论的基础概念和主要观点；最后，战略管理理论的基础概念和基本观点。

第1节 区域经济理论演化

一 区位与区域

（一）区位界定

区位概念是区域研究中的基础概念。从词源学上看，“区位”一词源于德语的“standort”，英文译为“location”，日文译成“立地”，中文则译作“区位”。对区位的定义有多种，比如，有的学者把它作为事物存在的场所，或事物存在的位置来理解；也有的学者认为，区位是确定某事物活动场所的行为，从这层意义上讲，区位具有动词的性质，类似于“空间布局”一词；还有的学者认为，区位是某事物占据场所的状态，类似于“空间分布”一词。这些定义的共同意义是，区位是指被某种事物占据的场所或空间。其中，某种事物是区位主体。区位主体多种多样，从个人、团队、群体到精神现象，从人类到生物。不同学科从自身研究的目的性出发，对区位作出界定。从经济学角度看，区位就是人类经济活动的空间。经济活动空间随着生产方式演变依次经历了如下变化：家庭、企业的区位或称经营型区位和产业区位。产业区位随着产业演化依次有农业区位、工业区位、商业区位、交通区位、城市区位和服务业区位等。

每个区位的资源有多有少，品质有高有低，因而形成了满足不同经济活动需要的经济区位。经济活动主体都企望找到成本最小，收益最大，最能吸引资源集聚，最能促进自己发展的区位，寻求最优区位就是区位理论的任务。区位论是研究经济行为的空间选择及空间内经济活动的组合理论。面对每个经济发展阶段的特征，区位理论发展依次经历了冯·杜能的农业区位论，马克斯·韦伯的工业区位论，克里斯泰勒及廖什的商业区位论，考罗、高兹等创立的交通区位论，克里斯泰勒的城市区位论等。

（二）区域界定

迄今为止，对区域概念都没有一个统一的解释。地理学家惠特利西（D. Whitterlesey）认为，区域有三类：第一类是单一特征的区域，如坡度区。第二类是多种特征的综合区域，可进而分为几个亚类：（1）产生于同类过程，形成了高度的内在联系，如气候区、土壤类型区、农业土地利用区等；（2）产生于不同类过程，形成了较少的内在联系，如根据资源基础及其综合利用划出的经济区；（3）仅具有松散的内在联系，如按地理环境各要素结合划分出的传统自然区。第三类是根据人类对地域开发利用的全部内容而分异的总体区域，即为研究和教学服务的一般地理区。①

政治学家将区域看作国家管理的行政单元，而社会学家则视区域为具有相同语言、相同信仰和相同民族特征的人类社会聚落。

在经济学界，目前国内学者大多采用1922年《全俄中央执行委员会直属俄罗斯经济区划问题委员会拟订的提纲》给区域所下的定义："所谓区域应该是国家的'一个特殊的经济上尽可能完整的地区。这种地区由于自然持点，以往的文化积累和居民及具生产活动能力的结合而成为国民经济总锁链中的一个环节。"事实上，这里所指的区域，是能够在国民经济分工体系中承担一定功能的经济区概念。

从更一般的角度看，所谓区域是指根据一定的目的和原则而划定的地球表面的一定范围的空间，是因自然、经济和社会等方面的内聚力而历史地奠定的，并具有相对完整的结构，能够独立发挥功能的有机整体。②这个概念包含了四层含义：第一，区域既是一个实体概念又是一个抽象概念；第二，区域内聚力、功能、结构、规模和边界是区域的基本构成要

① 杨吾杨：《区位论原理——产业、城市和区域的区位经济分析》，甘肃人民出版社1989年版，第214页。

② 魏后凯：《现代区域经济学》，经济管理出版社2006年版，第1页。

素；第三，区域具有客观性和内在性两个根本特征；第四，区域具有一定的等级体系。一般来说，区域有匀质区和集结区或枢纽区。除此之外，规划区也是区域的一种常见类型。规划区是在匀质区和集结区基础上根据政府和规划需要划定的区域。规划区受到行政区划的深刻影响，因为经济政策执行需要权力。胡佛说："最有用的区域分类，也就是那些遵循行政管理范围的边界划分而成的区域了。"①

区域经济是指区域空间经济与国内特定地区的国民经济，它有地域性、中观性和相对开放性的特点。经济活动在空间分布上有显著差异，生产要素的不完全流动性、经济活动的不完全可分性和产品与服务的不完全流动性是解释这种差异的基石。经济发展阶段性在区域经济发展中表现出来就是区域经济发展的主要问题和空间组织问题。区域经济学的任务就是研究这些问题，随着区域经济发展、空间组织及其变迁，区域经济学在每个时期研究的重点是不同的，这表现在区域经济学理论的发展变化之中。在20世纪50年代以前，区域经济学与区位理论是一个东西；在20世纪50—70年代区域经济学成熟时期，产生了一系列有影响的区域发展理论；在20世纪80年代，区域创新、跨国公司投资区位、实证研究、产业集群等成为区域经济学的热点，更加丰富了区域经济学的内容。中国在改革开放以后大量借鉴西方区域经济学的理论成果，根据国家发展战略，推进了中国区域经济学由计划阶段向社会主义市场经济阶段转变。

二 区域发展

（一）产业区位理论的演进

产业区位是资源集聚、企业集聚的空间。最优的产业区位空间常常是集聚资本、劳动力、信息等生产要素的最大集聚区，因而也是区域经济增长极。因此区域经济学家、政策制定者常常极为重视产业区位选择。从经济学家的观点看，研究产业区位，须做如下假定：系统环境的匀质化和系统结构的理想化，系统被定义为外部条件与内部要素相互作用和相互制约的一个动态开放体，决策主体拥有所有信息。根据这些假设，一个产业的区位选择通常受到资源因素、成本因素、收益因素、市场因素、人力资本因素、文化因素等的影响。

① ［美］埃德加·M. 胡佛：《区域经济学导论》，商务印书馆1990年版，第174页。

在早期的研究中，自然资源因素，如土质因素、矿产因素、市场因素等成为产业区位选择的决定因素。冯·杜能的农业区位理论即农产品围绕市场呈环带状分布的理论。在工业经济时代，企业与原材料来源地的距离、与产品市场的距离成为运输成本的决定因素，运输成本最小化成为工业区位选择的依据。阿尔弗雷德·韦伯（Alfred Webber）认为，除运输成本外，劳动力成本和集聚规模也是影响成本最小化的重要因素，因此工业区位的最佳点由运输成本、劳动力成本和集聚规模三个因素决定。

克里斯泰勒（W. Christaller）和廖什（A. Lösch）在系统研究前辈们的区位理论基础上提出了工业区位取决于市场因素的观点。所谓市场因素包括了以城市为中心的市场网络、市场规模和市场需求结构等内容。按费特尔（Frank A. Fetter）的观点，这种市场因素可定义为市场区。市场区即指两生产地贸易区，决定两生产地贸易区的分界线因素是企业生产成本和运费。从科学技术进步、交通运输技术发展的角度看，市场结构发生变化，市场区也必然会发生变化。帕兰德（T. Palander）提出了竞争区概念，罗斯特郎（E. M. Rawstron）提出了盈利边界区概念，吉利（J. Gee）提出了自由入口概念以解释市场区的变化。艾萨德（lsard）认为，现代产业区位既取决于成本因素又取决于市场因素，因而现代产业区位是由多种因素综合作用决定的。丹尼逊（S. Dennison）和普来德（A. Pred）认为，现代产业区位的决定因素是决策者行为、被雇佣者行为和消费者行为。决策信息量和决策者运用信息的能力构成决策者的行为矩阵，这个行为矩阵可以确定决策者的行为。大量管理人员、技术人员和技术工人都愿意选择工资收入高、生活方便、文化发达的地区就业，消费者的消费行为及其变化同样会影响产业区位的选择。总的来说，工业区位选择的基础是客观经济因素，工业区位选择的能动因素是决策者的行为因素，这两者的结合可以科学地定位工业区位。

（二）区域经济增长的阶段性和不均衡性

一方面，区域经济发展有阶段性特征。罗斯托经济发展阶段理论系统地描述了欧美经济发展的阶段性特征。他认为，欧美经济发展经历了六个阶段，即传统社会阶段、起飞准备阶段、起飞阶段、成熟阶段、高额消费阶段、追求生活质量阶段。罗斯托经济发展阶段论的实质是主导产业的发展。另一方面，经济发展有不均衡性特征。佩鲁（Perroux）的增长极理论是关于经济发展不均衡性研究的有影响的重要成果，其理论要点是，由主导产业中的创新企业在某些大城市进行集聚而形成的产业之间密切的协作关系是促进区域经济增长的重要途径。我们必须强调的是，创新企业集聚是增长极理论的核心价值所在，创新企业是“磁极”，创新企业集聚区是创新区位，因此佩鲁的增长极理论不同于其他非均衡发展经济学家的地方在于，他强调了主导产业发展源于创新企业驱动的思想。布代维尔(Boudeville) 从理论上将佩鲁增长极概念的经济空间推广到地理空间，突出强调了增长极是区位条件优越的地区。

增长极理论的扩展形式有累积因果循环理论、赫希曼的区域主导产业发展模型、弗里德曼的中心—外围二元结构模型和区域经济梯度推移理论。这些理论先后对中国区域经济学的发展产生过重要影响。赫希曼的区域主导产业发展理论认为，主导产业部门应当是处于成长阶段的专业化部门。区域发展要强化其竞争优势就必须选择新兴的成长阶段专业化部门。这种主张对于中国各区域选择战略性新兴产业仍然具有理论指导意义。

(三) 集聚、扩散与区域发展

集聚经济与区域发展呈显著正相关性。长期以来，集聚经济就是区域发展研究的一个重要问题。集聚经济指经济活动在空间上的集中而产生的额外收益。地方化经济和城市化经济是集聚经济的两种形态。产业集群是集聚经济在当代的经济形态。外部性是集聚经济的特征。马歇尔等经济学家解释了集聚经济外部性的表现和原因。(1) 首先，集聚经济的外部性表现为人力资本集聚的外部性，即人力资本集聚导致了人力资本交易成本的下降和规模经济性；其次，集聚经济的外部性表现为技术外部性，技术外部性是技术经验这种隐性知识的自发溢出效应，因而是一种非市场性的相互作用效应；最后，集聚经济的外部性表现为货币外部性。货币外部性是生产者彼此之间直接透过市场交易而产生的外部性。(2) 集聚经济的外部性有三个原因：中间投入品生产的规模经济；劳动力市场共享；知识外溢。

扩散是指资源、要素和部分经济活动等在地理空间上的分散趋向与过程。一般而言，扩散机制有就近扩散、跳跃式扩散、等级扩散和随机扩散四种表现形式。就近扩散是各种要素和经济活动由集聚地区向周围地区的扩散；跳跃式扩散是各种要素和经济活动从集聚地区越过周围地区而直接扩散到其他地区；等级扩散是各种要素和经济活动沿着城市体系的规模等级向下扩散；而随机扩散则是集聚地区各种要素和经济活动的一种无规律的扩散。扩散机制的形成源于以下几个方面：(1) 不可移动的要素发生作用；(2) 土地租金的上升；（3）纯粹外部不经济性；（4）企业之间的激烈竞争。

克鲁格曼系统地研究了集聚经济现象，继承了马歇尔等经济学家关于集聚经济的研究成果，创立了空间经济学理论。空间经济学理论描述了区域空间结构演化机理。①大量的实证研究文献说明，集聚与区域发展有正相关性，扩散力量随着距离增加呈强衰减势态。②空间经济学的基本思想是：产业集聚的根本原因是规模经济，正是规模经济使得利润最大化的制造业企业只在一个区域选择厂址。产业集聚的向心力和离心力博弈取决于运输成本。空间经济学解释了在劳动力不移动的制度安排下产业集聚问题，这对于国际经济中的南北问题有很强的解释力，但该理论对于一国内部的产业集聚问题的解释力不强。

第2节　产业经济理论的演进

产业经济理论研究企业竞争关系、产业部门结构关系、产业集群关系、产业竞争力等主要领域，从而形成了产业组织理论、产业结构理论、产业集群理论和产业竞争力理论。

一　产业基础概念

（一）产业及其类型

产业是一个相当模糊的概念。在英文中，“产业”、“工业”、“行业”等都可以称为“Industry”，比汉语中的概念更为模糊。这意味着对产业进行定义并不是简单的事情，对于不同目的的研究，必须给予“产业”以特定的定义。目前，国内学者关于产业的界定有两种方法。第一种定义立足于分析企业竞争关系。产业是具有某种同类属性企业的总和，在市场上表现为由构成产业的企业从事相同或相近的经济活动。或者，产业是指“生产同类或有密切替代关系产品、服务的企业集合”。企业经营活动多种多样，根据其主导经营方向可划分其产业归属。第二种定义立足于产业部门间关系。其定义则更为宽泛，“产业”可以界定为“具有使用相同原

---

① Krugman, P. “What's New about New Economic Geography,” *Oxford Review of Economic Policy*, Vol. 14, No. 2 (1997), pp. 7-16.

② 魏后凯：《现代区域经济学》，经济管理出版社2006年版，第293页。

材料、相同工艺技术或生产产品用途相同的企业的集合”。一般来说，产业的特征有：一是需求指向相同或相近；二是技术特征相近即生产技术具有共性；三是生产对象相近。从系统论角度看，产业是一个系统，其特征是产业的系统性、动态演进性和非均衡性。①

一般说来，产业分类是人们为了满足不同需要而根据产业的某些相同或相似特征将企业的各种不同的经济活动分成不同的集合。对产业进行科学分类有利于进一步认识产业的性质，掌握产业的内涵。产业的分类方法很多，目前得到公认的至少有11种，如三次产业的分类法、战略关联分类法、生产要素密集度分类法等。按照三次产业分类法，产业可分为第一次产业、第二次产业和第三次产业。按照战略关联分类法，产业可分为主导产业、先导产业、支柱产业、重点产业、先行产业等。按照生产要素密集度分类法，产业可分为劳动密集型产业、资本密集型产业和技术知识密集型产业。按照产业价值链分工分类法，产业可分为低附加值产业和高附加值产业。按照竞争力分类法，产业可分为优势产业和无优势产业。下面对与本书研究相关的概念作简单的说明。

1. 主导产业

罗斯托最先提出并定义了主导产业。他认为，主导产业指能够通过快于其他产业的不合比例的增长，有效地带动其他相关产业快速发展的产业或产业群。主导产业有两个特征：一是具有高成长性，即能够满足快速增长的需要，形成持续高速的增长率；二是具有较强的关联效应和扩散效应，对其他产业乃至所有产业的增长起着决定性的影响。陈栋生(1993)、杜肯堂（2004）等提出了区域主导产业概念。区域主导产业是区域内承担全国地域分工的专门化生产部门，它决定着区域在全国地域分工体系中的地位和作用，是区域经济的支柱和核心。与区域主导产业相对应的概念是辅助产业和基础结构。辅助产业是围绕主导产业发展，并服务于主导产业的协作配套产业。辅助产业与区域主导产业具有密切联系，因主导产业的不同而有所不同。辅助产业分为前向联系产业、后向联系产业、侧向联系产业、下向联系产业四类。

2. 支柱产业

支柱产业指在国民经济体系中占有重要的战略地位，其产业规模在国

① 陆国庆：《衰退产业论》，南京大学出版社2002年版，第27—31页。

民经济中占有较大份额，并起着支撑作用的产业或产业群。这类产业往往在国民生产总值中占有最大比例，最大的劳动力吸收能力，最多的财政贡献。

3. 优势产业是指以地区比较优势为基础，能够利用和发挥地区特色和有利条件，资源配置基本合理，资本营运效率较高，在一定空间区域和时间范围内有较高投入产出率，并能够体现、巩固和创立地区竞争优势的产业部门。优势产业的定义可用图3.1表示。

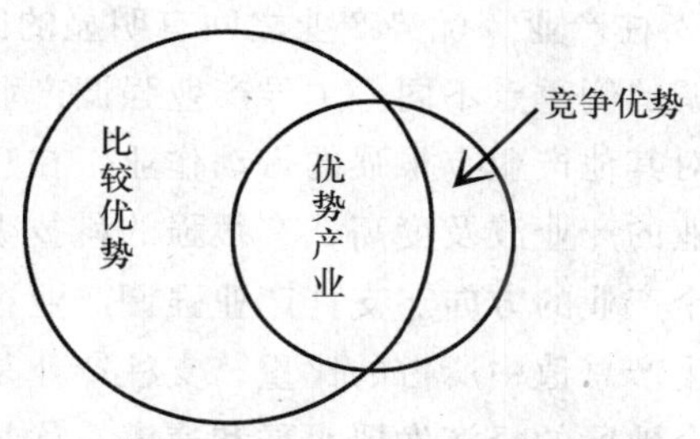

图3.1 优势产业定义示意

优势产业具有如下特征：

第一，优势产业具有较大的生产规模。规模经济效益是竞争优势的首要特征，因为没有较大的生产规模，优势产业就不可能在地区之间同一产业比较中具有竞争优势，因此，生产规模大是优势产业的重要特征之一。

第二，优势产业的劳动生产率高。劳动生产率是形成绝对优势和比较优势的重要原因，也是优势产业的重要特征之一。

第三，优势产业处于产业生命周期的成熟期及其附近。产业的生命周期分为进入期、成长期、成熟期、衰退期四个阶段。优势产业由于规模大、效益好，必然处在生命周期的成熟期或成熟期附近。

第四，优势产业有一定的产业关联度。产业关联是指产业之间在经济技术上的数量比例关系，主要包括产业之间投入产出、供给需求的数量关系，包括前向关联、后向关联和环向关联。所谓“产业关联度”，是指某一产业投入产出关系的变动对其他产业投入产出水平的波及和影响。前向关联度指一个产业的发展向其他产业所提供的中间产品占该产业产品总量的比重；后向关联度指一个产业所使用的由其他产业提供的中间产品占该产业产出的比重。优势产业应具有一定的产业关联度，具有前向关联、后向关联和产业波及效应，由此带动地区经济发展，但产业关联度不是优势产业的主要特征。

第五，优势产业应该有较高的产业增长率。因为优势产业有效地利用了地区的资源等有利条件，因此优势产业应具备较高的增长率，具有良好的发展潜力，扶持得当的优势产业能够迅速提高和改善地区整体产业结构水平，是地区的一个规模增长点。

（二）优势产业与主导产业等概念的区别与联系

1. 主导产业、支柱产业、优势产业之间有明显的区别

首先，三者强调的侧重点不同。主导产业强调产业在整个产业体系中的地位，主导产业对其他产业有很强的带动作业，在整个产业结构中占据核心地位，主导产业的产业波及度高，有很强的科技吸纳作用。主导产业的演变，决定着整个产业的方向。支柱产业强调产业在国民经济中的重要地位，以及在国民生产总值中所占的比重，支柱产业是国民收入的主要来源，直接决定着整个地区的经济发展水平和速度。优势产业是在合理利用地区发展的有利条件基础上，在与其他地区进行比较的条件下，充分利用优势，避免劣势，扬长避短。

其次，三者的特点和评价基准不同。主导产业的突出特点是产业关联度高，增长率高；支柱产业的突出特点是在整个地区生产总值中的比重大，规模大；优势产业具有较强的发展潜力，有较高的增长率或较大的规模效益。因此，这几种产业的选择评价标准不同。

最后，三者处在产业成长的不同发展阶段。主导产业处在成长阶段，支柱产业处在成熟阶段，而优势产业有可能处于成长或成熟阶段。优势产业、支柱产业、主导产业的比较见表3.1。

表3.1　优势产业、支柱产业和主导产业的比较

差别＼产业类别	支柱产业	主导产业	优势产业
定义核心	产值占GDP的比重	处于产业结构中的核心地位	比较优势和竞争优势
特点	规模大，产值高	产业关联度高，吸纳率高	发展好、潜力大
所处生命周期	成熟期	成长期	成长期或成熟期

2. 优势产业与主导产业等概念的联系

优势产业、主导产业、支柱产业之间也存在着紧密的联系，它们之间并没有十分严格的界限，往往是你中有我，我中有你的相互包含关系。并且在一定的制度条件、发展水平下可以相互转化，比如主导产业与支柱产业之间就是前后继起的关系，支柱产业继续发展就会逐渐进入衰退期，而主导产业就会发展成为支柱产业，优势产业中可能包含着主导产业、支柱产业。

二　产业理论的演化

在产业经济学分析中，利润、市场结构与企业博弈行为构成了产业组织理论分析的基本框架。经过哈佛学派、芝加哥学派、可竞争产业理论和博弈论，这个分析框架基本成熟。

第一，哈佛学派创建了产业经济学的基本研究架构即市场结构—企业行为—绩效框架（简称 SCP 框架）。哈佛学派在经验观察中发现市场结构对于企业行为选择具有决定性的作用。在他们建立的利润—集中度—禁入规则框架中，集中度是核心分析工具。高集中度成为企业进入的障碍。政府必须进行反垄断。哈佛学派提出了产业规制政策建议。

第二，芝加哥学派发展了竞争性产业经济学理论。其理论要点在于：自由竞争是产业发展的根本，反对产业规制。芝加哥学派通过规制政策实践和规制行业分析得出如下结论：企业行为决定了市场结构，而不是市场结构决定企业行为。规制政策导致了低效率，并没有保护消费者的利益，其政策建议是放松管制，提供公平的竞争环境。

第三，可竞争产业理论发展了芝加哥学派理论，提出了可竞争市场观点。可竞争市场理论进一步指出，只要保持市场进入的完全自由，只要不存在特别的进出市场成本，其中可竞争的压力就会迫使在任何市场结构条件下的企业采取竞争行为。在这种环境条件下，包括自然垄断在内的高集中度的市场结构可以与效率并存的。

第四，产业博弈论。迈克尔·波特的“五力”模型提供了分析企业博弈行为的分析框架。企业的产品策略行为、企业合谋策略行为、企业并购策略行为、企业创新策略行为等，对市场结构有着非常大的影响。企业产品策略行为由同质产品策略向差异产品策略转型导致市场由分散向垄断发展，形成垄断竞争关系。企业合谋策略行为、并购策略行为、创新策略行为对产品市场的集中度有强化作用，对新进入者设置了更高的进入门槛。对于在位企业来说，竞争则更为充分，合作成为必需的行为选择，并构成了巩固市场地位的常用手段，创新成为根本的竞争策略。

第五，产业链理论。迈克尔·波特在《竞争优势》一书中提出了企业价值链观点，这一观点在应用于产业发展或产业升级问题的研究中形成了产业价值链理论。产业链是供需链、企业链、空间链和价值链的总称（如图 3.2 所示）。

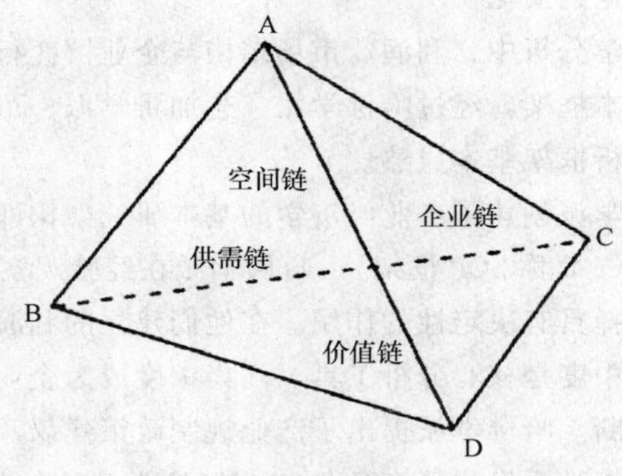

图 3.2 产业链

供需链是产业链研究的基础，它关注的焦点是产业链上的“节点”和“节点”之间的关系，它包括需求链、供应链和技术链。企业链是企业和企业、企业和消费者、企业和政府以及三者之间的链接。它是企业联盟或企业网络。空间链是指同种产业链条在不同地区间的分布。如果产业链在地理上具有集中的特点，就形成了产业链集聚。空间链按地域大小可分为全球链、国家链和地区链。价值链的变化体现在供需链上，进而引起企业链和空间链的演变。[①]从研究产业升级的角度看，通过产业价值链可以更好地理解产业链。

有学者提出了全球产业价值链的观点。全球产业价值链是指一个产业的不同价值环节在全球范围内的展开。全球产业价值链不同于国内产业价

① 吴金明、邵昶：《产业链形成机制研究》，《中国工业经济》2006 年第 4 期。

值链。图 3.3 揭示了二者的区别。

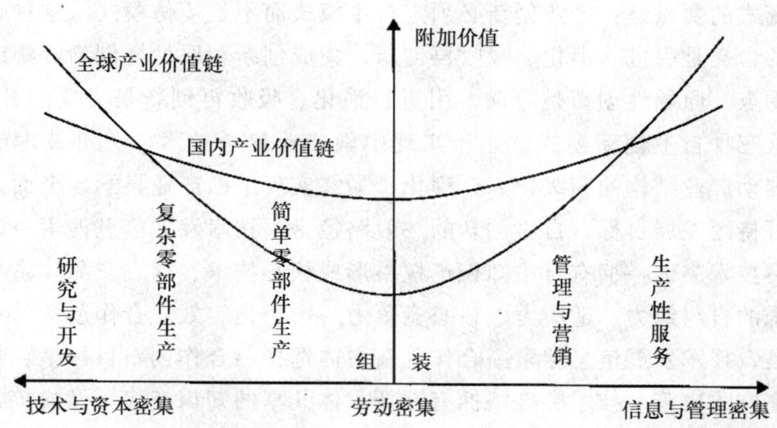

图 3.3　全球产业价值链与国内产业价值链的差异

资料来源：隆国强等：《跨国产业转移与产业结构升级》，中国商务出版社 2007 年版，第 3—4 页。

第六，产业创新理论。产业创新思想最早见于熊彼特的创新论述，新熊彼特主义经济学家发挥了熊彼特的产业创新思想，提出了产业创新理论。中国学者最近十年来从产业结构与发展角度研究了产业创新理论。产业创新理论包括产业创新概念、产业创新模式、产业创新体系、产业创新战略等。第 2 章已详细描述了产业创新理论的进展。笔者在这里要再次强调产业创新的基本理念，即产业创新表现出如下特征①：（1）产业的升级是通过产品的更新换代体现出来的。（2）产品的更新换代存在一个竞争期。（3）产业的升级是跳跃式的。（4）产业的发展具有可跨越性。（5）产业组织创新随产业创新阶段的转变而依次呈现出技术创新主导型组织、制度创新主导型组织和管理创新主导型组织。

产业创新模式沿着线性产业创新模式——互动产业创新模式——产业创新网络模式的路径演进。中国学者吸收上述成果，提出了“二次”创

① 刘友金、赵继荣、罗发友、王记志：《技术创新与产业的跨越式发展》，《常德师范学院学报》（社会科学版）2001 年第 2 期。

新模式[①]和自主创新模式。

2006 年，胡锦涛同志提出要发展形成中国特色的产业自主创新模式。这个模式的要点是：产业创新必须走自主模式而不是模仿模式。这种自主模式的含义是引进、消化、吸收再创新，集成创新和原始性创新。集成创新是重点，原始性创新是导向，引进、消化、吸收再创新是必要的补充。通过这三种自主创新模式，逐步实现中国产业核心技术、关键技术的突破，推动产业结构的高级化、合理化，最终实现中国产业科学、全面、协调、可持续发展目标。自主创新的一般路径是，技术发展信息搜索→自主创新→技术突破→拥有自主知识产权→形成核心技术、核心产品体系→增强系统的自组织力、适应力、核心竞争力→市场化绩效。合作创新的一般路径是，技术发展信息搜索→合作创新主体选择→合作创新目标整合与利益共享方式决策→技术突破→拥有创新主体共享的知识产权→形成核心技术、核心产品体系→提高系统的自组织力、适应力、核心竞争力→市场化绩效。[②]

第七，区域创新理论的演化。在弗里曼提出国家创新系统概念后，区域创新理论应运而生。中国区域创新系统理论研究的高潮期是“十五”期间，此期区域创新系统理论的成果颇丰。比如王辑慈的《创新空间》。创新区域是指产业创新区或新兴产业区这一观点得到了学者的认同，但是，创新区域又不仅仅是新兴产业区。王德禄、顾新等学者从系统论角度详细阐述了区域创新系统。所谓区域创新系统可定义为：“企业和其他机构通过根植性为特征的制度环境系统地从事交互学习。”[③]我们可以从三个方面理解这一定义：(1)“交互学习”相当于知识在生产系统内通过交互作用结合而成的各类不同行为主体的一种集体资产。(2)“环境”指的是一个开放的地域综合体，包括规则、标准、价值观以及人力和物质资源。(3)“根植性”包括企业内外创造和复制经济及知识的过程。区域创新理论的研究内容包括区域创新模式、区域创新系统、区域创新政策、区域创新集群、区域创新环境、区域创新能力及评价、区域创新网络及区域创新

① 吴晓波：《二次创新与我国制造业全球化竞争战略》，《科研管理》2001 年第 3 期。

② 管顺丰：《产业创新理论研究与实证分析》，湖北人民出版社 2005 年版，第 62—63 页。

③ Cooke，P.，“Regional Innovation System：Competitive Regulation in the New Europe，” *Geoforum*，Vol. 23（1992），pp. 365-382.

系统建设等。这里就不再做解释了。[①] 不同创新区域的特色不尽相同，有的以服务业为主，如意大利的制鞋业、家具业和时装业区城，美国纽约的金融服务业区域；有的以高技术为主，如美国硅谷地区。[②]区域创新能力正日益成为地区经济竞争力的核心，因此不断增强区域创新能力，从根本上提高区域核心竞争力，已成为促进区域经济发展的关键。

第 3 节　演化经济理论的基本思想

一　演化的概念

“演化”一词被广泛应用于生物学、物理学之中。从语义学上讲，英文“evolution”一词来自拉丁文，由 e（外）加上 volvere（滚）合成，字义就是“向前滚动”。《美国传统词典（双解）》对它的解释是：一事物向另一种更复杂、更好事物的渐进过程，与“development”一词同义。突变是演化的反义词。《现代汉语语典》对“演化”一词的解释为发展变化。在生物学中，演化概念指物种进化，物种进化表现为遗传、变异和自然选择三种演化机制。把生物学的演化概念引入经济学中就形成了演化经济理论。经济演化可定义为：“由创新及其所有效果产生的经济过程的变化以及经济系统对于变化的响应。”[③]经济演化沿着三条路径发展，形成了技术演化理论、制度演化理论、文化演化理论。

二　经济演化理论的基本思想

演化经济学家从有限理性出发构建了经济演化模型。其基本思想是：在经济演化过程中，企业首先把成功的经验类化为企业行为规则，随着环境的变化，通过搜寻模式积极适应环境，企业在经济竞争中识别新的成功惯例，学习这种惯例，结合企业情况，把这种惯例类化为自己的惯例即创新。企业模仿别的成功的惯例，是因为这种新惯例能带来新的利润，适应企业所面临

---

① 刘曙光、田丽琴：《区域创新发展的模式与国际案例研究》，《世界地理研究》2001 年第 1 期；丁焕峰：《论区域创新系统》，《科研管理》2001 年第 6 期；顾新：《区域创新系统的失灵及其完善措施》，《四川大学学报》（社会科学版）2001 年第 3 期；Bagasco，A. *Tre Italie*（*Bologna*：*Il Mulino*，1977）.

② 中国科技发展战略研究小组：《中国区域创新能力报告（2003）》，经济管理出版社 2004 年版，第 1 页。

③ ［美］约瑟夫·熊彼特：《经济发展理论》，商务印书馆 1990 年版，第 73 页。

的新环境，同时，企业原有的惯例有显著地不适应新环境的特点，利润率下降、市场萎缩就是其显著的表现。但是，模仿可能并不成功。模仿成功的条件就是新的惯例与企业环境结合形成企业内在一致性理性即形成企业新的知识。

经济行为的演化是一个循环累积的因果过程。在竞争环境下，如果一个企业的某个惯例或者创新策略的收益超过了市场平均收益，则后续行为将继续采取相同的惯例并继续取得超过平均的收益，这个过程不断地进行下去，就会产生递增报酬的正累积效应。反之，则会形成递减报酬的负累积效应。经济行为演化路径包括路径依赖、路径跃迁。经济行为的路径依赖指报酬递增机制使得个体选择惯例策略，这就会导致演化路径依赖；经济行为的路径跃迁指报酬递减机制迫使追求更优目标的个体不得不改变策略。演化结果指一个行为主体自主选择能否适应目前环境。适应环境则说明自主选择结果为进化，不适应环境则说明自主选择结果为退化。

把演化研究方法应用于制度研究中就形成了制度演化理念。马克思认为，制度演化的动力源于社会生产力的发展。新制度经济学认为，交易成本和贸易收益是制度演化的动力。新制度经济学家关于交易成本是制度演化的动力的观点，可以解释具体的经济组织在一定条件下行为规则的演化原因，例如，解释古典企业制度演化的原因。但是，对于大企业的制度演化、产权制度演化的原因，其解释力不强。在当代社会里，创新劳动生产力是当代社会生产关系及生产体制、管理体制演化的根本动力。当代中国制度变迁就是创新劳动生产力驱动制度演化的一个典型例子。

第4节 战略管理理念与工具

一 战略的基础概念

（一）战略概念

“战略”（strategy）一词来源于希腊语中的“stratego”，意为“将军”，其意思是“对资源的有效使用加以规划以摧毁敌人”。“战略”这一术语最初被广泛应用于军事领域，后来扩展到国家政治、经济和社会发展领域。随着管理科学的兴起和发展，以及企业管理实践的发展，“战略”一词成为管理科学中的重要核心概念。在管理学领域，管理学家站在特定的角度解释企业战略问题，因而对于战略概念的界定就大同小异了。根据大多数管理学家对战略的界定，我们可以把战略定义为根据企业家的战略远见制定的理念、目标以及资源和力量的总体部署和规划。

（二）战略类型

战略类型划分可根据企业战略性要素作出分类，也可根据系统结构与功能加以分类。根据不同的分类方法，战略类型也不同。在全球化时代和知识经济时代，创新在企业战略中的地位越发重要。它不仅是一个业务战略还可能是一个总体战略。

二　主要的战略分析工具

战略分析工具有经济学的战略分析工具、哲学认识论的战略分析工具、心理学的分析工具、政治学的分析工具等。哲学认识论的战略分析工具、心理学的分析工具、政治学的分析工具都具有较强的定性分析特点，难以作出定量化分析。经济学的战略分析工具具有定量化的特征。从战略定位的角度看，经济学的战略分析工具更具有客观性。

SWOT 分析方法是应用十分广泛的战略分析工具。SWOT 分析框架描述了企业在面对外部环境时必须发挥自身的优势、抓住机遇，通过 SWOT 四个要素的组合，形成不同的企业发展战略，从而实现企业的发展目标（见表 3.2）。

表 3.2　SWOT 分析框架

	优势（strengths）	劣势（Weaknesses）
机会（Opportunities）	SO	WO
威胁（Threats）	TS	TW

迈克尔·波特的竞争战略理论是另一种被广泛使用的战略分析工具。在区域产业自主创新战略研究中，我们借鉴了这种分析工具。这种分析工具的优势在于：它综合考察了产业竞争中的企业定位问题。区域产业自主创新战略问题研究需要抓住区域产业创新中的关键环节，因此竞争战略分析工具适合于本课题的研究。

迈克尔·波特的竞争分析工具包括产业竞争分析的“五力”模型、竞争优势模型和钻石模型。在以后的相关叙述中，我们会相应地介绍这些模型的要点。

第 4 章

创新竞争优势与创新战略

本章主要讨论创新驱动战略的框架。有关这个问题的基础概念，如区域产业创新、现代产业体系等都必须有科学的解释，在此基础上，立足于价值观分析创新驱动的现代产业的发展。区域产业创新结构设计是本章第3节的任务。第4节旨在讨论区域产业创新的基本战略。最后研究区域产业创新战略的扩展问题。

第 1 节　本章的基本概念

一　区域产业创新的界定

区域产业创新是某一区域的特定产业为了实现其发展目标而在产业内开展的创新活动以及这种创新活动向其他产业扩散的总称。区域产业创新概念的具体内涵应当是：（1）区域产业创新研究的是某一区域的产业创新活动。这一规定限制了区域产业创新的范围。这里的区域概念指的是区域经济学中狭义的区域概念。这里的产业创新活动既指特定的产业又指产业体系。（2）区域产业创新的目标是指区域传统产业体系向现代产业体系的转化或区域现代产业体系形成与发展的过程。（3）区域产业内创新活动是产品创新活动、技术创新活动、企业创新活动、市场创新活动、管理与政策创新活动的总称。（4）区域产业创新扩散指某一区域产业的成功创新向关联产业和非关联产业扩散从而导致关联产业创新与非关联产业创新的行为和过程。

二　区域产业创新的特点

区域产业创新有不同于区域创新和产业创新的特点，这就是区域产业创新的独特性、区域产业创新的不可模仿性、区域产业创新模式的差异性。区域产业创新的独特性指一个区域产业创新区别于另一个区域产业创新的特征或属性。这种区域产业创新的独特性有区域产业创新的文化和价值体系、区域产业创新的制度、区域产业创新的结构等独特性。其中，区域产业创新的文化和价值体系的独特性是隐性的、无形的，区域产业创新的制度独特性是显性的、有形的，区域产业创新结构的独特性是有形的、实体性的。

比如，美国硅谷产业创新的独特性表现在：第一，美国硅谷产业创新的文化和价值体系可概括为创新企业自由进入、创新要素自由流动、创新思想全面迸发的产业自由创新的文化和价值体系。世界其他地区如中国台湾新竹工业园区、北京中关村科技园区、印度孟买软件园区都不具有这种产业创新的文化和价值体系。第二，美国硅谷产业创新的制度体系可概括为期权激励制度和风险投资制度相结合的制度体系。这个制度体系的完整性、高效率、高效益特点是世界其他地区所不具备的。第三，美国硅谷产业创新结构体系的显著特点是原创性、综合性、动态性。世界其他地区的高技术产业创新通常表现出派生性、单一性的特点。

区域产业创新的不可模仿性指区域产业创新的唯一性特点，这种唯一性表明，任何其他区域产业都不可能模仿这种产业创新形式。美国硅谷产业创新的文化和价值体系的独特性就是美国的自由与创新的文化与价值体系，这种自由与创新的价值体系是世界上绝大多数其他地区无法模仿的。20 世纪 90 年代，世界各国为了发展本国或本地区的新兴产业而同美国合作，把美国 NASDQ 市场推广到世界上其他的资本市场，如德国市场等。结果是 NASDQ 市场在世界各国扩散的失败。这表明，在美国信息技术产业发展过程中，支持创新创业企业发展的 NASDQ 市场体现了硅谷新产业发展的不可模仿性。

区域产业创新模式的差异性指区域产业创新的起点、路径及产业组织的特征差异。例如，中国区域汽车产业自主创新模式在创新起点、路径上有自己的特点。辽宁汽车产业创新模式有着国际化与金融资本相结合的特点，芜湖汽车产业创新模式有着汽车发动机 + 自主品牌 + 国际合作创新的特点，浙江汽车产业创新模式是民营企业模仿组装 + 创新的特点。又比如，中国家电产业创新在青岛、绵阳、惠州地区表现出的区域产业创新在产业组织模式上就有显著差异。青岛的家电产业创新走的是国有大企业主导的产业组织创新模式，东莞的家电产业走的是民营外向型产业组织创新模式，绵阳家电产业走的是军工企业产业组织创新模式。

三 区域产业创新体系

区域产业创新体系是指某区域为了促进传统产业体系向现代产业体系转变、升级并发展现代产业体系而开展的区域产业体系创新，这种区域产业体系创新包括区域产业内容创新体系、区域产业对象创新体系、区域产业结构创新体系和区域产业价值创新体系。

区域产业创新体系的目标是促进传统产业体系向现代产业体系的转变、升级；区域产业创新体系的性质是区域产业体系的创新；区域产业创新体系的内容包括区域产业内容、对象、结构和价值的创新。

1. 区域产业内容创新体系是指发展区域新产业技术能力、区域产业规则、区域产业延伸链条、区域新产业的总和。区域产业自主创新能力是区域产业核心竞争力的内容。区域产业自主创新能力可定义为区域产业技术创新潜能、研发投入能力、创新产出能力的总和。区域产业创新潜能指区域科技教育资源的吸引能力、集聚能力和基础知识创新能力，区域产业研发投入能力指区域产业研发投资水平，包括财政研发投入、企业研发投入能力。其中，企业研发投入能力是主要内容。区域产业创新的产出能力包括区域产业创新专利产出能力、区域产业创新增加值能力。区域产业规则是区域产业创新内容体系的重要组成部分。从制度经济学的观点看，区域产业规则创新包括区域产业传统行为习惯的改变、区域产业组织制度的创新、区域产业知识产权制度的创新。其中，区域产业组织制度的创新特别重要，它既是打破产业传统习惯制约又是创新传统的制度变迁。区域产业知识产权制度创新是现代高技术产业发展的基础。区域产业延伸是区域传统产业应用高新技术以延长产业链条。区域产业延伸的实质是区域传统产业技术与新技术融合形成新的产业技术。汽车产业延伸就是一个很典型的例子。区域新产业的发展是区域产业创新的主要内容。

2. 区域产业创新对象体系是指一个区域中某个产业内的产品创新、技术创新、市场创新、企业创新和管理政策创新。其中，产品创新反映了市场的需求，是区域产业创新的产品目标；技术创新是区域产业创新的关键，技术创新满足市场对新产品的技术需求，技术创新提升产品品质；市场创新是指开拓新市场。市场创新旨在扩大新产品客户群，从而增加市场的占有率，实现规模经济效益；企业创新包括了中小企业创新、大企业创新和合作创新组织。企业创新是产业创新的载体和主要力量。管理政策创新则指促进产业创新的制度和政策创新，包括产业创新制度和产业创新政策、财政税收制度和财税政策、金融制度和金融政策。

3. 区域产业结构创新体系是指一个区域内优势产业创新、主导产业创新、支柱产业创新的相互作用与互动关系。从产业竞争的角度看，区域内优势产业可定义为相对于其他区域的同类产业具有比较优势和竞争优势的产业。区域优势产业可能是成熟的产业也可能是成长中的产业。在提高产业自主创新能力和促进区域产业的发展方面，区域优势产业自主创新能力的提高可有效地提高区域产业竞争力和促进区域产业的发展，因而区域优势产业创新是区域产业创新结构体系中的优先考虑目标。从产业发展的角度看，区域主导产业可定义为相对于区域内其他产业来说更具有成长性的新产业。区域主导产业创新代表着区域未来的产业创新能力和产业发展。因而区域主导产业创新成为区域产业结构创新中必须研究的内容。区域主导产业转换是区域产业结构创新的标志。区域支柱产业是区域内的成熟产业，在区域经济发展中占支柱地位。区域支柱产业创新主要是指企业广泛应用新技术以改造其技术基础，延伸支柱产业链，提高支柱产业的竞争力。区域优势产业创新、区域主导产业创新、区域支柱产业以及区域衰退产业创新在区域产业创新周期图中依次表现出来。区域产业创新价值链是描述区域产业结构创新体系的另一种形式。从产品设计、加工、营销流程中，我们可以看到，区域产业结构创新体系应当是区域产业由低附加值产业向高附加值产业转变的过程。高附加值产业的发展是区域产业结构创新目标。

四　区域产业创新战略

区域产业创新战略指某个区域内产业创新的战略目标、战略措施及其相互关系的总称。区域产业创新的战略目标通常指区域产业创新的内容目标，包括区域产业技术创新、区域新产业发展和区域制度创新目标。其一，按照区域产业创新对象的定义，区域产业创新战略措施指产品创新战略、技术创新战略、市场创新战略、企业创新战略和管理创新战略；其二，按照区域产业结构创新体系的定义，区域产业创新战略措施指区域优势产业创新战略措施、区域主导产业创新战略措施、区域支柱产业创新战略措施；其三，按照企业的产业创新目标的定义，区域产业创新战略措施指领先战略措施、追随战略措施、进攻型战略措施或防御型战略措施。

区域产业创新的战略目标决定着区域产业创新战略措施的选择，区域产业创新的战略措施必须符合区域产业创新战略目标的要求。在实践中，区域产业创新战略目标与区域产业创新战略措施不匹配是常见现象，表现为区域产业创新战略总目标与特定目标的模糊，难以发挥各种战略措施的效果；区域产业创新战略目标清晰，但是相应的战略措施错位、越位或虚位，常常导致区域产业创新战略目标虚置或高企或低企。因此科学地认识各种产业创新战略措施的约束条件及其相互关系至关重要。

五 现代产业体系

什么是现代产业体系？对此的定义颇多。立足产业演进角度，现代产业体系指的是以克拉克法则为基本脉络，顺应资源和环境的承载能力，借助科学技术的牵引和带动作用，形成代表相应历史时期先进生产力的产业体系。①这个定义揭示了现代产业体系演进的内在规律、现代产业体系的驱动力和现代产业体系的环境效应。

绝大多数学者认为，现代产业体系的特征有动态性、科技性、绿色性。现代产业动态性的内涵是，现代产业体系是既具有竞争优势又面向未来发展趋势的产业体系，既有本国先天的要素禀赋所带来的路径依赖又有后天要素禀赋升级和专业化分工所产生的动态比较优势的影响。②现代产业体系科技性的内涵是，现代产业体系始终是科技知识的商业化。比如，美国信息技术产业体系就是现代产业体系科技性的典型例子。③现代产业体系绿色性的内涵是，现代产业体系应当是一个低耗能、低污染和低排放的环境友好型产业体系。

绝大多数学者认为，现代产业体系的内容有新型工业、现代服务业、现代农业和战略性新兴产业。新型工业指信息技术、节能技术、环保技术、低碳技术等现代科学技术与传统工业体系的融合。现代服务业指的是金融、物流、科技服务、信息服务等新兴服务业态。新兴产业指的是处于

---

① 赵寅、张永庆：《现代产业体系理论研究综述》，《经济师》2010 年第 1 期。

② 刘明宇、芮明杰：《全球化背景下中国现代产业体系的构建模式研究》，《中国工业经济》2009 年第 5 期。

③ 李政、王雷：《论金融信息化及其对金融发展的影响》，《情报科学》2007 年第 11 期。

产业生命周期萌芽阶段的产业，而战略性新兴产业是指政府认为对国民经济发展有带动作用、产业关联度高、经济效应显著的新兴产业。

第2节　创新驱动产业发展：一个经济学解释

一　产业发展：一个价值解读

从国民经济统计表看，产业发展指的是产业增加值的增长。产业增加值是产业内企业增加值的加总或者产业内所有产品增加值的加总。产业增加值是什么？统计学指出，工业增加值是指工业企业在报告期内以货币形式所表现的工业生产活动的最终成果，是工业企业全部生产活动的总成果扣除在生产过程中消耗或转移的物质产品和劳务价值后的余额；是工业企业生产过程中新增加的价值。迈克尔·波特把工业企业增加值解读为某种产品生产过程全部环节的价值，包括基本价值环节和附加价值环节。经济学家刘诗白认为，现代产品价值的基本决定要素是劳动力、工具力、管理力、科技力和自然力。劳动力是现代产品价值的始源，工具力创造现代产品的使用价值，管理力是现代产品创新价值的重要源泉，科技力是现代产品价值的主要来源。[①] 可见，产业发展从产品角度可定义为产品的基本价值加企业产品的增加值。

设产业发展为 Y_i，产品的基本价值为 V_b，产品的增加值为 V_g，则有：

$$Y_i = V_b + V_g \tag{4.1}$$

企业产品的增加价值在经济学上指劳动力在剩余劳动时间内创造的价值。比如，富士康工人工作8小时即可创造工人的工资和富士康投资支出。富士康工人加班即8小时以外时间工作所创造的价值即为企业产品增加价值。在现代加工制造业中，富士康所得产品的增加价值大约在3%—5%之间。在过去30年里，中国绝大多数制造业企业所获得的利润就是企业产品的增加价值。中国绝大多数制造业发展即是制造业产品增加价值的总和。最近十年来，随着中国劳动力成本的上升，中国制造业发展呈现出萎缩态势。

企业产品的增加值在现代产业体系中主要表现为产品的创新价值。比如，2011年8月11日，苹果股价报收363.69美元，市值为3371.7亿美

① 刘诗白：《现代财富论》，三联书店2005年版，第95—190页。

元，同时，埃克森美孚股价报收 68.03 美元，市值为 3307.7 亿美元。苹果正式超过埃克森美孚成为全球市值第一的公司。苹果公司能有此佳绩皆源于该公司 iPhone 系列新产品的创新价值。

产品附加价值是产品创意、产品设计、产品开发、产品制造、产品营销、产品品牌各环节的价值总和。产品创意是新理念的形成过程，产品创意价值是产品创造者在创意产生、创意识别、创意评估、创意确认过程中的创新劳动价值，产品设计是产品设计者在设计过程中所创造的价值，产品开发是产品开发者在开发过程中所创造的价值，产品制造是产品制造者在制造过程中所创造的价值，产品营销是产品营销者在营销过程中所创造的价值，产品品牌是产品品牌创造者在产品品牌塑造、固化过程中所创造的价值，每一个环节的价值在本质上都是创新价值。因此现代产品附加值在本质上就是创新价值。

产品创新价值是知识创新价值、技术创新价值、市场创新价值、管理创新价值、制度创新价值的总和。设知识创新价值为 V_i，技术创新价值为 V_t，市场创新价值为 V_m，管理创新价值为 V_M，制度创新价值为 V_I，则企业产品的增加值可表述为：

$$V_g = V_i + V_t + V_m + V_M + V_I \tag{4.2}$$

知识产品价值是现代产品价值的主要部分。从政治经济学的观点看，知识产品有使用价值，即增强人的社会生产和生活能力的工具，是财富形成的根本动因和精神力量。[①]知识产品有两种：一种是作为公共物品的知识产品；另一种是作为市场交易的知识产品。前者表现为专著、论文等科学知识产品，后者表现为专利等知识产品。在现代社会中，无论哪种知识产品生产都是大规模生产。作为市场交易的知识产品大规模地被合并于新产品研发、制造，从而使得新产品具有更高更丰富的效用。

知识创新旨在大规模地生产知识产品，并把科学知识产品不断转化为市场交易性的知识产品。互联网技术引致知识高速生产和高速扩散。公共性科学知识产品向市场交易性知识产品转化的速度因市场需求的驱动而大大加快了。芮明杰等系统地研究了现代产业链与知识创新的关系。在模块化分工条件下，知识关联是现代产业链内部网络及成员之间的主要联系方式。隐性知识、专有知识和互补知识是知识关联的三种基本方式。知识创

① 刘诗白：《现代财富论》，三联书店 2005 年版，第 171 页。

新内容包括系统知识创新和专有知识创新。在模块化分工条件下，系统知识创新指的是模块整体的界面规则和技术标准创新。专有知识创新指的是模块本身的创新。[①]知识创新价值指的是新知识产品的商业价值。专利就是新知识产品的典型形态。专利价值是专利内在价值即专利凝结的创新劳动量的大小。在市场经济条件下，专利交易价值由专利供求所决定。人类知识创新的需求程度极大地影响了专利价值。专利技术的独占性对专利价值具有决定性影响。隐性知识，比如经验、技巧、技能等，同样是新知识产品价值的重要影响因素。

作为经济学范畴的技术，它的一般意义是机器设备、生产工艺、原材料三者的综合。在现代社会里，技术使用价值的特征是：（1）极大并不断地丰富使用价值；（2）高强度、高效率、高效益地使用；（3）低物耗、低能耗地使有；（4）低污染、低排放地绿色使用。技术创新指的是增加市场上没有的产品和服务或者提高产品质量的商业化过程。技术的经济价值不断被开发。技术创新价值是指新技术产品价值。这包括新产品销售利润率和新专利产出。技术创新劳动是新技术产品价值的决定性因素。技术原始创新程度、技术创新累积度综合反映了新技术产品的各种技术知识及其劳动累积。原始创新程度越高的新技术，其价值越大。

在经济上，市场是指人类的消费需求和供给的总和。从创新角度看，市场常指人类的消费需求、中间产品需求和境外需求。熊彼特认为，市场创新就是开拓新市场，包括开拓新的客户、扩大客户规模和把产品与服务推广到新的空间。市场营销技术和方法创新是市场创新的基本工具。市场创新价值是指开拓新市场的劳动价值，包括市场规模经济效应和市场范围经济效应。客户发现的经验和技巧、产品促销技术和方法等创新程度是新市场价值大小的决定性因素。品牌价值是市场创新产出不可或缺的内容。客户体验价值是市场创新价值的又一衍生形态。

在管理学上，管理通常指指挥、控制、协调和组织。在现代生产活动中，管理是组合劳动的总代表。管理学大师德鲁克说，企业家的本质是创新。管理能力是现代企业生产力的独立要素。[②]管理创新指的是企业指挥、

---

① 芮明杰、张琰：《产业创新——基于网络状产业链内知识创新平台的研究》，上海财经大学出版社 2009 年版，第 55、89 页。

② 刘诗白：《现代财富论》，三联书店 2005 年版，第 131 页。

控制、协调和组织等各个环节不断适应组合劳动新要求的理念、行为、运行等。自现代科学管理理论诞生以来，管理理念不断演变和更替，管理组织模式不断向高级化发展，管理策略不断丰富。在互联网时代，网络组织、集群组织、扁平化组织等是管理组织形态发展的新趋势。管理创新价值指的是企业家在管理过程中的价值创新。它包括企业家创新能力价值、管理团队能力价值。在熊彼特看来，管理创新价值被称为企业家利润。企业家利润就是“一种超过成本的剩余，从企业家角度看，正如许多经济学家所声称的那样，它是一个企业的收入与支出之间的差额”①。

管理创新价值具有不确定性特征，克拉克认为，职业经理人和员工都可以参加管理创新价值的分配。后来的学者尤其是制度经济学家系统地阐述了管理创新价值分配及其分配机制。比如，高薪酬机制、股权机制、期权机制等。

制度的定义有多种，无争论的是，制度指的是人或组织的行为规则。制度经济学家把制度划分为制度环境与制度安排。制度环境是指一系列用来建立生产、交换与分配的政治、社会和法律基础规则。制度安排是指支配经济单位之间可能合作与竞争方式的一种安排。②

制度创新价值、制度创新收益、制度创新绩效也有些细微的差别，但在这里三者通用。在《高技术经济的制度演化》一书中，邓金堂认为，制度创新的绩效是指在新制度代替旧制度的过程中所释放和获取的创新收益。制度创新成本指新制度代替旧制度所支付的全部费用。制度效率可定义为任何一种制度总是有效地生产的制度创新收益。制度效率损失可定义为任何一种制度所带来的制度创新收益向零收敛的趋势。如果制度带来的创新收益与制度创新成本相等，则制度效率损失最大化。制度效率是制度创新绩效的数学描述。③

上述分析有一潜在假设，即市场是完全竞争的市场，即使存在垄断市场，也不存在滥用市场垄断地位的情形。这表明，企业产品增加值中不包含市场垄断价值。在现实中，企业利用垄断地位获取产品增加值是

① 参看熊彼特《经济发展理论》第四章。在这一章里，熊彼特详尽地讨论了企业家利润。

② ［美］R. 科斯、A. 阿尔钦、D. 诺思等：《财产权利与制度变迁——产权学派与新制度学派译文集》，上海三联书店、上海人民出版社 1995 年版，第 270、271 页。

③ 邓金堂：《高技术经济的制度演化——兼论中国高技术经济的制度创新》，西南财经大学出版社 2003 年版，第 14 页。

一种普遍的现象。比如，苹果公司利用中国消费者的信赖乃至溺爱、中国法律法规的漏洞，规避服务责任以获得超额利润。因此，产业增加值可表述为：

$$Y_i = V_b + V_g + V_{m1} \tag{4.3}$$

其中，V_{m1} 表示企业垄断地位所获得的增加值。

在开放经济体系中，一国产业创新能力越强，就越具有竞争优势。产业增加值应当包括新产品的国际贸易收益。设新产品的国际贸易收益为 V_{ex}，则产业增加值应当表述为：

$$Y_i = V_b + V_g + V_{m1} + V_{ex} \tag{4.4}$$

二　产业发展：一个产品价值链体系的解释

产品链是产业经济学的概念，它描述了产品技术关联性、产品功能互补性和替代性的关系。价值链是迈克尔·波特在研究竞争战略、描述公司价值来源时提出的概念，它回答了公司如何创造价值的问题。立足于产品生命周期、产品模块分工、产品技术关联，对产品价值链的研究不断深化并在此基础上研究产业发展规律和政策。

产品生命周期理论指出，任何产品都有萌芽、成长、成熟和衰退四个阶段。根据产品生命周期理论，产业体系可定义为新产品、成长性产品、成熟产品和衰退产品所构成的产品体系。产业发展就是指产品生命周期的演进过程即新产品、成长性产品、成熟产品和衰退产品的波浪式演进过程。新产品的不断涌现、成长性产品的高速扩张是产业发展的标志。比如，通信产品制造产业就是由固定电话向移动电话的演进过程。固定电话是最先研制、成长的通信产品，固定电话作为主导产品在通信产品生命周期中占据半个世纪。20 世纪 80 年代，移动通信产品兴起，并迅速成为主导通信产品。移动电话机占了近二十年的主流地位。在最近 5 年里，移动互联网通信电话机或俗称的智能机迅速崛起，取代移动电话机或俗称的功能机占据了通信产品的主流地位。一国通信产业发展或一个地区通信产业的发展就是主流通信产品的演进过程。据此，一国的产业政策就是要不断促进新兴主流产品成长并获得规模经济效应。20 世纪 90 年代初放松通信产业管制政策，引进竞争机制，使中国通信产业得以迅速发展壮大，成为国民经济的支柱产业。

根据产品生命周期理论制定的产业发展政策的合理性就是鼓励新产品

开发，发展主流产品制造业，迅速获得规模经济效应。这是一种粗放式的产业发展模式。这种产业发展模式难以辨识产业发展的核心技术环节，容易导致国内产业总是处于加工制造的低端环节。

产品模块分工理论指出，产品是由若干模块构成的，每一个模块都可以做到专精，每一模块都可以创造新价值。结合产品工序流程，任何一个产品都需要有创意模块、设计模块、工程开发模块、产品制造模块。结合产品功能和地位分析，任何一个产品都有核心产品模块和配套产品模块。根据这一理论，产业体系可被定义为由产品创意模块、设计模块、工程开发模块、产品制造模块所构成的模块化产品体系，或者还可被定义为由核心模块与互补模块所构成的模块化产品体系。产品微笑曲线表明，产品创意模块、设计模块和工程开发模块是最有价值的模块，而产品制造模块是价值最低的模块。因为前三个模块包含了知识创新价值、技术创新价值、管理创新价值和制度创新价值。产品制造模块一般被理解为劳动力增加值模块。计算机产业就是一个典型的模块分工产品体系。按工序流程，我们看到，CPU 的核心模块由 Intel 公司掌控，封装模块被外包到中国这样的发展中国家。CUP 制造产业的发展过程就是：（1）CPU 创意、设计和工程开发三个模块的创新能力发展；（2）CPU三大模块的技术创新；（3）CPU 封装模块的发展。依据产品模块分工理论，产业发展的实质是由制造模块向研发模块爬升，并且着力发展研发模块。

产业技术关联理论刻画了产品之间的技术关联性、兼容性。产品之间的技术关联指的是终端产品与中间产品的技术关联或者上游原材料产品、中游元器件制成品、下游终端产品之间的技术关联。以此为据，产业体系指的是原材料产品、元器件制成品和终端产品组成的技术产品体系。在此基础上，所谓产业发展指的就是技术产品体系的发展。比如，电视机制造业、汽车制造业等产业就是这类技术产业。电视机产品有上游的原材料产品、中游的元器件产品和终端的电视机产品。在这个产品链上，上游的原材料产品、中游的机芯等核心元器件产品是现代电视机产业的核心技术产品。电视机产业发展就是原材料产品、元器件产品和终端电视机产品这个产品体系的发展。其中，原材料产品和机芯产品对电视机产业竞争力具有决定性意义。中国是电视机制造业大国但不是强国，原因就在于电视机原材料产品和机芯等核心技术产品由外国掌控。

因此中国发展电视机制造业就是指原材料产品和机芯等核心元器件产品的发展。可见，依据产业技术关联理论构造的产品价值链体系，可以清楚地找到一国或一地区在产业技术链条中的地位。产业发展的含义就是技术升级。

综上所述，产业发展的含义是：（1）结合产业生命周期与产业技术关联理论可知，产业发展就是传统产业与新兴产业技术相结合，实现产业技术升级、产业价值升级。中国共产党十八大报告指出：中国产业发展就是信息化与工业化的融合。（2）结合产业模块分工理论与产业技术关联理论可知，产业发展就是发展研发产业、先进制造业。（3）结合产业生命周期与产业技术关联理论可知，产业发展就是发展战略性新兴产业。

三　创新是现代产业体系发展的核心驱动力

创新是现代产业体系发展的核心驱动力。20 世纪 70 年代，美国著名的创新专家厄特拜克和阿伯纳西（Utterback & Abernathy）系统地研究了技术创新与产业发展的内在关系，并以技术创新解构了产业发展，得出技术创新是产业发展根本动力的结论。21 世纪初，中国发展高新技术产业遇到了制度“瓶颈”。国内学者在系统研究美国硅谷信息技术产业的发展后发现，美国信息技术产业创新十分活跃的根本原因是制度。因此，有了“制度重于技术”一说。[①]

阿伯纳西—厄特拜克（Abernathy-Utterback）模型，模型有基本模型和改进模型两种。A—U 基本模型是以同一产品生命周期为基础研究技术创新与产业发展关系的。阿伯纳西和厄特拜克把产品创新、工艺创新、市场创新及产业组织的演化划分为流动阶段、转换阶段与特性阶段，认为产业的创新类型和创新程度取决于产业的成长阶段。在流动阶段，产品设计多样化，创新竞争十分激烈，创新型小企业林立，产品市场处于开拓期，没有形成一个主导设计。在转换阶段，技术主导设计形成，产品大规模生产，工艺创新取代产品创新成为技术创新的主要特征。在特性阶段，生产过程和企业组织日趋专业化和纵向一体化，市场规模经济效应显著，市场创新和组织创新成为技术创新的主要形态。图 4.1 描述了 A—U 基本模型。

---

① 吴敬琏：《制度重于技术》，中国发展出版社 2002 年版。

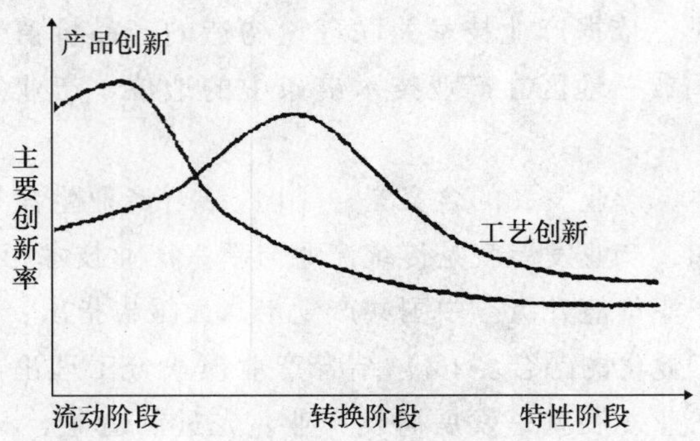

图 4.1　A—U 产业创新与产业发展的关系

产品生命周期告诉我们，一代产品生命周期结束并不意味着产业生命周期的结束。事实上，产业生命周期是由多个产品生命周期叠加而成的。每一代产品有一个技术轨道，从一代产品到新一代产品，产品技术轨道呈跳跃特征。比如，模拟电视技术产品和平板电视产品之间是电视技术轨道由模拟电视技术向数字电视技术轨道的跃升。A—U 改进模型揭示了产品在不同技术生命周期条件下技术创新驱动产业发展的动态情境。以 PLC 理论为基础，从产业发展和演变的全过程考察，可以得出技术创新和产业发展呈现出如图 4.2 所示的动态关系模型。A—U 改进模型有如下特点：(1) 产业升级是通过产品的更新换代体现出来的。产品更新换代突出了新技术在产品中的应用。比如，电视机由传统功能向智能时代转变突显了移动互联网技术在电视机中的应用。产业升级的实质是技术主导设计更替。核心技术创新对产业技术升级跃迁起着决定性作用。(2) 产品的更新换代存在一个竞争期。竞争期的长短取决于主导设计成熟周期。(3) 产业升级是跃升的。核心技术创新的成败决定着产业升级跃迁成功与否。(4) 产业发展可以是跨越式的。[①] 图 4.3 描述了产业技术轨道与产业跨越发展的关系。

① 刘友金等：《技术创新与产业的跨越式发展——一个改进的 A—U 模型及其应用》，《常德师范学院学报》（社会科学版）2001 年第 2 期。

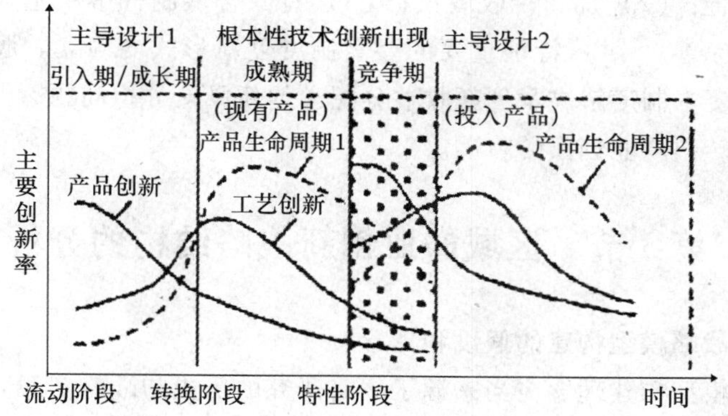

图 4.2　技术创新与产业跨越发展的关系

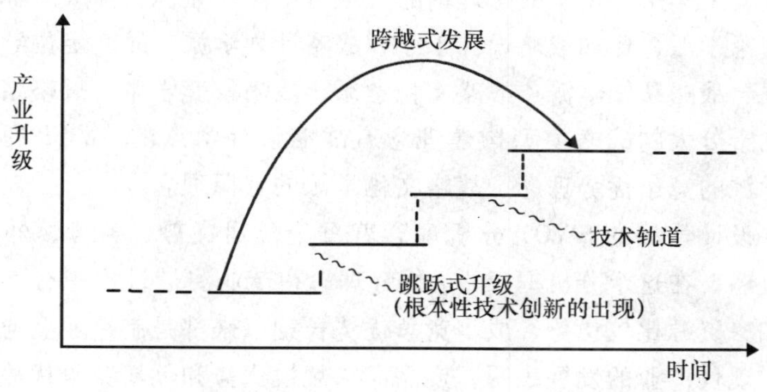

图 4.3　技术创新轨道与产业跨越式发展的关系

制度创新是现代产业体系发展的直接推动力量。（1）制度创新激励技术创新，促使技术创新向产业创新转变。二十多年来，中国高新技术产业发展取得了举世瞩目的成就，其中重要的原因就在于制度创新。中国高新技术产业发展的制度创新表现在：第一，创立高新技术产业开发区体制和机制。第二，制定高新技术产业开发区的政策体系。当前，国家高新技术产业开发区正向创新型园区转变，推动这种转型的动力源于实施创新驱动战略。（2）制度创新解除了技术创新转向产业创新的障碍，促进了新兴产业的发展。美国高新技术产业发展由 128 公路地区转向加州硅谷，其根本原因在于硅谷的一系列制度创新。其表现是：（1）技术创业制度的创立和完善；（2）加州税收政策；（3）有限合伙制等中小企业制度体系的建立和完善；（4）特别重要的要素制度创新形式的确立。股权激励制度和风险资本制度解决了创新收益分配和创新风险分担问题，彻底消除了技术创新转向产业创新的障碍。

第3节　区域产业创新战略结构的分析

一　战略模型构建的假设和理念

战略模型构建理念应当来源于战略研究的历史与战略实践。战略研究的历史实际上是一部战略模型构建理念的历史。在远古时代，战略研究源于国家军事战略的需要，产生了十分丰富的兵家战略理论。《孙子兵法》是古代国家竞争战略的精华和代表。现代战略研究集中于现代经济竞争上。最近三十年来，竞争战略理论的文献可谓汗牛充栋，形成了林林总总的战略理论学派，比如战略设计学派、战略计划学派、战略定位学派、企业家学派、战略认知学派、战略文化学派、战略权变学派、战略结构学派等。影响十分大的战略模型构建理念有战略设计学派的 SWOT 理念、战略定位学派的竞争优势理念、战略文化学派的资源理念。

战略设计学派的 SWOT 分析理念着重于公司优势、劣势、外部环境威胁与机遇。在这个分析框架中，优势理念在产业演进过程中有不同的定位。比如，资源比较优势、成本竞争优势长期以来都是制造业企业对优势的定义。现代产业的发展表明，产品需求规模优势和创新竞争优势应当是现代制造业企业和产业对优势的定义。

战略定位学派非常重视现代产业实践所形成的优势概念，并对之做了深入、系统的研究。迈克尔·波特的代表作品《竞争战略》（1980）、《竞争优势》和《国家竞争优势》就是关于现代产业竞争优势的理论概括和总结。迈克尔·波特认为，现代竞争优势来源于创新，一国或区域产业竞争力来源于产业创新能力和优势，决定一国或区域产业竞争优势的根本因素是生产要素条件、需求条件、相关和支撑产业、企业战略和结构。在生产要素条件中，高级人力资源要素是现代产业竞争优势的基础；在企业战略和结构中，企业创新战略和结构是现代产业竞争优势的关键；在需求条件中，需求方的规模经济优势是现代产业创新竞争优势的源泉；在相关和支撑产业因素中，与创新相关和支撑创新的产业是现代产业创新竞争优势实现的条件。

战略文化学派把战略建模理念重新拉回到企业内生要素分析的框架里。战略文化学派认为，企业竞争优势来源于核心战略资源。所谓核心战略资源是指具有战略价值的、稀缺的、不可模仿的资源。这种资源可能是企业的文化价值体系、企业品牌、企业行为习惯和规则。在现代竞争实践中，战略资源或核心资源的确是一个重要的战略建模概念。萨克森宁在考察美国硅谷与 128 公路地区的产业竞争时，提出用以网络为基础的地方工业体系来诠释地区竞争优势。地区工业体系包括三个层面：地区机构和文化、工业结构和公司组织。地区机构即公私组织，比如大学、企业协会、地方政府以及许多不太正式的业余俱乐部、专业学会和其他社会交际场所。这些机构与当地文化融合，形成了关于劳工市场行为和创新冒险的共识、规则。工业结构指的是社会分工、垂直一体化程度以及某个部门或一系列相关部门中客户、供应商和竞争者之间联系的范围和性质。公司内部组织包括等级的或横向的协调程度、集权或分权、责任的分配以及公司内部任务的专门化。①流行的观点是，地区优势中最重要的是地区的资源比较优势、产业集聚竞争优势。在萨克森宁关于地区优势的定义中，产业创新文化、网络组织体系、专门化学习型组织是三个集聚创新资源、集聚企业的关键因素。网络型地区工业体系是战略模型建构的一个非常好的理念。

我们的战略建模基于如下假设：

假设 1　区域产业竞争力的标识是核心技术产品，一个区域总是孜孜以求这种核心技术产品。

假设 2　创新型企业竞争力是区域产业核心竞争力的直接体现，一个区域总是希望有根植于地方的创新型企业，包括重点创新型企业和中小创新型企业。

假设 3　重点创新型企业掌握和控制了核心技术产品。一个区域拥有的重点创新型企业越多，该区域产业核心竞争力就越强；一个区域拥有的重点创新型企业在产业链条、产业结构中的配置越合理，该区域产业核心竞争力就越具有可持续性。

---

① ［美］安纳利·萨克森宁：《地区优势——硅谷和 128 公路地区的文化和竞争》，曹蓬、杨宇光等译，上海远东出版社 1999 年版，第 8 页。

假设4 网络型地区工业体系是现代产业体系的典型组织形态。

假设5 需求规模是现代产业创新竞争的动力和源泉。

假设6 创新资源具有高度流动性，并总是流向具有创新竞争优势的区域。

假设7 地方政府是战略服务的供给主体，并在战略服务中具有引导能力。

假设8 一国内部总是存在各种类型的创新区域。

二 区域产业创新战略的选择问题

区域产业创新战略是区域产业发展的关键。区域产业创新战略是在创新竞争发生的产业宏观舞台上追求区域产业发展的理想地位。区域产业创新战略旨在针对决定区域产业创新竞争的各作用力建立有利的、持久的地位。

区域产业创新战略的选择由三个中心问题构成。一是由区域现代产业体系所决定的区域产业创新集聚能力。二是决定产业内企业创新竞争相对地位的要素。三是区域产业获取创新竞争优势的途径。

区域产业核心竞争力从根本上讲是区域产业体系可持续的创新能力，这种可持续的产业创新竞争能力取决于知识创新者的力量、创新资源集聚的能力、核心技术产品创新者的能力、区域产业创新体系的支持能力、新产品市场的需求能力。这五种能力是动态的。

区域产业核心竞争优势从根本上讲是区域产业体系的创新竞争优势。这种可持续的区域产业创新能力和区域产业创新竞争优势表现在：第一，企业的产业创新利润增长能力。企业的产业创新利润增长能力来源于其创新带给客户的价值。第二，产业附加值或产业增加值的贡献能力。产业附加值或增加值的贡献能力来源于区域优势产业和主导产业的附加值和增加值的贡献能力。而区域优势产业或主导产业的附加值或增加值的贡献能力则取决于创新型企业的产业创新利润增长能力。

区域产业创新竞争优势的基本形式是核心技术产品创新优势和创新型企业优势。区域如何获取这两种竞争优势是我们要解决的关键问题。创新区域地方产业的创新体系对决定区域产业创新竞争优势发挥着重要作用。某一区域特定产业的创新竞争优势与关联产业的创新合作优势有着很大的关系。通过区域关联产业的创新合作可以大大加强这一特定产业的创新竞争优势。某一区域特定产业的创新竞争优势与地方产业的创新集群有着很大的关系，通过区域产业创新集群可以大大加强这一特定产业的创新竞争优势。

三　区域产业创新竞争的五种力量

区域产业可持续创新能力首要的、根本的决定因素是区域产业创新集聚能力。区域产业创新战略取决于对区域产业创新规律的深刻认识。区域产业创新战略的最终目标是运用这些规律发展区域新产业，提高区域产业的技术水平，促进区域产业的结构升级，发展现代产业体系。任何区域产业创新，无论是国际的还是国内的，都将体现出这五种创新作用力：知识创新竞争者的服务能力；创新资源体系的供给能力；地方产业创新体系的支撑能力；新产品市场需求能力；在位创新竞争者的竞争能力（见图 4.4）。

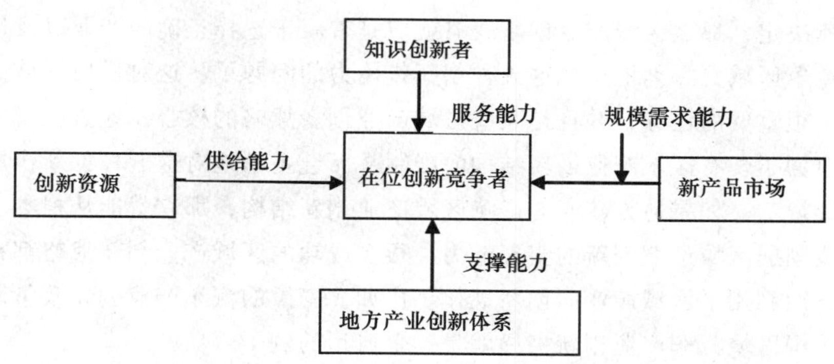

图 4.4　决定区域产业创新能力的五种作用力

这五种创新作用力的综合决定着某产业创新利润的贡献能力。这五种创新作用力的综合作用力随着产业所处生命周期的不同而不同。在这五种作用力比较理想的产业中，优势产业、主导产业的创新利润贡献能力更好，区域通过其优势产业、主导产业的创新可促进区域产业的发展，培育新兴产业。支柱产业、衰退产业的创新利润贡献能力较弱，区域通过其支柱产业、衰退产业的创新可提升其产业技术水平，推动支柱产业和衰退产业的产业延伸。在创新竞争压力强度很大的产业里，比如汽车产业、钢铁产业等，地方政府官员即使投入了全力，区域产业创新利润的贡献能力也难令决策者满意。区域产业创新利润贡献能力还取决于地方产业创新体系或者说区域产业创新结构。

这五种创新作用力决定了产业创新利润的贡献能力，因为它们影响着企业的创新成本、企业创新风险和企业创新收益率。例如，新产品市场的需求规模能力会影响企业新产品的价格，创新资源供应能力会影响创新成本，地方产业创新体系的支撑能力会影响企业创新的交易成本，知识创新竞争者的服务能力会影响企业理念或创新的指导能力。

这五种创新作用力中的任何一种都由区域产业创新结构或区域产业创新的基本经济因素、技术因素、文化因素、制度因素所决定。其要素如图4.4所示。区域产业创新结构基本稳定，但会随着产业创新演化过程而变化。区域产业创新结构发生转换会影响创新作用力的总体或相对力量，并且对区域产业创新的利润贡献能力产生正面或负面的影响。区域产业创新结构的演变趋势最具有战略重要性。

如果这五种创新作用力及其结构性因素仅仅由区域产业创新的本质特征所决定，那么区域产业创新战略就应是着眼于选择正确的产业以及比其他竞争区域更深刻地认识这五种创新作用力的问题了。这对任何区域而言都是很重要的任务，并且是某些区域产业创新战略的核心，地方政府常常不会囿于现有区域产业创新结构的限制，而会主动地对这五种创新作用力施加影响。如果地方政府能影响区域产业创新结构，那它就能从根本上改善或削弱区域产业创新的集聚能力。很多成功的区域产业创新战略都在这个方面利用了区域产业的创新规律。比如，安徽的汽车产业创新政策改变了中国区域汽车产业创新格局就是一个典型的例子。

图4.4明确地表示了推动区域产业创新的所有创新结构要素。在区域某一特定的产业创新中，这五种作用力并非同等重要，创新因素是否重要，将随着区域产业创新结构的不同而不同。每一个区域都有特定的产业创新结构。这五种创新作用力可使地方政府透过复杂的表象看到本质，能准确揭示对产业创新至关重要的因素，也有助于其识别那些对产业创新利润贡献能力提高最大的战略创新。这五种创新作用力的框架并不会约束地方政府在区域产业创新中的创造性。实际上，它将地方政府的创新能力引向那些对具有长期创新利润贡献能力的最为重要的区域产业创新结构因素方面。在此过程中，这一框架旨在增加发现令人满意的战略创新的可能性。

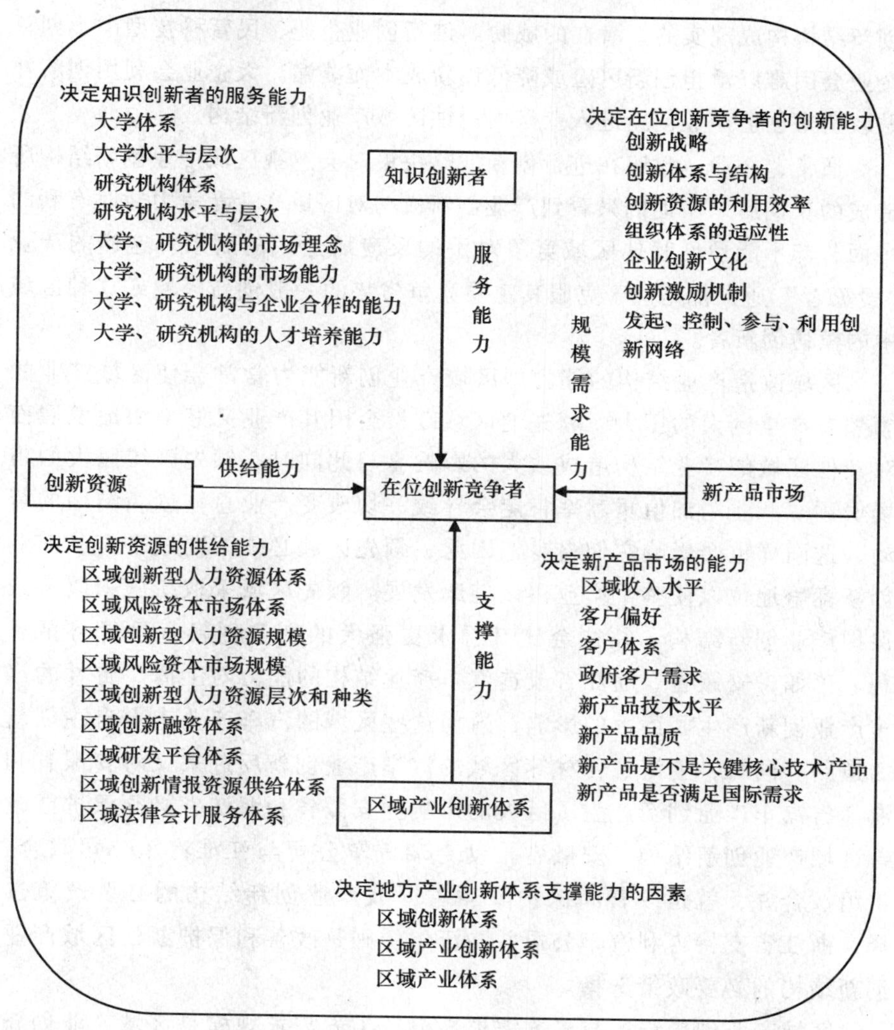

图 4.5　区域产业创新的结构因素

改变区域产业创新结构是一把双刃剑，因为地方政府也能像改善区域产业创新结构和产业创新利润能力那样轻而易举地破坏掉它们。例如，一项消除创新者进入壁垒或促进创新竞争的产业政策，既可以使这项新政策的推行者暂时获得较高的产业创新利润，又可能会破坏这个区域产业创新利润贡献能力的长期基础。此外，旷日持久的差异性创新政策安排会有损于区域产业创新能力的提升。例如，大企业的创新补贴政策会对区域产业创新结构构成现实的、潜在的威胁。创新创业企业、民营科技型中小创新企业会因难以承担创新风险或降低创新成本而萎缩。大企业会利用创新补贴政策来创造产业创新进入壁垒而侵蚀区域产业创新结构。

通常，企业、政府在进行创新战略决策时会忽视区域产业创新结构所造成的长期后果。他们只看到产业创新成功对区域产业竞争力暂时有利的一面，却不能预见其他区域竞争对手的反应所造成的后果。这样的产业"毁灭者"通常都是急于克服其主要竞争劣势的一般创新区域或这种区域中的模仿创新者。

区域改造产业结构的能力即区域产业创新能力常常会使区域产业的领先者产生巨大的压力。领先的区域政策会因其产业又好又快地发展而对其他区域的产业结构造成放大的影响。与此同时，领先区域巨大的市场份额、产业增加值贡献率肯定会导致一切改变产业总体创新结构的行动，这同样也会影响它们自身。因此，领先区域必须不断地平衡其产业创新竞争地位以使整个产业得以健康发展。领先区域采取措施来改善或保护产业创新结构，往往会比其寻求更强大的产业创新竞争优势更有利。比如，安徽省、浙江省改造汽车产业结构的能力对上海、吉林的汽车产业创新产生了巨大的影响，迫使这些区域的汽车产业走上自主创新的道路。同时，上海、吉林等区域的汽车产业创新反过来又对安徽省和浙江省汽车产业创新产生了巨大的影响。安徽省和浙江省必须保护或改善区域产业创新结构。安徽省推动奇瑞汽车公司与江淮汽车公司联合、重组、合并，就是改善和保护安徽省区域产业创新结构的必要政策选择；浙江省支持吉利汽车公司并购沃尔沃则是改善和保护浙江区域产业创新结构的必要政策选择。

区域产业创新结构与买方需求规模。买方需求规模是区域产业创新充满活力的必要条件。足够多的、不同层次的客户必须愿意支付超出创新风险成本的价格，否则企业的产业创新就无法继续进行下去，区域产业的创新利润贡献能力就不可持续。

尽管新产品需求规模能力是区域产业创新的必要条件，但并非充分条件。决定区域产业创新利润贡献能力的关键问题是区域主导产业及其创新型企业是否能从为客户创造的价值中攫取更大的份额，或者是否能确保这种产业创新价值不落到或尽可能少地落到其他区域。区域产业创新结构决定着哪一个区域能取得更大的产业创新价值份额。知识创新服务竞争者决定着区域主导产业及其创新型企业所能创造的新产品价值及其他区域对这种新产品价值攫取的可能性。这种新产品价值或者因技术贸易而转移给其他区域的创新型企业，或者因竞争代价提高而消失。新产品的需求规模能力决定了某个区域在多大程度上能保留住产业创新价值，而仅留给其他区域的产业创新者适当的创新利润。地方产业创新体系的支撑能力决定了在何种程度上区域主导产业及其创新型企业能满足需求规模条件，由此也为买方需求规定了支付风险价格的上限。创新资源供给能力决定了区域产业创新竞争者在何种程度上为买方创造的价值不被其他区域所占有。区域产业内创新竞争的激烈程度与合作水平同样反映了其他区域产业创新的威胁。它决定了在何种程度上区域会在竞争中损失掉其为买方所创造的产业创新价值，以降价形式全部转移给买方或在提高创新风险时使之烟消云散。

因而，区域产业创新结构决定了哪个区域占有为买方创造的产业创新价值的比例。如果一个区域产业的新产品不能满足需求规模的核心要求，即为客户创造较多价值的要求，不管其创新结构的其他因素如何，区域产业的发展仍不会令人满意。一个区域产业的新产品满足需求规模的核心要求，对区域产业创新结构至关重要。比如，在汽车产业的关键部件发动机产业里，区域可获得更大的产业创新价值，而在另一些配套零部件产业里，区域获得的产业创新利润就微薄得多。又比如，一个区域主导产业创新所取得的成功可带来更大份额的产业创新利润，而其支柱产业、衰退产业的产业创新即使取得成功，也仅能获得微薄的产业创新利润。

区域产业创新结构与供求平衡。关于产业创新利润贡献能力的另一个普遍观点是产业创新利润由供给与需求之间的平衡所决定。若需求大于供给，将会产生高的产业创新贡献率。然而，长期的供求平衡受区域产业创新结构的强烈影响，产业创新利润贡献能力同样也是长期供求不平衡的结果。因此，即使供求之间的短期波动会影响区域产业创新的利润贡献能力，产业创新结构也归根结底地决定了产业创新的利润贡献能力。

供给与需求不断变化，相互调整。区域产业创新结构决定在位创新竞争者以多快的速度、多高的效率增加新产品的供给。知识创新竞争者服务能力的强弱决定了其他区域在位创新竞争者进入产业创新并攫取产业创新利润的可能性。创新竞争与合作程度和水平在决定现有产业创新利润贡献的策略上发挥着主要作用。产业创新结构决定创新竞争者退出创新供给的速度。当创新投入远远过剩时，创新退出的约束条件会阻止区域创新型企业的退出，并会延长创新投资的过剩状态。例如，美国硅谷半导体产业等高技术产业创新投资过剩就是由于创新市场硬约束条件的制约。

供求不平衡对区域产业创新利润的贡献能力所产生的后果将因区域产业创新结构的不同而大相径庭。在区域主导产业创新领域，新产品需求规模的经济性大大提高了创新利润的贡献能力，而在区域衰退产业创新领域，新产品需求规模的不经济性也大大降低了产业创新利润的贡献能力。

第4节　区域产业创新的基本战略

一　区域产业创新基本战略的描述

区域产业创新基本战略所面临的中心问题是创新型企业在区域产业创新中的地位。创新型企业的定位决定了它的创新利润贡献能力是高于还是低于区域产业创新的平均利润水平，同时还决定着其所在区域的产业创新利润贡献能力是高于还是低于整个产业创新的平均利润水平。在区域产业创新结构并不理想、产业创新利润贡献能力并不高的情况下，定位合适的创新型企业及其所在区域仍然可能会获取较高的产业创新利润。

长时期维持优于平均水平的产业创新绩效，其根本基础是持久性的区域创新竞争优势。一个区域相对于其竞争对手有很多优势和劣势，区域具有两种基本的创新竞争优势：核心技术产品的创新和创新型企业。一个区域所具有的优势和劣势的显著性最终取决于该区域在多大程度上能够对核心技术产品创新和创新型企业有所作为。核心技术产品的创新优势和创新型企业优势又被区域产业创新结构所左右。这些优势源于某个区域具有比其他竞争区域更有效地处理这五种创新作用力的能力。

区域产业创新竞争优势这两种基本形式与区域寻求获取这两种优势的活动景框相结合，就可引导出区域产业创新的基本战略：核心技术产品创新战略、创新型企业战略和特色创新战略。其中，每种战略都有自己的变形。这些基本战略如表4.1所示。

表4.1　　　　区域产业创新的基本战略

		区域产业创新竞争优势							
		核心技术产品创新				创新型企业			
		优势产业	主导产业	支柱产业	衰退产业	优势产业	主导产业	支柱产业	衰退产业
区域产业创新竞争景框	理想创新区域	核心技术产品创新战略	核心技术产品创新战略	核心技术产品创新战略	核心技术产品创新战略	创新型企业战略	创新型企业战略	创新型企业战略	创新型企业战略
	次优创新区域	核心技术产品创新战略	核心技术产品创新战略			创新型企业战略	创新型企业战略		
	普通创新区域			核心技术产品创新战略	核心技术产品创新战略			创新型企业战略	创新型企业战略

每一基本战略都涉及通向区域产业创新竞争优势的迥然不同的途径以及建立区域产业创新竞争优势所采用的战略目标来框定区域产业创新战略类型选择。核心技术产品创新战略和创新型企业战略在不同创新区域和产业的不同生命周期阶段寻求自身的优势。推行每一种区域产业创新战略所要求的具体实施步骤因产业所处产业生命周期或者因产业所处创新区域的不同而差别很大。

基本战略概念的深层含义是区域产业创新竞争优势为任何创新战略的核心所在，而创造这种竞争优势要求区域作出选择，即某个区域要获取产业创新竞争优势，就必须选择它所要求获取的竞争优势的类型以及活动于其中的创新区域景框。

二　核心技术—产品创新战略

核心技术产品创新战略是区域产业自主创新战略的一种。在这种战略指导下，区域产业自主创新目标是要成为领先的、位居价值链高端的产业区。区域产业的核心技术产品创新活动有着广阔的空间，它具有为关联产业创新服务和带动、辐射域外产业创新的功能。区域产业核心技术产品创新活动的广度通常构成区域产业自主创新的核心竞争优势。核心技术产品创新优势归根结底来源于创新劳动的集聚，且表现为技术创新劳动优势、金融创新劳动优势和管理创新劳动优势等的集聚。核心技术产品创新优势可能包括需求规模经济、标准技术、低边际成本、核心技术知识产权优势、品牌优势等。例如，在信息技术产业中，CPU 技术产品和 Windows 产品具有全球性需求规模经济效应、市场标准技术效应、低边际成本效应、自主品牌效应。在汽车产业中，发动机技术产品、底盘技术产品、变速箱技术产品等核心技术产品要求具有足够的规模经济、知识产权效应和品牌效应。核心技术产品创新的产业区地位表现在不断上移的收益曲线和不断下移的边际成本曲线上。这种产业创新区域必须竭尽全力开发核心技术产品优势，并强调从技术创新劳动、金融创新劳动和管理创新劳动等各种创新劳动中获取核心技术产品的规模经济优势、标准技术优势、自主知识产权优势、边际成本下移优势。

如果某个区域产业能够创造和维持全面的核心技术产品创新领先地位，它只要保持产业的平均价格水平，该区域产业创新利润贡献能力就会大于其他区域的产业创新利润贡献能力。在与竞争对手相当或相对较低的价位上，核心技术产品创新领先区域的上述优势将转化为高水平的产业创新收益。然而，核心技术产品创新领先区域不能无视竞争区域核心技术的产品创新。如果它的核心技术产品被认为与其对手不能相比或不被客户所接受，那么，核心技术产品创新领先者为了增加销售量，就会被迫削价至远低于其他区域核心技术产品价格的水平，这将抵消掉核心技术产品的规模经济效益、知识产权效益。比如，Linux 操作系统和龙芯 CPU 系统产品就陷入了这种困境。Linux 操作系统是一种全开放源代码的通用操作系统，龙芯 CPU 系统产品是与 Intel CPU 系统竞争的产品，但是，它们都未获得客户的认可，现在还未实现区域产业的核心技术产品创新优势。在汽车发动机产品领域，奇瑞中高档轿车的核心技术产品同样未被客户认可，因此安徽省汽车产业不能位居汽车产业价值链的高端。

核心技术产品创新的领先区域尽管依赖于需求方的规模经济、标准技术、自主知识产权和品牌优势，但仍必须在相对于其竞争区域的产品品质差异基础上获得价值相等或近似的地位，以高于产业创新的平均收益水平。

核心技术产品创新领先区域在逻辑上要求该区域的创新型企业就是核心技术产品的实际创造者、所有者、控制者。很多区域因为没能认识到这一点而犯下了战略性错误。比如，中国传统汽车产业区与新兴汽车产业区在核心技术产品的创新竞争中就产生了这种战略性错误。当发动机等汽车核心技术产品的领先者不止一个区域时，它们之间的竞争就十分激烈。因为每一市场份额都被创新型企业视作至关重要。如果某个区域的创新型企业没能创造出核心技术产品、控制核心技术产品并拥有核心技术知识产权和品牌，那么对产业创新利润的贡献能力所造成的后果就是灾难性的。所以核心技术产品创新是一种区域产业创新的高端战略、产业技术创新领先战略、市场创新领先战略。

三　创新型企业战略

创新型企业战略是区域产业创新的基本战略。在创新型企业战略指导下，创新型企业集聚与发展的某些方面在区域内独树一帜。它具有被区域内许多创新型企业视为重要的一种或多种特质，并拥有一种独特的地位以满足创新型企业的要求，它因其独特的区位而获得产业创新利润。

这种创新型企业的发展和集聚方式为各个区域产业所独有。创新型企业的发展与集聚依赖企业本身、产业体系、创新网络及一系列其他因素。比如，安徽省芜湖的创新型企业战略发展的基础是奇瑞等企业把自主创新作为一种战略，带动了相关产业的创新型企业在安徽省集聚，安徽省的汽车产业获得了产业创新利润。安徽省汽车产业发展战略和发展政策及安徽省的创新网络体系支持了像奇瑞这类创新型企业集聚在安徽。实际上，国家 53 个高新技术产业开发区就是创新型企业在各个区域集聚的空间载体。然而北京中关村、深圳高新区、上海张江工业园区却更具有独特的创新型企业集聚和发展方式。发达的地方产业体系、广阔的市场、创新网络体系等因素都是内陆绝大多数高新区所不具备的特有优势。正是这种差异导致各个地区的创新型企业战略效果即区域产业创新利润贡献能力相差悬殊。

一个能创造和增强创新型企业集聚力的区域，如果其产业创新进入与退出壁垒所引致的交易成本远远低于它为创新型企业提供的独特性而附加的额外成本，那么该区域就会在产业创新竞争中成为佼佼者。因此一个致力于发展创新型企业的区域必须探索创新型企业进入与退出所引致的交易成本小于为创新型企业提供的独特性而附加的额外成本的方式。由于创新型企业的集聚与发展区域的产业创新利润将会被其显著的不利交易成本所抵消，创新型企业绝不会忽视对低交易成本区域的追求。这样，增强创新型企业发展能力和集聚能力的区域必须通过削减所有不利于发展创新型企业竞争力和集聚创新型企业的进入退出壁垒等因素所引致的交易成本，以实现与竞争区域相比的交易成本相等或相近。

创新型企业战略的逻辑要求区域选择那些有利于发展创新型企业和集聚创新型企业并独具特质的产业和创新政策。一区域如果期望得到产业创新利润，它就必须在某些方面或某些区域或某些产业真正显著地与其他区域区别开来。然而，与核心技术产品创新战略密切相关的是，如果一区域存在着多种为创新型企业所广泛重视的特质，该区域就可能会集聚各个产业、各个层次的，大、中、小齐全的创新型企业。

四　特色优势产业创新战略

特色战略因其着眼于区域内特有资源、文化、产品所作出的选择而与其他战略迥然不同。发展特色创新战略的区域应选择有优势的特色资源、特色产品作为其产业发展的方向，并使其战略为特色优势产业做强、做大服务。通过对其目标市场进行战略优化，特色创新战略要求区域致力于寻求其目标产业的创新竞争优势，尽管它并不拥有在特色资源和产品上的全面创新优势。

特色创新战略具有资源特色创新战略、文化特色创新战略、传统工艺产品特色创新战略等多种形式。在资源特色创新战略的指导下，区域寻求其目标资源产业的创新竞争优势。在文化特色创新战略的指导下，区域寻求其目标文化产业的创新竞争优势。在传统工艺产品特色创新战略的指导下，区域寻求其目标工艺制品产业的创新竞争优势。无论何种形式的特色创新战略都以目标特色产业的创新竞争优势为基础。目标特色产业的创新必须满足区域获取特定产业竞争力的需求，或者满足塑造区域产业品牌的需求。资源特色创新战略致力于开发只有本区域才有，而其他区域不具有的特色资源的经济附加值，以长期获取特色资源产业的创新利润。文化特色创新战略致力于开发只有本地区才有，其他区域不具有的文化资源附加值，以长期获取区域特色产业的创新利润。传统工艺产品特色创新战略致力于地方独有的传统工艺产品经济附加值的开发，以长期获取地方传统工艺产品产业的创新利润。特色创新战略意味着目标竞争者不能细分市场上客户的特殊需求，因而特色创新战略使创新者可专门致力于为细分市场服务。

中国很多区域都有其特殊的自然资源遗产，比如四川九寨沟、湖南张家界等，这些地区通过资源特色创新战略发展了有别于其他区域的旅游产业，从而获得了特色资源产业创新的长期利润。

中国很多区域都有特殊传承的文化遗产，比如云南丽江的东巴文化。云南丽江地区通过东巴文化资源开发创新战略发展形成其特殊的有别于其他地区的区域文化旅游产业，从而获得特色文化产业创新的长期利润。

中国很多区域都有其传承千年的工艺产品，比如成都有着3000多年历史的漆艺制品。通过特色工艺制品产业创新战略，可获得这种工艺制品创新竞争优势和特色工艺制品产业创新的长期利润。

特色创新战略作为区域产业创新的基本战略，其本质特征是该产业具有比较优势和竞争优势。在这个意义上，特色创新战略可定义为特色优势产业创新战略。唐浩等人认为，所谓特色优势产业就是立足于产业基础、自然资源或文化资源，具有强大的竞争优势和生命力，并能引领和支撑区域经济发展的产业。特色优势产业有三个基本特征：第一，其发展的立足点在于产业基础、自然资源或文化资源；第二，它具有比较优势和竞争优势，发展趋势较好；第三，它是区域经济的支柱产业。①在特色优势产业创新战略的指导下，区域寻求其产业竞争力，以加快传统支柱产业的结构调整和升级，实现产业结构的顺利转换。

特色优势产业创新战略，从产业关联角度和产业生命周期角度看，应当是区域产业创新体系的重要组成部分。对于弱势创新区域或普通创新区域来讲，特色优势产业创新战略应当是这些区域产业创新首要的根本战略选择。

第5节　区域产业创新战略的扩展

一　基本战略组合与区域景框

每种基本战略在创造和保持区域产业创新竞争优势方面都有不同的路径。它将区域寻求产业创新竞争优势的类型和战略目标的创新空间结合起

① 唐浩、蒋永穆、贺钢等：《西部大开发特色优势产业发展研究》，四川大学出版社2008年版，第31页。

来。通常，区域必须在产业创新的基本战略之间作出选择，否则将陷入进退两难的境地。

区域景框即产业创新的区域空间。区域景框有三种形式：理想的创新区域；次优的创新区域；普通的创新区域。

理想的创新区域所具有的特征是：（1）创新型企业可以最小交易成本自由进入与退出；（2）创新风险配置最优化即创新型企业的创新风险最小化；（3）创新资源总是能够满足创新型企业所从事的创新活动的需要；（4）地方产业体系总是能够满足创新型企业创新开发的需要；（5）知识创新服务者在任何时候都能成为创新活动的源泉。

次优创新区域的特征是：（1）某些创新型企业可以最小交易成本实现自由进入与退出或在某些时候创新型企业可以最小交易成本实现自由进入与退出；（2）创新风险配置机制能满足某些创新型企业风险最小化的要求或在某些时候满足创新型企业风险最小化的需要；（3）创新资源能够在任何时候都满足某些创新型企业所从事的创新活动或在某些时候满足创新型企业所从事的创新活动的需求；（4）地方产业体系能够满足部分创新型企业创新开发的需要；（5）知识创新服务者能够在某些时候成为创新活动的源泉或能成为某些创新型企业创新活动的源泉。

普通创新区域的特征是：在特定的时候、特定的产业、特定的产品里具有次优创新区域的特征。

很多学者都从实证研究角度对创新区域定位进行了研究。纪宝成和赵彦云课题组设计了创新指数分析框架。这个创新指数分析框架包括创新资源能力、创新攻关能力、技术实现能力、价值实现能力、人才实现能力、创新辐射能力、持续创新能力、网络创新能力。他们称该分析框架为菱形模型。①按创新指数分析框架，纪宝成和赵彦云课题组把中国创新区域分为强势创新区域、优势创新区域和弱势创新区域。强势创新区域包括上海、北京、江苏和广东，优势创新区域包括天津、辽宁、浙江、福建、山东、陕西、湖北和四川，弱势创新区域包括河北、海南、山西、吉林、黑龙江、安徽、江西、河南、湖南、内蒙古自治区、广西壮族自治区、重庆、贵州、云南、西藏自治区、甘肃、青海、宁夏回族自治区、新疆维吾

① 纪宝成、赵彦云：《中国走向创新型国家的要素：来自创新指数的依据》，中国人民大学出版社 2008 年版，第 42 页。

尔自治区。实证研究表明，中国没有理想的创新区域，只有次优的创新区域。在次优创新区域中有强势创新区域和优势创新区域，普通创新区域与弱势创新区域可以替换。

理想的创新区域可以制定全面综合的区域产业创新战略，就是说，既可追求核心技术产品创新、创新型企业发展，又可追求特色产业创新。理想的创新区域可以通过全面综合的产业创新战略实现产业创新利润的可持续增长。次优创新区域可以实施追求核心技术产品创新或者追求创新型企业发展或者追求特色产业创新或者追求个别产业全面综合创新的战略。通过这种基本战略组合，次优区域同样可以获得可观的产业创新利润。普通创新区域可选择特色创新战略，通过特色创新战略，普通创新区域在特色产业领域可获得可观的产业创新利润。

美国硅谷是区域创新实践中出现的近似理想的创新区域。在美国硅谷，高技术产业创新战略表现为：（1）Windows操作系统和通用CPU芯片等众多核心技术产品创新战略；（2）出现了一大批像微软公司、Intel公司等重点创新型企业及数量众多的中小创新型企业，形成了创新型企业发展与集聚战略。北京中关村是中国区域产业创新实践中出现的“理想”的创新区域。北京中关村的产业创新战略表现形式类似于美国硅谷的产业创新战略，但两者有显著的水平差异。从总体上看，北京中关村的产业创新战略是以创新型企业为主导、以核心技术产品创新战略和地方特色产业创新战略为辅的基本战略组合。无论是北京中关村还是美国硅谷，产业创新的战略目标都是创造高技术产业创新竞争优势。

在次优创新区域，区域产业创新战略可作出多种基本的战略组合：既可进行核心技术产品创新战略与创新型企业战略组合，又可选择核心技术产品主导型创新战略，抑或可选择创新型企业主导型基本战略组合。例如，在强势创新区域中，上海、北京、江苏和广东地区可在自身的优势产业、主导产业、特色产业中选择综合型基本战略组合。优势创新区域可在自身的优势产业、主导产业、特色产业中选择核心技术产品主导型基本战略组合或创新企业主导型基本战略组合。

普通创新区域的最优选择应当是在支柱产业、衰退产业、特色产业中选择特优产业主导型基本战略组合。

二 基本战略组合与产业演化

每种基本战略在追求区域创新竞争优势时都有不同的产业途径。它将区域寻求其创新竞争优势类型与战略目标的产业结构结合起来。通常，区域必须在其产业结构中作出基本战略组合选择，否则区域产业创新战略就很难产生成效。

按照产业生命周期理论的观点，产业结构可以被定义为新兴产业、成长型产业、成熟产业和衰退产业的比例关系；按照战略关联性观点，产业结构可以被定义为优势产业、主导产业、支柱产业、基础产业之间的比例关系。主导产业部门常常指处于产业生命周期阶段中的成长性产业，支柱产业部门常常是产业生命周期阶段中的成熟产业。依据产业生命周期阶段和战略关联性观点，产业结构演化是指：（1）任何产业都必将依次经历新兴产业、成长型产业、成熟产业和衰退产业四个阶段；（2）任何产业结构演化的标识都是主导产业部门的更替或转换；（3）任何产业结构在给定时期里都有三种形式：理想的产业结构、次优产业结构和普通产业结构。区域产业结构的演化依次寻着普通产业结构、次优产业结构和理想产业结构展开。

理想区域的产业结构所具有的特点是：（1）新兴产业不断出现；（2）成长型产业拥有核心技术产品和创新型企业集群；（3）成熟产业拥有核心技术产品创新的扩散能力；（4）衰退产业的核心技术顺利与新产业技术融合。

次优区域的产业结构所具有的特点是：（1）新兴产业可能出现；（2）成长型产业拥有核心技术产品和创新型企业集群；（3）成熟产业拥有核心技术产品的控制能力；（4）衰退产业转型面临战略性机遇。

普通区域的产业结构的特点是：（1）没有新兴产业；（2）成长型产业没有核心技术产品和创新型企业集群；（3）成熟产业缺乏核心技术产品的控制能力；（4）衰退产业转型失去机遇。

在理想的区域产业结构中，区域在创造和维持产业创新竞争优势时可选择综合性的基本战略组合，即新兴产业、成长型产业选择全面综合的基本战略组合，成熟产业和衰退产业选择核心技术产品创新主导型产业组合战略。

在次优的区域产业结构中，区域在创造和维持产业创新竞争优势方面可选择专门化、集中化、特色优势产业、成长型的基本战略组合。这种基本战略组合或者是核心技术产品主导型的基本战略组合或者是创新型企业主导型的基本战略组合。

在普通的区域产业结构中，区域在创造和维持产业创新竞争优势方面可选择特色产业创新主导型的基本战略组合。

很多学者对区域产业创新系统做了深入细致的研究。其中，黎苑楚等依据产业区位商、科技区位商和产业增加值的贡献率三个维度建构了一个分析区域产业创新系统的三维分析框架。根据他们的研究，区域内产业可划分为四大类型：一是创新优势群，即产业区位商和科技区位商均较高的行业。二是创新补给群，即产业区位商较高，科技区位商较低，增加值贡献率排名在前 10 位的行业。三是创新输出群，即产业区位商较低，科技区位商较高，增加值贡献率排名在前 10 位的行业。四是创新弱势群，即增加值排在 10 位以后的行业。[①] 理想的产业结构应当是产业区位、科技区位和产业创新利润贡献能力最优的产业结构，次优的产业结构应当是产业区位、科技区位和产业创新利润贡献能力可观的产业结构，普通的产业结构是产业区域或者科技区位抑或产业创新利润贡献能力特别弱或比较弱的产业结构。在实践中，理想的产业结构是不存在的，次优产业结构应当包括创新优势群产业结构，普通产业结构应当被定义为创新补给群产业结构、创新输出群产业结构、创新弱势群产业结构的总和。

东部地区属于创新优势群的产业包括纺织业、金属制品、普通机械、电气机械和电子通信。从增加值和科技区位商角度看，这些产业都具有选择全面综合基本战略组合的可能。其中，电气机械和电子通信产业选择核心技术产品创新战略与创新型企业战略的条件更加成熟。

东北地区属于创新优势群的产业包括食品加工、饮料制造、烟草加工、非金属、黑色金属、交通运输行业。这些行业都可选择全面综合的区域产业创新战略组合。

中西部地区属于创新优势群的产业包括石油加工、医药制造、黑色金属、交通运输行业。这些行业可选择全面综合的基本战略组合。

除了属于创新优势群的产业外，东部地区、东北地区和中西部地区都

---

① 黎苑楚等：《中国区域产业创新系统选择与评价》，《科学学与科学管理》2005 年第 2 期。

有属于创新补给群、创新输出群和创新弱势群的产业。区域的产业或者因为知识创新服务能力弱，或者因为地方产业创新体系支撑能力弱，或者因为创新资源供给能力有限等，都可能会选择特色产业创新战略。在这里特别要注意的是区域内创新资源集中而工业增加值贡献低的产业，如东北地区的化学原料产业，中西部地区的普通机械产业、化学原料产业、非金属产业。这些区域内产业可通过核心技术产品主导型基本战略组合实现产业升级。

另外，还要注意的是区域内创新资源缺乏、工业增加值贡献较大的产业，如东部地区的食品加工、非金属、黑色金属、交通运输产业，东北地区的纺织业，中西部地区的食品加工、电子通信产业。这些区域内产业通常是区域支柱产业。这些区域支柱产业的创新战略应当选择创新企业主导型基本战略组合。

中国各区域次优产业结构、普通产业结构如图 4.6、图 4.7、图 4.8 所示。

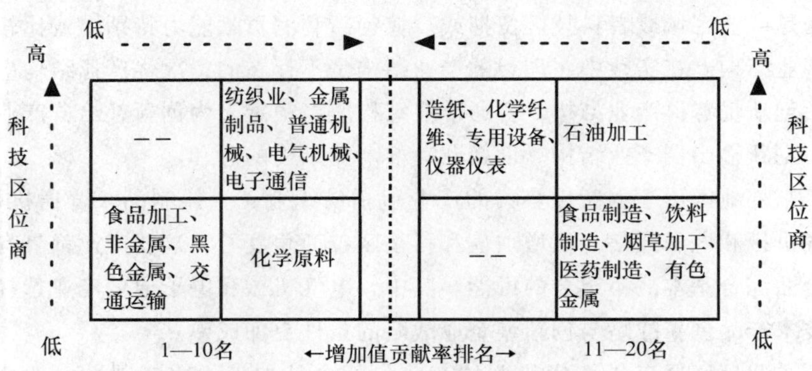

图 4.6　东部地区主导产业创新系统

三　基本战略组合与产业融合

产业融合是产业间创新阶段或者说主导产业技术向关联产业扩散的过程。产业融合是产业创新的常态。产业融合有产业技术融合、专业厂商整合、产业价值链重组、产业合作等。产业融合主要取决于两个因素：一是某些产业创新会带动另一些产业的创新，连锁式地对产业创新产生影响，即需求呼唤需求；二是一个产业创新成为另一个产业创新的供给因素，表现为需求—供给的螺旋式发展效应。技术—产业关联的强弱是产业融合程度的决定因素。

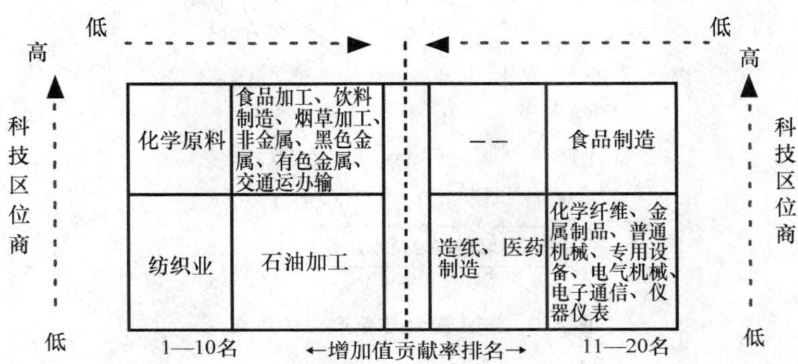

图 4.7　东北地区主导产业创新系统选择

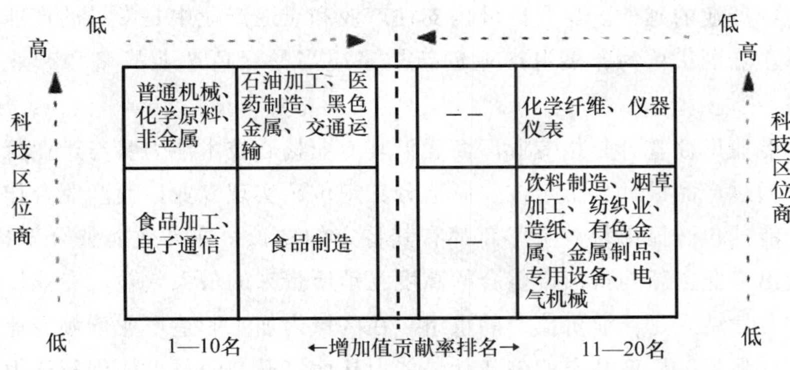

图 4.8　中西部地区主导产业创新系统选择

产业技术融合有两种形式：现代信息产业技术融合和传统产业技术与新技术融合。在现代信息产业技术中，计算机技术、通信技术和大众传媒技术融合形成了多媒体技术，从而形成了全新的信息内容产业（见图 4.9）。

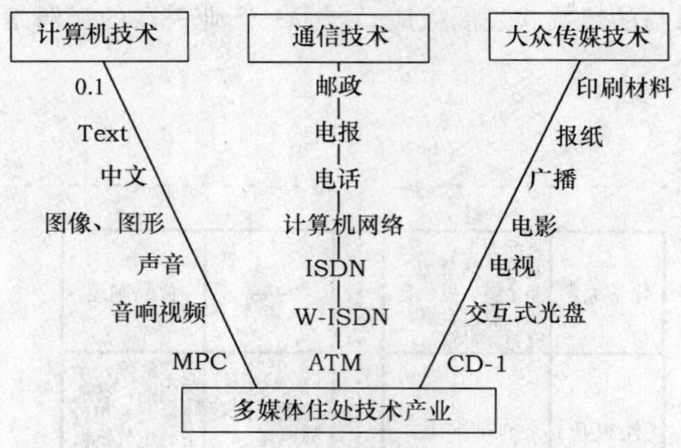

图 4.9 产业融合与新产业的形成

当前，传统产业技术与新技术融合有两种主要形式：一是传统产业的信息化即传统产业与信息技术融合；二是传统产业与绿色环保技术、节能技术融合。传统产业技术与新技术融合形成了传统产业结构的升级，实现了传统产业的延伸。这在区域内支柱产业和衰退产业中是常见的产业创新形态。陆国庆认为，衰退产业创新战略应当是绿色产业战略和产业延伸战略。①

专业厂商整合是指专业厂商凭借其专业核心技术能力参与产业价值创造，通过产品设计分工定位、制造分工定位，实现专业厂商产业合作。专业技能外包凸显出每一个厂商都有其特定的专长，在高效能整合架构下，创造出专业创新与价值链整合的高度互动所带来的最大效益。专业厂商整合的必然结果是产业价值链的重组。在区域内加工制造产业依赖专业厂商整合增强每一厂商特定的创新优势能力从而提升产业技术的创新能力。专业厂商整合是次优区域核心技术产品创新战略的重大战略举措。

产业价值链重组是依据产品设计、制造和销售流程在价值曲线上的分工重新确立区域产业在全球价值链上的位置。这种价值链重组表现为：一是核心技术产品价值实现规模经济；二是企业价值创新所产生的企业竞争力升级；三是区域内产业竞争力升级。大企业集团创新战略和创新型企业集聚是区域产业价值链重组的关键性决定因素。

① 陆国庆：《衰退产业中的企业战略创新》，《财经研究》2000 年第 10 期。

产业合作是产业融合的主要形式，表现为研发合作、资本合作、企业并购、战略联盟等多种形式。产业合作是改造传统产业，增强传统产业创新能力、发展新兴产业的战略路径。中国各个区域在过去30年内通过资本合作、企业并购促进了传统产业的技术升级、新兴产业的发展。当前，研发合作、战略联盟、企业并购促进了产业自主创新能力的提高。

在产业技术融合条件下，区域产业创新战略是创新企业主导型的基本战略组合。在专业厂商整合的基础上，区域产业创新战略是核心技术产品主导型的基本战略组合。在产业价值链重组的基础上，区域产业创新战略依然是创新企业主导型的基本战略组合。在产业合作基础上，区域产业创新战略选择综合类基本战略组合。

四 基本战略组合与战略制定

如果区域产业创新优势对区域产业的发展起着关键作用，那么区域产业创新战略制定过程的核心应该是基本战略。基本战略细化了寻求区域产业创新优势的根本路径，并且提供了在不同区域、不同产业所采取的创新战略措施。然而，在实践中，很多区域产业发展战略规划只是提及区域产业发展基础、机遇和挑战及其所采取的战略步骤，而没有清晰明确地指出区域产业创新具有何种竞争优势，应寻求何种竞争优势以及如何实现之。这样的区域产业发展规划在其制定过程中可能会忽略区域产业创新战略的基本目标。同样，很多区域的产业发展规划建立在现有产业发展基础、问题的分析之上，并提出了粗线条的、模糊的、预测性的战略目标，这些目标大多经常会发生调整，或部分实现或压根儿就不可能实现。因为它并非建立在对区域产业创新结构及区域产业创新竞争优势的根本理解上。区域产业创新结构及其优势将决定区域产业创新利润长期的贡献能力。

作为战略制定过程的一部分，区域常常用建立、保持和获取这样的系统对区域产业创新进行分类，这些分类常常成为区域某个产业发展或项目领域的战略目标。一个区域或一个区域内的企业在考虑创新资源配置时，可能会用到这些分类，但它也可能会犯把这种分类与战略相等同的错误。一个区域内的具体产业创新战略是决定其产业发展的重要因素。建立和保持区域产业创新竞争优势是执行区域产业创新基本战略的结果。而放弃或收缩则是因为认识到无力执行任何区域产业创新的基本战略。产业重组和战略合作都是建立区域产业创新战略的手段。

制定战略的普通做法则是利用新产品产值来描述某一产业在竞争中的地位。一些区域设置要求与其他区域相同或近似的所有产业都应在产业中位居第一或第二的目标。这种做法过于偏颇。当新产品产值与创新竞争优势地位相称时，该产业创新领先并不是区域产业创新竞争优势的原因而是结果。新产品产值本身相对于区域产业创新竞争优势而言并不重要，对于区域产业发展战略起决定作用的应当是其产业创新竞争优势。如果只追求核心技术产品控制权或创新型企业领先优势，可能注定会使区域永远得不到产业创新竞争优势或会失去这种创新竞争优势。将领先本身作为目标会使政策制定者陷于无休止的关于新产品产业领先的争论中，再一次使探索战略核心的创新竞争优势变得含混不清。

在某些产业中，核心技术产品创新领先者并不能获得产业创新的长期利润，因为区域产业创新结构并不能给领先者带来任何好处。一个最近的例子是通用汽车集团公司，它确立了在新能源汽车产业技术领先的标杆。它实现了这一目标，但是领先并没有为底特律汽车产业带来增长，相反，巨额的新能源汽车产业投资累积了通用集团巨大的产业创新风险。因此关键的问题是核心技术产品创新的领先应当转化为区域产业创新的竞争优势。

战略制定程序是战略制定的重要组成部分。战略制定程序通常分为战略分析、战略决策和战略评估三个阶段。战略分析阶段充分反映了战略专家的分析结果，战略决策阶段充分反映了决策制定者的战略思维、战略预见和高度概括能力，战略评估阶段充分反映了战略实施效果追踪和战略措施的完善。战略分析方法是基本战略制定的科学基础，战略决策制定者是基本战略制定的关键，战略评估是基本战略制定的反馈。一个科学的、正确的区域产业创新战略需要科学的、高效率的战略制定程序作为保障。战略制定传统是战略制定程序演变的基础，战略制定程序创新对于一个科学的、正确的区域产业创新战略的形成具有重要意义。

在实践中，很多区域都在完善战略制定程序，并加强了战略分析，注意了战略反馈。但是，这与基本战略要求相距甚远。战略决策的制定者仍然没有充分发挥战略专家的作用，战略分析阶段存在形式化危险。战略决策制定者对战略反馈未引起足够的重视。因此战略决策制定者把基本战略目标与实现这些战略目标的手段等同起来成为流行的观念，这必然会偏离区域产业创新竞争优势这一核心目标。

第 5 章

核心技术—产品创新竞争优势与战略

中国各区域现代产业发展面临着核心技术—产品创新问题的挑战。本章将系统研究区域核心技术—产品创新驱动的区域现代产业发展问题。核心技术—产品创新问题、定义与特征是本章研究的起点，然后研究区域产业发展与核心技术—产品创新的关系问题。第 3 节详细讨论区域核心技术—产品创新与创新竞争优势。第 4 节深入分析企业核心技术—产品创新战略。第 5 节系统分析区域核心技术—产品创新发展政策。

第 1 节　核心技术—产品创新问题、定义与特征

一　核心技术—产品创新问题

现代工业消费品是各种中间产品的总成。比如，电子计算机产品包括机箱、CPU 系统、主板系统、软件系统、图像显示系统等产品。其中，操作系统软件、CPU 系统就是电子计算机产品的核心技术—产品。核心技术—产品的研发和制造能力是现代企业拥有核心竞争力的表现，核心技术—产品的研发和制造能力是现代产业竞争力的标志，核心技术—产品竞争成为企业、产业和国家竞争的关键。

近年来，中国在核心技术—产品的研发和制造能力方面取得了局部的、个别领域的突破。比如，在 CPU 系统和汽车发动机研发与制造方面有所突破。从总体上讲，中国的核心技术—产品研发和制造还受制于人。

我们观察到，近年来，政府的产业创新政策与企业的创新实践有着较大的差距。在实践中，核心技术—产品已成为个别企业创新战略的目标。中国中长期科技发展规划及重大技术专项政策具有明确的核心技术—产品

创新导向。然而，中国企业的创新却远离了产业创新政策导向。谢伟通过对中国激光视盘播放机产业案例的研究发现，中国企业在产品功能、外观等外围创新领域十分活跃。[①] 众多专利研究文献表明，中国的专利申请和授权主要集中于实用新型和外观设计专利上，而发明专利申请和授权所占的比重非常小，其增长速度很缓慢。这表明，中国企业核心技术—产品创新很不活跃，其创新绩效较差。

我们所观察到的家用电器制造业和轿车产业的创新现象是：在家用电器制造业里，长虹公司投资60亿元用于研究数字电视的核心技术—产品PDP项目，而海信集团公司早在2005年就在被誉为电视机CPU系统的芯片技术领域取得了突破；在轿车制造业里，奇瑞集团公司、华晨集团公司、吉利集团公司等国内本土制造企业相继在轿车发动机技术、变速箱技术等领域取得了成功。

国内学者对上述新的创新现象的研究较少，已有的研究文献也未明确提出核心技术—产品创新观点，但有少数研究文献注意到了这个新现象。韵江、刘立对路明集团创新案例进行了研究，他们沿着产品创新战略、技术创新战略演进路径分析了路明集团关键技术—产品创新的发生机制，提出了从核心技术创新到产品创新的演绎路径。[②] 欧阳桃花通过对海尔产品创新案例的研究，提出了从市场导向到技术导向的第四种洗衣机技术—产品创新的演绎路径。[③] 此外，毛蕴诗、汪建成立足于产品升级框架研究了中国企业自主创新路径[④]，徐岚等基于转轨经济条件研究了中国企业产品创新战略的执行路径。[⑤]

我们在总结本土企业核心技术—产品创新成功经验并吸取相关的研究成果的基础上着重回答下列问题：核心技术—产品创新的性质与特征是什么？政策和竞争在本土企业选择核心技术—产品创新过程中起什么作用？产业创新政策应当如何调整？

---

① 谢伟：《中国企业技术创新的分布和竞争策略》，《管理世界》2006年第2期。

② 韵江、刘立：《创新变迁与能力演化：企业自主创新战略》，《管理世界》2006年第12期。

③ 欧阳桃花：《中国企业产品创新管理模式研究》，《管理世界》2007年第10期。

④ 毛蕴诗、汪建成：《基于产品升级的自主创新路径研究》，《管理世界》2006年第5期。

⑤ 徐岚、汪涛、姚新图：《中国企业产品创新战略执行的路径：基于转轨经济条件的研究》《管理世界》2007年第9期。

二　核心技术—产品创新定义

（一）核心技术—产品的定义

核心技术—产品可被定义为：（1）核心技术—产品是突破性技术—产品。所谓突破性技术指的是对现有基础性、标准性技术的突破。比如，Windows 系统是 DOS 系统的突破性技术。（2）核心技术—产品是基础性、标准性和通用性的技术—产品。比如，汽油发动机技术就是基础性技术、通用性技术。（3）核心技术—产品是关键技术—产品。所谓关键技术指的是一个产品品质和功能的决定性技术。比如，Windows 系统、CPU 系统就是计算机产品的关键技术—产品。发动机、变速箱和底盘就是汽车的关键技术—产品。（4）核心技术—产品是自主知识产权和自主品牌产品。对公司而言，自主知识产权和自主品牌是核心技术—产品的标识。

（二）核心技术—产品创新的界定

产品创新是产品功能的新组合。产品创新的特点是：客户需求引起产品功能的改进，厂商增加新的产品功能，使产品不断满足客户的需求；产品创新受到技术条件的约束，即在给定的技术基础上不断增加产品的功能，一旦在技术上获得突破，就会导致一种全新的产品出现。新的技术基础会为产品创新提供更加广阔的空间；产品创新的性质是模仿创新，因而是低成本的创新。技术创新是工艺要素、工艺方法的新组合。技术创新包括核心技术创新和非核心技术创新。其中，核心技术创新是关键技术、共性技术、平台技术、标准技术的创新，非核心技术创新是配套技术、局部工艺要素的改进。技术创新的特点是：效率需求引起新工艺要素的增加或新工艺的出现，厂商通过工艺改进可提高产品的耐用性能，从而满足产品的创新需求；技术创新必将创造全新的生产工艺、生产方法，形成新的资本品；技术创新的性质是自主创新，因而是高风险、高投入和高收益的创新。技术创新不易于被模仿并拥有自主知识产权，新技术及其知识产权会为厂商带来可持续的垄断利润。核心技术—产品的创新是核心技术要素与产品功能的新组合。这种创新首先是关键的、共性技术要素的新组合，其次是产品功能的新组合。核心技术—产品的创新成果表现为重大的、系列的发明专利和新资本品性质。核心技术—产品的创新具有产业创新特征，因而其成果必将导致产业技术升级或新产业的诞生。图 5. 1 刻画了核心技术—产品创新与产品创新和技术创新的关系。

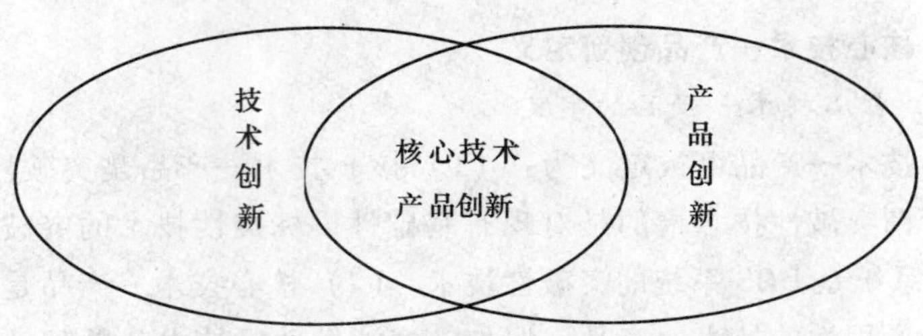

图 5.1　产品创新、技术创新与核心技术—产品创新的关系

三　核心技术—产品创新的特征

核心技术—产品创新是标准技术产品的创新。技术标准是指涉及信息技术等高新技术领域且标准的内容包含一定技术解决方案的标准。传统技术标准属于公共知识产品，不含知识产权。现代技术标准具有知识产权特征和市场特征，因此现代技术标准是产业通用的标准技术产品。现代标准技术产品的市场特征是，不仅能够实现产品生产过程的规模经济，还能够提高产品使用过程的"规模经济"或称为"需求方规模经济"即"网格效应"。现代标准技术产品的知识产权特征是，现代标准技术是一系列发明专利技术的集成，因而拥有或控制这些专利的公司就成为事实上的标准所有权人。标准技术就成为市场的标准产品。在国际上，标准技术通常都由企业通过竞争形成，并上升为国家产业标准，成为国家标准体系的组成部分。标准技术的国际竞争形成了国际标准技术。企业把标准技术商业化形成了标准技术产品，通过竞争，由国内标准技术产品演变成国际标准技术产品。例如，微软公司的 Windows 操作系统软件就是标准技术产品。

核心技术—产品的创新是复杂技术—产品的创新。复杂技术—产品可被定义为研发成本高、子系统复杂或模块较多、涉及多种知识和技能、产品架构具有层级性特征的产品。复杂技术—产品包括普通复杂技术—产品和极端复杂技术—产品。像汽车发动机产品系统就是普通复杂技术—产品，像飞机发动机产品系统、发电机产品系统就是极端复杂技术—产品系统。学者们把这称为复杂技术产品系统。复杂技术产品系统除具有普通复杂技术产品的共性特征外，还包含用户定制化需求特征。其产品特征是定制化、小批量、单件价高、产品生命周期长。复杂产品创新的共同特性是强调系统集成能力、创新所涉及的技术范畴非常广、关注模块化的设计和研发。复杂技术产品系统的创新除具有普通复杂技术产品的创新特征外，还具有客户全程参与特征、合作研发特征。①

核心技术—产品创新是战略性技术—产品创新。战略性技术产品指的是引致产业升级或新兴产业的技术产品。战略性技术产品是基础理论创新与工程技术创新相结合的产物。战略性技术产品具有全局性和前沿性特征。战略性技术产品是高技术产品。战略性技术产品创新的要点是：首先是新理论的技术化；其次是全新技术的集成化；再次是核心技术专利的标准化；最后是产品的市场化。“产学研政”合作创新和产品模块化创新是其显著特征。

第2节　区域产业发展与核心技术—产品创新

一　现代产品体系的概念和特征

物质产品和服务体系就是现代社会的财富形式。物质产品包括固体的、实物形态的产品，非实物形态的和感知类的产品。服务指的是现代社会生产中活生生的劳动，包括生活服务、生产服务。现代服务产品与物质生产相结合，会产生一种具有物质载体的有用效果，是具有物质实物性的综合服务产品。知识产品是现代社会财富的基本形态，知识产品的社会化大生产成了知识产品生产的基本特点。当代高科技经济或知识经济的产出主要表现为知识产品。信息产品也成为独立的物质产品形态。它是现代高科技经济的财富形式。②

著名营销学大师科特勒根据客户需求界定了现代产品体系。他认为，现代产品包括核心、形式、附加三个层次，它们构成了产品系统。核心产品是指满足客户需求的功能。这个定义包括了服务产品内涵，如技术咨询、信息服务等生产性服务产品。形式产品是指体现核心产品的形式和载体，如质量、包装、品牌等。附加产品是指基于核心产品和形式产品的服务，如售后服务、信贷服务、安装服务等。“这种产品层次理论”是静态

---

①　陈劲、桂彬旺：《模块化创新——复杂产品系统新机理与路径研究》，知识产权出版社2007年版。

②　刘诗白：《现代财富论》，三联书店2005年版，第13—17页。

的、相对孤立的，从长期和动态的观点看或者说从产业观点看，产品还应当有扩散层。产品技术在产业内的“集群效应”和产业之间的“扩散效应”会导致某种产业或相关产业的加速发展，乃至产生一个全新的产业。[①] 图5.2描述了产品体系。

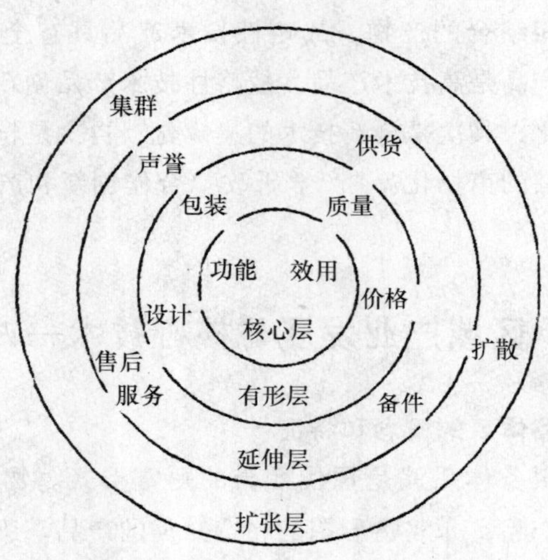

图5.2　产品层次扩展

可见，产品体系内涵应当有：（1）基于满足客户需求的功能产品。功能产品包括单一功能产品和多功能集成的产品。在现代技术条件下，现代产品，无论是消费品还是中间产品都是多功能集成产品。功能产品集成度取决于技术因素，因此功能产品又被称为技术型产品。（2）基于实现功能的服务产品，包括知识产品、信息产品、设计产品、创意产品、维修、融资、运输、仓储、包装等，这种服务产品与现代专业化发展和创新发展紧密相关，因此这种服务性产品可称为科技服务产品。（3）基于技术关联的关联产品。在技术链上，有的技术是具有主导设计的技术，这种技术被称为核心技术，有的技术不是主导设计的技术，这种技术被称为辅助技术。含有核心技术的产品被称为核心技术—产品，含有辅助技术的产品被称为配套技术—产品；技术轨道理论刻画了每一技术轨道的核心技术

① 傅家骥主编：《技术创新学》，清华大学出版社2003年版，第72页。

与辅助技术的体系，因此核心技术—产品和辅助技术—产品都是一个产品体系。（4）基于技术改进、融合、创新的新产品，这种新产品被称为产业型新产品。技术改进可以改善产品的功能属性，提高产品的功效，形成功能型新产品；技术融合，比如传统工业技术与信息技术的融合，会导致全新的功能集成产品，如智能机产品，这种功能集成产品是一种技术融合型新产品；一种全新的技术会产生全新的产品，比如，信息技术相对于机械技术就是一种全新的技术。（5）基于市场开拓的新产品即市场型新产品。复杂产品系统是现代产品体系的集大成者。

复杂产品系统是现代产业体系的拉什集大成者。复杂产品系统概念是由英国学者霍布戴（Hobday）、拉什（Rush）等提出的。这个概念的内涵和外延都有分歧。国内学者陈劲等概括了复杂产品系统的争论，从产品系统的物理结构出发，按产品内嵌技术的深度和宽度定义了复杂产品系统。他们指出，复杂产品系统可被定义为“研发成本高、子系统较多、界面复杂、涉及多种知识和技能、产品架构具有层级性特征、包含用户定制化需求的大型产品或系统”①。对复杂产品系统特征的研究加深了人们对复杂产品的认知。复杂产品系统与传统大规模制造产品可从市场特征、产品特征、研发特征、生产和制造特征方面加以区别。其区别详见表 5.1 所示。

陈劲和桂彬旺总结的复杂产品系统特征在面对智能手机产品时就不准确了。智能手机是指能够进行复杂信息处理，支持开放式的嵌入操作系统和第三方应用软件的手机。②智能手机具有数据储存、处理、添加、下载等台式计算机的功能，语音通信等电话功能，电视、收音机等播放功能，加载和卸载第三方软件功能等，同时可随身携带，具有在任何时间、任何地点工作的优势。智能手机成了一个信息内容超级集成、高效处理的移动网络终端。简言之，智能手机仍然是一个复杂的产品系统。

智能手机产品的市场特征具有传统产品的市场特征或者至少没有巨型复杂产品系统的关键市场特征，如双寡头市场特征、谈判价格等。智能手机产品的特征与复杂巨系统产品的特征相似。智能手机产品的研发特征也

---

①　陈劲、桂彬旺：《模块化创新——复杂产品系统创新机理与路径研究》，知识产权出版社 2007 年版，第 22 页。

②　雷礼良：《中国智能手机产业竞争分析研究》，复旦大学 2005 年工商管理硕士学位论文。

与巨型复杂产品系统的研发特征相似。但是，在生产和制造特征上，智能手机产品与巨型复杂产品系统的制造特征几乎完全不同。简言之，智能手机产品的市场特征、生产制造特征具有与传统产品相似的特征。智能手机产品与巨型复杂产品系统都具有相似的产品特征和研发特征。

表 5.1　**复杂产品系统与传统大规模制造产品的特征**

分类	复杂产品系统	传统大规模制造产品
市场特征	1. 双头垄断结构 2. 交易数量少；B to B 的交易方式 3. 高度管制的市场，政府高度调控 4. 谈判价格 5. 部分竞争 6. 竞争厂商数量不减	1. 市场中有许多买者和卖者 2. 交易量大；B to C 的交易方式 3. 一般市场机制，政府很少调控 4. 市场价格 5. 高度竞争 6. 竞争厂商数量逐渐减少
产品特性	1. 零部件多；界面复杂 2. 进行性能与服务能力的竞争 3. 产品实现的功能复杂 4. 涉及多种知识和技能 5. 单位产品售价高 6. 产品生命周期长 7. 涉及多种客户专门定制的零部件 8. 产品架构具有系统层级特征	1. 零部件少；界面简单 2. 进行成本竞争 3. 产品实现的功能简单 4. 所需知识和技能较少 5. 单位产品售价低 6. 产品生命周期短 7. 产品主要为标准化的零部件 8. 产品架构简单
研发特性	1. 创新涉及的技术范畴非常广 2. 开发过程客户的参与度非常高 3. 柔性的有机管理方式 4. 创新路径与用户和供应商商定 5. 主要涉及以人为载体的知识 6. 关注模块的设计和研发 7. 通过组织学习实现产品性能的提高 8. 强调系统集成能力 9. 跨企业的合作开发联盟	1. 创新涉及的技术范畴不广 2. 开发过程客户基本不参与 3. 格式化、程序化的管理 4. 创新路径由市场选择 5. 主要涉及以设备为载体的知识 6. 关注规模经济性与成本最小化 7. 通过组织学习实现规模经济 8. 强调工艺创新 9. 企业内部开发
生产与制造特性	1. 政府有时直接参与 2. 政府提供优惠政策 3. 一次性或小批量生产 4. 生产工作集中于设计与集成 5. 不具规模经济效应 6. 能带动相关产业的发展	1. 企业自主生产制造 2. 政府一般不提供政策扶持 3. 大批量生产 4. 生产的核心在于降低成本 5. 具备规模经济效应 6. 不能带动相关产业的发展

陈劲、桂彬旺：《模块化创新——复杂产品系统创新机理与路径研究》，知识产权出版社 2007 年版，第 26—27 页。

综上所述，我们发现，复杂产品系统的共同特征是市场和研发特征。复杂产品系统包括生产类巨型复杂中间产品系统和消费类终端中小复杂产品系统。

二　产品体系创新概念与类型

很多学者都注意到产品创新是产品体系的创新。在产品层次理论基础上，胡树华等学者认为，产品创新在本质上是产品体系的创新，它包括功能创新、形式创新、服务创新多维交织的组织创新。[①]傅家骥等专家认为，产品创新包括技术型产品创新、市场型产品创新和产业型产品创新。[②] 概括起来，产品体系创新就是产品功能创新、产品服务创新、关联产品创新、新产品开发和产业关联产品创新的总称。

复杂产品系统创新受到学者们的高度关注。对复杂产品系统创新过程的特征和模式有较多的研究。巨型复杂产品系统创新是最先被研究的领域。戴维斯（Davies）提出了复杂产品两阶段模型：（1）概念产品形成阶段。其特征是客户参与。任务是初步完成复杂产品系统的物理层次设计。（2）复杂产品系统开发阶段。其特征是产品总体设计创新及各子系统创新。[③] 霍布戴和拉什（Hobbday & Rush）指出，复杂产品系统集成商与模块分包商的合作是复杂产品系统创新模式的特征。[④] 提姆·布雷迪和安德烈·戴维斯（Tim Brady & Andrew Davies）等从价值链增值角度提出复杂产品系统的创新过程模式，将复杂产品系统的创新过程分为早期阶段、系统集成、运营、提供服务、最终消费者。这个模型的特点是：（1）突出了复杂产品系统价值开发传递过程及所经历的阶段。[⑤] 陈劲团队对巨型复杂产品系统做了深入的研究，他们运用模块化分析方法剖析了海豹HP1600 型高速缉私艇创新等多个案例，提出了复杂产品系统模块化模式，讨论了复杂产品系统模块化创新的关键因素、机理与路径等。[⑥] 同时，他们还研究、提出了一个复杂产品系统创新三阶段漏斗模型。该模型的特点

---

① 胡树华、牟仁艳：《产品—产业—区域创新路径》，经济管理出版社 2009 年版，第 40—41 页。

② 傅家骥主编：《技术创新学》，清华大学出版社 2003 年版，第 73 页。

③ Davies, A., Brady, T. "Polices for a Complex Product Systems," *Futures*, Vol. 30, No. 4 (1998), pp. 293-304.

④ Hobbday, M, Rush, H. "Technology Management in Complex Product Systems (CoPS): Ten Questions Answered," *International Journal of Technology Management*, Vol. 17, No. 6 (1999), pp. 618-638.

⑤ Tim Brady & Andrew Davies 的复杂产品系统创新模式转引自陈劲和桂彬旺的《复杂产品系统创新》一书。

⑥ 陈劲、桂彬旺：《模块化创新——复杂产品系统创新机理与路径研究》，知识产权出版社 2007 年版。

是解释了复杂产品系统的创新管理模式。[1]芮明杰团队运用模块化分析方法对消费类终端复杂产品系统的创新做了深入的研究，提出了网络状产业链知识创新模式，系统地考察了智能手机产品案例。该项研究的重要理论价值就在于他们所证论的一个观点：一个复杂产品就是一个完整的产业链，一个现代产业体系就是一个网络状产业链，知识创新驱动了现代产业体系的发展。[2]

总结产品体系创新研究的成果，我们发现，现代产品体系创新是一个复杂的产品系统创新，这个产品体系创新应当是遵循模块化分工原则的网络状产业链创新体系。但是，这些研究都忽视了核心技术—产品创新在产品体系创新中的独特作用，没有系统地深入分析核心技术—产品创新模式、机理与路径问题。

三　核心技术—产品创新驱动的区域现代产业发展

从产业发展角度看，区域产业发展依靠两种创新驱动力：一是产品体系创新驱动力；二是核心技术—产品创新驱动力。沿着产业生命周期观察，首先是产品体系创新驱动的区域产业发展。硅谷半导体产业发展就是一个典型例子。仙童公司裂变为 8 家半导体公司，这些裂变的公司分别着眼于技术型产品创新、产业关联产品创新，构建了硅谷微电子产品体系创新的基本架构。在此基础上，服务产品创新、信息产品公司相继建立，进一步完善了产品体系创新，同时，半导体产品制造业又细分为设计、研发、技术咨询、信息服务、加工制造、市场推广、品牌塑造等产业。硅谷产品体系创新驱动着硅谷产业的发展。硅谷产品体系创新见图 5.3。

其次是核心技术—产品创新逐渐统率和引领产品体系创新。在硅谷计算机产品链上，CPU 产品、Windows 系统等核心技术—产品居主导和统领地位。比如，计算机系统更新换代就是由 Intel 公司的 CPU 产品系统和 Windows 系统创新驱动完成的。在硅谷产业创新历史中，晶体管技术—产品、集成电路技术—产品、个人计算机技术—产品及互联网技术产品分别为硅谷产业发展的每个发展阶段的核心技术—产品。这种核心技术—产品

① 陈劲、童亮等：《复杂产品系统创新对传统创新管理的挑战》，《科学与科学技术管理》2004 年第 9 期。

② 芮明杰、张琰：《产业创新战略——基于网络状产业链内知识创新平台的研究》，上海财经大学出版社 2009 年版。

创新统率和引领着硅谷产品体系创新，驱动着硅谷新兴产业的发展。可见，硅谷的核心技术—产品创新是硅谷现代产业体系发展的支点。硅谷核心技术—产品创新演化见图 5.4。

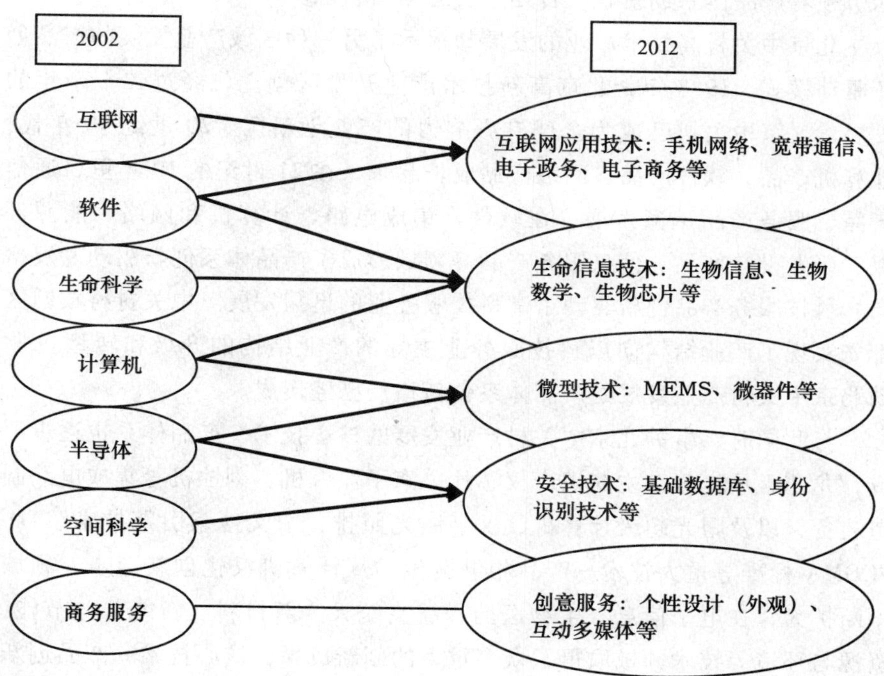

图 5.3　硅谷产品体系创新

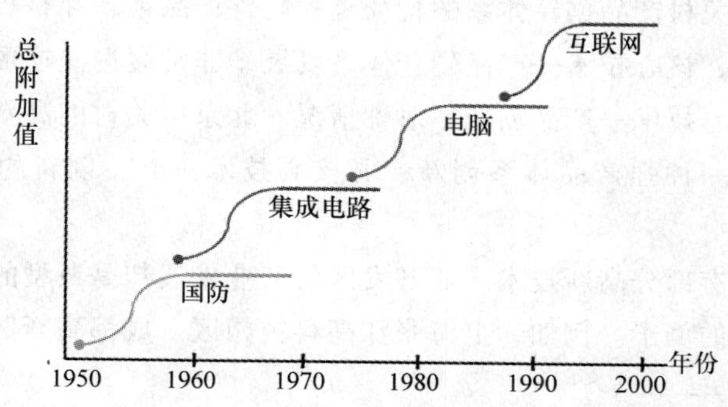

图 5.4　1950—2000 年硅谷核心技术—产品演进

资料来源：《硅谷前沿：创新和创业的栖息地》，斯坦福大学出版社 2000 年版。

硅谷产业发展是产品体系创新与核心技术—产品创新动态均衡驱动发展的典型案例。它还是区域发展高科技产业的典型案例。这个案例说明：产品体系创新中必须包含核心技术—产品创新，核心技术—产品创新统率和引领着产品体系创新，二者处于动态均衡状态。

北京中关村高技术产业的发展却揭示了另一种区域产业发展的产品创新驱动模式。1988 年，北京高新技术产业开发区创立，经过二十余年的发展，北京中关村已成为全球有影响力的产业创新区。20 世纪 90 年代，计算机产品、软件产品、网络产品成长起来，在 21 世纪的 10 年里，通信产品、服务产品迅猛发展。在软件、集成电路、计算机和网络、能源环保、研发设计产品、信息服务产品等领域形成了产品体系创新驱动发展格局。科技服务产品创新驱动了高科技服务业的迅猛发展。中关村科技园区率先实现了产业结构向以科技服务业主导的产业结构的升级和转型。[①]驱动北京中关村产业发展的产品体系创新格局已经形成。

与此同时，事关北京中关村产业发展的核心技术—产品体系也逐步形成，龙芯、星光等自主知识产权芯片，离子注入机、刻蚀机等集成电路制造装备，以及曙光超级计算机、汉字激光照排、中文搜索引擎技术、TD-SCDMA 标准等重大技术—产品相继诞生。从计算机汉化创新起步，领域不断扩大，在电子信息、生物医药、航空航天、新材料、新能源与节能、资源与环境等技术领域取得了众多重大的创新成果，核心技术—产品创新向统率和引领产品体系创新迈进并且在北京中关村产业发展中起着重要的作用。[②]

北京中关村产品创新体系的特征是：配件产品创新和整机产品创新体系同时建构，核心技术—产品创新体系发展却非常缓慢。这形成了产品创新体系与核心技术—产品创新不对称情况。北京中关村的高新技术产业发展显现的是一种强产品体系创新、弱核心技术—产品创新的不均衡驱动状况。

中国还有部分高新技术产业开发区的产业发展却是典型的产品创新体系驱动发展的例子。例如，上海张江高科技园区、成都高新区等省会城市

---

① 中共北京市委宣传部、中关村科技园区管理委员会：《创新之路》，《求是》杂志 2008 年第 19 期。

② 中关村科技园区管委会：《创新之路》，《中国高新区》2009 年第 4 期。

高新区的产业发展都属于这种无核心技术—产品创新驱动状况。这些案例说明，没有核心技术—产品创新的统率和引领，区域产品创新体系升级换代就十分缓慢，乃至处于停滞状态。

绵阳高新区数字视听产业发展的例子表明，没有产品体系创新，核心技术—产品创新最终难以突破。绵阳高新区的特色优势产业是数字视听产业，这一产业在全国都有极大的影响力。2004 年以后，绵阳高新区的 PDP 模组核心技术—产品生产制造取得突破，PDP 模组核心技术—产品创新启动，经过 8 年的发展，PDP 模组核心技术—产品创新并没有实现根本的突破，其原因在于没有一个强大的产品体系创新支撑。

综合以上分析，区域产业发展必须走产品体系创新与核心技术—产品创新动态均衡驱动的路子。但是，中国绝大多数区域都是弱势创新区域，或者优势创新区由于核心技术—产品的创新弱势，实现产品体系创新与核心技术—产品创新的动态均衡驱动实属不易。站在区域产业发展创新驱动的新的历史起点上，必须增强核心技术—产品的创新能力。

第3节　区域核心技术—产品价值与创新竞争优势

一　新产品价值链

每一个区域的新产品价值活动都包括了区域新产品价值创造的基本活动和支撑活动。区域新产品价值创造的基本活动包括企业创新活动、企业创新体系与结构、企业创新战略与企业创新管理。区域新产品价值创造的支撑活动包括科研机构、大学、中介服务机构所从事的新产品价值创新与服务活动及政府采购活动。所有这些活动构成了区域新产品价值链（见图 5.5）。

图 5.5 表明，一个区域新产品价值链与另一个竞争区域新产品价值链之间的差异是区域产业创新竞争优势差异的一个关键来源。区域内每一种新产品价值活动都使用了区域创新体系投入、创新资源供给、地方产业创新体系和新产品市场的支撑。每一种新产品价值活动都使用和创造了新产品价值服务信息。

区域内新产品价值活动可以分为两大类：基本活动和支撑活动。基本活动如图 5.5 底部所示，是涉及新产品价值创造各个环节的活动。任何区域新产品价值创造的基本活动都可划分为这四类活动。支撑活动是支持基本活动并通过区域创新体系、创新资源供给、地方产业创新体系以及新产品市场与各种具体的基本活动相联系并支撑着整个新产品价值链。

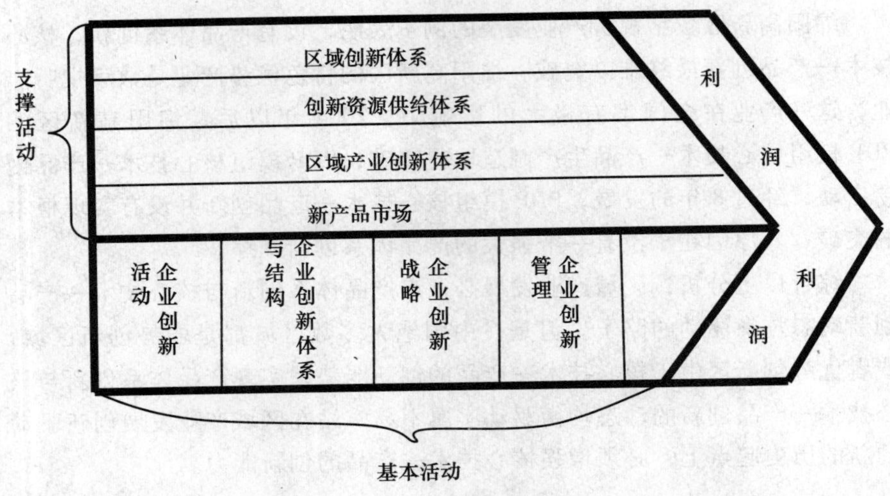

图 5.5　区域新产品价值活动

因此，新产品价值活动是由区域内各种新产品创新竞争优势的相互分离活动组成的。每一种新产品价值活动与经济绩效结合的形式，将决定一个区域在核心技术—产品创新方面竞争能力的高低。每一种新产品价值活动的进行也将决定它对客户价值和创新型企业利润的贡献。与竞争区域价值链的比较揭示了决定区域产业创新竞争优势的差异所在。

基本新产品价值活动的解释。企业创新活动是新产品价值创造的根本活动。它承担着新产品创意、设计、开发、生产制造、物流、市场和销售等各种价值创新活动。企业创新体系与结构是新产品价值创造的组织运行框架与变革活动机制。企业创新战略活动是新产品价值创造的最高决策与执行活动。企业创新管理活动是新产品价值创造的资源效率活动。

支撑新产品价值活动的解释。在任何区域内，新产品价值创造所需要的支撑活动如图 5.5 上部所示。每种支撑活动可根据新产品的具体情况划分为若干显著不同的价值活动。

区域创新体系。区域创新体系主要由参与技术发展和扩散的企业、大学和研究机构组成，并由市场中介服务组织广泛介入和政府适当参与的，为创造、储备和转让知识、技能和新产品提供相互作用的一个创新网络系统。它是国家创新系统的子系统，体现了国家创新系统的层次性。[①] 科研机构创新活动是新产品价值创造的重要知识服务活动。它承担着新产品应用知识创造、方案设计、成果推广等价值创新活动的功能。大学创新活动起着新产品价值创造所需的基础知识、理论设计等的支撑作用。中介机构创新服务活动是新产品价值创新的重要支撑，它承担着新产品价值创造各个环节的创新服务活动的功能。

政府采购活动是指购买用于新产品价值链的各种投入活动。政府采购需要设计一套科学合理的采购制度体系、采购信息系统。政府采购往往遍及所有新产品，如政府办公设备、办公软件、汽车等。一次特定的政府采购活动通常与一项具体的新产品价值活动或其支撑活动直接相关。政府采购成本对政府来说可能是很小的，因而对政府的影响甚微。但是，对新产品成本和创新型企业来说却有着很大的影响。比如，某省政府采购办公软件对于区域内办公软件的价值有着极大的影响。政府采购目标是支持创新或降低成本或者二者兼顾，采购规则是否系统、科学和完整会对新产品价值活动产生直接影响。

新产品价值创造的政策支撑体系。新产品价值创造的政策支撑体系包括政府的创新服务安排、政府财税和金融政策、政府科技计划、社会科技信息服务系统等。新产品价值创造的政策支撑体系对新产品价值链的形成起着推动作用。新产品价值创造的政策支撑体系是区域产业创新竞争优势的重要来源。

创新资源供给与管理体系。创新资源供给与管理体系包括风险资本供给与管理体系和创新人力资源供给与管理体系两部分。风险资本资源是新产品价值创造的直接影响因素，因为风险资本要求较高的风险补偿。风险资本供给越充足，就越能支持企业的创新活动，风险资本供给体系越健全和越有效率，就越能满足企业创新活动的资本需求；风险资本管理水平越高，风险资本管理体系效率越高，风险资本的投资成本就越低，就可以增加新产品的价值。风险资本供给与管理体系在宏观层面上是指风险资本进入、退出的监管体系和市场体系，所涉及的环节众多。风险资本供给与管理体系在微观层面上是指风险投资商的风险融资体系与风险识别、预警和

① 尚勇、朱传伯：《区域创新系统的理论和实践》，中国经济出版社1999年版。

控制体系。美国硅谷就是一个风险资本供给与管理体系效率很高的区域，在这个区域里，新产品价值创造需求得到了充分支持。创新型人力资源是新产品价值创造的直接决定因素，因为任何新产品的价值都来源于创新型人力资源的创新劳动贡献。创新型人力资源供给体系就是满足企业创新需求多层次的、有效率的、完整的创新人力资源市场体系，包括核心人力资源市场与辅助人力资源市场。核心人力资源市场体系包括专业人力资源市场体系和经理人市场体系。创新型人力资源管理体系是人力资源招聘、雇佣、培训、开发和报酬等各种活动规划、组织、控制和政策激励的体制与机制的总称。创新型人力资源市场体系及其管理体系是新产品价值创造的直接支撑体系。创新型人力资源激励机制直接影响着新产品的价值创造活动。

区域产业创新体系。区域产业创新体系指的是依据产业生命周期所构造的新兴产业创新、优势产业创新、主导产业创新和衰退产业创新的循环与升级体系，或者说是由 A—U 曲线所揭示的产品创新、知识与技术创新、市场创新和管理创新的循环与升级体系，抑或说是沿价值链的空间分布构造形成的产品加工集群、产品研发集群和产品创新集群的循环与升级体系。区域产业创新体系是区域产品价值链的产业创新环境体系，决定了区域产品价值链的宽度和深度。

区域产业网络体系是指直接支撑新产品开发的制造业网络体系。区域产业网络体系可以在新产品价值创造活动中提供关联产品价值，提供技术、供给等信息服务价值等。大多数新产品都需要配套产业具有提供前向或后向关联配套的产品制造与服务能力。因此新产品价值创造需要相关门类的产业支撑。越复杂的新产品价值创造活动，越是要求种类广泛的制造业与服务业的支撑。比如，电脑产品、汽车产品这类终端产品的价值创造活动常常要求数十个产业部门作为支撑。中间关联产品的价值创造活动因现代专业分工深化、制造工序分化、独立成一个产业部门而要求各个专业化制造部门的支撑，这就形成了一个中间关联产品供应价值链。某个区域产业网络体系的发达程度对新产品价值创造有着直接而关键的影响。一个十分发达的地方产业网络体系会降低新产品原料采购成本、新产品设计成本、新产品加工成本，同时，改进的新产品品质能够为客户带来更大、更多的价值。比如，东莞的电脑零配件产业网络体系对于电脑产品的价值起着积极作用。温州打火机网络产业体系也是这样的一个典型例子。

二 区域新产品价值链确定

我们假定所有新产品都是技术产品。新产品在技术层面上有普通技术产品或功能改进型产品、技术型产品和核心技术产品，普通技术产品或功能改进型新产品指通过引进技术生产线生产出适合于国内市场消费者特点的产品，比如，中国在 20 世纪 80 年代引进彩电生产线生产出适合于中国消费者需求的新产品。这种新产品的新颖性在于产品外观或新增加的某个功能。技术型产品指根据国内市场变化特点和消费者需求特点融合了新技术的产品或实现了新技术产业化的产品。技术型新产品包括终端技术型产品、中间技术型产品。核心技术新产品前已定义。

新产品在市场层面上有区域型新产品、国内型新产品和国际型新产品。区域型新产品指在某个区域内新出现的产品，国内新产品指在国内首次出现的产品，国际新产品指在国际上首次出现的产品。

新产品在产品流程上有设计型新产品、加工型新产品和营销型新产品。设计型新产品指产品理念、创新、图纸、初试与中试类新产品。加工型新产品指新产品处在加工制造阶段的产品形态。加工型新产品包括中间型新产品、终端型新产品。营销型新产品指新产品处在市场阶段的产品形态。在这个阶段，营销型新产品包括新产品服务、品牌等形态。

核心技术新产品是国际型新产品、关键共性技术新产品、自主知识产权技术新产品、品牌型新产品。

新产品的价值可以定义为：

$$y = p \times q \tag{5.1}$$

其中，y 表示新产品的价值；p 表示新产品的价格；q 表示新产品的数量。

假设新产品的创新价值与市场范围对称，其区域市场需求量为 Q_R，国内市场需求量为 Q_D，国际市场需求量为 Q_I，那么我们可以用数学方式表述区域型新产品的价值 y_R、国内型新产品价值 y_D 和国际型新产品价值 y_I。

$$y_R = p \times Q_R \tag{5.2}$$

$$y_D = p \times Q_D \tag{5.3}$$

$$y_I = p \times Q_I \tag{5.4}$$

假设新产品创新价值主要由技术价值所决定，并且与市场范围对称，我们即可假设功能型新产品价值对称区域型新产品价值，技术型新产品价值对称国内型新产品价值，核心技术—产品价值对称国际型新产品价值。在实际生活中，在市场属于卖方市场阶段，这个假设是不成立的。在这里做这种假设仅是为了说明新产品价值链的简洁、方便。

假设新产品创新价值创造活动分为新产品创意、设计和开发活动价值、新产品加工价值和新产品市场营销品牌价值，那么可以用数学方式表达新产品创新、设计和开发活动价值 y_{RD}，新产品加工价值 y_M，新产品营销品牌价值 y_T

$$y_{RD} = s_{RD} \times p \tag{5.5}$$

$$y_M = s_M \times p \tag{5.6}$$

$$y_T = s_T \times p \tag{5.7}$$

其中，s_{RD}表示研发产品价值占整个新产品价值的份额，s_M 表示新产品加工价值占整个新产品价值的份额，s_T 表示新产品营销品牌价值占整个新产品价值的份额。

区域新产品价值可用数学符号表示：

$$Y_R = \sum_{i=1}^{n} (y_i + y_j + y_Z) \tag{5.8}$$

其中，$i \neq j \neq z$，$i = 1, 2, 3, \cdots, n$；$z = 1, 2, 3, \cdots, n$

假设 i 表示区域型新产品，j 表示国内型新产品，z 表示国际型新产品，则区域新产品的价值公式（5.8）有三种含义：（1）某个区域当且仅当只有区域型新产品价值，或者当且仅当只有国内型新产品价值，或者当且仅当只有国际型新产品价值；（2）某个区域有任意两两组合的新产品价值；（3）某个区域有所有新产品价值，但其中任意一种新产品价值占主导地位，因而可称为区域主导型的区域新产品价值，或者国内主导型的区域新产品价值，或国际主导型的区域新产品价值。在实践中，第二、三种情况较为普遍。

同样，假设 i 表示适用型新产品价值或功能型新产品价值，j 表示技术型新产品价值，z 表示核心技术—产品新产品价值，则区域型新产品价值公式（5.8）有三种含义：（1）某个区域当且仅当只有适用型新产品价值，或者当且仅当只有技术型新产品价值，或者当且仅当只有核心技术—产品新产品价值；（2）某个区域新产品价值是任意两两组合的新产品价值；（3）某个区域新产品价值或是区域主导型或是国内主导型或是国际主导型新产品价值。在实践中，第二、三种情况较为普遍。

还有，假设 i 表示研发型新产品价值，j 表示加工型新产品价值，z 表示营销型新产品价值，则区域新产品价值公式（5.8）有三种含义：（1）区域新产品价值当且仅当是其中任意一种新产品价值；（2）区域新产品价值当且仅当是其中任意两两组合的新产品价值；（3）区域新产品价值是其中任意一种主导型新产品价值。

关于新产品价值的上述分析如图5.6所示。

图5.6说明，某个区域新产品价值取决于新产品的技术价值、新产品市场、产品价值流程的位置。区域新产品价值链由区域市场型新产品价值、加工型新产品价值、适用型新产品价值构成，则区域新产品价值份额最小；区域新产品价值链由技术型新产品价值、国内市场型新产品价值和营销品牌型新产品价值、研发型新产品价值构成，则区域新产品价值份额大于前者，处于中端位置；区域新产品价值由核心技术新产品价值、国际市场型新产品价值、国际营销品牌型新产品价值和国际研发型新产品价值构成，则区域新产品价值最高。

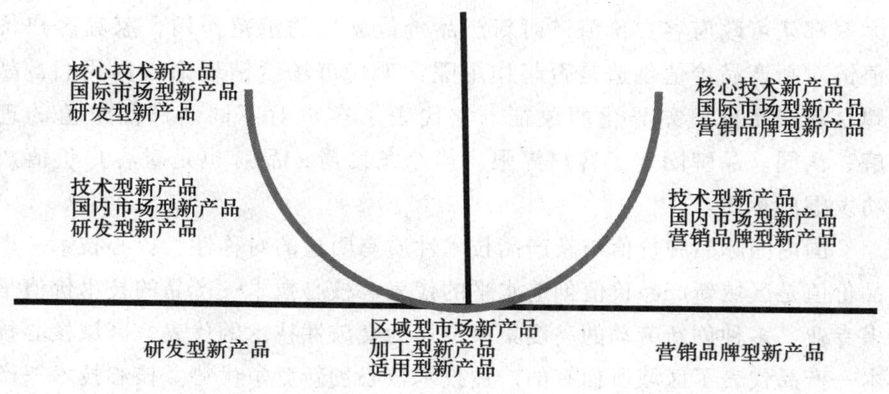

图5.6　区域新产品价值链确定

图5.6说明，区域新产品价值链可以定义产业升级，即产业升级指区域新产品价值链沿着区域型市场新产品、加工型新产品、适用型新产品价值链升级到国内市场型新产品、研发型新产品、技术型新产品价值链，最后升级到国际市场型新产品、核心技术新产品价值链。

新产品价值的决定因素归根结底有两个：一是技术价值量；二是品牌价值量。新产品技术价值量的大小取决于创新劳动性质和数量。从现代技术创新分工专门化与合作规律来看，任何新产品的技术价值都凝聚了新产品价值创造的基本活动，这些价值活动本身的水平与质量及它们之间的合作水平与质量都对新产品的技术价值量有着决定性影响。同时，任何新产品的技术价值量又受到其支撑活动的影响。新产品价值创造的基本活动与支撑活动的协调对称关系会导致新产品技术价值最大化。区域内新产品价值链内部的协调对称关系会形成持久的区域产业创新竞争优势。

区域内新产品价值创造活动与区域外新产品价值创造活动的关系可以称为新产品价值纵向关系。这种纵向关系已经是国际国内的普遍现象。比如新产品研发战略联盟、新产品研发网络的国际化。区域新产品价值创造活动的纵向关系形式多样、内容充实及有效路径都可增强区域产业创新的竞争优势。

新产品的品牌价值量取决于客户市场的需求规模经济性。区域内品牌、国内品牌和国际品牌的价值量依次由小到大，充分体现了客户对新产品品质、文化、价值的认同。客户价值链描述了终端产品用户、中间产品用户价值活动的关系。一般来说，终端产品用户常指政府和家庭。大家都认可政府客户价值链对新产品价值创造的示范作用，家庭客户价值链对新产品价值创造是否起作用呢？现代市场营销理论告诉我们，品牌是新产品价值差异化的象征，它代表了客户对不同新产品价值的理解、认同。品牌圈定了客户界限。换个角度看，品牌也是对客户价值成功发掘的标识。

国内国际品牌价值与新产品技术性质有明显的对称性。核心技术—产品价值是区域新产品价值创造水平的代表。核心技术—产品的技术价值是多专业、多种创新劳动的高度集聚，作为突破性技术的代表，区域核心技术—产品代表了区域所拥有的产业技术核心创新竞争优势。核心技术—产品具有国内国际品牌价值。它与国际品牌有着内在一致性。核心技术—产品的需求规模经济特征与国际品牌所代表的国际市场规模经济性是完全一致的。核心技术—产品战略创造了创新竞争优势。

三　创新竞争景框与新产品价值链

迈克尔·波特提出了竞争景框影响竞争优势的命题。[①]根据这个思想，

① ［美］迈克尔·波特：《竞争优势》，陈小悦译，华夏出版社1997年版，第53页。

我们认为，创新竞争的景框影响着新产品价值链。我们接受了迈克尔·波特关于地理景框和产业景框的术语。不过，我们把地理景框定义为新产品创新区域，产业景框定义为战略关联产业或者说产业生命周期不同的产业。

新产品地理景框有三种形式：新产品创新的理想区域、新产品创新的次优区域、新产品创新的普通区域。新产品价值创造活动在理想区域可获得理想的创新竞争优势，新产品价值创造活动在次优区域可取得较满意的创新竞争优势，新产品价值创造活动在普通区域却难以获得创新竞争优势。核心技术—产品的创新竞争优势至少是在新产品价值创造的次优区域形成的，但是，新产品价值创造的次优区域并不必然会拥有核心技术—产品创新竞争优势。这里的关键问题是，次优区域是否选择核心技术—产品创新竞争战略。比如，中国国家级高新技术产业开发区发展了近二十年，但绝大多数都没有形成区域产业创新竞争优势。其原因就是，中国所有的高新技术产业开发区的基本战略是成本优先战略、产品创新战略而不是核心技术—产品创新战略。

产业景框描述了战略关联性产业的相互关系或处于不同生命周期阶段产业之间的相互关系。产业景框对新产品价值链有着直接而深刻的影响。对于一个区域来说，战略关联性产业的相互协调关系对于新产品价值创造有着直接影响。尤其是成长性产业、主导产业部门的新产品价值链对整个区域产业的创新竞争优势至关重要。如果成长性产业、主导产业部门的新产品价值链是以核心技术—产品为中心形成的新产品价值链，那么区域产业创新竞争优势强大且可持续；如果成长性产业、主导产业部门的新产品价值链不是以核心技术—产品为中心形成的新产品价值链，那么区域产业创新竞争优势就是不可持续的。比如，中国青岛地区形成了以核心技术—产品为中心的家用电子信息产品价值链，在全球金融危机时期，表现出了强劲的、可持续的区域产业创新竞争优势。中国东部沿海大部分地区的产业都未形成以核心技术—产品为中心的新产品价值链，在全球金融危机时期，表现出了脆弱的、不可持续的区域产业创新竞争优势，或者说，区域产业创新竞争劣势。

支柱产业和衰退产业新产品价值链对增强区域产业创新竞争优势有着重要的补充作用。如果支柱产业大量应用现代产业技术以再造新产业技术，形成新的核心技术—产品，那么必将成为区域产业创新竞争优势的重要组成部分。比如，装备制造业运用现代产业技术，形成了现代先进的装备制造业，其新产品价值链就增强了地区产业的创新竞争优势。衰退产业的新产品价值链延伸了衰退产业的生命周期，对于地区产业创新竞争优势来说起到了补充作用。

根据创新竞争景框理念，区域产业创新竞争优势有三种类型：第一类是区域型产业创新竞争优势；第二类是国内型产业创新竞争优势；第三类是国际型产业创新竞争优势。创新竞争景框为我们辨识区域产业创新竞争优势提供了一个很好的分析工具。把地理景框与产业景框结合起来，我们就能确定区域产业创新竞争优势在新产品价值链上的表现。

如果某个区域是理想区域，则区域产业创新竞争优势必然会表现为区域核心技术—产品的创新优势。并且这种创新竞争优势不仅是某一类产业，而且是产业生命周期各个阶段的核心技术—产品创新价值链形成的竞争优势。此外，围绕产业核心技术—产品形成了区域可持续技术型产品创新竞争优势、国际国内品牌型新产品创新竞争优势，这种创新竞争优势属于国际产业创新竞争优势。

如果某个区域是次优区域，则区域产业创新竞争优势必然表现为整个区域形成了技术型新产品创新竞争优势但缺乏核心技术—产品创新竞争优势；或者区域内某个阶段的产业形成了围绕核心—技术产品的技术型新产品价值链和创新竞争优势，这个产业就是该区域的特色优势产业；或者区域内某两个阶段的产业形成了以核心技术—产品创新为中心的区域技术型新产品价值链和创新竞争优势；或者在区域内特定产业的多个细分产业形成了拥有核心技术—产品创新的技术型新产品价值链和创新竞争优势。总之，这种区域产业创新竞争优势极为复杂。

如果某个区域是普通创新区域，则区域产业创新竞争必然表现为适用型新产品主导的区域产业创新竞争优势。

区域新产品价值链使我们认识到，区域产业创新竞争优势可分为三个层次：第一个层次是普通区域内适用型新产品主导的区域产业创新竞争优势，第二个层次是次优创新区域内技术型产品主导的区域产业创新竞争优势；第三个层次是理想区域内核心技术—产品主导的区域产业创新竞争优势。区域产业创新竞争优势的演变规律就是沿着第一层次区域产业创新竞争优势向第二层次区域产业创新竞争优势发展，最后达到第三层次。第三层次的区域产生创新竞争优势是全球化时代和创新竞争时代区域创新竞争优势的标志。因此，全球化时代的区域产业自主创新战略必然表现为区域核心技术—产品的创新竞争优势战略。

第4节　企业核心技术—产品创新战略

区域产业的核心技术—产品创新战略必然表现为公司或企业的核心技术—产品创新战略问题和区域科技产业创新政策问题。本节讨论企业的核心技术—产品创新战略问题，下节讨论区域产业的核心技术—产品创新政策问题。

一　企业核心技术—产品创新战略驱动模型

在当今世界，品质竞争策略上升为主要的竞争策略，价格竞争策略的有效性取决于品质的差异化和高级化。与此相应，市场结构彰显了充分的创新竞争特征。垄断竞争模型假定一家公司只生产一种产品且产品需求具有规模效应，创新行为可实现公司垄断利润最大化，垄断竞争可促进创新。[①]寡头垄断竞争模型强调指出，公司之间产品的替代弹性越大，市场准入成本越高；公司产品的创新价值越高，公司产品就越有市场扩张能力。[②] 本节利用复合CES效用函数和对称性纳什均衡，充分借鉴寡头垄断竞争模型，设计了二元新产品创新模型，研究在一个既有核心技术—产品创新能力又有非核心技术—产品创新能力的公司所构成的竞争市场里，非核心产品创新能力的公司是否可选择核心技术—产品创新战略问题。

（一）概念界定与补充

核心技术—产品及其创新概念已在第1节作出解释。在这里需要补充非核心技术—产品的定义。不具有核心技术特征的产品即非核心技术—产品，包括仿制产品、模仿创新产品。仿制产品和模仿创新产品的特征是：（1）仿制产品和模仿创新产品仅在一个次要特征上有技术改进。（2）仿制产品和模仿创新产品没有核心技术产权和自主品牌。（3）仿制产品和

---

① Dasgupta, P. and Stiglitz, J., "Industrial Structure and the Nature of Innovative Activity", *Economic Journal*, Vol. 90 (1980), pp. 266-293. Dasgupta, P. and Stiglitz, J., "Entry, Innovation, Exit: Towards a Theory of Olipolistics Industrial Structure," *European Economic Review*, Vol. 15, (1981), pp. 137-158.

② Jian Dong Ju., "Oligopolistic Competition, Technology Innovation and Multiproduct Firms," *Review of International Economics*, Vol. 11, No. 2 (2003), pp. 346-359.

模仿创新产品替代率高，周期短。

（二）模型描述

1. 基本假设

我们假设：（1）一个产业有核心技术—产品与非核心技术—产品两大类型公司。（2）核心技术—产品 X_1 表示一个产品集合，非核心技术—产品 X_2 表示一个产品集合，可表示成：$X_1 = \{1,2,3,\cdots,n_i\}$，$X_2 = \{1,2,3,\cdots,n_i\}$。$X_1$ 的增长表示核心技术—产品创新能力提高，X_2 的增长表示非核心产品创新能力的提高，即模仿创新能力提高。（3）核心技术—产品为公司 A 生产，因而在公司各自内部的产品之间的替代弹性 δ 是不同的。（4）核心技术—产品与非核心技术—产品之间的替代弹性 θ 表示公司之间的产品替代弹性。（5）核心技术—产品的价格指数为 q_A，非核心技术—产品的价格指数为 q_B。任一产业产品的市场价格指数为 q。（6）公司 A 和 B 的某一产品价格为 p_j，产品边际成本分别为 c_1，c_2。产品的创新成本为 f_1，f_2。任意产业产品的边际成本为 c，产品创新的边际成本为 f。

2. 代表性消费者效用函数

（1）代表性消费者消费 A 公司产品的效用函数为：$U = (X_0, U_1)$。其中，U_1 是复合 CES 效用函数。

$$U_1 = [X_{A1}^a]^{\frac{1}{a}} \tag{5.9}$$

$$X_{A1} = [X_1^\rho]^{\frac{1}{\rho}} \tag{5.10}$$

（2）代表性消费者消费 B 公司产品的效用函数为：$U = (X_0, U_2)$。其中，U_2 是复合 CES 效用函数。

$$U_2 = [X_{B2}^a]\frac{1}{a} \tag{5.11}$$

$$X_{B2} = [X_2^\rho]\frac{1}{\rho} \tag{5.12}$$

其中，X_0 表示物品 0，我们规定其价格为 1。X_{A1} 表示所消费的 A 公司生产的 X_1 产品数量。X_{B2} 表示所消费的 B 公司生产的 X_2 的产品数量。假设 $U(\cdot)$ 是位似的，且两阶段预算是有效的，Y 表示根据价格 $P(P_1, P_2)$ 所有消费者在 X_1，X_2 上的总支出量，因而消费者的问题就变成：

$$\underline{\underset{ij}{Max}} U' = \{\sum_{i=A}^{B} [(\sum_{j=1}^{m} X_{ij}^{\rho})^{\frac{1}{\rho}}]^{a}\}^{\frac{1}{a}} \tag{5.13}$$

$$\text{s. t.} \sum_{i=A}^{B} \sum_{j=0}^{1} p_{ij} X_{ij} \leqslant Y \tag{5.14}$$

其中，U′是从某个产业中所有产品消费推导出的次效用函数。X_{ij}（$i=A, B; j=1, 2, 3, \cdots, m$）表示某种产品的消费量。对于凹性，$0<a<1, 0<\rho<1$，假设同一公司产品替代弹性 $\delta=1/(1-\rho)$，则 θ 和 δ 都大于1。任意一公司的价格指数可写成：$q_i=[\sum_{j=1}^{m} X_{ij}^{1-\delta}]^{\frac{1}{1-\delta}}$

对于凹性，假设不同公司产品替代弹性 $\theta=1/(1-\alpha)$，则任意一产业产品市场价格可写成：$q=[\sum_{i=A}^{B} q_i^{1-\theta}]^{\frac{1}{1-\theta}}$

任意一公司任意一产品的需求函数可写成：$X_{ij}=\frac{Y_i}{p_{ij}^{\delta} q_i^{1-\delta}}$

与此同时，阶段性预算规定：$Y_i q_i^{\theta} q^{1-\theta}=q_i Y$

因而需求函数可改写成：

$$x_{ij}=\frac{Y_i}{p_{ij}^{\delta} q_i^{1-\delta}}=\frac{Y}{p_{ij}^{\delta} q_i^{\theta-\delta} q^{1-\theta}} \tag{5.15}$$

任意一公司任意一产品的利润可表示为：

$$\pi_i(P,H) \equiv X_{ij}(p_{ij}-c_i-f_i) \tag{5.16}$$

其中，H表示任意产品的 m 维度向量。因而公司 A，B 的利润可写成：

$$\pi_A(P,H) \equiv \sum_{k=1}^{n_i} \pi_{Ak}(P,H)=\sum_{k=1}^{n_i} X_{Ak}(p_{Ak}-c_{1k}-n_i f_1) \tag{5.17}$$

$$\pi_B(P,H) \equiv \sum_{k=1}^{n_i} \pi_{Bk}(P,H)=\sum_{k=1}^{n_i} X_{Bk}(p_{Bk}-c_{2k}-n_i f_2) \tag{5.18}$$

（三）市场扩张均衡

公司自主创新模型可由逆向归纳法求解。首先求解给定产品情况下导致阶段2的均衡价格，然后给定最优价格，求解两类产品的古诺—纳什均衡。

1. 阶段2的价格决策

在阶段2，两家公司既保证产品的数量又保证竞争者的价格。然后选择获得最大利润公司的产品价格。假设公司的价格对市场有影响。把需求函数（5.15）换成对数，我们有：

$$\ln X_{ij}=\ln Y-\delta \ln p_{ij}-(\theta-\delta)\ln q_i-(1-\theta)\ln q \tag{5.19}$$

由于 $\partial \ln q_i / \partial \ln p_{ij}=(p_{ij}/q_i)^{1-\delta}$，任意一公司的某种产品价格对其市场价格的影响可表示为：

$$\frac{\partial \ln q}{\partial \ln p_{ij}} = \frac{\partial \ln q}{\partial \ln q_i}\frac{\partial \ln q_i}{\partial \ln p_{ij}} = (q_i/q)^{1-\theta}(p_{ij}/q_i)^{1-\delta} \quad (5.20)$$

我们有下列的弹性公式：

$$\eta_{ij} = \frac{\partial \ln X_{ij}}{\partial \ln p_{ij}} = -\delta - (\theta - \delta)(p_{ij}/q_i)^{1-\delta} - (1-\theta)$$
$$(q_i/q)^{1-\theta}(p_{ij}/q_i)^{1-\delta} \quad (5.21)$$

$$\eta_{kj} = \frac{\partial \ln X_{ik}}{\partial \ln p_{ij}} = -(\theta - \delta)(p_{ij}/q_i)^{1-\delta} - (1-\theta)$$
$$(q_i/q)^{1-\theta}(p_{ij}/q_i)^{1-\delta}，其中，k \neq j。 \quad (5.22)$$

假设公司 A，B 各自生产核心技术产品 X_1 和非核心技术产品 X_2，则有下面的弹性公式：

$$\eta_{ij} = \frac{\partial \ln X_{Aj}}{\partial \ln p_{Aj}} = -\delta - (\theta - \delta)(p_{Aj}/q_A)^{1-\delta} - (1-\theta)$$
$$(q_A/q)^{1-\theta}(p_{Aj}/q_A)^{1-\delta} \quad (5.23)$$

$$\eta_{Kj} = \frac{\partial \ln X_{AK}}{\partial \ln p_{Aj}} = -(\theta - \delta)(p_{Aj}/q_A)^{1-\delta} - (1-\theta)$$
$$(q_A/q)^{1-\theta}(p_{Aj}/q_A)^{1-\delta},\ \mathrm{k} \neq \mathrm{j} \quad (5.24)$$

$$\eta_{jj} = \frac{\partial \ln x_{Bj}}{\partial \ln p_{Bj}} = -\delta - (\theta—\delta)(p_{Bj}/q_B)^{1-\delta} - (1-\theta)$$
$$(q_B/q)^{1-\theta}(p_{Bj}/q_B)^{1-\delta} \quad (5.25)$$

$$\eta_{ij} = \frac{\partial \ln x_{Bk}}{\partial \ln p_{Bj}} = -(\theta - \delta)(p_{Bj}/q_B)^{1-\delta} - (1-\theta)$$
$$(q_B/q)^{1-\theta}(p_{Bj}/q_B)^{1-\delta} \quad (5.26)$$

其中，$(p_{ij}/q_i)^{1-\delta}$ 测度了任意一公司某种产品的价格对其公司产品价格的影响。$(q_i/q)^{1-\theta}$ 测度了任意公司产品价格对产品市场价格的影响。我们可用 φ_i 表示。$\varphi_i=0$，表示公司产品价格对市场没有影响，$\varphi_i=1$ 表示公司产品价格对市场有完全影响。φ_i 表示公司产品的市场能力。

使用公式（5.17）和（5.18），我们有公司 A 和 B 的利润最大化条件：

$$\frac{\partial \pi_A}{\partial p_{Aj}} = \sum_{k=1}^{n_i}(p_{Aj} - c_1)\frac{\partial X_{Aj}}{\partial p_{Aj}} + X_{Aj} = \sum_{k=1}^{n_i}\frac{p_{Ak} - c_1}{p_{Aj}}X_{Ak}\eta_{kj} + X_{Aj}$$
$$= -\sum_{k=1}^{n_i}\frac{(p_{Ak} - c_1)X_{Ak}}{p_{Aj}}[(\theta - \delta) + (1-\theta)$$
$$(\frac{q_A}{q})^{1-\theta}](\frac{p_{Aj}}{q_A})^{1-\delta} - \frac{(p_{Aj} - c_1)x_{Aj}}{p_{Aj}}\delta + X_{Aj} = 0 \quad (5.27)$$

$$\frac{\partial \pi_B}{\partial p_{Bj}} = -\sum_{k=1}^{n_i} \frac{(p_{Bk} - c_2)X_{Bk}}{p_{Bj}}[(\theta - \delta) + (1 - \theta)$$

$$(\frac{q_B}{q})^{1-\theta}](\frac{p_{Bj}}{q_B})^{1-\delta} - \frac{(p_{Bj} - c_2)x_{Bj}}{p_{Bj}}\delta + x_{Bj} = 0 \qquad (5.28)$$

由于 $X_{Aj} = Y/q_A^{\theta}q^{1-\theta}$，$X_{Bj} = Y/q_B^{\theta}q^{1-\theta}$，我们可把公式（5.27）、（5.28）第一项改写成：

$$-\sum_{k=1}^{n_i} \frac{(p_{Ak} - c_1)X_{Ak}}{p_{Aj}}[(\theta - \delta) + (1 - \theta)(\frac{q_A}{q})^{1-\theta}]\frac{1}{q_A^{1-\delta}} + \frac{Y}{q_A^{\theta-\delta}q^{1-\theta}}$$

$$= \frac{p_{Aj} - c_1}{p_{Aj}} \frac{Y\delta}{q_A^{\theta-\delta}q^{1-\theta}} \qquad (5.29)$$

$$-\sum_{k=1}^{n_i} \frac{(p_{Bk} - c_2)X_{Bk}}{p_{Bj}}[(\theta - \delta) + (1 - \theta)(\frac{q_B}{q})^{1-\theta}]\frac{1}{q_B^{1-\delta}} + \frac{Y}{q_B^{\theta-\delta}q^{1-\theta}}$$

$$= \frac{p_{Bj} - c_2}{p_{Bj}} \frac{Y\delta}{q_B^{\theta-\delta}q^{1-\theta}} \qquad (5.30)$$

公式（5.29）和（5.30）的左边对公司 A，B 的所有产品 j 都是相同的。因此公司 A 的所有产品的价格都是相同的，公司 B 的所有产品的价格都是相同的，我们用 p_A，p_B表示。

给定 $(p_{ij}/q_i)^{1-\delta} = \frac{1}{n_i}$，可以得出，公式（5.27）（5.28）中的 X_{Aj}, X_{Bj} 各自都是相同的，分别用 X_A，X_B表示。

根据 q_i，q 的定义，$\varphi_i = (q_i/q)^{1-\theta} = \frac{n_i^{\frac{1-\theta}{1-\delta}}p_i^{1-\theta}}{\sum_{i=1}^{m} n_i^{\frac{1-\theta}{1-\delta}}p_i^{1-\theta}}$

且 $\varphi_i < 1$，因而公式（5.27）、（5.28）可简化为：

$$\frac{p_A}{p_A - c_1} = \theta - (\theta - 1)\varphi_A = (1 - \varphi_A)\theta + \varphi_A, \mathrm{m} = 1,2,3,\cdots,\mathrm{n_i} \qquad (5.31)$$

$$\frac{p_B}{p_B - c_2} = \theta - (\theta - 1)\varphi_B = (1 - \varphi_B)\theta + \varphi_B, \mathrm{m} = 1,2,3,\cdots,\mathrm{n_i} \qquad (5.32)$$

公式（5.31）、（5.32）表明，公司 A 的产品价格与公司 B 的产品价格与其产品扩张能力有正相关性，与公司之间产品的替代弹性有负相关性。由于公司 A 生产的是核心技术—产品，公司 B 生产的是非核心技术—产品，核心技术—产品与非核心技术—产品有着根本的差异，因而公司

A 获得比公司 B 更多的利润。公司 A 和公司 B 的加成定价比例 $\frac{p_A}{p_A - c_1}$，$\frac{p_B}{p_B - c_2}$ 分别与 $\theta - (\theta - 1)\varphi_A, \theta - (\theta - 1)\varphi_B$ 呈反比例关系。

在公式（5.31）（5.32）中，m 规定了公司 A、公司 B 的均衡价格 $p_i = p_i(\delta, \theta, n_i, \mathrm{i} = 1,2,3,\cdots,\mathrm{m})$。公司利润函数式（5.17）和（5.18）可写成：

$$\pi_A = n_i\left[\frac{Y}{p_A^{\delta} q_A^{\theta} q^{1-\theta}}(p_A - c_1) - f_1\right]$$

$$= \frac{Y n_i^{\frac{1-\theta}{1-\delta}} p_A^{1-\theta}}{\sum_{i=1}^{m} n_i^{\frac{1-\theta}{1-\delta}} p_A^{1-\theta}} \frac{\mathrm{p_A} - c_1}{p_A} - n_i f_1 = Y\left[1 - \frac{\theta \mathrm{c}_1}{(\theta - 1)p_A}\right] - n_i f_1 \tag{5.33}$$

$$\pi_B = n_i\left[\frac{Y}{p_B^{\delta} q_B^{\theta} q^{1-\theta}}(p_B - c_2) - f_2\right]$$

$$= \frac{Y n_i^{\frac{1-\theta}{1-\delta}} p_B^{1-\theta}}{\sum_{i=1}^{m} n_i^{\frac{1-\theta}{1-\delta}} p_B^{1-\theta}} \frac{p_B - c_1}{p_B} - n_i f_2 = Y\left[1 - \frac{\theta c_2}{(\theta - 1)p_B}\right] - n_i f_2 \tag{5.34}$$

任意一公司的扩张能力在第一个阶段就会被改变，公司自身产品的价格和其他公司产品的价格都会受到影响。运用静态比较法，把公式（5.31）（5.32）加总，我们有：

$$\sum_{i=1}^{m} \frac{p_i}{p_i - c} = 1 + (m - 1)\theta \tag{5.35}$$

公式（5.35）说明，公司 A、公司 B 的价格加成比率倒数的总和与公司的扩张能力无关。为了区别上述方程，在满足 n_i 约束的条件下，我们有：

$$\sum_{k=1}^{m} \frac{p_k}{p_k - c} \frac{\partial p_k}{\partial n_i} = 0 \tag{5.36}$$

用公式（5.31）除以公式（5.32），我们得到：

$$\left(\frac{p_A}{p_A - c_1} - \theta\right) / \left(\frac{p_B}{p_B - c_2} - \theta\right) = \left(n_A^{\frac{1-\theta}{1-\delta}} p_A^{1-\theta}\right) / \left(n_B^{\frac{1-\theta}{1-\delta}} p_B^{1-\theta}\right), \mathrm{A} \neq \mathrm{B} \tag{5.37}$$

把式（5.37）两边交叉相乘，并代入式（5.36），我们得到：

$$\left[\left(\frac{p_A}{p_A - c_1} - \theta\right)(1 - \theta) n_B^{\frac{1-\theta}{1-\delta}} p_B^{-\theta} + n_A^{\frac{1-\theta}{1-\delta}} p_A^{1-\theta} \frac{c_2}{(p_B - c_2)^2}\right] \frac{\partial p_B}{\partial n_A}$$

$$= \left[\left(\frac{p_B}{p_B - c_2} - \theta \right)(1-\theta) n_A^{\frac{1-\theta}{1-\delta}} p_A^{-\theta} + n_B^{\frac{1-\theta}{1-\delta}} p_B^{1-\theta} \frac{c_1}{(p_A - c_1)^2} \right] \frac{\partial p_A}{\partial n_A}$$

$$+ \left(\frac{p_B}{p_B - c_2} - \theta \right) \frac{1-\theta}{1-\delta} n_A^{\frac{\delta-\theta}{1-\delta}} p_A^{1-\theta} \tag{5.38}$$

对称假设要求 $p_i = p, n_i = n$，简化公式（5.36）得：

$$(m-1)\frac{\partial p_j}{\partial n_i} + \frac{\partial p_i}{\partial n_i} = 0 \tag{5.39}$$

把式（5.39）代入式（5.38）可得：

$$\left[\left(\frac{p}{p-c} - \theta \right)(1-\theta) + \frac{pc}{(p-c)^2} \right] \left(\frac{m}{m-1} \right) \frac{\partial p_i}{\partial n_i}$$

$$= -\left(\frac{p}{p-c} - \theta \right)\left(\frac{1-\theta}{1-\delta} \right) p n^{-1} \tag{5.40}$$

根据公式（5.31）（5.32），我们可把公式（5.40）写成：

$$\left[\frac{m(m-1)\theta + (\theta - 1)}{m-1} \right] \frac{\partial p_i}{\partial n_i} = \frac{(\theta - 1)p}{(\delta - 1)n} \tag{5.41}$$

从公式（5.41）看，$\partial p_i / \partial n_i > 0$，而从公式（5.39）看，$\partial p_j / \partial n_i < 0$。可见，在对称均衡假设下，公司扩张能力提高了本公司产品的价格并降低了其他公司的价格。公式（5.31）（5.32）表明，公司创新能力的增加可以提高其产品价格，创新产品价格的提高可以增加公司的利润份额。公式（5.35）表明，其他公司的份额减少。公司 A 生产的核心技术—产品显示了公司 A 的原始性、集成性创新能力，公司 B 生产的非核心技术—产品显示了公司 B 的模仿创新能力。直接地比较表明，公司 A 的创新能力所致的核心技术—产品价格要高于公司 B 的创新能力所致的非核心技术—产品价格。公司 A 的核心技术—产品创新能力的提升必将导致公司 B 产品价格的降低，利润减少。

2. 阶段1的产量扩张决策

在阶段1，假设公司 B 选择非核心技术—产品的产量扩张策略，则公司 A 选择了使利润最大化的核心技术—产品线 n_i 扩张策略。一方面，核心技术—产品线越长，则越有较高的扩张成本，因而降低了创新激励。另一方面，核心技术—产品线越长，即每增加一个新核心技术—产品，必将扩大公司的市场份额。因此公司 A 既有增加利润又有核心技术—产品创新的激励。因此，如果核心技术—产品线扩张的成本足够低的话，公司就愿意选择核心技术—产品创新。

假设核心技术—产品线足够长或核心技术—产品总数足够多，则整数可忽略不计。在满足 n_i 约束条件下，根据公式（5.33），公司 A 的利润可写成：

$$\frac{\partial \pi_i}{\partial n_i} = \frac{Y(\theta c)}{(\theta-1)p_i^2}\frac{\partial p_i}{\partial n_i} - f = 0 \qquad (5.42)$$

为简化起见，我们假设在对称均衡条件下公司 A 和公司 B 都选择了核心技术—产品线 $n_i = n$，并且两公司都能获得利润 $p_i = p$。根据公式（5.33）（5.34），我们有：

$$p = \frac{c[m(m-1)\theta + 1]}{(m-1)(\theta-1)} \qquad (5.43)$$

相应地，就有核心技术—产品的需求函数：

$$X = \frac{Y}{mnp} = \frac{Y[(m-1)(\theta-1)]}{cmn[(m-1)\theta+1)]} \qquad (3.44)$$

把公式（5.41）（5.43）代入公式（5.42），得利润最大化的产品 n 扩张数量：

$$n = \frac{Y(m-1)^2(\theta-1)\theta}{f(\delta-1)[(m-1)\theta+1][\theta m(m-1)+\theta-1]} \qquad (5.45)$$

3. 核心技术—产品市场准入均衡

假设核心技术—产品市场是自由准入均衡，公司 A 和公司 B 都可得最大利润，则没有任何公司有正的利润。假设公司 A 的准入成本为 k，$\pi_i = k$ 成立，则有：

$$Y\left[1 - \frac{\theta c}{(\theta-1)p}\right] - nf = \frac{Y}{(m-1)\theta+1} - nf = k \qquad (5.46)$$

任何公司的对称纳什均衡扩张为 n^*，均衡公司数量为 m^*，则将公式（5.45）代入公式（5.46），我们有：

$$\frac{1}{(m-1)\theta+1}\left[1 - \frac{(m-1)^2(\theta-1)\theta}{(\delta-1)[\theta m(m-1)+\theta-1]}\right] = \frac{k}{Y} \qquad (5.47)$$

公式（5.47）表明，$m^* = m(\delta,\theta,Y,k)$ 独立于核心技术—产品线扩张成本。而公式（5.46）可写成：

$$\frac{1}{f}\left[\frac{Y}{(m-1)\theta+1} - k\right] = n \qquad (5.48)$$

因此 n^* 随着 f 下降而增加。在 $f \to 0$ 时，则有无穷多的核心技术产品 n。可见，公司 A 生产的核心技术—产品线随着产品扩张成本或者边际创新成本下降而扩张。我们知道，从长期来看，核心技术—产品扩张成本或创新成本总是低于非核心技术—产品扩张成本或创新成本。因为核心技术—产品为消费者提供的效用总是大于非核心技术—产品的效用。

现在我们考察在均衡条件下的公司数量效应。假设公式（5.47）左边表示 $L(m, \delta, \theta)$，并且把分子、分母同时除以 $(m-1)^2$，则有：

$$L(m,\delta,\theta) = \frac{1}{(m-1)\theta+1}\left[1-\frac{\theta(\theta-1)}{(\delta-1)[\theta(1+\frac{1}{m-1})+\frac{\theta-1}{(m-1)^2}]}\right] \tag{5.49}$$

把公式（5.47）分子、分母同除以 $(\theta-1)\theta$，我们有：

$$L(m,\delta,\theta) = \frac{1}{(m-1)\theta+1}\left[1-\frac{(m-1)^2}{(\delta-1)[\frac{m(m-1)}{\theta-1}+\frac{1}{\theta}]}\right] \tag{5.50}$$

公式（5.49）表明，$L(m, \delta, \theta)$ 在减少公司数量 m 时，增加了公司内产品之间的替代弹性 δ。公式（5.50）表明，$L(m, \delta, \theta)$ 减少了不同公司产品之间的替代弹性 θ。公式（5.47）可微，则有：

$$\frac{\partial L(\cdot)}{\partial m}dm+\frac{\partial L(\cdot)}{\partial \delta}d\delta+\frac{\partial L(\cdot)}{\partial \theta}d\theta=\frac{\partial L(\cdot)}{\partial m}d(\frac{k}{Y})$$

因此有：

$$\frac{\partial m}{\partial \delta}=-\frac{\partial L(\cdot)}{\partial \delta}/\frac{\partial L(\cdot)}{\partial m}>0,\ \frac{\partial m}{\partial \theta}=-\frac{\partial L(\cdot)}{\partial \theta}/\frac{\partial L(\cdot)}{\partial m}<0,\ \frac{\partial m}{\partial (k/Y)}=1/\frac{\partial L(\cdot)}{\partial m}<0$$

$1/\frac{\partial L(\cdot)}{\partial m}<0$ 表明，市场上公司均衡数量随着市场能力的增强或准入成本的降低而增加。对于核心技术—产品来说，市场能力的增加接近于无限大，但是市场准入成本却不是无限低的，因为核心技术—产品的市场准入成本在本质上是风险成本，创新竞争使其准入成本有最低界限，因而市场上公司的均衡数量是有限的。

$-\frac{\partial L(\cdot)}{\partial \delta}/\frac{\partial L(\cdot)}{\partial m}>0$ 表明，随着公司内部产品之间替代弹性增大，市场上公司均衡数量增加。$-\frac{\partial L(\cdot)}{\partial \theta}/\frac{\partial L(\cdot)}{\partial m}<0$ 表明，随着公司之间产品

替代弹性增大，市场上公司均衡数量减少。核心技术—产品与非核心技术—产品之间替代弹性很大，因而在这种差异性产品市场上，公司均衡数量逐渐减少。公司 B 要能在差异性技术—产品市场上生存和发展，则必须从事核心技术—产品创新。

现在我们考察公司扩张水平效应，在公式（5.46）两边对 δ 求导得：

$$-\frac{Y\theta}{[(m-1)\theta+1]^2}\frac{\partial m}{\partial \delta}=f\frac{\partial n}{\partial \delta}$$

把式（5.46）代入式（5.45）得：

$$\frac{(m-1)^2(\theta-1)\theta}{f(\delta-1)[\theta m(m-1)+\theta-1]}=\frac{n}{k+nf}\Leftrightarrow$$

$$\frac{f(\delta-1)}{(\theta-1)\theta}\left[\theta\left(1+\frac{1}{m-1}\right)+\frac{\theta-1}{(m-1)^2}\right]=f+\frac{k}{n} \tag{5.51}$$

公式（5.51）表明，如果公司产品的替代弹性增大，其他条件不变，则公司扩张能力降低，市场公司数量增加；如果公司之间的产品替代弹性增大，其他条件不变，则公司扩张能力增强，市场上公司数量减少。公司扩张能力随着市场规模扩大而增强。公司 A 与公司 B 分别生产核心技术—产品和非核心技术—产品，在其他条件不变的情况下，公司 A 的扩张能力增强，公司 B 的数量减少。核心技术—产品市场准入成本高企，因而公司数量减少。

（四）二元产品模型特征

1. 效用特征

假设消费者有品质偏好，即消费者总是喜好高品质、多品质的商品。高品质、多品质的商品满足了消费者对耐用性、实用性、经济性、审美感、社会成就感等物质和精神的需要，高品质、多品质的商品可能会带给消费者更多的、更大的效用。核心技术—产品是高品质、多品质的产品。相反，非核心技术—产品仅具有基本品质，因而核心技术—产品可满足消费者效用最大化的需求，非核心技术—产品仅能满足消费者的基本效用需求。在消费者预算线给定的条件下，消费者必定会优先选择核心技术—产品。这就是公式（5.9）（5.11）的含义。可见，公式（5.9）（5.11）是复合效用函数。图5.7揭示了二元产品模型的效用特征。

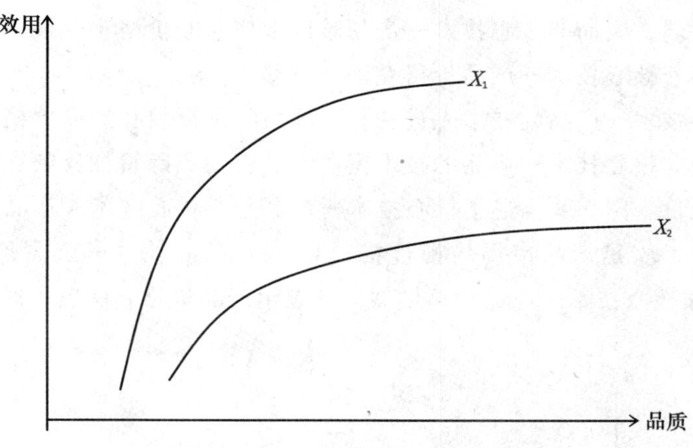

图 5.7　二元产品的效用特征

2. 弹性特征

公式（5.21）（5.22）（5.23）（5.24）（5.25）（5.26）描述了核心技术—产品和非核心技术—产品需求弹性特征。我们看到，影响产品需求价格弹性的变量有产品替代弹性、产品价格和市场均衡价格。公式（5.31）（5.32）描述了不同公司产品价格与产品替代弹性、产品扩张能力的关系。重新整理公式（5.31）（5.32）有：

$$p_{A1} = \frac{\theta\varphi_A - c_1(1 - \varphi_A)}{(1 - \theta)(1 - \varphi_A)} \tag{5.52}$$

$$p_{B2} = \frac{\theta\varphi_B - c_2(1 - \varphi_B)}{(1 - \theta)(1 - \varphi_B)} \tag{5.53}$$

公式（5.52）（5.53）进一步说明，产品替代弹性是影响不同公司产品价格的主要因素。当 $\theta \to 1$ 时，公司产品价格越来越高。当 $\theta \to 0$ 时，公司产品价格越来越低。当 $\varphi \to 1$ 时，公司产品扩张能力越来越强。当 $\varphi \to 0$ 时，公司产品的扩张能力越来越弱。产品替代弹性与公司产品扩张能力呈负相关关系。结合效用分析，我们发现，核心技术—产品价格变动可导致其需求量大增，非核心技术—产品价格变动并不增加其需求量。这就是公式（5.31）（5.32）的含义。

3. 价格特征

核心技术—产品价格是可竞争的垄断价格。核心技术—产品替代弹性低，扩张能力强，这导致了核心—技术产品价格的垄断特征。创新竞争是核心技术—产品价格可竞争特征的来源。非核心技术—产品替代弹性高，扩张能力弱，因而非核心技术—产品难以形成垄断价格。非核心技术—产品价格随着核心技术—产品价格变动而下移。

核心技术—产品的技术先进性和高风险特征反映在产品价格上即是垄断高价。非核心技术—产品的技术模仿性、创新跟踪特征反映在产品价格上即是低价。图5.8描述了核心技术—产品与非核心技术—产品的价格特征。其中，P_E是产品市场均衡价格，X_{1p}表示核心技术—产品价格曲线，X_{2p}表示非核心技术—产品价格曲线。P表示产品价格，Q表示产品产量。

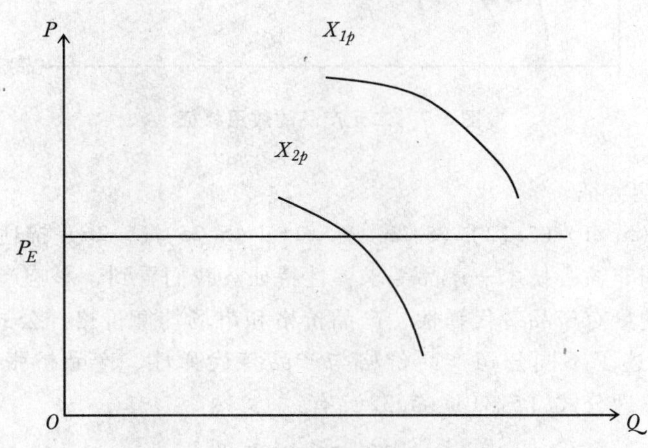

图5.8　核心技术—产品与非核心技术—产品的价格特征

4. 成本特征

根据基本假设（5.11）（5.12）（5.14），我们有核心技术—产品成本C_{X1}，非核心技术—产品成本方程C_{X2}。

$$C_{X1} = W_{hi} + V_c \tag{5.54}$$

$$C_{X2} = W_{hs} + C \tag{5.55}$$

公式（5.54）（5.55）表明，核心技术—产品成本是一种高固定、高风险成本。非核心技术—产品具有低风险、低可变成本特征。

核心技术—产品的低替代弹性带来了规模经济性，在边际成本上，表现为核心技术—产品边际成本显著递减特征。非核心技术—产品的高替代弹性特征抑制了产品的规模经济性，使其难以形成有效规模，在边际成本上，表现为非核心技术—产品边际成本递增特征。

核心技术—产品总成本在短期内高于非核心技术—产品成本，在边际成本上低于非核心技术—产品成本。非核心技术—产品总成本在短期内低于核心技术—产品成本，在边际成本上高于核心技术—产品成本。原始性创新或集成创新与模仿创新的本质差异是二者成本差异的根本原因。创新可以降低成本，创新导致平均成本出现下降的趋势，原始性创新或集成创新使边际成本显著递减。[①]卡尔·夏皮罗解释说，这是由原始性创新或集成创新具有高固定成本和低增量成本所引起的。[②]我们用 C 表示成本，Q 表示产量，C_{X1} 表示核心技术—产品边际成本曲线，C_{X2} 表示非核心技术—产品边际成本曲线。C_E 表示产品市场均衡成本。Q_E 表示产品市场均衡产量。图 5.9 描述了核心技术—产品与非核心技术产品的成本特征。

5. 收益特征

核心技术—产品具有高风险收益、规模收益递增、创新收益持续增长的特征。核心技术—产品替代弹性特征及其扩张能力特征使其呈几何级数增长，呈现出显著的规模收益递增特征。

相反，非核心技术—产品具有低风险收益、规模收益递减、创新收益不可持续的特征。非核心技术—产品替代弹性特征及其扩张能力特征使其增长速度有限，呈现规模收益递减特征。

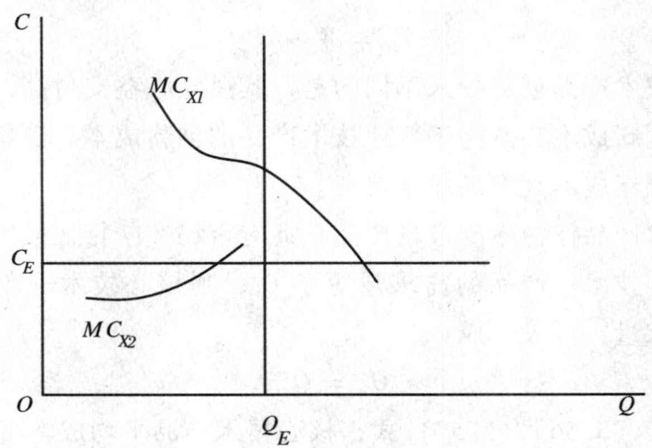

图 5.9　核心技术—产品与非核心技术—产品成本

① ［美］斯蒂格利茨：《经济学》（上），中国人民大学出版社 1997 年版，第 404—405 页。

② ［美］卡尔·夏皮罗、哈尔·瓦里安：《信息规则——网络经济的策略指导》，中国人民大学出版社 2000 年版，第 20 页。

二　企业核心技术—产品创新战略驱动模型说明

（一）边际成本递减是企业制定核心技术—产品创新战略的成本推动力

早在20世纪30年代，著名经济学家希克斯就用要素价格模型解释了成本在技术产品创新中的推动作用。随着经济发展，劳动工资上升提高了企业成本。为了节约劳动要素，企业走上了技术产品创新之路。随着国际竞争和创新竞争成为企业竞争的主流，要素价格模型已不能解释核心技术—产品创新和发展中国家核心技术—产品创新问题。夏皮罗等认为，现代经济具有高固定成本和规模经济特点，一次性成本高，边际成本可忽略不计。不过，他考察的是信息产业的情况。① 现代企业在核心技术—产品创新领域也具有同样的特点。核心技术—产品成本包括创新劳动投入成本和风险资本投入成本。创新劳动投入包括创新劳动者的工资、股权激励收益，风险资本投入包括风险资本成本及风险收益。创新劳动投入用 W 表示，风险资本投入用 C 表示。因此核心技术—产品创新成本可表示为：

$$T_c = W + C \tag{5.56}$$

与普通技术产品创新投入不同的是，其风险收益支付高，因而核心技术—产品的创新成本必然高于普通技术产品的创新成本。简单地说，核心技术—产品创新成本具有高成本特征。

核心技术产品作为标准市场产品，拥有市场垄断特征或网络需求规模效应。设核心技术—产品的需求量等于 Q，则核心技术—产品的供给量必然等于需求量，可表示成：

$$Q_s = Q_d \tag{5.57}$$

根据公式（5.56）（5.57）式，核心技术产品平均成本可表示为：

$$A_c = T_c / Q \tag{5.58}$$

核心技术—产品创新的成本是一次性高投入成本，其再生产成本对核心技术—产品成本影响极小，因而可以假定为零。我们可以断定，核心技术—产品的平均成本随着市场需求量的增大而降低，核心技术—产品的边

① ［美］卡尔·夏皮罗、哈尔·瓦里安：《信息规划——网络经济的策略指导》，中国人民大学出版社2000年版。

际成本随着需求量的增加而递减。

核心技术—产品市场结构是垄断竞争市场或寡头竞争市场。这种市场结构不会对核心技术—产品创新的成本特征产生影响。因为核心技术创新竞争是这个市场竞争的本质，总会有一个或两个企业在事实上拥有核心技术—产品。至于这个垄断者是先来者或新入者并不重要。

（二）获取核心技术—产品的创新收益是企业选择核心技术—产品创新战略的内在动力

新古典经济学认为，在给定技术条件下，随着市场饱和，终端产品制造商服务的市场半径增大，企业竞争日益激烈，终端产品制造商的边际成本增加，导致边际收益下降。换言之，在给定技术条件下，企业生产规模报酬呈边际递减趋势。新增长经济学认为，假定技术创新可持续，企业可生产出满足消费者各种需求的新产品，那么企业生产规模有递增趋势。产业价值链理论进一步解释了不同创新者分享创新收益的原因。[①] 在产品创新链条上，如果终端产品创新只是产品功能的改进，那么终端产品制造商的生产规模呈报酬递减趋势，所获得的创新收益最少。决定终端产品价值的核心技术—产品创新收益占其 80% 左右，核心技术—产品制造商的生产规模呈报酬递增趋势，获得最多的创新收益。事实上，核心技术—产品因其知识产权和技术控制权特性，其制造商可获得最大的创新收益份额。由于知识产权和技术控制权的复制成本呈下降趋势，核心技术—产品制造商不受市场饱和与竞争的影响，能实现规模报酬递增的目标。已经进入创新竞争的产业，核心技术—产品创新竞争参与者呈现“赢家通吃”的现象。高技术产业、先进装备制造业、轿车制造业、航空航天制造业等就是这样的例子。

（三）充分的创新竞争迫使企业选择核心技术—产品创新战略

创新竞争可被定义为产品创新竞争、技术创新竞争和核心技术—产品创新竞争。假设创新竞争者有四种情况。一是创新竞争者成为弱势竞争者；二是创新竞争者成为满意竞争者；三是创新竞争者成为渴望竞争者；四是创新竞争者成为努力竞争者。如果一个企业认为，相对于竞争对手而言，它在创新能力与实力上与竞争对手差距很大，那么，它的定位应当是

---

① Jan Boone，“Competitive Pressure：The Effects on Investments in Product and Process Innovation，” *Journal of Economics*，Vol. 31，No. 3（Autumn 2000），pp. 549-569.

弱势创新竞争者；如果一个企业认为，相对于竞争对手而言，它在创新能力与实力上与竞争对手差距较小，那么，它的定位应当是渴望参与创新的竞争者；如果一个企业认为，它在创新能力和实力上强于竞争对手，它的定位就是满意竞争者；如果一个企业认为，相对于竞争对手，它在创新能力和实力上有望赶上竞争对手，那么，它的定位应当是努力竞争者。

每一个竞争者都选择与其创新能力相匹配的创新战略。一个弱势创新竞争者会选择模仿创新战略，一个满意竞争者会选择自主创新战略。产品创新竞争是在产品技术轨道和技术范式不变的情况下产品功能的开发。一个弱势创新竞争者会选择产品创新竞争战略。产品创新竞争会使企业的创新能力和实力增强。技术创新竞争是在掌握技术创新能力和拥有技术创新实力情况下的技术创新，包括技术升级和核心技术创新。一个满意创新竞争者会选择技术创新战略。渴望创新竞争者和努力创新竞争者都会考虑技术创新竞争战略。技术创新竞争产生了创新能力和实力差异很大的创新竞争者。核心技术—产品创新竞争是创新竞争的高级阶段。只有满意创新竞争者才会选择核心技术—产品创新战略。

中国家电业竞争案例为我们提供了创新竞争者战略演进的一个很好的例子。在20世纪八九十年代，中国家电企业是弱势创新竞争者，它们选择了产品创新战略。产品创新战略在本质上是外围创新，它的易于模仿性和低成本特点使得参与者众多，形成了充分创新竞争市场，并淘汰了弱势创新竞争者，保留了努力创新竞争者、渴望创新竞争者和满意创新竞争者。在21世纪初期，中国家电企业逐步选择了技术创新战略。技术创新战略在本质上是技术范式和技术轨道创新，它不易于模仿，创新成本很高，创新风险也很高。这个特点使得企业创新者参与少，形成了垄断竞争市场。这是一个满意竞争者、渴望竞争者及它们之间的创新竞争。同样，在2003年以后，中国家电企业逐步走上了核心技术—产品创新道路。选择核心技术—产品创新战略的创新竞争者，如海尔、海信和长虹等，都集中于核心技术及其产品的创新竞争，这样，在中国家电业形成了本土企业、跨国公司及它们之间核心技术—产品的寡头竞争。

（四）政府推动中国企业选择核心技术—产品创新战略

如果在完全没有政府干预的条件下，国内市场的充分竞争必然会使企业走上核心技术—产品创新道路；如果在开放条件下，则必然是国家干预，以使发展中国家的企业走上核心技术—产品创新竞争之路。因为发达国家企业创新能力和实力远远高于发展中国家企业的创新能力和实力。在国际产业竞争中，发展中国家是弱势创新竞争者、努力创新竞争者和渴望创新竞争者。核心技术—产品创新竞争的高风险和高成本，使发展中国家的绝大多数创新竞争者望而却步。因而发展中国家的核心技术—产品少，核心技术装备受制于人，自主知识产权失控，自主品牌少。这种产业特征极大地降低了发展中国家产业的国际竞争力，极大地威胁到发展中国家的产业安全和经济安全。因此核心技术—产品的这种战略性质和经济安全性质，会迫使政府激励其创新者参与这种高端竞争。中国汽车产业的发展战略就是一个经典的案例。中国汽车产业发展一般经过三个阶段。第一个阶段是引进学习阶段；第二个阶段是产品创新阶段；第三个阶段是技术创新尤其是核心技术—产品创新阶段。在第一、二阶段，中国通过引进技术设备、产品创新，在汽车产业形成了一批有创新能力和实力的满意竞争者、渴望竞争者。但是诸如发动机这类核心技术—产品的高风险和高成本却使得绝大多数企业不敢选择核心技术—产品创新战略。自2006年以来，中国制定和实施了创新型国家战略，出台了创新试点企业政策等一系列创新政策，推动了一大批具有创新能力和实力的企业走上核心技术—产品创新道路。

三　企业核心技术—产品创新战略形成路径

（一）市场需求与技术发展双重趋势——核心技术——创新团队——企业自主创新能力——市场——核心技术—产品创新战略

技术创新劳动者紧密跟踪技术发展的趋势，投入极大的时间、精力和财力从事技术创新，产生了新技术。根据知识产权制度，技术人员获得了国内外专利保护，拥有该技术的知识产权。技术发明者考察该技术的市场前景并着手把技术商业化，技术发明者转变为技术创业家。新技术商业化需要解决资金、工艺制造、市场开发等问题，为此技术发明家特邀风险资本家、专业的职业经理人加盟，组建一个最小规模的创新团队。创新团队在化解资金挑战、工艺制造困境、市场开发和扩张、组织结构设计、运作、控制和变革等一系列问题的过程中形成了企业自主创新能力，这种自主创新能力包括技术产品创新方向选择能力、产品与工艺设计能力、工业制造能力、市场创新能力。随着企业自主创新能力逐步形成并得到巩固，企业技术产品在市场上居于垄断地位，企业的技术产品逐步演化为市场标准产品或平台产品，掌握了核心技术—产品的所有重要发明专利控制权。这样，企业技术—产品成为核心技术—产品，企业核心技术—产品创新战略形成。根据企业核心技术—产品战略要求，企业不断向相关上游产品开发和下游产品延伸，或者把这些上、下游产品业务外包，推动形成创新供应链，从而紧紧围绕核心技术—产品从事配件、部件或零件技术产品创新，形成产业创新价值链和产业创新集群。

（二）市场需求——引进技术产品——产品创新——创新团队——技术创新——企业自主创新能力——核心技术—产品创新战略

企业家发现某种产品有着庞大的市场需求，便作出技术引进决策，引进技术设备和产品，根据国内市场需求特点开发产品的新功能，在企业中建立了完整的产品创新与管理体系，形成了产品创新能力。随着创新竞争越来越激烈，企业家创新能力和实力增强，企业产品开发人员有了强烈的、自发的技术创新愿望，同时，企业面临着由于客户需求而产生的技术问题。在这种情况下，企业有了最初的技术创新动力。随着技术创新的不断成功，企业的技术创新能力不断增强。企业家有意识地选择了产业关键技术、共性技术进行研究即核心技术创新。知识产权战略的执行，使核心技术获得专利保护，企业控制了重要的核心技术专利，并使这些专利技术成为技术产品的事实标准。企业家依托其强大的品牌和市场能力，把核心技术转化成产品，推向市场，核心技术产品成为事实的标准产品，在市场上占据垄断地位。企业核心技术—产品创新战略完成。企业核心技术—产品创新战略迫使其供应商制定和实施配件、部件、零件产品创新战略，形成了以核心技术产品创新的产业创新价值链和产业集群创新。

（三）市场需求——并购——核心技术—产品创新战略

企业家发现，产业竞争已经进入了核心技术产品创新的高端竞争阶段，在现有企业创新基础上建设与核心技术产品创新相适应的企业创新团队较慢，效率较低。因此企业家决定对掌握该行业核心技术和专利的企业发动并购战。在这场并购战成功后，重新整合创新资源，以最快速度把核心技术产品推向市场、占领市场，在最短时间内，使其产品成为市场标准产品，构建并完成核心技术产品创新战略。在发动并购战的同时，企业家决定与供应商、研究机构和大学联合进行配件、部件和零件产品创新，在最短时间内推动产业创新价值链的形成，打造产业创新集群。

第 5 节　区域核心技术—产品创新发展政策

随着经济全球化、经济网络化、竞争高端化的发展，发展中国家一开始就面临着核心技术—产品门槛。经历了 30 年的改革开放，国内竞争高端化格局初步形成。为突破核心技术—产品创新的瓶颈，应对国际高端竞争格局，中国政府和国内一些企业都相继采取了重视核心技术—产品创新的战略行动。通过对此行动的研究，我们的基本结论是：核心技术—产品创新战略发生、发展有其内在规律，产业创新政策应当遵循核心技术—产品创新战略演变的规律；核心技术—产品创新战略的结果是形成核心技术—产品创新竞争优势。核心技术—产品创新应当是中国次优区域产业创新政策的重要目标和导向。

一　区域核心技术—产品创新政策的演进

区域核心技术—产品创新政策源于并体现在国家新产品政策上。在改革开放时期，中国科技政策的指导思想是：发展高科技，实现产业化。根据这个指导思想，中国制定了一系列国家科技计划和省、市、自治区的科技计划，根据国家科技计划，制定了国家、省、市的新产品计划。区域核心技术—产品创新政策大体上经历了 20 世纪 80 年代的起步阶段、20 世纪 90 年代的发展阶段和 21 世纪自主创新三个阶段。

20 世纪 80 年代是区域核心技术—产品创新政策的起步阶段。邓小平同志根据中国科学院科学家的研究报告提出了发展高科技以实现产业化的科技产业政策指导思想，“863” 计划就是这个阶段著名的核心技术—产品创新国家计划。根据国家 “863” 计划，1989 年，国家制定并发布了《国家级重点新产品试产计划管理办法》。本管理办法第六条规定了纳入试产计划的新产品范围：获得中国或外国发明专利的产品；获得国家或国际发明奖励的新产品；高技术产业的新产品；附加价值高的新产品；增加国内市场有效供给的新产品；具有出口创汇多、替代进口量大（或潜力大）的新产品；大量节约能源、原材料的新产品；支援农业的新产品；提高交通运输能力的新产品；能保护环境和使用安全的新产品。本办法的第五章共六条，列出了税收、价格、信贷、出口、外汇留成、物资供应等方面的扶持政策。各省、市、自治区为了贯彻落实国家 “863” 计划和

《国家级重点新产品试产计划管理办法》，促进本省、市和自治区的工业结构调整、产品结构调整，分别制定了各省、市和自治区的“火炬计划”、“重点新产品计划”。比如，湖北省1991年制定和发布了《湖北省级重点新产品试制鉴定计划管理办法》。从实践上看，列为第一位的发明专利产品显然并没有受到重视。高技术产业的新产品，出口创汇多、替代进口量大的新产品受关注度更高。体现核心技术—产品创新政策的发明专利新产品在各个省、市和自治区的重点新产品创新政策中有了显著差别，从总体上看，核心技术—产品创新还不是各个省、市、自治区新产品政策关注的重点。在很多地区，发明专利新产品排在了第三位或更后的位置。

20世纪90年代是区域核心技术—产品创新政策的发展阶段。1992年，党的十四届三中全会确立了社会主义市场经济体制改革目标，制定和实施了科教兴国战略。粗放型经济增长方式的高耗能、低效率、高污染的固有缺陷引起了国家的重视，工业技术落后、工业技术产品结构调整成为很突出的问题。1997年，国家科技部发布了《国家重点新产品计划管理办法》。这些新产品创新政策的特点是：突出了国家战略性产业或重点高技术产业发展要求，突出了自主知识产权产品，突出了市场需求规模导向的特点。比如，《国家级重点新产品试产计划管理办法》第十六条规定：属于国家优先扶植的重点产业或高技术产业的重大新产品；技术含量高、附加值高、有自主知识产权的新产品；竞争力强、市场潜力大、能在短时间内形成上亿元销售额的新产品。此外，还开始支持地方政府扶持的重点新产品。《国家级重点新产品试产计划管理办法》第十七条规定了支持重点新产品计划的财政拨款政策、贷款贴息政策。1999年，随着《中共中央、国务院关于加强技术创新，发展高科技，实现产业化的决定》的颁布，各个省、市和自治区纷纷出台了各自的科技计划和新产品计划，制定了激励企业开发新产品的财政税收政策和金融信贷政策。比如，1996年8月30日，深圳市发布并于2000年修订的《深圳市重点新产品享受财政优惠政策实施办法》。广东省1996年“五号文件”（新产品税收优惠政策）对享受税收优惠政策的新产品做了更为详细的规定。规定列出了符合广东省产业政策和科技政策的新产品。显然，20世纪90年代国家核心技术—产品创新政策更加重视知识产权，突出了自主知识产权政策的导向性，突出了市场需求政策的导向性。各个区域的核心技术—产品创新政策，尤其是发达区域的核心技术—产品创新政策开始重视知识产权产品。但是，市场导向、适用技术产品成为更受重视的政策目标。

21世纪初期是区域核心技术—产品创新政策发展阶段。随着中国开放型经济的发展，中国产业国际竞争力不强、产业缺乏核心技术的问题更为突出。为了解决这个问题，中国科技产业政策根据科学发展观的要求，明确提出了自主创新战略。这个国家战略的核心是自主知识产权、关键核心技术、自主品牌。根据国家自主创新战略，2006年，国家财政部、科技部等部委发布了《国家重点新产品计划项目基金》。本项目基金是一项激励企业自主开发新产品，推动科技成果转化及产业化的政策引导类计划，是国家科技计划体系中政策引导类计划的重要组成部分。本项目基金新产品计划旨在促进企业成为技术创新的主体，培育一批拥有自主知识产权、自主品牌和持续创新能力的创新型企业，引导增强战略产业的原始创新能力和重点领域的集成创新能力，提高产业竞争力，增强国家自主创新能力。本项目基金规定了优先支持范围：优先支持具有核心技术自主知识产权或重大先进技术标准的创制，技术含量高，产业化前景好，有望形成国内、国际知名品牌的新产品的开发；突出节能减排主题，优先支持钢铁、有色金属、煤炭、电力、石油化工、建材等节能减排重点行业和企业加快重大环保节能新产品的开发；优先支持针对国民经济和社会发展重大需求，产业结构调整和经济方式转变的重大科技成果产品的开发，重大引进技术的消化、吸收，再创新产品的开发，面向国际市场的高技术产品的开发；优先支持资源环境、人口健康、食品安全、交通安全、生产安全、城镇化与城市发展等社会公益领域新产品的开发；优先支持有利于现代农业发展和新农村建设，有利于农村产业结构重大调整和升级的新产品开发；优先支持有关重大自然灾害预测、应急和防治，灾后修复和重建等关系国计民生的新产品开发；优先支持利用信息技术和高新技术改造、提升传统产业的技术升级；优先支持区域优势产业和特色产业的集聚发展。

各省、市、自治区为了贯彻落实国家自主创新战略，对接国家重点新产品计划项目，纷纷修订并完善了各自区域的重点新产品计划项目。比如，重庆市2006年发布了《重庆市2006—2010年企业新产品开发扶持政策实施办法》。这个“办法”规定：2006—2010年，凡列入国家级、市级新产品项目计划的新产品，经鉴定投产后，按现行财政体制，由市、区县（自治县、市）财政安排补贴。补贴标准为：从鉴定年的1月1日起，国家级新产品三年内、市级新产品两年内按新产品新增增值税地方留成部分的60%计算给予拨款补贴。重庆市的新产品计划体现了地方特色，它把汽车、摩托车整车新产品列入了支持目标。为了加快本市企业专利成果的产业化进程，上海市制定了专利产品创新政策。它们是：《关于进一步加强本市知识产权工作若干意见》，上海市财政厅发布的2005年“一号文件”《关于落实上海市专利新产品研发资助政策的实施意见》。区域核心技术—产品创新政策的重点转向了自主知识产权、关键核心技术的创新。

“十一五”期间，国家出台了重大科技专项。各个地方的重大科技专项政策主要是对接国家重大科技专项政策。比如，四川省的科技工程计划规定指出：四川省科技支撑新型工业化的新产品关键是，攻克关键核心技术，突破共性技术，提高骨干企业自主创新能力。“十一五”规划明确规定了十大专项。这十大专项是：集成电路设计、应用软件及网络通信产品；制造业信息化及重大装备技术；重点流域和城镇水环境的变化预测、控制与治理；突破性动植物新品种选育及配套技术；重大新药创制及中医药现代化；重大疾病防治；钒钛、稀土等新材料及纳米技术的开发应用；民用核技术应用及其产品；农产品精深加工及综合利用；能源新技术。

中国区域产业的技术—产品政策概括起来就是知识产权政策、产品技术标准政策、产品节能与环保政策、新产品税收和研发政策、新产品出口政策等。

中国区域产业的技术—产品创新政策是零散的、不系统的、被动的。这突出表现为中国区域产业的技术—产品创新政策与区域产业创新竞争优势的关联度低。地方政策制定者对区域产业的技术—产品政策的理解偏离了区域产业创新竞争优势规律及其运行轨道。不过，某些地区的技术—产品创新政策的被动状态有了一些改变，开始主动制定适合于本地区的技术—产品创新政策，以突出本地区的核心技术—产品创新。上海、重庆、北京、深圳等地新出台的技术—产品创新政策有了明显的地方性、主动性。

二　中国区域产业技术产品创新重点和目标

从理论上讲，中国理想创新区域的产业创新重点与目标应当定位于构造一个完整的核心技术—产品创新价值链，这里的完整性是指新兴产业、成长性产业、主导产业、支柱产业和衰退产业的核心技术—产品创新价值链；次优创新区域的产业创新重点和目标应当定位于构造一个或几个核心技术—产品主导的区域技术—产品创新价值链。

在实践中，中国绝大多数的区域都是次优创新区域，但这些区域却有强势、优势之分。次优强势创新区域具有形成全面综合的核心技术—产品创新竞争优势的基础，因而这些区域的核心技术—产品创新政策目标和重点应当根据战略产业关联性、地方产业网络体系、创新资源集聚特点、需求规模性的要求着力构造成长性产业和主导产业的核心技术—产品创新价值链、支柱产业的核心技术—产品创新价值链，形成新兴产业的核心技术—产品创新竞争优势，增强和巩固地方网络产业体系的创新竞争优势，打造国际型的区域产业创新竞争优势。例如，中国北京、上海、广东、江苏等省市是次优强势创新区域，这些区域都应当按照上述要求制定科学的区域产业创新政策目标。但是，这些区域应选择什么样的具体产业作为创新目标呢？根据这些地区的产业创新结构特点，我们发现，北京通用基础类集成电子信息产品，如通用 CPU 产品、操作系统产品、生物基因产品等具有国际竞争优势，深圳的通信设备产品、上海的机电装备成套设备产品等应当成为这些区域的核心技术—产品创新政策的重点和目标。这些地区的新兴产业、成长性产业或主导产业、支柱产业或衰退产业都应当根据其区域产业创新结构模型确立具体产业的核心技术—产品创新目标。

次优优势创新区域的某个产业或某几个产业有形成核心技术—产品创新竞争优势的基础，因而这些特定产业的核心技术—产品创新应当是这类区域产业创新政策的重点。比如，发动机产品应当是安徽汽车产业创新政策的重点，PDP 屏产品应当是四川家用电子信息产业创新政策的重点。这里的关键问题是，我们应当从区域新产品价值链和创新竞争优势角度选择产业的核心技术—产品创新。其选择的结果是，不仅有成长性、主导产业的核心技术—产品，还有支柱产业的核心技术—产品，而且能更准确地在次优优势区域的成长性、主导产业中选择更具有成长性产业的核心技术—产品。

在普通创新区域，区域产业的技术—产品政策有两个方面的目标：一是衰退产业的核心技术产品与新技术结合，推动衰退产业的核心技术—产品再造；二是着力构造新产品价值链的基本活动，尤其是企业创新活动，培育企业的产品创新能力。功能型新产品或适用型新产品应当是这类区域产业技术产品政策的重点，这项政策应当尽可能地缩短区域产业的功能型新产品创新能力周期，大力推动区域新产品价值链由功能型新产品价值链升级到技术型新产品价值链上。

三　区域核心技术—产品创新政策措施

在次优创新区域中，每个产业体系都不同，这导致了各个区域同一产业技术—产品政策的差异。纪宝成、赵彦云课题组系统分析了2007年中国各个产业在各自省市制造业产业中的创新指数。他们的研究结论是：从制造业产业创新综合指数看，北京、广东、天津、浙江、上海、江苏和四川制造业的创新能力最高，创新指数均在60以上，其共同特点是自主研发创新能力、创新价值实现能力、市场创新能力和工艺设备创新能力较强。第二梯队的创新指数集中在40—60之间，地区分布密集，包括山东、吉林、重庆、河南、湖南、辽宁、福建、安徽、湖北、河北、江西、陕西、山西、海南、宁夏、广西、黑龙江、云南。其中属于东部地区的有6个，属于中部和西部地区的分别有8个和4个。余下的青海、贵州、新疆、内蒙古、西藏和甘肃属于第三梯队。

制造业产业创新要素指自主研发创新能力、创新价值实现能力、市场创新实现能力、管理创新能力、工艺设备创新能力、创新效率、创新绩效。从制造业产业创新的要素指数看，各个省、市、区的差异比较大（详见表5.2）。

表5.2　　2007年中国各省、市、区制造业产业创新要素指数

	60分以上	40—60分之间	40分以下
自主研发创新能力	北京、广东、上海、重庆、浙江	江苏、西藏、福建、天津、湖南、海南、山东、安徽、吉林、陕西、四川、山西、贵州	湖北、云南、青海、河北、江西、广西、河南、甘肃、黑龙江、辽宁、宁夏、新疆、内蒙古
创新价值实现能力	天津、北京、浙江、四川、重庆、上海、广东、吉林、江苏	山东、辽宁、湖北、广西、湖南、安徽、福建	河南、贵州、陕西、宁夏、黑龙江、江西、河北、海南、山西、甘肃、云南、新疆、青海、内蒙古、西藏
市场创新实现能力	广东、江苏、北京、浙江、山东、江西、上海、湖北	湖南、天津、海南、安徽、辽宁、河南、河北、内蒙古、山西、四川、福建、重庆、广西、云南、青海、吉林、宁夏	甘肃、新疆、黑龙江、陕西、西藏、贵州

续表

	60 分以上	40—60 之间	40 分以下
管理创新实现能力	江苏、山东、河南、辽宁、天津、上海、北京、广东、河北、浙江、吉林、海南、福建、江西、四川、云南、安徽、湖北	重庆、山西、黑龙江、青海、陕西、贵州、湖南、内蒙古、宁夏。	广西、新疆、西藏、甘肃
工艺设备创新能力	四川、上海、浙江、广东、湖南	天津、江苏、北京、陕西、山西、宁夏、山东、重庆、云南、贵州、甘肃、河北、西藏、河南、新疆、黑龙江、福建、内蒙古	安徽、海南、广西、辽宁、吉林、江西、湖北、青海
创新效率	天津、河南、吉林、四川、广西、辽宁、宁夏	浙江、山东、黑龙江、青海、北京、湖北、重庆、上海、贵州、广东、甘肃、安徽、江西、湖南、江苏、新疆、陕西、河北、山西	福建、云南、海南、内蒙古、西藏
创新绩效	广东、吉林、陕西、福建、江苏	河南、新疆、四川、浙江、山东、湖南、上海、西藏、青海、辽宁、内蒙古、北京、山西、河北、宁夏、安徽、江西、黑龙江、天津、重庆	湖北、贵州、甘肃、海南、广西、云南

资料来源：根据纪宝成、赵彦云主编《中国走向创新型国家要素：来自创新指数的依据》（中国人民大学出版社 2008 年版，第 259—263 页）内容编制。

区域产业的技术产品创新政策必须按照强势创新区域、优势创新区域和弱势创新区域形成核心技术产品创新政策、技术型产品创新政策和功能适用型产品创新政策。表 5.3 表明，各省、市、区的制造业产业创新要素指数差异很大。应用聚类分析方法，2007 年，中国各个区域制造业产业创新要素指数可分为三类（详见表 5.3）。

表 5.3 2007 年中国制造业创新要素指数的聚类分析

类别	省、市、自治区
第一类	北京、天津、上海、江苏、浙江、广东、重庆、四川
第二类	河北、辽宁、吉林、安徽、福建、江西、山东、河南、湖北、湖南
第三类	山西、内蒙古、黑龙江、广西、海南、贵州、云南、西藏、陕西、甘肃、青海、宁夏、新疆

资料来源：纪宝成、赵彦云主编：《中国走向创新型国家要素：来自创新指数的依据》，中国人民大学出版社 2008 年版，第 264 页。

第一类省、市、区的制造业创新要素指数差异不大，但北京、天津和重庆的制造业创新指数差异较大，各个创新子要素的发展相对不均衡。其中，北京、天津和重庆的创新绩效处于劣势。第二类省、市、区的制造业创新要素指数优劣势显著，吉林则在市场创新能力和工艺创新能力方面明显不足。第三类省、市、区的制造业创新要素指数差异较大。结合各个省、市、区的综合创新指数及制造业产业创新指数，我们认为，第一类地区应当重点完善有利于核心技术—产品创新的政策。比如，北京、天津、重庆应当制定提高核心技术—产品创新绩效的政策，四川应当以解决自主研发创造能力问题为重点完善核心技术—产品创新政策。第二类地区应更加注重核心技术—产品创新导向的技术—产品创新政策的完善。第三类地区更多的是完善功能型技术—产品创新政策。

纪宝成、赵彦云课题组还详细分析了纺织产业、纺织服装、鞋帽、食品、钢铁、汽车、石油加工及炼焦业、化学原料及化学制品、塑料制品、家用电器、通用设备、有色金属冶炼及压延加工、医药、家具、金属制品、电子及通信设备、电力、农副食品加工、造纸及纸制品产业创新能力指数。他们的分析说明：每一个省、市、区至少有一个产业部门具有发展核心技术—产品创新竞争优势的能力和基础。因此，各个区域在制定产业创新政策时应当以这个产业部门的核心技术—产品为重点并围绕它制定和完善核心技术—产品创新政策。

纺织、钢铁、汽车等分别代表了传统的劳动密集型产业、资本密集型产业、资本技术密集型产业。江苏、浙江、山东的纺织产业创新综合指数处于 60 分以上，这些区域的纺织产品创新政策应当制定以全面的核心纺织技术—产品创新为核心的技术—产品政策，2008 年的全球金融危机使这些区域的纺织产业遭到了重创，而少部分掌握了核心技术—产品创新的企业却有效地抗击了全球金融危机。可见，全球金融危机为这些区域的技术—产品创新政策转向核心技术—产品创新政策提供了历史性机遇。至于处于40—60 分值的省、市、区则应更多地强调以某类核心纺织技术—产品创新为重点的政策，其余则应发展形成纺织技术—产品的创新政策。至于处于40 分值以下的省、区则应当突出本地区的特色优势纺织技术产品政策。钢铁制造业是中国传统的资本技术密集型产业。唯有天津的钢铁制造业创新指数得分高于60 分。天津钢铁制造业应当制定全面综合的核心技术—产品创新政策。其余省、市，比如河北、江苏、四川、山西、浙江、辽宁、山东等得分在50 分以上的应当寻找本区域有特色优势的某类钢铁制品作为核心技术—产品创新政策试点。例如钒钛制品是四川省的特色优势钢铁制品，四川省就可制定钒钛钢铁制品创新政策。汽车制造业不仅是传统的资本技术密集型产业，还是中国的支柱产业。上海、安徽、重庆三省、市得分为60。这些地区应当制定全面综合的核心技术—产品创新政策。比如安徽汽车在发动机、变速箱、底盘技术产品方面的创新政策。得分在 50 分以上的陕西、吉林、黑龙江、天津、山东、江苏、浙江、辽宁、湖北、四川等省、市、区域应当寻求本区域的核心技术产品。例如，陕西省的重型汽车产品、吉林的卡车产品都有核心技术—产品创新能力。以这类核心技术—产品为重点制定本区域核心技术—产品创新政策，促进本区域产品结构的升级。

通用设备制造业是中国装备制造业的重要组成部分。上海、山东、北京、浙江、江苏、四川六省、市排名前 6 位，分值分别为 64、61、60、59、58、57。上海、山东、北京得分在 60 以上。这些省、市具备全面、综合的核心技术—产品创新能力。制定全面的、综合的核心技术—产品创新政策有利于促使这些区域的产品结构升级。另外，得分相近的浙江、江苏和四川在某些重点通用设备制造方面具有核心技术—产品创新能力，这些区域应紧紧围绕这几类重点核心技术—产品制定创新政策。由于这 6 省市的通用设备产业创新效率不高，因此重点应当解决其核心技术—产品创新效率问题。这 6 省、市影响核心技术—产品创新的具体因素有较大差异。山东、四川的自主研发能力最弱，北京、江苏、山东的创新价值实现能力最弱，四川的市场创新能力最弱，这 6 省、市的管理创新能力都不高，工艺设备创新能力江苏最弱，创新效率弱是它们的共同弱点，浙江、江苏的创新绩效最弱。可见，这6省市应当紧紧围绕各自的短板制定核心技术—产品创新政策。

电子及通信设备制造业是高技术产业的代表。北京是唯一得分在60以上的地区。北京可以围绕电子及通信设备产业的核心技术—产品制定全面综合的产品创新政策。天津、山东、广东、四川4省、市的综合创新能力仅次于北京，在某几类电子及通信设备产品方面具有核心技术—产品创新能力。这些省、市应制定这几类电子及通信设备制品的核心技术—产品创新政策。从电子及通信设备制造业创新要素能力的指数看，4省市差别很大。比如，四川的自主研发创新能力得分为37，这就极大地影响了其核心技术—产品创新。其核心技术—新产品创新政策应当解决这个问题。

第 6 章

创新型企业竞争优势与战略

创新型企业是区域产业创新的主体，创新型企业的竞争力对于区域产业创新或区域新兴产业的发展具有关键作用。一方面，创新型企业是区域核心技术—产品创新的直接组织者；另一方面，创新型企业又是区域产业创新的核心力量。因此区域创新型企业战略是区域产业创新的基本战略。区域创新型企业战略研究如下问题：创新型企业问题、性质和特征；创新型企业优势对区域产业创新价值链的影响；创新型企业战略的内容及区域创新型企业的发展政策。

第 1 节 创新型企业问题、性质和特征

为什么要研究创新型企业？创新型企业问题是如何提出的？创新型企业的性质是什么？创新型企业有何特征？等等，这些问题是区域创新型企业战略研究的基础性问题。

一 创新型企业的问题

之所以提出创新型企业问题，一是因为中国企业发展必然会推动企业由生产、经营型向创新型发展；二是因为建设创新型国家的需要。现代经济史表明，企业最初是一个生产单位，工场、工厂是其基本组织形式。企业的主要任务是高效率地生产和销售产品，我们把这样的企业称为生产效率型企业。在 20 世纪六七十年代及以前，生产效率型企业是主导型企业形式。随着生产过剩，消费者对产品品质需求的提高，生产高品质的产品成为企业的主要任务，质量型企业应时而生。日本质量型企业引领了全球企业的组织潮流。20 世纪 80 年代，质量型企业成为主导型企业形式。消

费者的个性需求在20世纪90年代成为市场需求的特征，企业必须快速灵活地对多样化需求作出反应，品牌不仅成为高产品品质的集聚体，而且成为差异化产品的体现。塑造品牌、管理品牌、经营品牌成为驱动企业发展的动力。经营品牌的企业是生产型企业发展的必然产物。灵活型企业或柔性企业成了主导型企业形式。美国硅谷企业引领了灵活型企业的时代潮流。百年品牌和良好品质需要企业持续不断的创新。创新是产品高附加值的来源。20世纪末期，创新成为企业竞争的基本战略，创新型企业是主要的企业组织形式。产品创新、技术创新、管理创新成为创新型企业成长的阶段性特征。当代国际性大公司或跨国公司都是综合性创新型企业。①

改革开放以来，中国国有企业经历了生产型、经营型和创新型三个发展阶段。20世纪80年代以前，中国国有企业处于生产型企业发展阶段，20世纪80年代以后，中国国有企业步入了经营型企业发展阶段，不仅国有企业获得了大发展，而且民营企业的发展更加迅猛。1997年亚洲金融危机以后，中国经济过剩情况开始出现。2002年，中国加入世界贸易组织，中国的企业开始向创新型转变。“十五”初期，中国创新型企业在企业中极其少见。浙江大学创新与发展研究中心的调查数据显示，在被调查的100余家中国大中型企业中，创新型企业仅占6.5%。②国际竞争加剧突显了中国企业创新的缺陷：重视模仿；缺失核心技术；技术创新能力弱。党的十六届五中全会提出了建设创新型国家的战略。企业是实现创新型国家战略的主体。但是，从经济实力、技术创新和品牌角度看，中国企业都难以与跨国公司相竞争。提高企业自主创新能力，建设创新型企业，既是增加企业核心竞争力的根本任务，又是转变经济发展方式、调整经济结构的关键环节。

2006年，科技部、国资委和全国总工会联合实施“技术创新引导工程”。截至2010年，中国国家级创新型试点企业累计550家，累计认定的创新型企业有365家，全国省级创新试点企业累计6000余家。③其中，江苏、四川、福建、山东、上海、浙江、北京7省、市选择确定的创新型试

---

① 布鲁斯·努斯鲍姆：《席卷美国的创新型企业》，沈农夫译，《中国高校科技产业化》2005年第12期。

② 郑刚：《全面协同创新——迈向创新型企业之路》，科学出版社2006年版，第8页。

③ 中国创新型企业发展报告委员会：《中国创新型企业发展报告 2011》，经济管理出版社2011年版，第27页。

点企业超过300家，分别达到1048家、866家、441家、357家、335家、309家、305家；安徽、广东、重庆、湖北、黑龙江、河南、江西、云南、辽宁、吉林、河北11个省市的试点企业也超过100家。试点企业超过100家的省、市共有18个。2010年底，被命名为省级创新型企业的数量达2086家。[①]创新型企业越多的区域，其产业创新能力就越强。创新型企业在推进区域产业自主创新、调整产业结构、促进产业升级过程中起着关键作用。中国共产党十八大报告指出，中国企业仍不是创新主体。实施创新驱动战略，必须要大力发展创新型企业。自此，创新型企业问题由企业管理创新视角转换到国家战略高度，并成为构建现代区域产业体系的主体。创新型企业研究由企业创新管理提升到区域创新、产业创新和现代区域产业发展的战略研究度。

当前，对创新型企业的研究包括创新型企业内涵、创新型企业特征、创新型企业评价、创新型企业发展、创新型企业核心竞争力等问题。什么是创新型企业？有的学者认为，对之应当从技术创新、管理创新和制度创新加以统筹界定，即“统筹兼顾技术创新、制度创新、管理创新三者关系的企业才能是创新型企业”[②]。弗里曼总结了创新成功企业的特征，他认为，创新型企业有研发能力强、从事基础研究、执行专利战略等十大特征。[③] 创新型企业的典型管理模式特征是：企业在其所涉及的领域内持续不断地寻求新的突破，从而降低成本、提高质量、增强灵活性，最终将价格、质量和性能各方面都很突出的产品提供给市场。创新型企业具有鼓励创新文化，有效促进沟通和加速创新的组织结构和激励机制。[④]中国学者总结了创新试点企业的特征，描述了创新型企业的基本特征，比如，人才核心、市场为先、成本制胜等。[⑤] 还有的学者讨论了重点创新型企业的基本特征。[⑥] 创新型企业发展及其模式也是学者们关注的问题。李德玲研究了创新型企业的创新发展战略问题，他认为，提升自主创新能力是企业创

① 中国创新型企业发展报告委员会：《中国创新型企业发展报告 2011》，经济管理出版社2011年版，第67页。

② 冯海星、黄德春：《创新型企业内涵新探》，《科技管理研究》2007年第4期。

③ 文章代、侯书森：《创新管理》，石油大学出版社1999年版，第237页。

④ 郑刚：《全面协同创新——迈向创新型企业之路》，科学出版社2006年版，第247页。

⑤ 叶厚元、李青：《创新型企业的特征及其维护系统》，《江西社会科学》2007年第10期。

⑥ 孙福全、陈宝明、张华胜等：《创新型企业发展模式研究》，中国农业科学技术出版社2008年版，第6—9页。

新发展战略的核心，应当制定持续创新、创新人才、创新文化、创新品牌等战略。[①] 段瑞春强调了创新型企业执行知识产权战略和品牌战略的重要性。[②]孙福全、陈宝明、张华胜等系统研究了创新型企业的发展模式。他们认为，中国创新型企业发展模式有三类：基于市场优势的创新模式，基于技术优势的创新模式和基于组织优势的创新模式。[③]刘耀、金恩涛概述了创新型企业创新模式研究情况。[④] 黄升旗研究了创新型企业的核心竞争力问题。创新、品牌、文化、团队是研究创新型企业核心竞争力的基本维度。[⑤] 还有的学者研究了珠三角地区创新型企业的文化问题。[⑥]有些学者对创新型企业的研究做了详细述评。[⑦] 但关于创新型企业与区域产业创新和发展的关系还鲜有研究。

二　创新型企业的性质

什么是创新型企业？从政策操作上看，2006 年 4 月科学技术部、国务院国资委、中华全国总工会发布的《关于开展创新型企业试点工作的通知》给出了创新型企业的定义，即创新型企业是在技术创新、品牌创新、体制机制创新、经营管理创新、理念和文化创新等方面成效突出的企业。从理论上看，我们应当从企业性质理论出发研究创新型企业的性质。

古典经济学家认为，企业是生产函数。这个定义准确地揭示了生产型企业的本质或者说定义了企业的生产功能。熊彼特认为，企业是生产要素的新组合，创新是企业的本质。制度经济学家认为，企业是一组契约关系的总和。概括而言就是，企业是以生产为基础的一组契约关系的总和。

创新型企业是现代知识密集型企业。其基本任务是，生产满足消费者需求的知识型新产品，其基本生产要素是技术创新劳动者、管理创新劳动

---

① 李德玲：《创新型企业创新发展战略》，《中国科技论坛》2007 年第 7 期。

② 段瑞春：《创新型企业：知识产权与品牌战略》，《中国软科学》2005 年第 12 期。

③ 孙福全、陈宝明、张华胜等：《创新型企业发展模式研究》，中国农业科学技术出版社 2008 年版，第 10—20 页。

④ 刘耀、金恩涛：《企业模式的发展及创新型企业模式述评》，《深圳大学学报》（人文社会科学版）第 2 期。

⑤ 黄升旗：《试论创新型企业核心竞争力》，《现代企业文化》2009 年第 6 期。

⑥ 陈春花等：《珠三角创新型企业的文化概念模型》，《科学学与科学技术管理》2008 年第 11 期。

⑦ 郭韬、史竹青：《创新型企业研究综述》，《科技进步与对策》2011 年第 19 期。

者和金融创新劳动者，所以，创新型企业是以高技术知识的创新收益生产为基本职能的各种知识要素所有权的合约安排。[①]高技术企业是创新型企业的基本组织形式。创新型企业有如下特点：（1）创新型企业的企业剩余更突出了新知识的经济价值。（2）创新型企业的知识结构更加显示了核心专有技术知识的稀缺性特征。（3）核心专有投资知识仍是创新型企业知识结构中不可或缺的要素。（4）普通专业化技术知识的创新收益权得到确认。（5）创新型企业的所有权合约结构是一种混合型结构，即个人的私人专有投资知识、管理知识及技术知识的所有权共同构成了企业的产权结构。在创新型企业发展的不同阶段，主导企业控制权的知识要素所有者是不同的。但是，技术知识所有权是核心。

三　创新型企业的特征

创新型企业是企业家组织创新要素从事新知识产品的生产函数。我们用柯布—道格拉斯函数表示：

$$Y = A(H^{\alpha}, C^{\beta}) \tag{6.1}$$

其中，Y 表示新知识产品；A 表示创新系数；H 表示创新型人力资本；C 表示研发投入资本或风险资本；α 表示每单位人力资本的创新产出；β 表示每单位研究资本的创新产出。

公式（6.1）表明，创新型企业有如下基本特征：

1. 创新型人力资本是创新型企业的核心。创新能力、创新经验是创新型企业的基石。跨国公司充分利用国际创新人力资本，通过高薪等各种激励机制吸收人才。庞大的、稳定的、充满活力的研发队伍是跨国公司国际竞争力的根本。国内创新试点企业、创新型企业初步建立了一支有竞争力的研究开发队伍。国家级创新型研发团队的实力有了显著增强。表（6.1）列出了 2010 年研发人员居前 20 位的创新型企业。

2010 年，351 家创新型企业的研发人员强度（研发人员占企业员工总数的比重）为 6.26%。前 20 位创新型企业的研发人员强度都超过 44%（见表 6.2）。

---

① 邓金堂：《高技术经济的制度演化研究——兼论中国高技术经济的制度创新》，西南财经大学出版社 2003 年版，第 189 页。

表 6.1　2010 年研发人员数居前 20 位的创新型企业　（万人）

名次	企业名称	研发人员数	批次
1	华为技术有限公司	4.90	1
2	中国兵器工业集团公司	3.45	2
3	中国船舶重工集团公司	3.19	2
4	中国石油天然气集团公司	3.02	2
5	中国石油化工集团公司	2.86	1
6	中兴通讯股份有限公司	2.79	1
7	中国航天科工集团公司	2.42	2
8	比亚迪股份有限公司	2.15	3
9	中国铁路工程总公司	1.82	1
10	中国铁道建筑总公司	1.41	3
11	中国电子信息产业集团有限公司	1.39	1
12	上海汽车工业（集团）总公司	1.28	3
13	中国兵器装备集团公司	1.25	2
14	中国北方机车车辆工业集团公司	1.00	2
15	中国南方电网有限责任公司	0.99	2
16	中国交通建设集团有限公司	0.90	3
17	中国船舶工业集团公司	0.87	3
18	新希望集团有限公司	0.84	3
19	四川长虹电器股份有限公司	0.76	2
20	宝钢集团有限公司	0.74	2
合计		38.03	

资料来源：中国创新型企业发展报告委员会：《中国创新型企业发展报告》，经济管理出版社 2011 年版，第 45 页。

表 6.2　　2010 年研发人员强度居前 20 位的创新型企业　　（%）

名次	企业名称	研发人员强度	批次
1	南京联创科技集团股份有限公司	91.52	1
2	大连华信计算机技术有限公司	87.34	2
3	上海药明康德新药开发有限公司	82.30	3
4	海南全星药业有限公司	78.44	1
5	安徽华东光电技术研究所	75.18	3
6	厦门精图信息技术有限公司	73.81	3
7	中国重型机械研究院有限公司	73.39	1
8	中国食品发酵工业研究院	72.53	3
9	上海发电设备成套设计研究院	70.73	3
10	沈阳新机器人自动化股份有限公司	69.52	1
11	上海医药工业研究院	61.81	2
12	招商局重庆交通科研设计院有限公司	61.05	1
13	亿阳信通股份有限公司	57.79	1
14	华北制药集团新药研究开发有限责任公司	57.48	2
15	中国通用机械研究院有限公司	56.70	3
16	贵研铂业股份有限公司	54.23	3
17	上海电器科学研究所（集团）有限公司	51.07	1
18	海洋化工研究院	47.23	2
19	石河子市华农种子机械制造有限公司	45.71	3
20	太原风华信息装备股份有限公司	44.49	1

资料来源：中国创新型企业发展报告委员会：《中国创新型企业发展报告》，经济管理出版社 2011 年版，第 46 页。

原来不重视研发的国有大企业一改以前的经营理念，通过多种渠道建立了研发队伍。

2. 持续的研发投入是创新型企业的投融资特征。研发资本是创新型企业持续创新活动的基本要素。2010 年，在 347 家创新型企业中，研发经费支出增长的企业有 205 家。其中，研发经费支出居前 20 位的创新型企业的支出总额达 1474.6 亿元，占 351 家创新型企业研发经费支出总额的 58.8%（详见表 6.3）。

表 6.3　**2010 年研发经费支出居前 20 位的创新型企业**　(亿元)

名次	企业名称	研发经费支出	批次
1	华为技术有限公司	165.6	1
2	中国移动通信集团公司	136.2	2
3	中国航天科技集团公司	130.0	1
4	中国石油天然气集团公司	94.1	2
5	上海汽车工业（集团）总公司	92.60	3
6	中国船舶重工集团公司	91.80	2
7	中国铁道建筑总公司	88.2	3
8	中国航天科工集团公司	85.3	2
9	中国石油化工集团公司	71.2	1
10	中兴通讯股份有限公司	70.9	1
11	武汉钢铁（集团）公司	62.7	2
12	国家电网公司	62.3	1
13	中国兵器工业集团公司	57.8	2
14	宝钢集团有限公司	51.0	1
15	中国兵器装备集团公司	50.3	2
16	海尔集团公司	38.7	1
17	东风汽车公司	35.9	3
18	中国船舶工业集团公司	31.8	3
19	中国电子信息产业集团有限公司	30.0	1
20	中国建筑材料集团有限公司	28.2	3
合计		1474.6	

资料来源：中国创新型企业发展报告委员会：《中国创新型企业发展报告》，经济管理出版社 2011 年版，第 43 页。

国际上，跨国公司的研发投入占销售收入的比例至少在 5% 以上，大多数跨国公司的研发投入占销售收入的比例都在 10% 左右。通过创新型企业试点工程，国内大中型工业企业的研发程度有了一定的提高。其中，351 家国家级创新型企业研发强度有了明显增强，达到 1.70%。前 20 位的国家级创新型企业的研发强度都超过 11%，达到国际上跨国公司的研发强度水平（见表 6.4）。

表 6.4 **2010 年研发强度居前 20 位的创新型企业** (%)

名次	企业名称	研发强度	批次
1	中国食品发酵工业研究院	43.73	3
2	华北制药集团新药研究开发有限责任公司	40.66	2
3	中国兵器工业集团公司	24.47	2
4	大连光洋科技工程有限公司	24.37	2
5	厦门特宝生物工程股份有限公司	24.35	3
6	北京信威通信技术股份有限公司	22.54	3
7	安徽科大讯飞信息科技股份有限公司	21.43	2
8	重庆海扶（HIFU）技术有限公司	21.24	2
9	中国日用化学工业研究院	20.09	2
10	中国航天科工集团公司	15.96	1
11	天津药物研究院	15.07	2
12	海洋化工研究院	14.27	2
13	厦门雅迅网络股份有限公司	13.59	2
14	中国通用机械研究院有限公司	13.20	3
15	厦门精图信息技术有限公司	12.81	3
16	安徽华东光电技术研究所	12.80	3
17	广东威创视讯科技股份有限公司	12.22	1
18	重庆金山科技（集团）有限公司	11.96	2
19	北京有色金属研究总院	11.54	1
20	南昌弘益科技有限公司	11.52	3

资料来源：中国创新型企业发展报告委员会：《中国创新型企业发展报告》，经济管理出版社 2011 年版，第 46 页。

3. 知识生产率较高是创新型企业的产出特征。创新型企业的创新产出有二：一是专利；二是新产品销售收入。在国际上，跨国公司都有较高的专利产出，新产品销售收入占主营业务收入的 50%。国内创新型试点企业及创新型企业逐步重视专利。近年来，其专利数增加很快。截至 2010 年底，351 家创新型企业的有效发明专利达到 64265 件，每千名员工的拥有量为 5.98 件，每千名研发人员的拥有量为 95.56 件。2008—2010 年，351 家创新型企业有效发明专利增长率都很高（详见表 6.5）。

表 6.5　创新型企业有效发明专利拥有情况

年份	总数（件）	增长率（%）	每千名员工拥有量（件）	每千名研发人员拥有量（件）
2008	27896	–	3.03	48.91
2009	46857	68	4.65	65.66
2010	64120	36.8	6.07	96.57

资料来源：中国创新型企业发展报告委员会：《中国创新型企业发展报告》，经济管理出版社 2011 年版，第 47 页。

2010 年，在 351 家国家级创新型企业中，居前 20 位的创新型企业知识产出能力达到了国际上创新型企业的相同水平。发明专利申请量居前 20 位的创新型企业的申请总量达 25327 件，占 351 家创新型企业发明专利申请总数的 65.1%（详见表 6.6）。发明专利拥有量居前 20 位的创新型企业拥有总量为 47815 件，占 351 家企业发明专利拥有总量的 74.4%（详见表 6.7）。其中，华为技术有限公司的知识生产率水平达到国际先进水平。截至 2010 年 12 月 31 日，华为累计申请中国专利 31869 件，PCT 国际专利 8892 件，海外专利 8279 件。已获授权专利 17765 件，其中海外授权 3060 件，发明专利拥有量为 14939 件。在 LTE/EPC 领域，华为基本（核心）专利数全球领先。①

表 6.6　2010 年发明专利申请量居前 20 位的创新型企业　（件）

名次	企业名称	发明专利申请量	批次
1	华为技术有限公司	14939	1
2	中兴通讯股份有限公司	9178	1
3	中国石油化工集团公司	8258	1
4	电信科学技术研究院	2105	1
5	中国化工集团公司	1981	2
6	中国石油天然气集团公司	1366	2
7	比亚迪股份有限公司	1000	3
8	宝钢集团有限公司	989	1
9	联想（北京）有限公司	945	1
10	中国铝业公司	819	1

① 华为技术公司网站。

续表

名次	企业名称	发明专利申请量	批次
11	中国船舶重工集团公司	735	2
12	海尔集团公司	701	1
13	中国航天科技集团公司	662	1
14	中国兵器工业集团公司	643	2
15	国家电网公司	634	1
16	深圳市同洲电子股份有限公司	626	3
17	中国电子信息产业集团有限公司	600	1
18	四川长虹电器股份有限公司	592	1
19	三一重工股份有限公司	524	2
20	重庆长安汽车股份公司	518	2
合计		47815	

资料来源：中国创新型企业发展报告委员会：《中国创新型企业发展报告》，经济管理出版社 2011 年版，第 52 页。

表 6.7　　2010 年发明专利拥有量居前 20 位的创新型企业　　（件）

名次	企业名称	发明专利拥有量	批次
1	中兴通讯股份有限公司	5660	1
2	华为技术有限公司	2236	1
3	中国石油化工集团公司	2199	1
4	电信科学技术研究院	1977	1
5	中国航天科技集团公司	1735	1
6	国家电网公司	1596	1
7	中国航天科工集团公司	1351	2
8	中国船舶重工集团公司	941	2
9	中国石油天然气集团公司	841	2
10	中国冶金科工集团有限公司	830	2
11	中国移动通信集团公司	824	2
12	中国兵器工业集团公司	771	2
13	中国兵器装备集团公司	642	2
14	比亚迪股份有限公司	596	3
15	海尔集团公司	576	1

续表

名次	企业名称	发明专利拥有量	批次
16	TCL 集团股份有限公司	555	3
17	中国化工集团公司	503	2
18	宝钢集团有限公司	502	1
19	中国电子信息产业集团有限公司	499	1
20	奇瑞汽车有限公司	493	1
合计		25327	

资料来源：中国创新型企业发展报告委员会：《中国创新型企业发展报告》，经济出版社 2011 年版，第 53 页。

4. 创新型企业建立了较为完整的创新激励体系和产学研结合的研发体系。在国际上，跨国公司为了吸纳、稳定创新队伍，建立了包括高薪、学习、股权等物质与精神结合的、短期与长期结合的激励体系。同时，建立了面向全球的研发网络体系。国内创新型企业通过多年努力，其创新激励体系和研发平台逐步完善，并与国际接轨。首批 36 个建在企业里的国家重点实验室，有 30 个落户创新型（试点）企业。华为公司在印度、美国、瑞典、俄罗斯等国家设立了 7 家研究所，形成了各个研发机构的功能与定位之间互补、研发管理特色鲜明的全球研发体系。此外，华为技术有限公司还与世界诸多一流公司进行合作和建立联合实验室。其产品和解决方案已应用于 28 个全球前 50 强的运营商，服务全球超过 10 亿用户。除华为技术有限公司之外，居前 100 位的创新型公司都建立了适应其创新战略目标和定位的创新体系。

5. 兼收并蓄、宽容的创新文化氛围和理念是创新型企业的内生特性。在国际上，跨国公司能够吸引、留住专业高级人才，除了完善的创新激励体系和先进的研发平台外，宽容、允许创新失败的创新文化是其特质。国内创新型企业从其企业实践中形成了各具特色的创新文化。海尔文化就是一个典型的创新型企业文化例子。

第 2 节　创新型企业塑造区域现代产业

一　创新型企业创造现代产业价值

（一）现代产业发展的实质是价值发展

在产业经济学中，产业发展、产业演化、产业动态这些术语常常被混用，泛指产业发展变化的历史过程。在西方经济学中，产业发展常指生产要素即资本和劳动要素在产业部门之间的配置和发展趋势，因而产业发展可以视为产业部门中生产要素配置效率的提高。率先研究产业部门中生产要素配置的经济学家是威廉·配第（William Petty）。在配第研究结论的基础上，克拉克（Colin Clark）运用统计学方法验证了配第的结论。后世研究者称他们的结论为配第—克拉克定理。配第—克拉克定理的内容是：（1）生产要素由低生产率向高生产率产业转移。资本和劳动由农业部门向工业部门和服务业部门转移。（2）劳动力在产业之间变化移动的原因是经济发展中各产业的收入出现了相关差异。库兹涅茨发现了产业结构的演进规律。他的结论是：（1）随着经济的发展，第一产业实现的国民收入在全部国民收入中的比重和劳动力在全部劳动力中的比重均处于不断下降的趋势中；（2）第二产业国民收入的比重总体上是上升的，但工业部门劳动力的相对比重总体上保持不变或略有上升；（3）第三产业劳动力的相对比重差不多在所有国家里都是上升的，但其所占国民收入的比重未必和劳动力的相对比重同步上升。对产业结构演进研究作出贡献的还有德国经济学家霍夫曼（Walter G. Hoffmann）。他认为，工业净产值与资本品工业净产值之间的比例关系存在下降趋势，即存在消费品工业比重下降、资本品工业比重上升的趋势。在这之前，马克思社会资本扩大再生产理论深入、科学地解释了现代资本品工业结构演进的趋势，即生产资料的生产快于消费资料的生产。遵循产业部门间资源配置效率来定义产业发展的研究思路及其系列研究成果都存在着无法避免的缺陷，即忽略了纵向经济活动、经济组织和机制的演化与提升。

杨小凯等经济学家沿着亚当·斯密的分工和生产率思路研究产业发展。亚当·斯密的分工思想有三个要点：（1）劳动分工是经济增长的源泉；（2）劳动分工受市场规模的限制；（3）工序分工提高了劳动生产率，促进了技术进步。在斯密分工理论的基础上，追随者考察了动态分工情形或分工演化情形。杨格认为，分工是一个累积的自我扩张的循环过程，是一个内涵式增长的过程。杨小凯提出了专业化分工会引致内生比较优势的观点。内生比较优势可能会随分工的逐渐演进而演进，而且它的演进是加速知识积累和生产率内生发展的动力。专业化分工演进和生产率提高所引致的专业化经济就是产业发展的实质。杨小凯等超边际学派的观点解释了产业报酬递增现象，但产业发展的内生性问题依然存在。

马克思劳动价值论综合了上述学者的争论，运用辩证法把产业配置效率观与劳动分工演化及其生产率观有机统一起来，形成了劳动价值决定产业价值发展的观点。（1）商品的价值量由再生产该商品的社会必要劳动时间决定；（2）价值发展是社会必要劳动时间的质量发展；（3）价值发展的拓展遵循劳动时间节约规律，按比例交换的动态转化规律和社会总劳动时间的动态分配规律；（4）产业发展的过程就是分工不断细化的过程，也是价值不断发展的过程。规模经济和技术进步是产业发展的本质，而生产要素的累积是产业发展的本质外化或表象。

胡建绩在系统研究产业经济学的产业发展观、产业发展的配置效率观点和劳动生产率观的基础上界定了产业发展。“产业发展是以价值发展为其实质，以主导产业群为其载体，以经济长波为其形式的产业的一个内生提高过程。”①

（二）苹果公司与 iPhone 产品的价值

iPhone 产品是无线互联网时代的耐用消费品。据调查，生产一部 32GB 的 iPhone 4S 产品的成本为 220 美元，生产一部 16GB 的 iPhone 4S 产品的成本为 170 美元，而生产一部 8GB 的 iPhone 4 产品的成本为 140 美元。美国市场研究公司 Asymco 的人工成本仅为 iPhone 售价的 2%—5%，大约一台 iPhone 产品的人工成本约为 12.5 美元。扣除 iPhone 的成本，每台 iPhone 产品大约为苹果公司创造 650 美元的收入，据估计，其毛利润率约为 55%。②这些数据表明，在 iPhone 产品中，苹果公司的创新是产品增加值的主要部分。制造 iPhone 产品的加工企业创造了产品增加值的微小部分。

iPhone 产品由 iPhone 苹果公司研发，由富士康公司加工制造，由众多物流公司运输、储存，由卖场公司销售给消费者。一个 iPhone 产品就是一个产业链。我们清楚地看到，苹果公司在 iPhone 产业链中居统治地位，因为苹果公司研发了 iPhone 产品，创造了产业增加值，其他服务公司和商业销售公司分享了 iPhone 产品的增加值。富士康公司的大规模劳动力要素投入同样创造了苹果的增加值，但相比于苹果公司的研发，其所创造的价值就很少了。服务型公司通过服务创新可以分得更多的 iPhone

① 胡建绩编著：《产业发展学》，上海财经大学出版社 2008 年版，第 4 页。

② AppleInsider 网站报道，凤凰网科技资讯，2013 年 2 月 23 日。

产品增加值。

iPhone 产品的例子表明，现代产业发展的实质是产业价值创造和价值发展。创新劳动投入是现代产业价值发展的主要源泉。

（三）创新型企业协同与联盟共同创造现代产业价值

iPhone 产品价值是苹果公司一家创造的还是多家类似于苹果公司的企业一起创造的？根据芮明杰等人的研究，iPhone 产品可分为方案设计企业、操作系统开发企业、芯片开发企业、元器件供应企业、智能手机制造企业、移动运营服务企业、应用及增值服务企业。一个 iPhone 产品就是一个模块化网络状产业链体系。每个功能模块都对应着大量的企业，这些企业繁衍发展，形成一个独立的子产业。[①]

在 iPhone 产业链上，知识是关键的资源，谁掌握技术标准，谁的技术领先，谁就能在产业链中获得主导地位。苹果公司是 iPhone 产品技术标准的制定者，拥有相对于其他公司的技术优势，控制着 iPhone 产品的知识产权，因而苹果公司是综合的技术集成供应商。每个功能模块都有大量的专业独立的技术供应商，在功能模块上的技术供应商如果成为 iPhone 产品功能模块的技术标准制定者，拥有领先的技术，控制着 iPhone 产品功能模块的知识产权，那么在这个功能模块上该技术供应商就居主导地位。如操作系统功能模块，就有 Android 系统、Linua 系统等众多的操作系统。目前，谷歌公司的操作系统就是操作系统产品市场的主流产品。以此类推，方案设计模块、芯片开发模块、元器件供应模块、智能手机制造模块、移动运营服务模块、应用及增值服务模块都有核心的独立技术和服务供应商。

iPhone 产品的技术集成供应商、功能模块技术集成与服务供应商在创新过程中的协同或形成产业联盟对 iPhone 产品价值创造、iPhone 业的发展具有决定性作用。技术供应商之间的创新协同决定了 iPhone 产品的价值，技术供应商与加工制造商之间的协同增加了 iPhone 产品的增加值，技术供应商、加工制造商与移动运营商、服务商之间的协同实现了 iPhone 产品的价值。

在 iPhone 产业链上，首先，各功能模块技术供应商进行独立创新。

---

① 芮明杰、张琰：《产业创新战略——基于网络状产业链内知识创新平台的研究》，上海财经大学出版社 2009 年版，第 169 页。

各功能模块技术供应商的独立创新导致模块的功能增强、手机种类的多样化和价格下降。同时，加剧了市场竞争。其次，各功能模块之间通过知识共享与合作，实现了功能模块之间的协同创新。这种协同创新不仅指技术领域，也包括服务领域。可见，在现代产业的发展过程中，不是一个创新型企业在创造产业价值，而是不同创新型企业的协同或联盟共同创造着产业价值。

二 创新型企业引领区域现代产业的未来

（一）创新型企业驱动的区域传统产业的升级与演化

产业升级指的是由低附加值产业向高附加值产业的转移。[①] 它包括产业技术升级、产业价值升级、产业结构升级。产业结构升级包括：（1）传统产业结构向现代产业结构演进；（2）劳动密集型产业、资本密集型产业向资本技术密集型产业、技术密集型产业和知识密集型产业演进；（3）第一产业、第二产业向第三产业演进。传统产业是一个相对的、动态的历史概念。现在，传统产业通常指原材料、纺织、服装、鞋帽、冶金、机械、化工等产业。[②] 传统产业升级是指传统产业技术升级和价值升级，包括产品升级、工艺升级、功能升级、价值链跨越等内容。[③] 在实践中，传统产业升级被称为传统产业的高技术化、信息化、服务化、高端化。

中国传统产业升级持续了十多年时间。比如，绍兴的纺织产业、永康的保温杯产业、黄岩的羊毛衫产业、丽水的制金笔产业。在传统产业升级的过程中，有的区域获得了成功，有的区域却失败了。[④] 经过详细考察后发现，凡是成功实现传统产业升级的区域，都有大量企业成功转型为创新型企业；凡是传统产业升级效果不好乃至失败的区域，都是由于创新型企业少。比如，绍兴纺织业经过多年的发展，逐步形成了围绕绍兴轻纺城的

---

① 张耀辉：《产业升级的真谛在于创造需求》，《工业技术经济》2002 年第 2 期。

② 孙育红：《产业升级：高技术产业化与传统产业高技术化》，《当代经济研究》2001 年第 5 期。

③ 刘曙光、杨华：《关于全球价值链与区域产业升级的研究综述》，《中国海洋大学学报》（社会科学版）2004 年第 5 期；龚三乐：《产业升级、全球价值链地位与企业竞争力》，《北方经济》2006 年第 5 期。

④ 梁琦、詹亦军：《地方专业化、技术进步和产业升级：来自长三角的证据》，《经济理论与经济管理》2006 年第 1 期。

轻纺面料集群，上虞以棉纺织和印染染料为主的集群，嵊州的领带集群，诸暨的大唐袜业集群，枫桥衬衫集群，新昌的毛纺和纺机集群，各个集群的纺织工业在浙江省都占据重要一席，已形成了涵盖聚酯、化纤、织造、染整、服装服饰、染料、纺织机械等领域的较为完整的产业链。2008 年国际金融危机爆发，绍兴纺织业创新能力不足的问题充分暴露出来，经过 5 年的艰难转型，绍兴纺织业升级取得了初步成效。[①] 绍兴纺织产业升级转型的成效，得益于其纺织企业成功地实现向创新型企业的转型。德阳是中国的重装基地。德阳机械工业是德阳市第一产业，机械工业产值占全市工业产值的 30%，在德阳市经济发展过程中具有举足轻重的地位。[②] 经过 10 年的发展，德阳装备制造业由资本密集型产业向技术密集型产业成功转型，由低端装备制造业向高端装备制造业成功转型，这都得益于以中国第二重型机械制造公司、东方电气集团公司等为代表的机械制造企业成功转型为创新型企业。安徽芜湖是一个汽车产业发展滞后的地区，由于奇瑞公司始终以创新驱动公司发展，经过发动机技术创新战略、整车产品创新战略、产品正向开发战略，成功地开辟了芜湖汽车产业的新时代，构建了芜湖现代汽车产业体系。浙江义乌小商品产业享誉世界，必须归因于义乌一大批从事产品研发、设计、专业化加工的中小型创新企业的发展。

（二）创新型企业决定区域现代主导产业的发展

主导产业这一概念是美国经济学家赫希曼最先提出，由罗斯托系统阐释的。其意指能够依靠科技进步或技术创新而获得新的生产效用，能够通过快于其他产业的高成长作用，有效地带动其他相关产业快速发展的产业或产业群。[③] 罗斯托认为，经济成长具有阶段性，这种阶段特征表现为传统社会阶段、起飞准备阶段、起飞阶段、成熟阶段、高消费阶段和生活质量阶段。每一个经济发展阶段都有各自的主导产业。农业是传统社会阶段的主导产业，食品、饮料、水泥等初级工业部门是起飞准备阶段的主导产业，轻纺等非耐用品制造业是起飞阶段的主导产业，冶金、机械、石化等资本密集型重化工业是成熟阶段的主导产业，汽车工业是高消费阶段的主

---

① 王尉东：《基于全球价值链视角的区域产业升级——以绍兴纺织业为例》，《企业经济》2007 年第 1 期。

② 郑晓幸等：《跨越式发展中的工业结构调整与产业升级——对四川省德阳市工业结构调整和产业升级的调查与思考》，《理论与改革》2000 年第 3 期。

③ 胡建绩编著：《产业发展学》，上海财经大学出版社 2008 年版，第 67 页。

导产业，服务业、城市建筑业是生活质量阶段的主导产业。罗斯托主导产业理论揭示了工业经济发展各个阶段的主导产业表现。随着工业经济向后工业经济转型，主导产业正在发生深刻的变化，逐步形成了现代主导产业。通信装备、计算机、新材料、新能源、环保产业、互联网等构成了现代社会的主导产业。

中国现代主导产业的发展始于20世纪80年代，成长于90年代，成熟于21世纪初期。在20世纪90年代，随着中国出口导向型发展战略的深入实施，跨国公司充分利用中国的劳动力优势，逐渐向中国转移电子、电气设备、办公用品、通信、计算机及生物制药等高科技产业中间产品的生产及制成品的组装，在长三角地区和珠三角地区形成了资本技术密集型加工制造业。[①] 20世纪80年代末，以深圳、东莞为龙头，包括惠州、中山、珠海在内的珠三角地区成为中国重要的电脑产品制造基地，在深圳、东莞两地，三资企业、民营科技企业和股份制企业在电脑信息制造业中占了90%。珠江三角洲已经成为亚洲最大的电脑产品加工制造基地，其生产的产品以台式电脑为中心，包括除芯片以外的从机箱、主板、显示器到磁头、硬盘驱动器等全部电脑及外设产品。[②]自2000年以来，由于外国直接投资的驱动，在苏南地区形成了东起苏州周庄，西至南京浦口，以沪宁高速公路沿线为主干，两侧向外延伸50公里左右，从东向西北总长约300公里的国内最长的一条电子信息产业集聚带。电子信息产业对该地区经济增长的贡献率由2001年的37.49%提高到2005年的67.67%。[③]

中国现代主导产业是沿着产业价值链由低向高升级的。就是说，由加工贸易型制造业向研发密集型高端制造业升级。在考察珠三角地区和长三角地区现代产业升级后发现，创新型企业是区域现代主导产业升级成功的关键。创新型企业驱动的区域现代主导产业升级的典型例子是深圳高新技术产业升级。

1979—2004年，深圳初步建成了现代产业体系即以现代工业为主导，以现代服务业高速发展，现代农业基础地位巩固为特征的现代产业体系。

---

① 潘悦：《在全球化产业链条中加速升级换代——我国加工贸易的产业升级状况分析》，《中国工业经济》2002年第6期。

② 张珺：《全球生产网络与广东电脑加工贸易产业升级》，《广东经济》2006年第4期。

③ 陶拯、钱钢：《全球价值链视角下地方电子信息产业升级研究——以苏南为例》，《工业技术经济》2007年第1期。

在现代工业体系中，高新技术产业成为深圳的支柱产业。据统计，2004 年，在深圳规模以上的工业总产值中，高新技术产品产值占 51.1%，其中，电子信息产业又占高新技术产业产值的约 90%。工业产值在 100 亿元以上的企业共有华为、中兴、鸿富锦、长城、中海油、康佳、富泰宏、创维、鑫茂、恩斯迈、开发科技等十多家。外商及港澳台投资企业、加工出口是深圳高新技术产业的基本特征。与发达国家相比，深圳高新技术产业有明显的缺陷：（1）高新技术产业对国民经济的贡献率低于发达国家；（2）高新技术产业的技术密集度低；（3）高新技术产业的附加值低。因此，深圳高新技术产业升级是"十一五"期间紧迫的战略任务。

2004 年，深圳市委、市政府颁布《关于完善区域创新体系，推动高新技术产业持续快速发展的决定》，史称深圳"一号文件"。该文件明确了创新型企业是深圳高新技术产业升级的主体力量。2006 年，深圳高新区科技经费投入总额为 61.94 亿元，其中 92.2% 的经费来自企业。部分企业的研发经费达到销售额的 5% 以上，有的高达 10%。在深圳高新技术产业中初步涌现了一大批创新型企业。华为、中兴通讯、朗科等创新型企业带动了电子信息产业的升级，提高了深圳电子信息产业在全球价值链中的位置。大族激光、金科、迈瑞等创新型企业分别带领光机电一体化、新材料和生物医药等深圳高新技术产业在全球价值链中位置的上升。[①] 深圳有"四个 90%"，即 90% 以上研发机构设立在企业，90% 以上研发人员集中在企业，90% 以上研发资金来源于企业，90% 以上职务发明专利出自于企业。[②] 这表明，创新型企业体系正在形成，并驱动着深圳高新技术产业的升级。

2010 年，深圳市实现高新技术产品产值 10176.2 亿元，其中拥有自主知识产权的高新技术产品产值 6115.9 亿元，占全部高新技术产品产值的比重为 60.1%。到 2011 年，深圳聚集了 31000 多家电子信息企业，电子信息制造业产值达 10544 亿元，占全国总规模的近 1/7，居全国大中城市首位，软件和互联网服务业收入位列第三。华为、中兴通讯是全球领先的综合性通信企业，腾讯占据中国互联网领域规模第一的位置，宇龙已成为国内高端智能手机行业的代表性企业，海思半导体产值居全国集成电路

① 中国广播网，2006 年 1 月 19 日。

② 中央政府门户网站（www.gov.cn），2006 年 3 月 19 日。

设计企业之首，华星光电 8.5 代 TFT—LCD 面板项目填补了华南地区的空白。在通信、计算机、数字视听、集成电路等领域形成了领先全国的产业群，成为支撑和引领深圳高新技术产业发展的主导力量。深圳电子信息产业行业结构在创新中实现了深化、升级，软件业和互联网业得到迅猛发展。深圳软件产业已走出了一条与制造业和服务业融合发展的道路，软件产业为制造业和服务业的创新与产业升级注入了技术推动力，制造业和服务业则为软件产业提供了广阔的应用市场和全新的盈利模式。

（三）创新型企业是区域新兴产业的“星火”

每次金融经济危机都孕育着重大的科技革命和新兴产业。2008 年金融经济危机孕育了新一轮科技革命和新兴产业。发达国家把新能源、环境保护、生物医药等产业视为重要的新兴产业。中国政府结合国情提出了七大战略性新兴产业。新兴产业总是出现于创新型企业最易产生和发展的区域。比如，美国硅谷有了仙童公司及其裂变而生的 8 个半科技创新型企业，这才有了硅谷新兴半导体产业。中国因为有了烽火通信、长飞光纤、光谷激光、华工激光、楚天激光、迪源光电、武汉新芯、武汉天马等一大批创新型企业，才有了“光谷”年产值过千亿元的新兴光电子产业。中国“电谷”是因为有了英利集团、中航惠腾公司、天威公司、风帆集团等多家重点创新型企业，才形成了风力发电装备、光伏发电装备、输变电装备、新型储能装备、高效节能装备及电力自动化装备六大新兴产业。江苏宜兴因为有了日中环保技术转移中心、德中环保技术转移中心、江苏一环集团、日立环保、江苏博大等一批创新型企业，才有了环保产业的兴起和发展。阿里巴巴、淘宝等一大批电子商务创新型企业造就了杭州电子商务产业。2011 年上半年，杭州电子商务企业实现了电子商务平台交易额 3918.20 亿元。[①]

三　创新型企业决定区域现代产业的竞争力

（一）创新型企业对区域现代产业发展成本的影响

产业发展成本指的是产业组织、产业之间的合作协调、融合费用的总和。

① 中国电子信息产业发展研究院、赛迪顾问股份有限公司：《战略性新兴产业发展及应用实践》，机械工业出版社 2012 年版，第 417 页。

1. 产业组织之间的合作协调成本

科斯等学者在研究企业、市场及其相互关系后发现，交易成本是产业组织之间的合作协调成本。威廉姆森等学者考察企业集团后发现，企业集团是对市场的替代，这种替代产生的原因是市场交易成本过大，企业集团内部交易成本低于市场交易成本。当代战略联盟、研发联盟、产业联盟等各种各样的产业网络组织的发展都是由于这种网络结构组织极大地降低了交易成本。因此交易成本是产业组织之间合作协调成本的基本形式。

2. 产业部门之间合作协调成本

马克思扩大再生产理论科学地揭示了两大部类之间的内在关系，提出了产业发展实质上是产业部门价值共同增长的观点，产业发展成本就是实现产业部门价值共同增长所支付的费用。比如，生产过剩、失业、资源浪费等经济损失就是产业发展成本的表现。产业发展成本表现为产业结构协调成本、传统产业与新兴产业协调成本、新兴产业部门之间协调成本以及产业结构转换成本。

3. 产业发展与自然之间的协调成本

可持续发展理论认为，现代产业产出是资源投入的函数，这种产出既包括物质产出，又包括污染产出、排放产出。现代产业发展与自然的冲突已达到了临界点，这种冲突导致了环境污染和破坏、全球气候异常变化、生态系统非平衡性更加突出。人类治理环境污染、应对气候变化、建设绿色生态系统的投入就是现代产业发展与自然之间的协调成本。

4. 产业发展与制度的协调成本

制度与产业发展之间总是存在不适应性。经济危机就是市场制度与产业发展不适应性的突出表现，产能过剩就是计划经济制度与产业发展不相适应的突出表现。计划制度向市场制度的转换成本表现为传统产业部门人力资源的浪费，资产流失，大量失业，社会混乱，经济停滞。有的学者称这些合作协调成本为“耦合成本”①。

假设一个产业部门由一个创新型企业构成，那么产业增长率取决于创新型企业的交易成本、产业协调成本。创新型企业成本取决于创新成功率。创新成功率是创新交易成本、产业协调成本的函数。一个不断成功的

---

① 胡建绩在《产业发展学》第六章中详细解释了产业发展的“耦合成本”。

创新型企业，其创新交易成本、产业协调成本会不断降低。在区域中，某一个产业部门拥有不断成功的创新型企业，那么区域产业发展成本就会不断降低，区域产业发展效率就会不断提高。反之则反是。

假设一个产业部门由两个或两个以上的创新型企业构成，那么产业增长率取决于创新型企业之间创新竞争与协作成本。如果创新型企业之间展开了创新竞争，那么产业部门之间的交易成本和协调成本都会降低；如果创新型企业之间形成了创新合作，那么产业部门之间的交易成本、协调成本同样会降低；如果创新型企业之间没有创新竞争与合作，那么产业部门之间的交易成本和效率就较高。观察中国家用电器产业近年来的发展，我们发现，中国家用电器产业部门就是一个由5家创新型企业构成的产业部门，这些创新型企业之间的创新竞争与合作非常有效，因此中国家用电器产业部门之间的交易成本和协调成本不断降低。在2005年以前，中国汽车产业部门提供了相反的例子。

传统产业部门升级、新兴产业部门增长的成本完全取决于创新型企业的增长。对于传统产业部门的升级来说，创新型企业不断成功创新是降低产业转型和升级成本的关键。任何一个区域传统产业升级的速度和效率都取决于创新型企业的创新成功率和创新型企业的增长率。浙江绍兴纺织产业升级成功的就表现为其领头企业成功转型为创新型企业及其所带动的创新型企业的增长。中关村的科技服务业、战略性新兴产业增长的成功就表现为涌现了各种创新型企业。

（二）创新型企业刻画了区域现代产业组织的竞争优势

产业组织指的是从事同一商品经营的企业的市场关系。现代产业组织是不断演变的，这种演变始于16世纪的买包商，历经18世纪的工场手工业，19世纪的工厂组织，发展成20世纪的企业组织。与此同时，市场结构由竞争市场发展到不完全竞争市场。科斯、威廉姆森等学者认为，交易成本及立足于交易成本的资产专用性是现代企业存在和变迁的原因。在这之前，马克思认为，现代企业出现是因为协作和分工互动的结果。随着现代知识分工和专业化的发展，企业内部流程分工外化为独立的专业化企业，出现了垂直分离浪潮，形成了服务外包市场、模块化企业组织、网络组织、企业联盟。这些现代产业组织形成的原因可能是多种多样的，相关的理论研究并没有达成共识。有的学者认为，制度、技术、新兴市场、交易成本是影响垂直分离水平的关键因素，还有些学者主张，知识专业化、市场规模、开放度是影响产业组织垂直分离程度的关键因素。①

企业组织刻画了产业组织的竞争优势。对产业组织竞争优势的认识同样经历了由浅入深的过程。马歇尔最先注意到规模经济和范围经济是企业的竞争优势，随后钱德勒系统研究了美国企业在规模经济和范围经济方面的竞争优势，总之，“大的就是好的”。在20世纪80年代以前，这还是有关竞争优势的主流认识。在改革开放的30年里，中国对企业竞争优势的认识也不例外。20世纪80年代以后，对企业竞争优势的认识发生了急剧的变化，形成了一系列新的理论流派。迈克尔·波特认为，企业竞争优势有低成本竞争优势、差异化竞争优势和聚焦优势。其核心是企业创造价值的能力及企业在产业价值链中的地位。迈克尔·波特的竞争优势理论被视为外部竞争优势即产业竞争优势理论。普拉哈拉德和哈梅尔等学者主张，企业竞争优势是企业拥有的特有资源和核心能力，产业创新能力是企业竞争优势的来源。普拉哈拉德和哈梅尔的观点被视为竞争优势内部论。企业组织形态从效率型企业历经质量型企业、灵活型企业发展到创新型企业。创新型企业已成为现代产业组织的标志形态。创新型企业不同于以前的企业组织形态之处就在于其竞争优势差异。以前的企业竞争优势主要表现为规模经济或低成本优势，范围经济或效率优势，产品或服务质量优势，而创新型企业的竞争优势更加突出了知识资源及创造知识和知识生产率的优势。

现代区域产业组织的竞争优势表现为创新型企业竞争优势或以创新型企业竞争优势为主要特征的产业组织竞争优势。美国硅谷的产业组织竞争优势就是大量的创新型企业不断涌现，具有产业创新能力的综合性创新型企业和知识专业化创新型企业协调发展。北京中关村成为中国最好的高新技术产业开发区和自主创新示范区，就在于它有创新型企业竞争优势。据北京中关村官方网站提供的数据，到2012年，北京中关村示范区进入十百千工程的创新企业累计有200家。与之相应，中国大部分地区的创新型企业数量极少，具有极强的知识生产率和价值创造能力的创新型企业数量更少。以传统产业为主的区域，由于创新型企业数量少，缺乏竞争优势，导致这些区域产业结构升级迟缓，新兴产业发展缺乏竞争力。中国东北地区、绝大多数中西部地区的企业大都处于效率型企业或向质量型企业发展

① 戴魁早在《垂直分离、技术创新和生产率增长》一书中就对之有系统的解释。

的阶段，产业组织竞争优势弱的面貌在相当长时期内难以改变。

(三) 创新型企业促进区域现代产业融合、集聚与转移

产业融合是指不同产业边界收缩和消失而形成新型产业的现象。一般来说，新技术会引致不同产业边界收缩或消失，出现了产业渗透、相互交叉的过程，从而形成新型产业。分工深化和需求多样化同样会引起产业融合。产业融合有不同的类型。比如，替代型产业融合、互补型产业融合、结合型产业融合。创新型企业是现代产业融合的主要推动力量。首先，创新型企业的知识和技术创新，推动了新技术的产生和扩散。创新型企业推动了新技术在传统产业中的大规模应用，不断提升传统产业的技术水平，不断生产新的技术产品，从而促进了新的产业的产生和发展。比如，创新型汽车企业大规模地应用信息技术，一方面提升了汽车产业的技术水平，另一方面不断生产着信息类汽车技术产品，从而促进了汽车电子信息技术产业的发展。创新型汽车企业在汽车动力技术方面的创新引起了汽车产业技术的革命性变化，使传统的油动汽车向电动运输车发展，形成新能源交通运输产业。其次，创新型企业开发新需求，推动了产业融合。电子商务企业在商业模式方面的创新推动了物流产业、商业、金融业的相互融合。比如，阿里巴巴公司通过第三方支付模式使得电子商务企业有了进入传统金融业务的平台，第三方支付模式不仅为消费者与零售商之间的交易提供了可行的网上交易平台，从而促进了电子商务产业的大规模发展，而且同样为物流企业与零售商之间的交易提供了可行的交易平台。电子商务企业与银行等传统金融机构合作开发的第三方支付平台，可能会进一步促进现代电子金融业的发展。电子商务、电子金融、电子物流三方融合形成了新型生产与消费服务业。推动新型服务业发展的根本原因就是交易信用需求。最后，创新型企业推动了知识分工，促进了新兴产业的融合。企业内部流程分工外化为独立的知识专业化企业，知识专业化企业进一步推动了知识生产的分工，驱动创意、设计、研发、测试、产业化等各个创新环节的独立，使知识分工更加精细，从而形成创意产业、设计产业、研发产业、测试产业等新型生产服务业。

产业集聚是现代产业基本的地理空间形态。区位经济理论、增长极理论、新经济地理学理论解释了产业集聚的原因。马克斯·韦伯认为，工业企业集聚的原因是工业区位的形成，比如，美国汽车制造企业集聚在底特律城，就在于这种集聚可以缩减原材料和中间产品的运输距离，降低中间

产品工业市场信息交易成本、谈判成本、合同执行成本和运输成本。增长极理论认为，区域经济增长或区域主导产业部门增长主要是决定主导产业部门的创新型企业在空间上集聚的结果。迈克尔·波特等学者深刻地认识到，企业集聚的原因在于创新网络具有分担创新风险、降低创新成本、发挥专业知识等多方面的优势。核心创新型企业吸引着专业化创新企业向同一空间集聚，形成产业创新网络。创新型企业的空间集聚，一方面受到当地知识生产部门如大学、研究机构的约束，另一方面又带动了大学和研究机构的知识创新。这样就形成了基于产业集聚的区域产学研合作创新网络。

现代区域产业集聚有两种情景：第一种是劳动密集型产业或高新技术产业中的加工环节所形成的产业集聚；第二种是知识和技术产业的集聚。前者是产业全球网络分工所导致的结果；后者是知识分工所导致的结果。由传统劳动密集型产业集聚向知识和技术密集型的现代产业集聚的根本推动力量是创新型企业。深圳产业集聚的原因是，深圳深刻地把握住了全球网络分工格局的演变，主动承接亚洲“四小龙”和发达国家向发展中国家转移加工密集型产业的机遇，使劳动密集型产业尤其是高新技术加工制造业得到高速发展。深圳高新技术产业集聚由第一种情景向第二种情景转变，其根本推动力量是有了一大批像华为、中兴这样的创新型企业。

产业转移是现代产业发展的重要内容。从表象上看，产业转移是产业从一个国家和地区向另一个国家和地区转移的过程。产业转移的原因或者是竞争优势渐失或者是形成了新的竞争优势。从全球视野看，劳动密集型产业转移遵循着劳动力成本优势的变化趋势，知识技术密集型产业转移则基于创新成本优势的变迁趋势。从创新型企业角度看，创新型企业把劳动密集型加工环节外包给具有劳动力成本优势的企业，或者把创新竞争优势较小的产品卖掉。比如，现代信息技术产业的全球转移是由两类企业推动的。一是苹果公司这类创新型企业；二是富士康公司这类劳动密集型企业。苹果公司把其新产品的加工业务转包给富士康公司，富士康公司在全球具有劳动力优势的国家或地区投资建厂，苹果公司在全球寻求具有创新资源优势的国家和地区投资研发机构，这样，富士康公司推动了劳动密集型产业的转移，苹果公司促进了知识和技术密集型产业的转移。可见，创新型企业是产业转移的载体和微观基础。

第3节 区域企业创新价值链与创新型企业优势

价值链（Value Chain）最初是由美国哈佛大学迈克尔·波特（Michael Porter）在《竞争优势》一书中提出的战略分析框架。其意是，任何企业的价值链都由一系列相互联系而又相互分裂的创新价值的作业构成，包括产品的设计、生产、营销和分销等。随后，价值链工具不断扩展、外化并成为应用十分广泛的分析工具。这里我们运用价值链分析工具考察创新型企业的优势。

一 区域企业创新价值链

随着产品创意、设计、研制、制造、市场等内在作业流程分工外化成为独立的企业并形成产业，迈克尔·波特的企业价值链外化为企业创新价值链（见图6.1a、图6.1b）。企业创新价值链就是关键零部件企业与其上下游关联企业的创新关系或者是创新型企业与非创新型企业的价值定位关系。

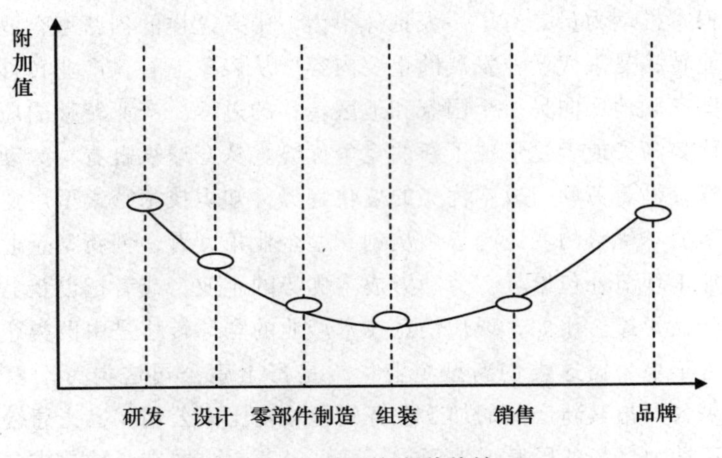

图6.1a 企业创新价值链

图6.1a表明企业内部分工、独立的作业程序演化为各个独立的企业及其合作关系。研发、设计、销售和品牌处于产品创新的关键环节，其附加值较高。零部件制造、组装附加值较低。从世界范围看，创新型企业控

制了研发、设计、销售和品牌四个附加值高的环节，零部件制造、组装环节全部外包或转移给具有劳动力比较优势的国家和地区的企业。汽车设计、软件设计流程分工深化，将某些不具有比较优势且非关键模块的设计外包出去，这形成了意大利的汽车设计产业和印度的软件服务业。研发企业创新、设计企业创新、零部件制造企业和组装企业工艺创新、销售企业创新和品牌企业创新演绎了企业创新价值的分配关系。

图6.1b沿着产品创新、技术创新、市场创新描述了产品组装型企业、产品创新型企业、技术创新型企业、系统综合创新型企业的价值链关系。产品组装型加工企业指专职承担产品零部件制造和加工的企业；产品创新型企业指以产品功能改进为创新目标的企业；技术创新型企业指专职于新技术创新的企业；系统综合创新型企业指在技术、产品、管理、市场、品牌等方面进行综合创新的企业。其中，产品组装型加工企业的附加值最低；产品创新型企业的附加值较产品组装型企业的附加值有所增加；技术创新型企业的附加值较高；系统综合创新型企业的附加值最高。

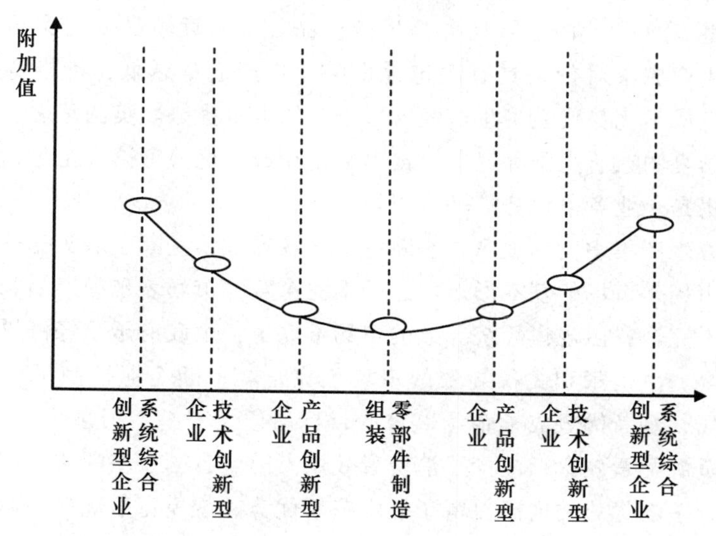

图6.1b　创新型企业价值链

各种不同的创新型企业对区域创新体系的要求不同。我们认为，系统综合创新型企业要求理想的创新区域或准理想的创新区域，而技术创新型企业或产品创新型企业要求次优创新区域，零部件制造和组装企业要求普通区域。观察世界上电子信息产业、汽车产业的创新型企业集聚和演进的历史，我们发现，电子信息产业、汽车产业的研发设计企业都集聚于适合其生存的比较理想的创新区域如硅谷、底特律等，电子信息零部件制造企业、汽车零部件制造企业则集聚于普通区域如中国东莞等沿海地区。在这些集聚区域，大企业或综合创新型或核心创新型企业是区域创新型企业价值链中的领导者，其他配套类创新型企业随着综合型创新企业的迁移而迁移。因此我们可以定义区域创新型企业的价值链是区域内系统综合类创新型企业与配套创新型企业的价值关联系统。

创新型企业的空间转移通常是一种产业横向转移，即产业高端领域的全球布局，并由核心领域对多区域进行整合。这种转移由系统综合类创新型企业主导，并缘于其创新竞争的战略需求。

二 创新型企业的优势

企业竞争优势理论经历了成本优势、资源优势、市场垄断优势、技术优势、专利优势、管理优势、创新优势等发展阶段。

19 世纪，企业的主要任务是生产产品。价格竞争是企业竞争的主要策略。生产成本对价格具有决定性影响。生产成本越低，价格竞争越有利。生产成本优势代表了生产经营型企业的竞争优势。英国著名经济学家大卫·李嘉图在研究国际竞争时提出了比较成本优势理论。至今，比较成本优势仍是企业竞争优势的基本内容。

随着生产集中度的提高，垄断竞争市场形成，垄断、寡头竞争等不完全竞争市场是市场的基本形态。这种不完全竞争市场表现为产品和生产要素市场不完全；由规模经济导致的市场不完全；由政府干预经济导致的市场不完全；由税赋和关税导致的市场不完全。垄断企业控制了原材料生产、市场，垄断优势成了企业追求的目标。但是，垄断损害了公平竞争，降低了资源配置效率，减少了消费者效用。随着各国反垄断法的相继制定和实施，垄断优势的内涵保留了技术垄断优势、规模竞争优势并由国内扩散到国外。美国经济学家海默在分析公司海外投资的动因时指出，技术垄断优势、规模竞争优势是美国企业海外投资的根本原因。跨国公司的垄断优势包括两类：一类是包括生产技术、管理与组织技能和销售技能等一切无形资产在内的知识资产优势；另一类是由于企业规模大而产生的规模经济优势。

20世纪60年代以后，国际经济一体化发展到生产投资国际化阶段，东欧国家社会主义体系崩溃，中国改革开放，全球经济进入了市场化阶段，北美自由贸易区协议的签署、欧盟经济区的发展标志着区域经济一体化的加速发展。专利、品牌成了公司跨国竞争的基本优势。对于保护专利和品牌以获得最大利润，市场交易不是一种有效的手段。科斯理论的解释是，在市场上进行某种类型的交易需要支付一定的成本。这种成本包括寻找合适的贸易价格成本；在合同中规定双方权利和义务的成本；接受合同的风险成本；对市场贸易所支付的交易成本等。知识产品市场交易成本高于企业内部管理成本，知识产品市场交易不利于保护企业竞争优势。英国里丁大学学者巴克莱（P. J. Buckley）、卡森（M. Casson）在科斯理论基础上提出了市场内部化理论。其基本观点是，知识产品包括了专利、专有技术、商标、行销技巧、管理才能及人员培训等；其知识产品交易市场的不完全性表现在：在寡占的情况下，买卖双方比较集中，很难进行议价交易；在不存在期货市场时，买卖双方难以签订期限长短不同的期货合同；不存在差别定价市场；知识产品价格缺乏可比性；新产品从研发到产销所需时间较长。因此市场内部化是保护企业知识产品竞争优势的有效机制或制度安排。

对于跨国竞争优势的理解，英国经济学家邓宁（J. H. Dunning）认为，上述观点都有不足，跨国公司的优势应当包括企业所有权优势（Ownership Specific Advantage）、内部化优势（Internalization Advantage）和区位优势（Location Specific Advantage）。企业所有权优势指一国企业拥有或能够得到的别国企业没有或难以得到的生产要素禀赋（自然资源、资金、技术和劳动力）、产品的生产工艺、发明创造能力、专利、商标、管理技能等。邓宁认为，所有权优势有三类：（1）由于规模、垄断、资源的获得能力等产生的优势，如接近原料或产品市场、生产规模、寡占某种无形资产等；（2）子公司与其他企业相比可以得到母公司的某些禀赋优势，如较廉价的投入物、市场情报、管理经验、研发成果等；（3）由于企业的跨国性所产生的所有权优势。

内部化优势是指企业为避免不完全市场所带来的影响而把企业的优势保持在企业内部。邓宁认为，市场的不完全性包括两方面内容：一是结构性的不完全性，这主要是由于竞争限制所引起的。二是认识不完全性，这主要是由于产品或劳务的市场信息难以获得，或者花很大代价获取这些信息所引致的。

区位优势指A国比B国能为外国厂商在该国投资设厂提供更有利的条件。区位优势包括各种自然资源、劳动力、制度因素、产业结构因素、市场规模因素、税收和补贴、进口限制、交通运输成本等。

国际投资专家对企业跨国竞争优势的概括和总结告诉我们，在跨国公司的竞争优势中，知识产品优势是不可或缺的，知识产品内部化是保护知识产品优势的基本战略。值得注意的是，国际投资专家对跨国公司竞争优势的解读突出强调了静态性、资源性等特征。从创新型企业角度，我们可以将其定义为，跨国公司具有创新资源优势。这种创新资源优势就是知识产品资源优势。

战略管理学专家认为，企业的竞争优势不仅仅在于其创新资源优势，而在于创造、管理创新资源的能力优势。制度经济学家威廉姆森的专有性资产理论、迈克尔·波特的竞争优势理论、普拉哈拉德和哈梅尔的核心能力理论等解释了创新竞争优势。现代企业是由专业知识融合而形成的团体经济组织。个人投入一个团队所需要的专业知识，形成一个团队所具有的专业能力，也形成了这个人的专有知识，这种专有知识在脱离这个特定团队后就会极大地损害它的价值。很多人的专有知识融合而成企业的专用资产，这种专用资产不能复制、不能分解、不能模仿。企业的这种专用资产被制度经济学家视作威廉姆森的专有知识、核心竞争力理论的核心能力。现代企业归核以后演变为专业化企业或专业化企业的联盟。无论什么样的现代企业形式，都必须提供令消费者满意的产品。迈克尔·波特把现代企业竞争优势概括为成本优势、创新优势和特色优势。只有具有这些优势的现代企业，才可能得到持续发展。这里的问题是，必须区分专业化企业的专业核心创新优势和系统集成企业的综合创新竞争优势。前者是基础，后者是融合。单一专业核心创新优势来源于单一专业核心创新能力，系统集成企业的综合创新能力造就了综合创新优势。单一专业核心能力只能做到低成本创新，系统集成企业的综合创新能力才能实现创新规模经济。

专业化企业因其单一专业核心创新优势而难以做大，高度专业化的现代科技型企业大都是中小企业，这在IT产业中是极其普遍的现象。印度软件外包服务业、中国宁波纽扣加工业、意大利的设计服务业、汽车零部件制造业都体现了这种专业化企业的特点。产业的裂变逐渐形成了细分产业，如意大利的汽车设计服务业、新兴的动漫产业等，这都是高度专业化创新竞争的结果。在这些产业里，创新型企业的创新优势是归核的特色创新优势。系统综合集成企业因其综合创新优势而通常会实现创新规模经济，比如 IBM 公司、Intel 公司、微软公司等。汽车产业的系统集成企业，如通用汽车、丰田汽车公司等都具有综合创新优势。中国 201 家创新型企业都是大中型企业。试点的中央企业全部为大型企业。绝大部分试点企业的资产规模都在 10 亿以上。试点企业普遍经济效益较好。创新型企业如华为、海尔、联想、奇瑞等都具有了较强的综合创新优势。

创新型企业优势的发展过程是沿着单一专业化创新特色优势向系统集成综合创新优势演变。无论何种样式的创新型企业在创新价值链中的位置都会循着产品创新、技术创新、核心技术产品创新和系统综合创新提升。具有产品创新优势的企业、具有技术创新优势的企业、具有核心技术产品创新优势的企业和具有综合创新优势的企业，形成了图 6.1b 的创新型企业价值链。

创新区域有三大类型即理想创新区域、次优创新区域和普通创新区域。理想创新区域的创新型企业优势表现在创新型企业集聚优势突出、层次丰富、结构合理、价值链完整、网络体系的形成上。创新型企业集聚优势突出是指理想创新区域集聚了数量众多的创新型企业。比如，美国硅谷集聚了 IT 产业 60% 以上的创新型企业。创新型企业层次丰富指的是理想区域同一产业中既有产品创新型企业、技术创新型企业、核心技术产品创新型企业等专业化创新型企业，又有系统集成的创新型企业。创新型企业结构合理指的是理想创新区域同一产业中既有大型的、核心的、全球性创新型企业，又有中小型专业创新型企业，二者的比例关系协调。创新型企业的价值链完整指的是理想创新区域同一产业内的创新型企业之间按产业分工形成了分工合理，上、中、下游创新型企业相互协调的价值链。系统集成的综合创新型企业主导了创新型企业价值链，配套创新型企业支撑了综合创新型企业的发展。创新型企业网络体系形成指的是理想创新区域的创新型企业不仅在纵向上形成了价值链，而且在相关产业上形成了创新型企业价值链的相互协调关系及其与学校、研究机构合作的网络关系。美国硅谷、北京中关村的创新型企业优势就是典型案例。

次优创新区域的创新型企业优势表现在创新型企业集聚优势突出或者层次丰富或者其他方面。中国中关村集聚了全国前两批 201 家创新型企业中的 56 家，占比近 40%。中国台湾新竹工业园区的创新型企业集聚优势突出表现在中小创新型企业的集聚优势上，在层次上它缺乏核心技术产品创新型企业或综合创新型企业，在结构上存在大型创新型企业与中小创新型企业比例失衡的特征，价值链不完整。印度班加罗尔的创新型企业集聚优势突出表现在软件设计企业众多，软件服务型企业价值链完整，产学研体系完整上。中国东部地区的高新技术产业区如上海、杭州、武汉等地的创新型企业优势表现在大型创新型企业优势或者产品创新型企业优势或者某个产业内创新型企业价值链完整等方面。

普通创新区域的创新型企业优势表现在只有大型创新型企业，或者只有小型企业，或者仅有产品创新型企业，或者仅有少量的创新型企业集聚方面。中国西部地区的绝大多数高新区的创新型企业优势具有上述特征。

综上所述，区域创新型企业优势可分为普通区域创新型企业优势、次优创新区域创新型企业优势和理想创新区域创新型企业优势三类，这三类区域创新型企业优势构成了低、中、高三个层次（见图 6.2）。这个理论观点告诉我们，区域创新型企业建设目标应当从本区域出发推动区域创新型企业优势沿着普通区域创新型企业优势经次优创新区域创新型企业优势向理想区域创新型企业优势发展。在实践中，北京中关村创新型企业优势的建设目标是拥有硅谷那样的创新型企业优势，中国西部地区高新区创新型企业优势的建设目标是北京中关村的创新型企业优势。

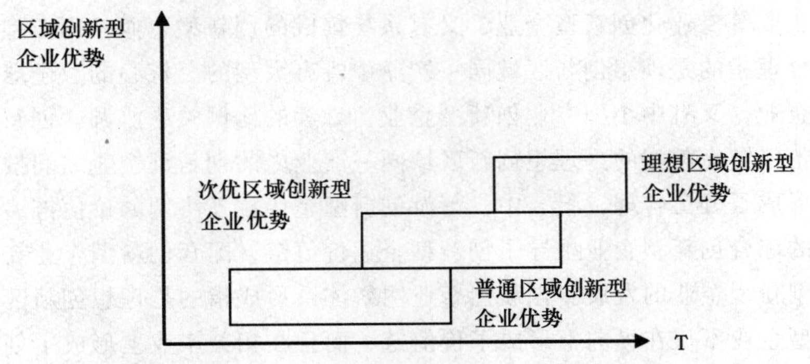

图 6.2　不同创新区域的创新型企业优势

三　创新型企业竞争与合作关系

竞争经历了对抗性竞争、合作性竞争和超合作性竞争三个阶段。对抗性竞争是竞争的初级阶段。对抗性竞争的手段主要有资源竞争、价格竞争和市场竞争，一方吞掉另一方是竞争的结果。合作性竞争是实力相当的竞争对手合作获取资源、市场和利润的竞争。战略结盟是合作性竞争的基本形式。共同发展愿景是合作性竞争的动力。合作性竞争参与方一旦取得优势就可能消解合作。超合作竞争是竞争的高级阶段，创新是超合作竞争的基本战略，共同发展是超合作竞争的出发点和归宿。创新型企业的竞争是超合作性竞争，即通过发明创造、科学发现和企业知识融合开发新需求的竞争。产品创新、技术创新、管理创新、制度创新是创新型企业竞争的基本策略。

产品创新需要企业与客户的长期沟通，企业通过对客户需求的跟踪，辨识客户需求，引导客户参与产品开发，以开发出满足客户需求的产品。企业在不断的产品创新过程中积累了产品开发的新知识、新经验，形成了产品创新的新机制和新管理体制。这些产品创新的新知识累积性增长就是企业产品创新能力形成、巩固、增强的过程。企业产品创新竞争的结果就是具有更强产品创新能力的企业获得更多的利润、更大的市场份额。反之则反是。20世纪90年代，中国家电企业的竞争胜利者长虹、海尔等就是产品创新竞争的胜利者。

技术创新需要企业熟练地认识到基础科学发现、技术发明及其市场开发的知识和技巧。产品创新技巧和经验是技术创新的基础，科学发现、技术发明、专利管理是技术创新的核心。高校专家、技术工程师的相互交流、合作是技术创新的加速器。企业技术中心是技术创新的载体和平台，企业技术研发网络是技术创新合作的平台。企业通过技术创新不断完善技术创新平台、集聚创新人才、吸纳各种创新资源，形成技术创新体系、管理体制、合作机制，从而积累技术创新能力。企业技术创新竞争的结果就是具有更强技术创新能力的企业有更高的新知识生产率、新产品利润率、更大的新产品市场份额。反之则反是。在21世纪初的10年里，家电业竞争的胜利者海信就是技术创新竞争的胜利者。

核心技术—产品创新竞争既是产品创新竞争又是技术创新竞争。核心技术—产品创新竞争是高端创新竞争。产品创新知识、技术创新知识是核心技术—产品创新竞争的基础。核心技术、关键零部件产品、系统集成、专利、品牌和标准是核心技术—产品创新竞争的主要内容和重点。管理体制创新、激励制度创新是核心技术—产品创新的根本推动力。企业家是核心技术—产品创新的直接推动力量。核心技术—产品创新是多学科知识、多专业、多企业的系统集成。因此核心技术—产品创新具有产业创新性质，是产业创新的关键。核心技术—产品创新经验和知识累积形成了企业的核心创新能力。通过主持和参与核心技术—产品创新的竞争，企业核心创新能力不断增强，并逐步占据创新竞争的高端。中国汽车产业正上演着这种创新竞争。中系汽车企业如奇瑞、吉利、比亚迪等汽车企业在国际金融危机以后走上了核心技术—产品创新竞争之路。比如，奇瑞宣称掌握了发动机、底盘、变速箱和整车的核心技术，比亚迪在新能源汽车的关键部件——电池技术方面取得了技术突破，占领了电动汽车竞争的制高点。

创新竞争的阶段性有各自的创新竞争特点。在产品创新竞争阶段，创新型企业的创新竞争重在产品创新能力；在技术创新竞争阶段，创新型企业的创新竞争重在技术创新能力；在核心技术—产品创新竞争阶段，创新型企业的创新竞争重在核心技术创新能力、品牌创造能力、专利管理能力、标准控制能力。当前，中国企业的创新竞争正由产品创新竞争向技术创新竞争升级，少数企业、少数行业正向核心技术—产品创新竞争阶段迈进。从总体上看，技术创新竞争是中国创新型企业竞争的基本特点。

创新竞争需要创新合作。全球化加速了竞争的国际化。日常生活用品、资本品都是各国企业的竞争领域。国际竞争、跨国竞争突显了竞争各方的优势。跨国公司有知识所有权优势、内部化优势，本土企业有市场优势、文化优势。跨国公司与本土企业优势结合是产品创新成功的保证。因此创新合作是跨国公司与本土企业产品创新的基本式样。例如，中国三大国有汽车集团与德国大众汽车公司、日本丰田汽车公司、广州本田汽车公司合作，成功开发了适合于中国市场的汽车产品。在国际金融危机期间，中国市场成了跨国车企利润增长的主要来源。信息化加快了知识和产品创新的步伐。在 IT 产业中，摩尔定律揭示了 IT 产品 18 个月创新周期特点。在其他产业中，产品创新周期通常为 3—5 年。新产品、新知识生产率大幅度提高，任何企业仅凭自身的创新资源已难以及时开发出个性化、批量化的市场需求。因此创新型企业合作或企业创新合作是创新竞争的基本式样。美国 IT 产业、中国汽车产业的创新型企业开展了内容丰富、层次多级、形式多样的创新合作。创新合作是当代创新竞争的普遍形式，是中国创新型企业迅速提高自主创新能力的必然选择。

创新型企业之间的竞争与合作是衡量创新区域好与不好及其程度的标识。在理想的创新区域，创新型企业之间的竞争与合作始终处于均衡状态。创新型企业之间的竞争是公平竞争，创新竞争不会破坏创新合作。创新型企业之间的合作会促进创新的充分竞争。萨克森宁指出："即使在强大的竞争压力下，内在的忠诚及对优势技术的共同协议也把本行业的成员们团结起来。本区的公司都在竞争市场份额和技术领导地位，同时它们又都依赖这个地区独树一帜的合作实现。'硅谷悖论'在于竞争需要不断创新，而创新反过来又需要公司间的合作。"①在次优创新区域里，创新型企业之间的竞争与合作处于不均衡状态。创新竞争常常破坏创新合作，创新合作效率始终不高，创新合作常常受到机会主义行为的破坏。创新合作效果不尽如人意。中国新近发展起来的很多产业联盟、创新联盟形同虚设。创新型企业之间常常又特别渴望合作。在普通创新区域里，创新型企业之间在多数情况下是竞争，合作是零散的、随机发生的行为。

第 4 节　区域创新型企业战略

区域创新型企业由于所处的区域、技术领域不同以及所处的生命周期的阶段不同，必然会选择不同的战略。

一　产业技术创新战略

产业技术创新战略主要是指区域创新型企业面向产业发展的共性技术或关键技术寻求突破的战略。一般有三种选择，即主导型、跟随型、模仿型。

主导型、跟随型和模仿型产业技术创新战略对创新区位、产业性质和竞争性质有不同的要求。主导型产业技术创新战略的要求是：（1）创新区位具有足够的高端创新资源；（2）地方产业支撑体系完整；（3）市场需求规模效应等于创新成本；（4）创新型企业战略竞争达到了创新竞争水平；（5）核心创新型企业拥有产业技术领先的创新战略综合能力；（6）具有足够多的中小创新型企业体系、足够多的风险投资资本量、非常完整的产业咨询服务体系；（7）具有有效的产业领先技术创新战略激励体系，这种激励体系包括制度激励体系、产权激励体系、税收激励体系。从理论

① 安纳利·萨克森宁：《地区优势：硅谷和128公路地区的文化与竞争》，上海远东出版社1999年版，第51页。

上讲，在一个理想创新区域内，创新型企业是可以选择产业领先技术创新战略的。从实践中看，美国硅谷逐步成为全世界最优的创新区位，基本满足了创新型企业在信息技术产业选择领先战略的条件。因此，美国硅谷的核心创新型企业独自追求产业领先技术创新战略，而其他中小创新型企业则通过产业创新联盟或产学研创新联盟追求产业领先技术创新战略。

除理想创新区域外，次优创新区域或普通创新区域的创新型企业要选择产业技术领先创新战略，则这些区域的创新型企业需要具备如下条件：(1) 研发力量已达到国际水平；(2) 建构了完整的全球研发平台体系；(3) 产业竞争已达到全球创新竞争层次。事实上，发展中国家的少数产业或少数产业的某一环节上的少数创新型企业才可以选择产业技术领先创新战略。中国青岛的海尔集团在洗衣机产业的技术领先创新战略皆由于其具备上述三个条件。深圳华为集团在程控交换机产业的技术领先创新战略也是这样。

跟随型产业技术创新战略指企业追随同一产业的主导企业所开展的相应的技术创新活动，其方式是对主导企业的新技术和新产品加以选择、改进、配套和提高，并在降低制造成本和拓展市场方面做更多的努力。跟随型产业技术创新战略对创新区位、产业性质和竞争性质的要求一般低于产业技术领先创新战略的要求。(1) 创新区位拥有一些高端创新资源；(2) 地方的优势产业或支柱产业的支撑体系完整；(3) 市场需求规模效应难以完全削减创新成本；(4) 创新型企业的战略竞争仍处于较低层次和水平的创新竞争阶段，创新合作成本和风险很高；(5) 核心创新型企业产业技术领先的创新能力不足；(6) 中小创新型企业数量不足，风险资本企业数不多，产业咨询服务体系有明显缺陷；(7) 产业激励体系不完善，比如说，制度激励体系存在缺陷。次优创新区域和优势产业相结合使创新型企业选择产业技术跟随创新战略。日本松下电器公司、索尼等创新型企业在 20 世纪 80 年代选择了跟随型产业创新战略。近五年来，中国强势创新区域和次优创新区域的创新型企业通常都选择这一战略。当然，在理想创新区域中，有些产业的创新型企业也选择了跟随型产业创新战略。普通创新区域的特色优势产业的创新型企业同样可以选择跟随型产业创新战略。

模仿型产业技术创新战略是指企业自身不进行新技术的研究与开发，而是靠购买技术专利进行仿制，步人后尘。采用这种战略，投资相对较少，获得技术的速度也较快，比较适合于那些初始技术开发力量薄弱而制造能力相对较强的企业。在普通创新区域，如中国中西部地区的不少企业都采用了模仿型产业技术创新战略。通过技术引进、消化和吸收，成功地开发出自身的新技术和新产品，推动了企业的发展。

随着创新区位由普通创新区域升级到次优创新区域和理想创新区域，产业竞争性质由对抗性竞争向合作性竞争、创新竞争转化，地方优势产业支撑体系不断完善，创新型企业的技术创新战略随之调整，创新型企业只有准确把握这种变化，才可以获得持续发展。如无锡的小天鹅公司在20世纪80年代初引进日本松下公司技术生产全自动洗衣机，在积累了生产经验和赢得利润的同时，也逐步提高了自身的研究与开发水平，走过了模仿型产业创新战略阶段。20世纪90年代，江苏创新区位发生变化，洗衣机产业竞争性质发生变化，地方优势产业体系形成，小天鹅公司开始独立开发菱形立体水流技术洗衣机、模糊控制洗衣机等新技术、新产品，获得了很大的成功，从而成为中国洗衣机行业的“领头羊”。海尔集团公司走过了类似的创新历程，随着创新竞争的全球化，海尔在洗衣机核心技术—产品创新方面取得了巨大成功，成为洗衣机产业的技术领先者。

在理想创新或准理想创新区域，创新型企业制定并实施产业技术领先创新战略。在次优创新区域，创新型企业制定并实施产业技术跟随型战略。在普通创新型区域，绝大多数产业的创新型企业都选择了产业技术模仿战略。仅有特色优势产业的创新型企业选择了产业技术跟随战略。

二　新产业发展战略

回顾产业革命以来新产业的发展历程，可以看出，产业是与社会生产力同步发展的。蒸汽机的推广应用引发了第一次产业革命，以钢铁、铁路、石油、化学工业为代表的第二次产业革命又大大促进了社会生产力的发展，诞生了一批新的产业部门。20世纪50年代，信息技术的产生和发展掀起了第三次产业革命的高潮，促进了社会生产力的进一步提高。信息技术的广泛应用给农业、工业和服务业领域带来了翻天覆地的变化，促使各产业内部分工进一步细化，新的产业部门大量涌现。因此，重大突破性技术创新必然会带来新产业的发展。

一般而言，每个产业均具有一定的生命周期，包括孕育期、成长期、成熟期和衰退期四个阶段。根据产业生命周期的变动规律，企业必须调整竞争策略，以战略视角谋求早期进入和领先一步的优势，顺应产业生命周期的特点调整创新的路径和内容，在现有核心产业衰退之前就要确立和培育新产业。

理想创新区域是孕育新兴产业的温床。在理想创新区域里，大量中小创新型企业的涌现，易于导致新兴产业技术取得突破，因而新兴产业不断产生，战略性新兴产业随之应运而生。创新型企业易于进入新兴产业，那些对突破性技术比较敏感的企业易于成长为核心创新型企业。比如，美国的 Intel 公司、微软公司分别成长为半导体行业和操作系统行业的核心创新型企业。

次优创新区域同样有利于新兴产业的发展。在次优创新区域里，创新竞争处于新兴产业价值链的某一环节，创新型企业进入新兴产业有较多困难，比如，在这一产业领域里创新竞争激烈，创新周期短，新产品市场规模效应不足，等等。通过政策补贴、税收减免等可以促使创新型企业选择新兴产业战略。

普通创新区域基本上不利于新兴产业的发展。在普通创新区域里，创新竞争势微，创新文化特弱，创新激励体系没有建立起来，因此创新型企业难以进入新兴产业。中国西部地区或东北地区的资源型产业都属于衰退型产业，这些产业的创新型企业要进入新兴产业，最优选择是通过资源的整合、转移、置换开发出新的满足市场需求的产品，实现产业转型，从而培育形成新产业。比如，大规模应用循环经济技术、低碳产业技术改造传统资源采掘技术，形成新兴产业。

在国际金融危机之后，各国都把战略性新兴产业的发展作为应对国际金融危机的基本对策，发展战略性新兴产业是中国调结构、转方式、促发展的基本战略选择。中国强势创新、优势创新区域和普通创新区域亦制定了相应的发展战略性新兴产业的规划，相继推出了发展战略性新兴产业的政策措施。这些政策实践存在盲目性问题。这集中体现在战略性新兴产业发展必须有大量中小创新型企业涌现，以及创新区位必须是次优创新区位或理想创新区位方面。除北京中关村、上海张江高科技园区、深圳高新区等少数优势创新区域外，其余创新区域都不具备这些条件。中国各类创新型区域发展新兴产业战略受大企业路径依赖的约束。当前，推动战略性新兴产业发展的主要力量是央属创新型企业。这是强势创新区域、次优创新区域和普通创新区域的共同特征。

三　产业整合战略

产业整合战略是指产业领先者按照公司发展战略，通过有目的地兼并、重组本产业或者相关产业的中小企业，配合价格和非价格竞争手段，积极扩大本企业的市场份额或拉伸本企业的价值链，改变产业组织结构，增强市场势力，以获得超额利润。产业整合包括横向整合、纵向整合。产业横向整合是指产业链条某一环节上多个企业之间的合并重组，产业纵向整合是指产业上下链条之间的企业合并与重组，包括前向一体化整合、后向一体化整合。

在传统产业中，产业整合一般与产业生命周期关系密切，多发生在市场增长缓慢，产品趋于成熟的行业里。在新兴产业中，产业整合一般与创新周期关系密切，多发生在创新活跃的区域和产业里。在理想创新区域，核心创新型企业为了扩大创新竞争优势常常通过并购新技术企业、有发展前景的技术创业企业，建构产业创新价值链。在优势创新区域，核心创新型企业通过并购新兴技术企业，加速与传统产业技术的融合，通过整合区域内外的创新资源，使企业主动进行替代性或互补性融合，以增强产业的核心竞争力。在普通创新区域，创新型企业的产业整合着眼于完善市场体系，实现如下战略目标：（1）从市场结构上看，产业整合使原来纵向一体化的市场结构逐渐转变为横向的市场结构。（2）从市场行为方面看，企业间容易形成合作竞争和标准竞争。（3）实现产业价值链的高端化、产业收益最大化、产业技术专利化、专利技术标准化。

第 5 节　区域创新型企业的发展政策

一　区域创新型企业发展政策的演进

区域创新型企业政策实际上是中国科技政策与区域实际情况相结合的产物。各省、市、区为了贯彻国家科技政策，相继制定了各自的科技政策。截至 2005 年，区域创新型企业政策的主要表现是区域创新型企业的技术中心政策、科技人员创业政策、创新型企业政策。

（一）区域创新型企业的技术研发中心政策

在计划经济体制下，以研究所为代表的一些单位从事技术创造，工矿企业从事生产，销售单位专门从事销售，而政府则在其中通过计划或指令充当协调者。就技术要素的配置来说，该系统的致命弱点体现为技术研发与产业生产之间的严重脱节。在各个区域，企业的首要目标都是建立技术研发中心。

1. 促进研究所与企业相结合的政策

1985 年 3 月 13 日，《中共中央关于科学技术体制改革的决定》提出了科研体制改革的目标，从促进技术与经济结合，研究开发与市场结合入手，推动科研体制改革和转制。具体做法是：对技术需求方，政府让企业成为其经营决策的剩余所有者，为它们引入新技术和提高经营效率提供激励；对技术供给方，政府大幅度削减给予研究所的财政拨款，迫使研究所为维持生计而寻求外部的产业资金，其中包括技术合同转让费、技术咨询费、技术培训费等。而研究所为获得外部资金，也必须关注企业（或消费者）所遇到的各种技术问题。

财政拨款的减少会硬化研究所的预算约束，让它们更关注市场需求。从财政拨款的构成来看，基建费和事业费的比重呈下降趋势，科技三项费的比重有所增加，表明财政拨款更加强调对新产品试制、中间试验和重大科研项目的资金支持。从全国科技经费筹集的总量和构成看，企业资金的比重持续增加，其他成分的比重都基本上呈下降趋势。全国技术市场成交额从 1991 年的 95 亿元增加到 2005 年的 1551 亿元。从技术合同的卖方结构来看，工业企业的比重增加迅速，而科研机构、技术贸易机构、大中专院校的比重均在下降，这表明经过多年的科技体制改革，企业在中国技术市场上已经占据了主导地位。从买方的所有制结构来看，国有企业和集体企业作为技术购买方的比例急剧下降，而有限责任公司、股份有限责任公司的比重大幅增加。对此有两方面的解释：一是随着大规模的产权改革，一些原来的国有企业和集体企业转变成了有限责任公司；二是在产权更加清晰的有限责任公司中，经营者追求利润的动机更强，使得他们对技术有了更强的需求。然而从合同金额的相对大小（用合同金额占总金额的百分比除以合同数量占总合同数量的百分比）来看，结论可能有所不同。如果合同金额的相对大小近似地反映技术质量高低的话，那么排序是这样的：外商投资企业位于技术交易市场的高端，国有企业、港澳台资企业处于中端，而私营企业、集体企业、有限责任公司等则位于低端。

上述政策促进了研究所与企业的结合，使双方都认识到，技术创新合作是必要的，为技术创新合作建立了技术市场。但是，这离企业研发中心的建立还有很长的路要走。

2. 企业研发中心政策

促进研究所与企业相结合的政策，简单地说，就是建立技术市场的政策。技术市场政策难以解决技术产品定价问题、技术知识的公共物品性质和正外部溢出效应问题以及中国《专利法》执行不够严格的问题。技术交易的困难与技术知识的非竞争性有关。这就要求政府着眼于组织重构，建立技术研发中心，鼓励企业内部化的研发活动。

企业建立研发中心，使研发部门与生产、财务部门一样成为企业的基本职能部门。这种研发内部化方案缩短了委托代理链，生产、研发和销售部门之间的横向沟通和联系变得更加迅速了。

为进一步激活科研机构，促进多层次、多形式科研生产的横向联合，国务院 1986 年发布了《关于进一步推动横向经济联合若干问题的规定》，1987 年 1 月发布了《关于进一步推进科技体制改革的有关规定》，同时还颁布了《关于推进科研事业单位进入大中型工业企业的规定》，这些规定要求大中型企业和企业集团必须有起作用、靠得住的技术开发机构，要求把科研机构逐步下放到企业、企业集团、行业和中心城市。

但是，通过兼并合作建立企业研发中心的政策效果不尽如人意，企业兼并研究所的进程缓慢。其原因是：第一，国有大中型企业往往具有较强的垄断力量，技术进步的动力不强。第二，科研院所的整体研究能力不强，企业希望接收和吸纳的只是那些科技开发能力较强的科学家和工程师，而不希望接纳冗余人员。

在随后的几年里，政府采取了鼓励企业自建研发中心的政策。企业自建研发中心有如下优势：（1）可以仅仅招聘它们需要的技术人员，规避其他冗余人员；（2）有利于集中剩余控制权。企业自建研发中心的政策取得了显著效果。经过 6 年的发展，国有大中型企业基本上建立了自己的研发中心。

（二）科技人员创业政策

为了充分利用高校和研究所的科技人员，促进中国高新技术产业的发展，自 1986 年以来，中国政府相继制定和出台了鼓励科研人员科技创业的政策。当时，科研人员创业政策俗称“下海”政策。

1985 年 3 月，中国政府在全国实行科技体制改革，进一步明确了“经济建设必须依靠科学技术，科学技术工作必须面向经济建设”的科技发展方针，为广大科研院所和科技工作者面向农村经济主战场、向农村推广科技成果、帮助农村发展经济提供了契机。1985 年 5 月，国家科委向国务院提出了“关于抓一批短、平、快科技项目中促进地方经济振兴”的请示，取名为“星火计划”。1986 年初，中国政府批准实施这项计划。

“星火计划”通过发布国家和地区星火项目、建立星火技术密集区和确定星火区域支柱产业的办法，致力于将利用农村资源、投资少、见效快和先进适用的技术项目推广到农村，促进乡镇企业的技术发展、产业升级和规模化经营。“星火计划”的推行，促进了科学技术向农村地区和乡镇企业的扩散。

1986 年 3 月，邓小平批示“863”计划，从此中国的高技术研究发展进入了一个新阶段。在此后的半年时间里，中共中央、国务院组织 200 多位专家，研究、部署高技术发展战略，经过三轮极为严格的科学和技术论证，中共中央、国务院批准了《高技术研究发展计划（“863”计划）纲要》。

“火炬计划”是一项发展中国高新技术产业的指导性计划，于 1988 年 8 月经国务院批准，由科学技术部（原国家科委）组织实施。

其主要内容有：

第一，建立和完善适合高新技术产业发展的环境。制定完整、配套的发展高新技术产业的政策和法规；创造良好的支撑环境，建立适应高新技术产业发展的管理体制和运行机制，开辟资金渠道，建立风险投资机制；开辟国内外信息渠道，建立信息网络；制定符合客观实际的中长期发展规划和实施计划。

第二，建立高新技术产业开发区和高新技术创业服务中心。建设和发展高新技术产业开发区是“火炬计划”的重要内容之一。高新技术产业开发区是以智力密集和开放环境条件为依托的，主要依靠中国自身的科技和经济实力，通过软硬环境的局部优化，最大限度地把科技成果转化为现实生产力而建立起来的、面向国内外市场、发展中国高新技术产业的集中区域。2013 年，科技部的统计数据表明，全国已建立了 105 个国家高新技术产业开发区，在国民经济和社会发展中发挥着越来越大的作用。高新技术创业服务中心是在吸取了国外企业孵化器成功发展经验的基础上，结合中国国情建立起来的一种新型的社会公益型科技服务机构。其宗旨是依靠国家制定的有关政策和各级政府提供的必要条件，创造局部优化环境，培育新的经济生长点，促进高新技术成果的商品化，从而孵化高新技术企业，为高新技术企业提供综合服务。

第三，“火炬计划”项目。“火炬计划”的另一个重要组成部分是通过项目示范，引导实施“火炬计划”。“火炬计划”项目，是以国内外市场需求为导向，以国家、地方和行业的科技攻关计划、最新技术研究开发计划成果以及其他科研成果为依托，以发展高新技术产品、形成产业为目标，择优评选并组织实施的高科技产业化项目。通过“火炬计划”项目的实施，造就高新技术企业和企业集团。“火炬计划”项目的重点发展领域是：电子与信息、生物技术、新材料、光机电一体化、新能源、高效节能与环保。由于中国资本市场的整体运行效率还很低下，许多创业者难以通过一般渠道获得风险资金和国家贷款，这极大地限制了中国高科技产业的发展，而“火炬计划”项目的实施，可解决一些高科技企业创业时所面临的资金困境。

第四，生产力促进中心。1992 年，党的十四大提出建立社会主义市场经济体制，作为市场经济条件下扶持中小企业技术创新的科技服务机构——生产力促进中心应运而生。1995 年，原国家科委颁发了《关于加强生产力促进中心建设的若干意见》《生产力促进中心管理办法》，制定了《“九五”生产力促进中心发展规划纲要》，组织开展了国家级示范生产力促进中心创建活动，启动了“全国生产力信息网”建设。2006 年，《国家中长期科学与技术发展规划纲要（2006—2020）》又提出，要建设社会化、网络化的科技中介服务体系，大力培育和发展各类科技中介服务机构，引导科技中介服务机构向专业化、规模化和规范化方向发展。

政府的上述计划促进了企业向创新型企业转化。其中“火炬计划”起到了重要的催化作用。曾经受惠于“火炬计划”的明星企业有联想、北大方正、四通、海信、中兴通讯、用友软件、清华同方、华为、大唐电信、夏新电子、恒生电子、东软、海尔、澳柯玛、长虹电器等。

（三）中央与地方推动创新型企业试点的政策及其实施情况

中国学者对创新型企业的关注是从 1999 年开始的，从中国共产党十六届五中全会提出建设国家创新体系后，不少学者开始研究创新型企业。各地有关促进创新型企业发展的激励政策也就是从 2006 年开始大量出现的。

2006年1月，科学技术部、国务院国资委、中华全国总工会（以下简称“三部门”）发布“技术创新引导工程”实施方案。2006年4月，三部门根据“技术创新引导工程”中的总体部署，决定开展创新型企业试点工作，制定并发布了创新型企业试点工作实施方案。

创新型企业试点工作以提升企业自主创新能力为核心，探索促进企业成为技术创新主体的有效模式和措施，加大对企业自主创新的引导和支持，促进产学研紧密结合，形成各种类型、具有示范性的创新型企业，引导更多企业走创新发展之路，为增强自主创新能力、加快经济结构调整和增长方式转变、建设创新型国家提供支撑。

紧接着四川、江苏、河南、湖南、陕西、江西等省相继制定了本省的创新型企业试点工作实施方案。

开展创新型企业试点的目的在于推动企业增强自主创新能力，建立和完善有利于自主创新的内在机制，探索不同类型企业创新发展的有效模式，形成一批创新型企业，引导和带动广大企业走自主创新之路，促使企业真正成为技术创新的主体。

2006年7月，三部门确定了103家企业开展试点工作，其中国有大型骨干企业15家，民营科技企业77家，实施企业化转制的应用开发类科研机构11家。这些企业既涉及高新技术产业，也涉及传统产业，具有较强的代表性和典型意义。当时三部门的目标是在三到五年内将试点企业扩大到500家。

2008年1月，三部门确定了第二批试点企业184家。

2009年10月，三部门确定了第三批试点企业182家。

2008年7月，三部门联合开展了创新型企业评价工作。根据评价结果，三部门联合命名中国航天科技集团公司等91家企业为首批“创新型企业”。从2009年1月开始，开展第二批创新型企业评价工作。2009年10月，三部门联合命名中国航天科工集团公司等111家企业为第二批“创新型企业”。

根据《2009 中国创新型企业发展报告》的研究结论，中央和地方的创新型企业试点工作取得了如下成效：经济贡献持续提升；企业研发投入不断增加，创新活动日益活跃；创新产出快速增长，创新能力显著提升；创新文化建设环境得到明显改善。此外，该报告还分析了各地推进创新型企业建设的特色做法，如安徽对创新型企业给予重点政策扶持；云南将创新型企业培育纳入全省重大规划；四川多部门协同推进，对创新型企业率先落实政策；中关村探索以试点企业为核心打造创新集群；广东打造梯度上升的创新型企业群体；江苏引导创新要素向企业集聚；黑龙江用创新方法提高企业的创新能力。

（四）为创新型企业试点而专门制定的其他相关配套政策

1. 关于企业实行自主创新激励分配制度的若干意见。

2. 关于印发《支持国家重大科技项目政策性金融政策实施细则》的通知。

3. 关于进一步推动科研基地和科研基础设施向企业及社会开放的若干意见。

4. 关于依托转制院所和企业建设国家重点实验室的指导意见。

5. 关于印发《科技计划支持重要技术标准研究与应用的实施细则》的通知。

6. 国家认定企业技术中心管理办法。

7. 国家开发银行、科学技术部关于对创新试点企业进行重点融资支持的通知。

8. 国家工程实验室管理办法（试行）。

9. 关于深入实施技术创新引导工程，加快推进技术创新体系建设的意见。

10. 关于深入开展创新型企业评价工作的通知。

11. 国家税务总局关于印发《企业研究开发费用税前扣除管理办法（试行）》的通知。

12. 关于推动产业技术创新战略联盟构建的指导意见。

13. 关于印发《国家技术创新工程总体实施方案》的通知。

创新型企业建设是一个系统工程，需要很多部门的参与，且影响企业创新的各类政策目标不同，因此关键还需要政策的配套和协调。从上面所罗列的中国最近五年为创新型企业试点而专门制定的相关配套政策来看，很多部门都在参与，都很重视，政策内容也比较完善。但真正难的是执行这个环节：有些政策可能还只有框架，可执行性差；出自不同部门的政策之间是否协调，有无政策目标不一致、具体办法相互冲突的现象；在执行过程中能否严格，使政策不至于仅仅是写在纸上、挂在墙上的东西。刘世锦认为，要重视解决三个问题：一是产业技术政策、知识产权、财政、金融、税收等政策管理部门的协调运转；二是产业政策和科技政策管理部门之间及其与企业关系的协调；三是改进重大技术攻关的组织体系。①

二 区域创新型企业发展的政策目标

国家创新型企业发展的政策目标是：增强自主创新能力，培育核心创新型企业，带动产业核心竞争力的提升。区域创新型企业的政策目标是：(1) 增强本区域自主创新能力，培育本区域的核心创新型企业，引领本区域产业核心竞争力的提升。(2) 创新区域差异性导致不同创新区域发展不同的创新型企业，建构创新型企业体系。

(一) 国家创新型企业试点工作的目标

国家认定的创新试点企业必须具备五个条件：具有自主知识产权的核心技术；具有持续创新能力；具有行业带动性和自主品牌；具有较强的盈利能力和较高的管理水平；具有创新发展战略和文化。对创新型试点企业，国家相关部门会选择性地给予以下支持：国家科技计划给予重点支持；加大创新基地建设力度；支持创新人才队伍建设；支持企业加强标准和知识产权工作；强化业绩考核对技术创新的导向；加大对企业技术创新的表彰和奖励。可见，无论是试点企业的遴选条件还是对试点企业的支持措施，其目的都在于推动企业增强自主创新能力，建立和完善有利于自主创新的内在机制，探索不同类型企业创新发展的有效模式，形成一批创新型企业，引导和带动广大企业走自主创新之路，促进企业真正成为技术创新的主体。"十一五"期间，国家计划建设500家创新型企业以引领产业自主创新能力的提升。

2006年，中国批准了103家企业开展试点工作，2008年又确定了第二批试点企业184家。2009年10月，第三批试点企业182家发布。随着国家创新试点企业工作的开展，有关部门也开展了创新型企业的认定工作，首批103家创新型企业认定工作结束，国家创新型企业建设取得了突破性进展。

从国家视角看，创新型企业的自主创新能力应当是持续创新能力。这种持续创新能力指战略创新能力、技术创新能力、组织创新能力、管理创

---

① 刘世锦：《我国经济发展方式程度的认识和政策问题》，http：www. Chinareform. org. cn/Economy/Macro/Forward/20/100727_37774. htm。

新能力、文化创新能力、制度创新能力、市场创新能力、抓住机遇的能力。创新型企业持续创新来源于创新的动力。这种动力包括利益驱动力、企业家精神、持续创新内部激励机制、有利于创新的企业文化。创新型企业保持持续创新，不仅要求创新型企业具有持续创新能力和持续创新动力，而且还要求创新型企业抓住创新机遇。

张文魁在《国有企业自主创新的现状、问题和建议》一文中指出，国有企业在增加研发投入、新产品开发和投放市场方面的活跃程度明显不如非国有企业，并对汽车这一典型行业进行了分析，得出了国有企业自主创新活跃程度不如非国有企业的结论。国有企业自主创新主要存在以下问题：表面文章和形式主义、僵化的人才机制、缺乏足够的市场压力和长期行为倾向，研发投入不足。这表明，发展创新型企业，不仅要把国有企业发展成创新型企业，而且还要促进其他所有制企业成为创新型企业，形成不同所有制企业持续创新的竞争格局。

（二）强势创新区域的创新型企业发展目标

一个理想创新区域的创新型企业发展目标是：核心创新型企业与中小创新型企业发展并重，综合创新型企业与专门化创新型企业并重，传统产业的创新型企业与新兴产业的创新型企业并重，产品创新型企业、技术创新型企业、核心技术产品创新型企业并重。

美国硅谷的创新型企业发展实践的基本经验就是：按照产业价值链、产品价值链、创新价值链要求，形成 Intel 公司、微软公司等一批核心创新型企业，不断涌现成千上万的中小创新型企业；在每一个产业价值链条上，既有核心创新型企业又有专门化的中小创新型企业；在新兴产业价值链条上，形成了产品创新型企业、技术创新型企业和核心技术产品创新型企业并重的格局。

北京中关村创新示范区是中国强势创新区域，其创新型企业发展正体现了类似于硅谷的创新型企业发展特征。

首先，中关村的“瞪羚”企业高速成长。进入新世纪以来，中关村科技园区每年新认定的高新技术企业数保持在 3000 家以上，2007 年新认定 3772 家，截至 2007 年底，园区开展生产经营活动的高新技术企业达 21025 家，从业人员总数达 89.9 万人（图 6.3）。

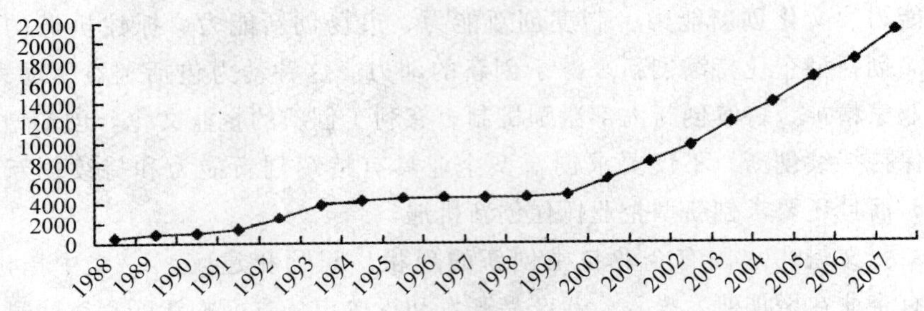

图 6.3　中关村科技园区历年高新技术企业数量

其次，注重高科技大公司的培育和发展。2008 年，园区企业总数有所减少，但亿元企业继续增加，达到 1018 家，同比增长 14.5%；其中，10 亿元以上的企业 152 家，比上年增加了 18 家。从企业规模来看，园区大企业优势明显。高成长企业群稳定增长。2008 年，符合“瞪羚计划”的园区企业共 3006 家，同比增长 4.5%。园区“瞪羚”企业以中小型企业为主，六成以上的“瞪羚”企业总收入规模在 1000 万—5000 万之间，而 5000 万—1 亿和 1 亿—5 亿两组“瞪羚”企业均不足 20%。

再次，中关村创新联盟发展迅猛，分布于多个高技术产业领域。2008 年，中关村产业联盟达到 30 家，如闪联、TD—SCDMA 产业联盟等，涵盖了软件、集成电路、通信、互联网、生物医药、环境保护等多个产业领域，初步形成企业、科研机构等开放、协同创新的新局面。2008 年，参与产业联盟的企业数达 1946 家，比上年增加 905 家，同比增长 86.9%。

最后，中关村科技园的电子信息与服务产业、生物医药与工程产业、先进制造业等主导产业逐步形成了核心创新型企业与专门化创新型企业并重的格局，能源环保、新材料等新兴产业不断涌现出一批中小创新型企业。中关村的主导产业和新兴产业初步形成了产品创新、技术创新等创新型企业主导、核心技术产品创新型企业初现的格局。

（三）次优创新区域的创新型企业发展政策目标

次优创新区域的创新型企业发展政策目标应当是：在至少一个优势产业或主导产业中培育核心创新型企业与中小创新型企业协调发展格局，即核心创新型企业集群，或者中小创新型企业集群。

四川省是中国优势创新区域，为进一步规范和加强建设创新型企业工作，根据《四川省人民政府关于印发加强自主创新、促进高新技术产业发展若干政策的通知》等省级有关政策，2007年7月，四川省科技厅等10部门共同制定了《四川省建设创新型企业工作管理办法》，力图通过在全省范围内开展创新型企业的示范、试点和培育工作，形成四川省创新型企业梯队，打造企业创新团队。四川省明确要在装备制造、六大高新技术等优势产业中建设1500家创新型企业。自2006年以来，四川省共批准了706家创新试点企业。其中，创新示范试点企业21家。

山东青岛是中国优势创新区域，青岛市家用电器产业形成了以海尔、海信为核心的创新型企业集群，具有明显的核心创新型企业集群领导特征。

中国台湾新竹科技园区是优势创新区域，其电脑主板等零配件产业形成了以中小创新型企业为主、核心创新型企业逐步培育的创新型企业发展格局。

（四）普通创新区域或特色创新区域的创新型企业发展政策目标

中国绝大多数区域都是普通创新区域，这些区域创新型企业发展政策的目标应当是：在某一个特色优势产业或支柱产业中培育核心创新型企业，以核心创新型企业带动中小创新型企业的发展。

在全国105家高新区中，绝大多数的国家级高新区的创新型企业发展都具有上述特征。

三　区域创新型企业发展的政策重点

区域创新型企业发展政策重点取决于不同创新区域的特征和优势产业体系。强势创新区域、优势创新区域和普通特色创新区域的创新型企业发展政策明显不同。

（一）强势创新区域的创新型企业发展政策重点

强势创新区域的创新区位目标是建成世界一流的创新区域。比如，北京中关村科技园区的创新区位目标就是建设成像美国硅谷一样的创新园区。强势创新区域初步集聚了全面、多层次、高端的创新资源，并形成了各种所有制创新型企业、多层次创新型企业、创新型企业竞争与合作并按价值链分工原则定位的创新型企业体系。强势创新区域的创新型企业体系存在的突出问题是：（1）核心技术—产品创新类创新型企业较少，产品创新型企业较多，二者比例关系不合理；（2）具有综合持续创新竞争优势的创新型企业较少；（3）创新竞争服务体系效率和效能不尽如人意；

(4) 新兴产业的创新型企业发展不足。

为解决上述问题，像北京中关村科技园、上海张江科技园区等强势创新区域的创新型企业发展政策应当着力于：(1) 大力发展技术创新型企业和核心技术创新型企业；(2) 大力发展具有综合持续创新竞争优势的创新型企业；(3) 完善创新竞争服务体系；(4) 发展新兴产业的创新型企业。

强势创新区域的中小创新型企业政策应当进一步完善。(1) 创新垄断与创新扩散政策并重。当前，一方面应当全面落实知识产权战略，加强知识产权保护，鼓励重大发明专利；另一方面应当全面推动高校和研究所的专利转化，加速创新扩散，进一步完善技术创新创业政策。(2) 坚决贯彻落实反不正当竞争法，建设公平竞争的秩序。当前，应当着力解决中小创新型企业面对不公平竞争环境问题。这里特别要防止国有企业垄断创新资源，促进创新资源在国有企业与其他所有制企业之间的合理配置。(3) 总结多年来对核心管理人员和核心技术人员的股票期权及职工持股计划激励实践经验，制定专门的法律法规，构建完善的创新激励体系。(4) 构建开放与合作的创新竞争文化体系。中国文化传统的缺陷是不利于开放与合作。近年来，强势创新区域的创新竞争文化体系有了开放与合作的因素，但还不稳固。因此还要从创新竞争文化各个环节着手，发展创新竞争文化。

(二) 优势创新区域的创新型企业政策重点

优势创新区域在创新区位上与强势创新区位有较大的差距，这种差距体现在如下方面：(1) 创新资源集聚能力弱于强势创新区位；(2) 创新的制度环境还有很多不完善的地方，比如，知识产权制度贯彻落实情况不好；(3) 创新竞争文化体系较弱。

优势创新区域在优势产业、主导产业方面有较大的差异。这些差异集中体现在产业核心竞争力的差异上。例如，四川和天津、辽宁、浙江、湖北等省、市同属优势创新区域，但这些区域的优势产业竞争力同强势创新区域有较大的差异。即便某些产业同属于这些区域的优势产业，但其竞争力差异也很大，创新竞争优势各有特点。例如，湖北的装备制造业重点在船舶制造业，四川装备制造业重点则在大型发电成套设备制造业。

要提高优势创新区域的产业创新竞争力，其政策着眼点就在于：(1) 做大做强优势产业的核心创新型企业；(2) 大力发展优势产业的专门化创新型企业；（3）推动产品创新型企业升级为技术创新型企业；（4）构建优势产业的创新型企业价值链；（5）发展针对优势产业创新的服务业体系；（6）完善优势产业的创新联盟政策；（7）继续完善包括风险资本在内的各种创新投融资体系，服务于中小创新型企业；（8）完善地方政府自主创新产品采购政策。

（三）普通创新区域创新型企业发展的政策重点

普通创新区域在创新区位方面较差。这表现在创新资源集聚能力弱、创新型企业少、创新区域内产业体系不健全、市场体系不发达、政府服务能力弱方面。

普通创新区域的产业具有鲜明的地方特征。中国西部绝大多数区域的产业特征表现为资源型产业、传统采掘业。这些产业普遍存在着散、乱、差的问题，产业集中度低。山西煤炭工业、内蒙古稀土工业等就是比较典型的例子。

随着环保问题日益突出，资源型产业的发展迫切需要企业在清洁技术、节能技术、环保技术方面的创新。普通创新区域企业普遍缺乏技术创新的内生动力。同时，普通创新区域企业的技术创新能力普遍较弱。

针对上述问题，普通创新区域的创新型企业发展重点就是：（1）大力培育初具实力的企业的创新能力。（2）制定资源型企业从事清洁技术、节能技术、环保技术创新的税收、财政补贴、融资优惠的政策体系。（3）构建资源型产业创新联盟。（5）加大资源型产业整合力度，提高资源型产业集中度。（6）坚决治理乱采乱掘的无序资源开采状况。

攀枝花市拥有丰富的钒钛资源，攀枝花市的创新区位很差，但攀枝花市的钒钛资源产业创新体系却初步构建起来。这主要得益于攀枝花钢铁集团公司的钒钛资源产业创新能力。四川省科技厅紧紧围绕攀枝花钢铁集团公司制定了一系列钒钛资源产业创新的激励政策。

除了资源型区域外，普通创新区域还有很多类型，比如，“三线”建设时期所形成的国防科技工业城市。这类城市通常拥有较健全的国防科技工业基础，国防科技资源比较丰富。绵阳就是比较典型的例子。绵阳具有普通创新区域的典型特征。军民融合产业体系初步形成。

这类区域创新型企业的发展政策就是：（1）做大做强重点创新型企业。例如，四川省和绵阳市着力于把长虹做成拥有核心技术的千亿级企业。（2）鼓励国防科研院所的科技人员创业，大力发展中小创新型企业。

第 7 章

产业创新体系竞争优势与战略

区域现代产业创新体系问题对区域现代产业的发展影响极大。完整的区域现代产业创新体系是区域现代产业持续发展的驱动力。本章首先讨论区域产业创新体系的概念、性质和特征，其次研究产业创新体系与区域现代产业体系构建的关系，再次分析创新竞争优势与区域产业创新价值链体系，最后讨论区域现代产业创新体系战略及其战略目标和重点。

第 1 节 区域产业创新体系的概念、性质和特征

一 区域产业创新体系的概念

（一）什么是创新体系

迄今为止，众多的创新体系研究文献似乎都觉得给出一个最为抽象的、普适度高的创新体系概念是不值得的。现在，我们必须先搞清楚什么是创新体系这个问题。任何一种创新活动都有创新活动主体、创新活动方法与工具、创新活动对象。创新活动是一个合目的的活动。创新活动主体将创新活动方法与工具作用于创新活动对象的过程就是创新过程。企业组织技术人员、购置研发设备和材料开发新产品的过程就是产品创新过程，企业组织技术人员、购置研发设备和材料开发新工艺设备的过程就是工艺创新过程。全面而系统地描述企业产品创新过程、工艺创新过程诞生了技术创新过程模型。这些技术创新过程模型包括技术导向、市场导向、技术与市场互动导向、一体化创新导向、系统集成网络五代创新过程模型。阿伯纳西和厄特拜克（N. Albernathy & Jame M. Utterback）立足于技术与产业发展视角描述了技术创新不同阶段产品创新、工艺创新、市场创新、组织创新和管理创新前后相继的演进过程。可见，创新体系是创新资源组

织、创新过程组织、创新过程持续的体系。它包括创新主体组织体系、创新方法和工具组织体系、创新活动对象组织体系。投入与产出的关系是创新体系最简单、最直接的经济关系。

创新资源组织体系。创新资源包括创新人力资源、创新研发经费、创新研发设备和材料、创新研发实验室等。创新资源组织体系是关于创新资源配置的体制和机制。计划、市场是两种最常用的创新资源配置体制和机制。企业创新资源配置机制有计划机制、项目机制、竞争机制等。区域、产业和国家的创新资源配置体系是市场配置体制和机制，政府计划是创新资源的战略配置体制和机制。

创新过程组织体系是最为学者注意的研究领域。技术创新过程模型就是有关创新过程组织体系的描述。技术创新过程的基本环节有研发环节、制造环节、销售环节。在早期研究中，人们认为，科学研究和技术发现或发明是技术创新过程的动力，因此形成了技术发现、科学研究驱动的技术供给驱动模型。随后，人们观察到市场需求是很多企业技术创新的动力，市场驱动模型又被提了出来。不管是技术供给驱动模型还是市场需求驱动模型，都没有揭示出 20 世纪 70 年代技术创新的新情况，于是，人们提出了技术供给与市场需求互动模型。到此为止，人们关于创新体系的认识仍止于创新体系是一个创新职能前后相继的线性体系。到了 20 世纪 80 年代后期，企业界把创新过程看成是创新基本环节同时发生和并行展开的。它强调了 R&D 部门、设计部门、供应商和客户之间的联系、沟通和密切协作。一体化创新体系的实质是企业创新各职能部门之间、企业与供应商和客户之间的协同创新体系。20 世纪 90 年代初，在一体化创新体系的基础上，人们更强调多机构系统集成网络联结和企业之间的战略合作关系。

创新过程持续体系指的是创新生命周期各个阶段的动态演进关系，包括产品创新、工艺创新、市场创新、组织创新和管理创新前后继起的动态演进关系。创新过程持续体系实质上是产业创新。

创新主体组织体系指的是企业创新人员组织体系、区域和产业创新参与者组织体系和国家创新组织体系。企业创新人员组织体系指的是创新团队组织和管理系统。区域和产业创新主体的组织体系指的是参与区域知识、技术、制度和文化创新的主体组织体系。国家创新组织体系就是国家战略性创新参与者的组织体系。

创新方法和工具组织体系就是指创新活动实验室、创新活动设备、材料等的制度安排或政策体系。企业的创新方法和工具组织体系指的是企业的创新战略与计划、创新设备购置与使用管理、创新实验室等组织制度和管理制度。区域和产业的创新方法与工具组织体系是指区域和产业的实验室平台、创新联盟等组织管理制度和政策。国家创新方法和工具体系是指国家创新战略和规划、创新政策体系。

创新对象体系指的是创新活动领域指向。产品、技术是基本的创新活动对象。在区域、产业和国家的创新活动中，除产品、技术等对象外，还有制度、文化等。

（二）国家创新体系与区域创新体系

创新体系概念指的是国家创新体系。新熊彼特学派的代表人物弗里曼最先提出并定义了国家创新体系概念。他指出，国家创新体系是“公共和私人部门中的机构网络，其活动和相互作用，激发、引入、改变和扩散着新技术”[①]。随后纳尔逊（Nelson，Patel& Pavitt，lundvall）等学者深入研究了国家创新体系。OECD 组织于 1997 年发表了国家创新体系的专题报告。陈劲 1994 年引入了国家创新体系概念。自此以后，国内学者掀起了研究国家创新体系的热潮。[②]概括而言，国家创新体系的内涵是：第一，国家创新体系是“创造、储存和转移知识、技能和新技术的相互联系的机构系统”。第二，国家创新体系是指各创新机构的互动关系。第三，国家创新体系的核心是互动性学习与知识生产的增长。

区域是国家创新体系的空间载体，是商业活动的实际空间。库克率先提出了区域创新体系概念。区域创新体系主要是由在地理上相互分工与关联的生产企业、研究机构和高等教育机构等构成的区域性组织体系，这种体系支持并产生了创新。[③]库克在研究了欧洲 11 个地区的区域创新体系案例后指出，区域创新体系由两个子系统构成：知识应用和开发子系统，知识产生和扩散子系统。知识应用与开发子系统是由一产业中的企业与客户、契约构成的垂直网络，一产业中的企业与合作者、竞争者构成的水平

---

① Freeman, C., *Technology Policy and Economic Performance: Lessons from Japan* (London: Printer, 1987).

② 有关国家创新体系的文献，顾新做了系统的述评（顾新：《区域创新系统论》，四川大学出版社 2005 年版，第 12—44 页）。

③ Cooke, P., "Regional Innovation Systems: Competitive Regulation in the New Europe," *Geoforum*, Vol. 23 (1992), pp. 365-382.

网络。知识产生和扩散子系统由技术中介机构、劳动中介机构、公共研究机构、教育机构构成。这两大系统之间的知识流、资源流和人力资本流动与互动构成了区域社会经济和文化基础。区域创新体系的环境有国家创新体系组织、国家创新体系政策机构、其他区域创新体系、国际组织、欧盟政策机构因素。这个环境对区域创新体系的运用产生着重大影响。[①]随后，国内外学者对区域创新体系做了系统、深入的研究。顾新对这些研究做了系统述评。[②]这里对此不做赘述。概括而言，国内学者多数比较认同区域创新体系是一个网络性创新体系，它是国家创新体系的一个部分。比如，尚勇、朱传伯提出："区域创新体系主要是由参与技术发展和扩散的企业、大学和研究机构组成，并由市场中介服务组织广泛介入和政府适当参与的一个创造、储备和转让知识、技能和新产品的相互作用的创新网络系统。"[③]区域创新体系可以分为三类：一是本地根植性的区域创新体系；二是区域网络式创新体系；三是区域性国家创新体系。[④]

（三）产业创新体系

产业创新体系有广义与狭义之分。广义上，产业创新体系包括了产业技术创新体系；狭义上，产业创新体系指的是产业部门的创新体系。下面，本书从广义与狭义两个角度解读产业创新体系概念。

1. 产业技术创新体系的定义

产业技术创新体系常指知识创新、技术创新及其相互联结的创新体系。知识创新有广义和狭义之分。广义的知识创新与熊彼特的创新概念并无区别。阿米德（Amid）持这一观点。狭义的知识创新是通过科学研究获得自然科学、社会科学和技术知识的过程，包括科学知识创新和技术知识创新。[⑤]狭义的知识创新比广义的知识创新在术语语义和概念准确度上更妥当。知识创新包括两种典型形态：一是科学发现；二是技术发明。科

---

① Cooke, P., "Regional Innovation Systems: General Findings and Some New Evidence from Biotechnology Clusters," *Journal of Technology Transfer*, Vol. 27 (2002), pp. 133-145.

② 有关区域创新体系的文献，顾新做了系统的述评（顾新：《区域创新系统论》，四川大学出版社 2005 年版，第 45—86 页）。

③ 尚勇、朱传伯：《区域创新系统的理论和实践》，中国经济出版社 1999 年版。

④ Asheim, T., Isaken, A., "Regional Innovation Systems: The Intergrational of Local 'Sticky' and Global 'Ubiquitous' Knowledge," *Journal of Technology Transfer*, Vol. 27 (2002), pp. 77-86.

⑤ He, C. Q., "National Knowledge Innovation System: Structure, Function and Indicators," Wu Shuyao, Papon, P. *Proceedings of 98'Sino-French Workshop on S&T Policy* (CHEP, Springer, 1998).

学发现是科学知识创新的形态，技术发明是技术知识创新的形态。技术创新常指满足市场需求的知识的商业化过程，它包括技术开发、生产开发和市场开发三个环节。知识创新是技术创新的基础，技术创新是知识创新的经济反映，技术创新拉动知识创新。知识创新与技术创新前后相继，相辅相成。知识创新不断转化为技术创新，技术创新又创造和拉动着知识创新。知识创新是一个独立的创新体系，技术创新也是一个独立的创新体系。知识创新与技术创新相结合构成了完整的创新体系。产业创新体系的突出特点是内生的、自主的，因而又可称之为内生自主创新体系。这种内生的、自主创新体系分为传统产业技术创新体系和新兴产业技术创新体系。

2. 产业创新体系的定义

产业创新体系（Sectoral System of Innovation）概念是由马拉伯（Malerba）、布雷奇（Breschi）等学者提出的，其意是，一群为了创造、采用和使用属于某一产业的技术或产品而进行市场和非市场交互作用的不同的个人、组织和机构组成的系统。[①]在马拉伯（Malerba）等学者看来，产业基础知识与技术体系是产业创新体系的核心。产业特性是影响产业创新体系的关键因素。产业创新体系按地理边界可分为区域产业创新体系、国家产业创新体系和国际产业创新体系。刘建兵、柳卸林等学者遵循创新主体与创新网络、产业基础知识和技术体系、需求和市场结构、制度四维设计了服务业的产业创新体系。[②]我们认为，产业创新在本质上是一个技术创新驱动的产业发展概念。美国学者阿伯纳西、厄特拜克（N. Abernathy, Jame M. Utterback）深刻、系统地分析了技术创新驱动产业发展的问题，业界称他们的理论为“A—U 模型”。根据 A—U 模型，我们给出了产业创新体系的定义。管顺丰立足于国家创新体系、区域创新体系和产业创新体系角度定义产业创新体系。他认为：“产业创新系统是构成国家创新系统的子系统，是国家创新系统中直接支撑产业发展的、以市场需求和国家（区域）战略性产业发展为优化动力的、承载产业技术创新和产业制度创

---

① Malerba, F., *Sectora System of Innovation: Concepts Issues and Analyses of Six Major Sectors in Europe* (Cambrige: Cambrige University Press, 2004); Malerba, F., “Sectora System of Innovation,” In Fagerberg, I., Mowery, C. M., Nelson, R., *The Oxford Innovation Handbook* (Oxford: Oxford University Press, 2005).

② 刘建兵、柳卸林：《服务业创新体系研究》，科学出版社 2009 年版。

新活动的系统网络。”[①]张璞认为：“从创新对象看，区域产业创新体系主要由产业组织创新、产业结构创新、产业技术创新和管理创新四部分组成。其中，组织创新是先导，结构创新是核心，技术创新是关键，管理创新是保证。”[②]

从定义上看，产业创新体系是指技术创新与产业发展的长期动态关系，即产品创新、工艺创新、市场创新及其相互作用的过程。首先，产业创新体系是一个系统概念。在宏观上表现为一个国家或区域产业结构的转换能力，在微观上表现为企业产业转型能力以及改造现有产业的能力。其次，产业创新体系是一个新兴产业体系形成和发展的概念。新兴产业主要是指由于新的消费需求出现或技术创新或相对成本关系变动等因素的影响而形成的新的产业。新兴产业之间的技术联结方式和经济联结方式形成了上游产业、中游产业和下游产业之间的产业链关系，从而形成纵向新兴产业体系。新兴产业的横向产业关系是新兴产业体系的另一内容。最后，产业创新体系还有产业结构创新体系。这包括产业组织创新、产业结构创新、产业技术创新和产业管理创新四大创新体系。

3. 产业制度创新体系的定义

产业制度是产业内企业行为规则和企业之间组织行为规则或组织的总称。长期以来，产业组织理论研究企业竞争和垄断行为规则以及相关的战略、策略行为。产业组织理论重点考察了产业内一个企业如何实现规模经济和范围经济优势的活动。因此产业组织理论认为，产业制度就是企业行为规则和市场结构关系的总称。在 20 世纪 50 年代以前，生产型组织是典型的企业组织。到了 20 世纪 70 年代，企业组织形态发生了深刻变化，诞生了产权交易型集团企业，这种组织绝大多数是产业垄断组织。并且，这些垄断组织之间经常在价格方面共谋以阻止新进入者，阻止竞争。垄断集团企业治理结构安排成为产业制度创新的突出领域。制度经济学理论成为研究企业治理结构的基本框架。交易成本理论、产权理论、契约理论、资产专用性理论等成果相继问世。在 20 世纪 80 年代以后，学者们聚焦产业集聚现象，因为产业集聚或产业集群是现代产业组织常见的形态。集群行为和规则构成了现代产业组织制度。产业组织之间的合作、协作和协同理

① 管顺丰：《产业创新理论研究与实证分析》，湖北人民出版社 2005 年版，第 27 页。
② 张璞：《区域产业创新体系构建研究》，《现代财经》2003 年第 10 期。

念与规则是产业集群内企业之间的重要行为规则。各种类型的联盟是产业组织形态。

（四）区域产业自主创新体系

目前，国内关于区域产业创新体系的认识有争议。有的学者认为，区域产业创新体系与区域创新体系、产业创新体系没有区别。比如，万迪昉等学者认为，地区创新体系是地区内各有关部门和机构相互作用而形成的推动创新的网络，产业创新体系是由建立在地区创新体系基础上的治理结构与运行机制有机融合而成的，地区创新体系与产业创新体系没有严格的界限划分，对于创新主体企业来说，两者通过互补共同形成了企业创新的制度环境。[①]但大多数学者不认可这样的观点。多数学者认为，区域产业创新体系与区域创新体系有着十分明显的区别。图 7—1 揭示了区域创新体系、产业创新体系与国家创新体系的区别。

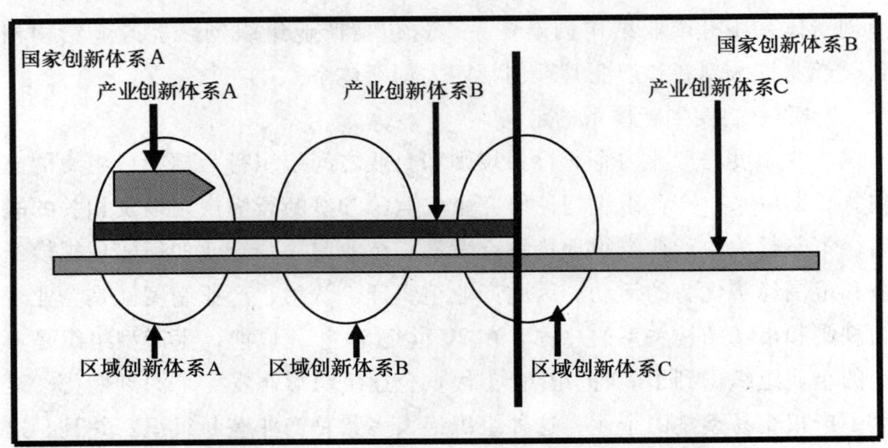

图 7.1　国家、区域和产业创新体系的系统边界

资料来源：刘建兵、柳卸林：《服务业创新体系研究》，科学出版社 2009 年版，第 16 页。

我们认为，区域产业创新体系是指给定区域内某一产业内部创新型企业之间及其与非创新型企业之间、不同产业创新之间、区域内产业与区域外产业创新联结的有机体系，包括区域特有的产业创新体系，两个或两个

① 万迪昉、王宇光、朱伟民：《西部产业创新发展及重组的初步研究》，《西安交通大学学报》（社会科学版）2001 年第 1 期。

以上创新区域共有的产业创新体系，两国或两国以上的产业创新体系。区域产业自主创新体系强调了区域产业通过拥有自主知识产权的独特核心技术以及在此基础上实现新产品价值的过程，其结果表现为区域产业中拥有自主知识产权的技术、产品和品牌等。

区域产业技术创新体系通常是传统产业技术创新体系、新兴产业技术创新体系及二者的有机结合。区域产业技术创新体系驱动着区域现代产业技术体系的形成和发展。

区域产业创新体系是指区域传统产业升级、新兴产业发展和产业结构创新体系。区域传统产业创新体系、区域新兴产业创新体系和区域产业结构创新体系形成与发展的过程就是区域现代产业体系构建的过程。

二　区域产业创新体系的中介性质

区域产业创新体系的中介性质指的是区域产业创新体系大于企业创新体系而小于国家创新体系的中观产业创新特征，它是联结企业创新体系和国家创新体系的桥梁。

（一）区域产业创新体系是区域内、产业内企业创新体系的有机融合

企业创新体系是微观的创新体系。许庆瑞明确指出，企业创新体系包括研究与发展、生产制造、市场营销界面系统、企业家精神、研发体系、资金供应、创新文化、企业制度、创新管理工具、教育培训和人力资源等要素（见图 7.2）。

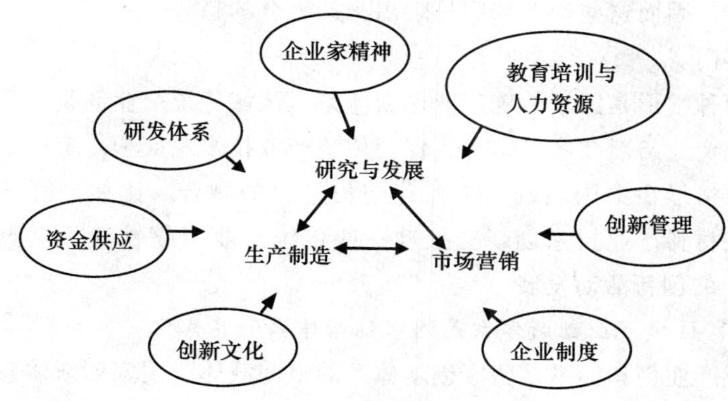

图 7.2　企业创新体系的要素与结构

资料来源：许庆瑞：《研究与发展管理》，高等教育出版社 2000 年版。

同企业创新体系相比，区域产业创新体系是区域内企业创新体系的有机融合。企业既是区域创新活动的核心主体又是产业创新活动的主体。目前，企业的创新活动与创新能力存在着差异，客观上形成了创新型企业与非创新型企业两个大的群体，这两个群体在创新及生产活动中形成了分工。创新型企业往往掌握了产业内大量的创新资源，它需要在市场上交易非核心业务以便集中创新资源，形成自身的竞争优势，这些非核心业务的转移与承接便构成了创新型企业与非创新型企业间的关系。创新型企业之间的创新竞争优势各有千秋，形成了特有的、核心的创新竞争优势，创新型企业因共享创新资源、缩短创新周期、减少创新风险和应对创新挑战而结盟，形成了产业创新联盟。这种创新型企业之间的创新竞争与创新合作以及协同关系构成了区域产业创新体系的基本情形，这是第一种情形。

第二种情形是区域内产业按知识模块化分工所形成的纵向和横向的产业创新体系。从纵向看，研发、生产制造、市场营销三大企业业务因模块化分工而独立形成产业创新体系，这些创新体系形成了上、中、下游之间的产业创新体系。从横向看，各个模块之间形成了产业创新合作体系。这是产业纵、横向之间形成的产业创新网络体系。

第三种情形是区域新兴产业创新体系。区域新兴产业创新体系表现为不同产业因为形成了新的共同技术基础而不断融合形成新产业形态，即产业融合形成新兴产业。比如，广播电视产业、邮政电信产业、计算机产业都曾因不同的技术基础而形成独立的产业部门，现代超大规模集成电路技术、移动互联网技术的高速发展，为这些不同产业部门奠定了新的共同的技术基础，因而这些产业部门呈现出交叉融合的趋势，并正在形成一个新的产业部门。

第四种情形是区域传统产业创新体系。区域传统产业创新体系指的是区域传统产业与新技术相结合，促使传统产业技术蜕变和传统产业结构升级。这种情形在中国表现为工业化与信息化的融合。比如，信息产业技术、新兴材料产业技术创新会推动一些传统产业（钢铁业、煤炭业、纺织业等）的创新活动发展。

（二）区域产业创新体系是国家创新体系的具体化

区域产业创新体系是国家创新体系的空间载体。国家创新体系由区域创新体系和产业创新体系构成。区域创新体系是简化的国家创新体系，而产业创新体系是区域创新体系的核心部分。因此任何国家创新体系都必须具体化为区域产业创新体系。而区域产业创新体系又是国家产业创新体系的一个部分。区域产业创新体系是国家产业创新布局的具体化。比如，中国发展战略性新兴产业，就要根据创新区域的知识创新优势和技术分工合理布局。中国电子信息产业发展研究院赛迪顾问股份有限公司对中国战略性新兴产业发展和创新做了系统研究。其研究报告的结论是①：

1. 中国集成电路产业初步形成了长三角、环渤海、珠三角三大核心区域集聚发展的产业空间格局，呈现出“一轴一带”特征。所谓“一轴”指东起上海、西至成都的集成电路产业“沿江发展轴”，以及北起大连，南至珠海的集成电路产业“沿海产业带”。

2. 中国软件产业区域分布呈现出分散、集中的格局。环渤海地区是产业链高端的引领者，长三角地区是多级联动立体发展的先行者，珠三角地区是创新环境的突出示范者，西三角地区是后发优势的强劲追赶者。整体呈现出“一带一轴～三角”特征。“带”指东部沿海软件产业带，“轴”指中部发展轴，“三角”指成都、重庆和西安构成的西部黄金三角。

3. 中国云计算产业初步形成了环渤海区域、长三角区域、珠三角区域和成渝地区四大区域集聚发展的格局。其中，云计算基础设施主要集中在经济发达地区，中心城市成为云平台和软件产业发展的集聚点。北京、上海、深圳形成了创新驱动型云计算产业发展模式，杭州、无锡、苏州形成了应用引导型云计算产业发展模式，鄂尔多斯、哈尔滨形成了资源应用型云计算产业发展模式，成渝地区形成了云设备制造集群发展、云平台和软件应用示范的发展格局。

4. 中国物联网产业已形成环渤海、长三角、珠三角以及中西部地区集聚发展的产业格局。环渤海地区是国内物联网产业重要的研发、设计、设备制造及系统集成基地。长三角地区是全国物联网产业核心与龙头企业集聚区，位居产业链高端。珠三角地区是国内电子整机生产基地。中西部地区物联网产业发展迅速，各重点省、市各有优势。北京物联网产业科研实力首屈一指，聚焦城市管理应用。上海产业技术基础雄厚，应用示范全面展开。无锡传感产业实力强大，产业集聚加速发展。杭州物联网产业先

---

① 中国战略性新兴产业形成了区域产业创新格局。各个区域的优势产业创新突出。中国电子信息产业发展研究院赛迪顾问股份有限公司对中国战略性新兴产业发展和创新做了系统研究（详见中国电子信息产业发展研究院赛迪顾问股份有限公司《中国战略性新兴产业发展及应用实践》第 1—10 章，机械工业出版社 2011 年版）。

发优势明显，“天堂硅谷”雏形初现。广州物联网产业链各环节贯通，核心园区统筹发展。成都物联网产业信息基础独树一帜，产业应用潜力巨大。重庆物联网产业示范基地全面开花，以其为核心进行重点打造。

5. 中国移动互联网产业初步形成了“南北呼应，西部崛起”的分布格局。环渤海区域移动互联网产业链完整，以北京为核心形成集聚。长三角区域移动互联网偏重移动软件与应用，移动终端产能不高。珠三角区域移动终端制造业优势巨大，移动软件和应用不容小视。西三角地区是移动互联网产业的后起之秀。产业重点城市布局于沿海一带，西三角地区最具发展潜力。北京是移动互联网产业的决策中枢，是理念与品牌的制高点。深圳是移动互联网产业的制造中心，是全产业链的产值高地。广州是移动互联网产业的南方基地，运营商资源优势明显。成都是移动互联网产业的西部先锋，终端和应用齐头并进。重庆是移动互联网产业的潜力新星，是终端制造的后起之秀。杭州是移动互联网的应用重镇、新兴产业的创新中心。

6. 中国电子商务产业的总体布局是“东部沿海”与“成渝”成为电子商务活跃的发展地区。新一批城市开始冲击原有的电子商务试点示范城市的地位。环渤海地区利用政策地缘优势，首都辐射、带动周边。长三角地区发挥资本优势，延伸中小企业服务链。珠三角地区形成深、穗双核驱动，打造“亚太电子商务中心”。成渝地区深化应用、聚焦物流，加快“沿海化”进程。深圳围绕金融、商贸业打造电子商务“特区”。厦门以外贸、旅游为基础构建特色电子商务空港。广州移动电子商务助力民生服务工程。重庆移动支付普及方便市民生活。北京的行业电子商务与第三方服务总部集聚。上海金融服务支撑着电子商务的规模化发展。杭州电子商务平台服务于广大中小企业转型。

7. 中国环保产业已形成“一带一轴”聚集发展的总体格局。长三角地区已初步形成了以宜兴、常州、苏州、南京和上海等城市为核心的环保产业集群，是中国发展环保产业基础最好的地区。环渤海地区发展环保产业具有雄厚的人力资源、技术开发优势。珠三角地区环保产业正在兴起，形成了区域环保产业发展模式。江苏宜兴是全国环保产业发展的龙头，北京是环保技术开发转化中心，苏州是环保高新技术聚集地，上海是产业链健全、国际化的环保产业集散中心。天津是产学研有机结合的循环经济城，武汉是中部环保产业发展新秀。深圳是环保产业集约化和专业化演进的发展之都。

8. 中国生物医药产业已形成三大区域集聚发展的总体分布格局。环渤海地区生物医药产业具有突出的人力资源比较优势，长三角地区生物医药产业的创新能力和国际合作水平最高，珠三角地区生物医药产业的市场经济体系成熟，市场潜力巨大，中西部生物医药产业集群逐步形成各自特色。北京的研发实力雄厚，但转化平台较弱。上海是中国生物医药中心。泰州是唯一的国家级医药高新区。武汉是中部地区的生物医药中心。深圳是新兴的基因技术研发中心。长春是北方生物医药制造基地。

9. 中国新能源产业形成了东、中、西协调发展格局。环渤海区域是新能源的重要研发和装备制造基地。长三角地区是中国新能源产业发展的高地。西部地区是中国重要的硅材料基地和核电装备制造基地。西北地区是中国重要的新能源应用基地。北京是新能源技术研发和示范应用中心。天津是新能源装备制造基地。江苏是新能源产业集群发展高地。内蒙古是新能源产业应用基地。保定是新能源产业链完善、品牌张力强的“中国电谷”。乐山是太阳能光伏原材料供应基地。

10. 中国文化创意产业已形成东部沿海集聚发展的总体格局。北京是面向世界的中国文化创意中心，中国文化创新产业的领航者。上海是全国领先的数字内容生产基地，是著名的“世界设计之都”。苏州是著名的文化旅游和文化科技新区，是拥有国家动画产业基地、“国家软件产业基地”、“中国服务外包示范基地”、“国家级科技企业孵化器”等文化创意集聚区。深圳是南方创意设计之都。文化创意产业已成为深圳的第四大支柱产业。长沙是中部新媒体之都。武汉是中部创意资源中心。成都是西部文化旅游和创意娱乐中心。

三　区域产业创新体系的特征

中介性既是区域产业自主创新体系又是其特征。除此之外，还有区域产业创新体系的区际分工特征、产业部门特征、产业创新体系特征。

（一）区域产业创新体系的区际分工特征

1. 区域产业技术创新体系的区际分工

区域产业技术创新体系的区际分工就是不同创新区域间的知识创新体系和技术创新体系的区域分工。普通创新区域、优势创新区域和强势创新区域具有显著的知识创新和技术创新优势差异。普通创新区域在创新竞争中，应不断发挥本区域的特色创新资源比较优势，推动本区域创新资源比较优势不断转化为创新竞争优势，并不断开拓新的创新竞争优势。比如，绵阳科技城在创新竞争中充分发挥本区域的军工科技优势，通过军转民政策，推动了本区域军工科技资源的比较优势转化为军民融合产业的创新竞争优势，培育了四川长虹公司、四川九州公司等电子产业创新优势。优势创新区域在创新竞争中，应发挥本区域的优势产业，推动本区域优势产业的竞争优势转化为创新竞争优势。比如，浙江杭州的电子商务产业在全国具有竞争优势，其电子商务政策推动了杭州电子商务产业竞争优势向集群创新优势的转化。强势创新区域在创新竞争中，应发挥较强的综合创新竞争优势，推动本区域创新竞争优势向世界一流创新竞争优势的转化。比如，北京中关村科技园区、武汉东湖自主创新示范区充分利用国家创新示范区政策，推动各自区域的综合创新竞争优势向世界一流创新竞争优势的转化。

2. 同一产业创新体系的区际分工

同一产业创新体系的区际分工表现为居于同一产业创新体系的各个创新区域在产业创新价值链中有各自的比较优势和竞争优势。同一产业创新体系的区际分工有如下情形：第一，同一产业创新体系在普通创新区域、优势创新区域和强势创新区域之间的知识和技术分工。发达国家、发展中国家在计算机产业、移动通信产业等很多产业领域都存在这种知识和技术分工。这种分工情形表现为产业核心技术创新、产业技术创新、产品创新之间的纵向分工。第二，同一产业创新体系在普通创新区域、优势创新区域和强势创新区域的模块化知识分工。这种分工所形成的创新优势使得各个区域具有创新合作的愿望，这样，区域产业技术创新合作体系就发展起来了。中国长三角的区域产业技术创新合作体系得到不断完善，取得了较好的成效。区域内各个创新型企业为了发挥其创新竞争优势，使创新资源利用效率、创新收益最大化，具有与同一产业链上区域外创新型企业合作协同创新的动机，这就形成了创新型技术分工与协作的创新体系。创新型企业分工体系按模块化分工要求使不同区域集聚了不同的创新模块，从而形成同一技术模块的创新型企业空间集聚现象以及区域模块化产业创新集群。

3. 不同区域不同产业间的新产业分工与协同关系

不同区域不同产业间的新产业分工与协同关系就是区域新产业布局。不同区域不同产业间的新产业分工取决于地方产业对新产业的支撑和发展新产业的要素基础和要素集聚能力。在某些情形下，地方产业体系是发展新产业的基础，没有强大的地方产业体系，就不可能发展新产业；在某些情形下，地方只要有发展新产业的要素基础和要素集聚能力，就能发展新产业。比如，深圳发展新产业就在于它有先行先试的政策，这种制度创新就是发展新产业的要素集聚能力。浙江台州没有发展汽车产业的地方产业基础，但这个地方却有强大的、丰富的企业家精神和企业家资源，企业家的创新精神就是浙江台州汽车产业发展的根本产业要素。现代新兴产业的区域分工从根本上说决定于区域产业发展的高级要素集聚能力。模块化分工是现代产业分工的基本形态。根据模块化分工的要求，每个不同区域都须集聚相应的产业发展高级要素。各个区域在产业发展高级要素的集聚过程中，按模块化分工要求，能高速、高效地实现新产业的发展。在区域产业要素集聚能力趋同和收敛的情形下，区域同质竞争会导致新产业发展的低效率。

（二）区域产业创新体系的产业部门特征

我们认为，产业部门特征有产业技术特征和产业周期特征。

1. 产业技术特征要求区域产业创新体系须具备某种产业基础知识和技术体系

传统产业的技术特征是劳动密集型技术，它对科学基础知识要求不高，因此属于低技术产业。加工型高新技术产业有着很鲜明的劳动密集型产业特征，对于科学基础知识要求不高，属于高新技术产业的低技术环节。因为普通创新区域拥有劳动力优势，所以普通创新区域适合发展这类传统产业。过去三十年来，中国东部沿海地区的产业创新体系集中体现于传统产业的发展。现代产业属于创新型产业，要求较高的科学技术基础知识，属于中高技术产业。

优势创新区域通常具有较强的知识创新优势、产业技术创新优势，积累了比较雄厚的科学基础知识，因此适合于发展现代产业。不同优势创新区域，其知识创新优势显著不同。这样，不同的优势产业创新区域的知识差异性就发展成了不同的现代产业部门。强势创新区域积累了雄厚的产业发展的科学基础知识，最适合于发展知识密集型产业。这样的例子在世界范围内比比皆是。

2. 产业周期特征要求区域产业创新体须遵循产业演化规律

任何一个区域的产业都有周期，不同区域同一产业的周期性不同。一个国家或地区在经济发展进程中，往往会形成许多产业部门。其中，一些产业部门因其产出规模与水平、吸引就业人数、对财政收入的贡献、未来的发展趋势而成为重要的产业部门，也有一些产业部门由于产品市场的衰落、市场竞争优势的丧失而逐渐被忽视甚至被淘汰。这种演化在客观上形成了一个区域的新兴产业、优势产业、支柱产业和衰退产业，其形成原因是区域内外、同一区域不同产业内外、同一产业不同企业内外的创新发展活动。一般而言，区域的新兴产业、支柱产业和优势产业往往伴随着产业内的技术与产品创新，而衰退产业往往由于技术或产品被替代所导致，其产业内的创新活动则明显不足。

这为区域产业创新体系提供了错位发展和合作的机遇。产业转移就是同一产业在不同区域的周期性表现。当然，不同区域同一产业可能处于同一产业发展阶段，这就必然会产生产业创新竞争。这种产业创新竞争使有的区域脱颖而出，有的区域处于竞争劣势乃至被淘汰。比如，安徽芜湖与浙江台州的汽车产业创新竞争就是一个典型的例子。

（三）区域产业创新体系具有产业创新体系的特征

1. 企业技术创新体系和创新服务体系

企业的创新活动离不开企业的内部条件，同时也受外部企业活动的影响。具体地说，创新型企业可以依赖其自身的技术研发优势，形成核心技术和核心产品，构建完整的企业技术创新体系。创新型企业将一些生产环节和中间产品进行外包，这使得承包企业为了强化自身的竞争优势，不得不进行技术和产品的创新，并进一步影响外包企业供应商的技术和产品创新活动。这样就会形成技术创新服务体系。区域产业创新体系就是以创新型企业为核心，以外包企业为中间层，以关联企业为外围的企业技术创新和创新服务系统。

2. 产业内部与产业间的协同创新体系

区域产业创新并不局限于特定产业的创新，它可以表现为不同产业间的创新协同。以信息产业为例，信息产业的创新不仅表现为产业内技术和产品的创新，而且还会推动区域内其他产业的技术和产品的创新发展，如区域内一些在历史上具有优势而现阶段正进入衰退的产业，这种情形在中国一些资源型城市的区域经济发展过程中表现得非常突出。

3. 区域内产业与区域外产业的技术创新扩散系统

区域内产业的创新活动能够影响区域外产业的创新活动，同时，区域内产业的创新活动也会受到区域外产业创新活动的影响。以西部鞋革业为例，东部沿海地区鞋革产业的创新发展推动了西部鞋革产业的产品与技术创新。

第 2 节　产业创新体系与区域现代产业创新体系的构建

一　现代产业体系的定义、性质和结构

（一）现代产业体系的定义

现代产业体系是中国语境下的一个新概念，这个词最早出现于 2007 年中央"一号文件"，在经济学理论体系中没有现代产业体系这个专有的理论概念。中国共产党十七大报告首次明确提出发展现代产业体系的观点。近年来，产业经济学界对现代产业体系的基本理论问题进行了较为系统的探讨。什么是现代产业体系？对之有两种定义角度。第一种定义角度是立足于产业体系演进的角度；第二种定义角度则立足于传统产业与现代产业的对比角度。从产业体系演进的角度看，产业体系的历史演进遵循着文明形态的逻辑结构展开，相继出现了农业文明时期的产业体系、工业化时期的产业体系、工业化后期的现代产业体系、后工业化时期的现代产业体系。其中，后工业化时期的现代产业体系就是以智慧产业为核心、三次产业高度交织融合、产业之间和企业之间相互依存程度不断提高、分工更加细密、三次产业交织融合的中间地带出现越来越多的新兴产业的新型产业体系。[①]这个定义更加突出了"现代"一词的内在意义，即智慧性、融合性、低碳性、循环性。现代产业体系的这些现代性意义揭示了现代产业体系与传统产业体系的根本区别，即创新型产业结构形态。[②] 从传统产业与现代产业的对比角度看，立足于产业体系演进的定义是从企业间的联系方式界定传统产业体系和现代产业体系的。传统产业体系是与传统产业活动相适应的产业体系，其最基本的特征是技术变动相对缓慢，由此导致了企业间和产业间生产、技术联结相对固定的基本特性。现代产业体系是以知识生产为龙头，以知识转化为基点，以快速反应、快速协调为手段，企

① 龚绍东：《产业体系结构形态的历史演进与现代创新》，《产经评论》2010 年第 1 期。

② 冯英娟、滕福星：《先进产业及其评价指标体系构建研究》，《经济纵横》2007 年第 10 期。

业间相互依存程度更高，分工更加细密，以信息和物流为基础，政府充分参与以推进国家创新和保护环境与资源的新型产业体系。[①]产业体系的定义是界定现代产业体系的关键。第一种角度更加突出了产业体系的时代特征，第二种角度更加突出了产业的组织、产业技术、产业经济联系的特征。应当说，立足于产业体系演进的定义表达了企业间联结方式的基础和本质。全面地、历史地理解企业间的联结方式，我们就会发现，第一种角度不过是企业间技术经济联结方式的时代差异。传统与现代的分野体现了这种时代差异。值得注意的是，现代与现存是有区别的。现存的或现有的产业体系实际上是传统产业体系向现代产业体系的蜕变阶段。比如，有学者就特别突出了现代产业体系的信息特征。[②]

（二）现代产业体系的创新性质

张耀辉系统地描述了现代产业体系的性质。（1）适应多样性需求和服务于创新竞争的产业体系；（2）创造知识、实现知识向生产转化的产业体系；（3）一种更加具有灵活性、高效外部协作和实现外部规模经济性的产业体系；（4）多维物联网支撑的产业体系；（5）高度开放性、深度干预的产业体系；（6）低消耗、低排放、低污染的新型产业体系；（7）制度不断创新的产业体系。在产业体系的这七个性质中，有的应当说只是产业体系根本性质的衍生属性。比如，第（3）（4）（5）三个性质。第（1）（2）（6）（7）四个性质是现代产业体系的根本属性，可概括为现代产业的创新性质。创新竞争体现了现代产业的竞争性质，创新知识、实现知识向生产转化体现了现代产业的技术创新性质，低消耗、低排放、低污染体现了现代产业的结构创新性质，制度不断创新体现了现代产业的制度性质。第（3）（4）（5）三个属性体现了现代产业体系的环境性质。总的来看，创新是现代产业体系的根本性质。

（三）现代产业体系的构成

张耀辉认为，现代产业的结构体系，简言之，可概括为现代产业的技术体系、现代产业的结构体系和现代产业制度体系的总和。其构成如图7.3所示。

---

① 张耀辉：《传统产业体系蜕变与现代产业体系形成机制》，《产经评论》2010年第1期。

② 刘明宇、芮明杰：《全球化背景下中国现代产业体系的构建模式研究》，《中国工业经济》2009年第5期。

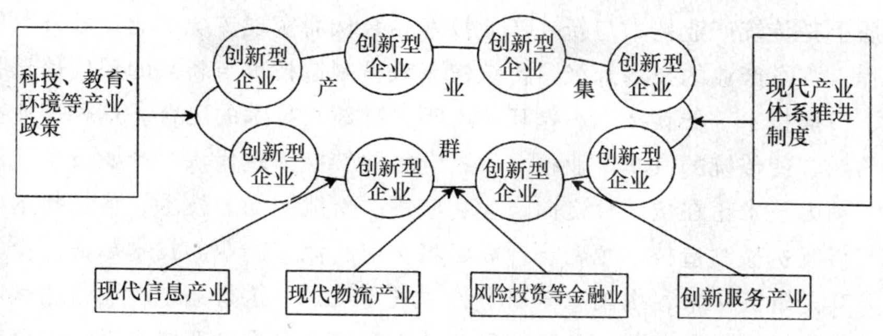

图 7.3　现代产业体系构成

资料来源：张耀辉：《传统产业体系蜕变与现代产业体系形成机制》，《产经评论》2010 年第 1 期。

在图 7.3 中，张耀辉关于现代产业结构体系的理解仍然有待进一步讨论。现代物流产业、风险投资等金融业、创新服务产业都是现代生产服务业的组成部分。单独将现代生产服务业的这些细分要素罗列出来，虽然突出了其实际重要性，但却以偏概全，难以揭示现代产业的全貌。根据发达国家现代产业发展的历史经验和现实，以及中国共产党十七大报告、十八大报告关于构建现代产业体系的论述，现代产业体系应当包括现代农业、现代制造业、现代服务业。现代农业、现代制造业是实体产业，现代服务业是虚拟产业。现代生产服务业是现代实体产业发展的重要支撑产业。离开了现代制造业，现代生产服务产业将皮之不存，毛将焉附，难以发展。现代旅游产业是现代生活服务产业的最新形态，属于生活品质产业。

二　产业技术创新体系驱动区域现代产业技术体系的形成和发展

（一）区域传统产业技术创新体系驱动着区域传统产业技术的蜕变和升级

区域传统产业技术创新体系就是域内外知识创新、传统产业技术创新及其相互结合的创新体系。首先，域内外知识创新持续不断，产生了连续的新知识或革命性的、突破性的新知识。这种新知识不断转化为传统产业的技术创新。其次，传统产业技术创新又要求大规模地运用新知识，实现提升产品品质，增强企业或产业竞争优势的目的。最后，域内外知识创新与技术创新相结合，加快了传统产业技术向现代产业技术的转换，推进了传统产业技术的高级化。因此区域传统产业技术创新体系的形成和完善在本质上是传统产业技术与新兴产业技术融合从而实现传统产业技术升级的过程。汽车产业的技术升级是传统汽车机械制造技术与新兴的现代信息技术、节能技术、低碳技术、循环技术等多种新兴技术的融合。这种产业技术的融合使传统的汽车产业技术不断升级并转换为现代汽车产业技术。新能源动力技术正在从孕育走向产业化应用。新能源动力技术、信息技术一旦与传统机械制造技术相融合，就必将会引起汽车产业的技术革命。十年来尤其是近五年来，中国汽车产业技术进步迅猛，这得益于产业自主创新体系的相继建立和完善。长春、重庆的汽车产业自主创新体系极大地改变了中国区域汽车技术格局。在广播、电影、电视、电信、邮政等传统信息产业技术领域，大规模、全面应用信息技术已经完全改变了区域信息产业技术的格局，使得中国信息产业技术实现了革命性突破，并转变为现代信息产业技术。硅谷地区的产业技术体系由传统农业技术体系向现代产业技术体系转变是由硅谷不断发展的半导体产业技术创新体系、软件产业技术创新体系、互联网产业技术体系驱动的。

（二）区域新兴产业技术创新体系驱动着新兴产业技术体系的形成和发展

区域新兴产业技术创新体系是指域内外全新知识创新、全新技术创新及二者结合的创新体系。区域内外全新知识创新是指区域内外首次科学发现和技术发明，区域内外全新知识创新的结果是重大科学发现、突破性技术发明。区域内外全新技术创新指的是重大科学发现、突破性技术发明的商业化开发过程，全新技术创新的结果是开拓具有潜在市场的全新产品和全新工艺。区域内外全新知识创新向区域内技术的创新转化，形成了区域内新兴产业技术和技术体系。区域内外全新知识创新持续向技术创新转化则是区域内新产业技术的发展过程。在硅谷地区，率先建立了企业技术创新体系，然后发展企业与大学、研究机构合作创新体系。每次技术创新活动、每完成一个技术创新项目，都意味着硅谷信息产业技术体系向前推进了一步。正是这种连续不断的技术创新活动，不断完善着硅谷的技术创新体系，不断产生着新的信息技术，每项新的信息技术的产生无疑都完善了硅谷的信息技术体系。世界其他各国各地区吸收了硅谷技术创新体系驱动新兴产业技术体系发展的成功经验。深圳特区信息产业技术创新体系、生物医药产业技术创新体系的发展促进了深圳现代信息技术体系、生物医药技术体系等现代高新技术产业体系的形成。武汉光产业技术创新体系的不断发展，完善并推动了武汉光产业技术体系的不断升级。

（三）区域技术融合驱动着区域现代产业技术体系的结构优化

区域技术融合是一个区域内不同技术相互交叉、融合形成一种新技术的技术创新过程。区域技术融合的结果是原有产业技术边界的模糊化或消失，各产业技术集成一体化形成了新的产业技术。区域现代产业技术体系包括区域传统产业技术高端化、新兴产业技术及相互协调的技术体系。区域现代产业技术体系由区域传统产业技术体系演化而成。区域现代产业体系存在着技术体系结构失衡现象，其表现是：传统产业技术占主导地位，新兴产业技术体系建构缓慢。要推进区域现代产业技术体系结构优化，就必须改造传统产业技术体系，实现传统产业技术体系的升级，同时加快新兴产业技术体系的发展。比如，四川是一个装备制造业大省，装备技术体系长期处于低端阶段。近十年来，通过实施技术创新引领工程，装备制造技术创新体系构建取得了重大进展。四川装备制造业技术体系初步完成了向高端装备制造业技术的转型升级。由于四川高新技术产业技术体系得到了持续完善，四川装备产业技术体系结构也得到了不断优化。东北地区是中国装备工业基地。近些年来，东北地区装备制造业的技术体系结构也处于不断优化中，但进展缓慢，水平参差不齐。

三　区域传统与新兴产业创新体系推动着区域现代产业体系的构建

（一）区域传统产业创新体系驱动着区域传统产业向高端化升级和转型

区域传统产业创新体系是区域内传统产业技术创新与传统产业发展之间的长期动态关系。这种动态关系表现为传统产品创新、工艺创新和市场创新的前后相继与空间并存的动态演化过程。区域传统产业创新体系深刻地改变着传统产业的特征，使传统产业价值创造、竞争结构和竞争优势向现代产业转变。

1. 传统产业创新体系改变着传统产业的特征

传统产业具有技术相对稳定、数量扩张和低成本竞争优势的特征。传统产品创新、工艺创新改变了传统产业技术相对稳定的特征，缩短了传统产业技术的生命周期。传统产业竞争优势是规模经济竞争优势、低成本和低价格竞争优势。传统产业内的企业拥有行业前三的产业规模就可获得规模经济竞争优势。比如，传统资本密集型的石化产业、钢铁冶金产业。这些产业部门的产品技术相对稳定，必须形成规模经济才会产生竞争优势。自进入创新竞争时代以来，这些行业产品创新优势、工艺创新优势成为行业竞争优势之所在。在这些传统产业内，企业构造了完善的产品与工艺创新体系，整个行业创新体系逐步得以建立和完善，这个过程使那些传统产业不断涌现出高附加值、高品质的产品，不断发明和运用降低能耗、降低污染、降低排放的技术装备，整个行业的专利申请量和授权量得到显著增长，知识生产率以及由此引致的全要素生产率得到显著提升，整个产业的竞争优势转变为产品创新竞争优势、工艺创新竞争优势，从而整个行业具有高附加值、高品质、低污染、低能耗、低排放的现代产业特征。

2. 区域传统产业创新体系改变了传统产业的结构体系

区域传统产业创新体系首先改变的是传统产业内部的产业结构体系。比如，传统产业规模竞争优势常常通过产业内部纵向一体化过程得到实现，一个产业内的前 3—5 家大企业集团代表着产业内部组织结构关系、市场供求关系、市场垄断竞争结构关系。模块化、信息化创新工具和方法在传统产业里扩散，传统产业出现产业垂直分离现象，形成了模块化产业。产业内部组织结构出现了由大变小呈扁平化趋势、产业内部供求关系外化为分包市场体系。以前是一个产业部门，现在演变为一个模块化产业体系。汽车行业是这种情形的典型事例。其次是区域传统产业创新体系改变了传统产业之间的关系。在没有传统产业创新体系以前，区域内各传统产业成为各自独立的产业部门，由于传统产业体系的出现，新兴技术在传统产业中的大规模应用，使得原本相互独立的各传统产业的界限收缩甚至消失，形成一个新兴产业。即产业融合这种产业创新形态正改变着传统产业之间的结构关系。比如，邮政、电信、影视、出版等行业就因大规模应用移动互联网技术、大规模集成电路技术而融合为数字内容产业。传统产业之间的结构关系转变为数字内容产业，使得这些传统产业部门彻底蜕变为现代信息产业，极大地推进了现代信息产业体系的发展。

（二）区域新兴产业创新体系使区域内新兴产业获得大发展，形成了完整的新兴产业体系

在区域内，一个全新的产品开发，全新的工艺开发，开拓出一个全新的市场，这就是新产业形成机理。在一个强势的创新区域中，不同的新兴产业不断涌现，形成了多样化的新兴产业。这些新兴产业之间的关系可能是产业模块化分工曲线上的不同新产业，也可能是横向分工体系上完全不

同的新兴产业。战略性新兴产业就是这些新兴产业体系中具有战略性、全局性的主导产业。在一个区域内，完整的、全面的新兴产业体系应当是根据模块化分工、产业生命周期曲线所形成的多样化的新兴产业体系。区域新产业创新体系的形成过程不仅是新产业体系形成和发展的过程，而且是构建现代产业体系的过程。深圳电子信息产业、生物医药产业等新兴产业的发展过程带动了深圳现代产业的高速发展。

四　产业制度创新体系支撑着区域现代产业体系

（一）创新竞争规则是区域现代产业体系的基石

传统产业竞争的基本规则是价格竞争、成本竞争。低价、低成本竞争策略是企业的基本竞争策略。低价、低成本竞争策略使企业获得了规模经济优势。现代产业竞争的基本规则是创新、合作、专利垄断。创新优势是现代产业内企业的根本竞争优势，专利垄断优势既是创新优势的体现，又是新的创新优势的来源，合作是获取创新优势的重要策略。产业集群内企业既展开创新竞争又必须进行创新合作，这种集群内企业间的竞合关系是现代产业内企业之间的基本关系。

（二）知识财产权制度是区域现代产业内企业的治理安排

知识财产权是鼓励创新劳动者和企业从事技术创新的财产权制度，其要义是，创新劳动者是技术创新活动的主体，创新利润是企业利润的根本来源，创新劳动者分享创新利润，创新劳动者拥有新知识的所有权和分享由新知识所引致的创新利润。硅谷 IT 企业创造了员工分享知识财产权制度的具体形态，即员工持股制度。员工持股制度的具体形式有员工持有企业股权、股份、股票期权等。职业经理人持股制度是企业内核心员工持股制度的核心构成部分。职业经理人持股制度缓解了代理人机会主义行为和道德风险的压力。在经济不景气时期，员工持股制度的激励作用有限。员工持股制度安排激发了员工广泛参与企业创新的热情和积极性，改善了企业创新效率，加强了企业内部监督。

（三）资本市场制度创新是区域现代产业发展的内在要求

资本市场制度是解决企业融资成本的基本制度。债权融资制度、股权融资制度、期货期权融资制度构成现代资本市场制度。债权融资制度是最先发展并且成熟的资本市场制度。债权市场制度始终是现代产业发展的必要制度基础。健全和发达的银行服务业体系是债权制度的基石。高效率的、安全的企业债券市场体系是现代债权融资体系的新发展。债权融资制度安排是一种适合于具有良好信用的企业的融资安排，它难以解决信用不足的中小企业融资难题。股权融资制度构成了现代产业发展的主导性融资制度。股权融资制度创新满足了现代产业的发展要求。蓝筹股股权市场适合于大公司上市融资，促进了大公司的创新，但不适合中小企业上市融资。创业板股权市场是资本市场制度创新的一大举措，它解决了中小企业、科技创业企业的创新融资问题，为新兴产业的发展提供了强劲的资本市场支撑。

(四) 技术交易市场制度界定了专利等技术产品的交易关系，规范了专利等技术交易行为

发达、高效的技术交易市场体系提高了专利等技术产品的交易效率，推动了科技成果的转化，促进了产业创新。

(五) 科技产业政策是区域现代产业发展的重要制度保障

科技产业政策包括科技创新政策、科技财税政策、科技金融政策。科技创新政策是有关科技研发补贴、专利的基本政策。科技财税政策是有关支持企业科技创新的财政支出政策、税收减免政策，科技金融政策是指支撑科技创新的信贷贴息政策。利用科技产业政策支持现代产业的发展是各国政府的普遍做法。在区域内，各个区域的科技产业政策创新对于区域现代产业的发展起着十分重要的作用。中国北京、深圳、上海的科技产业政策创新非常活跃并且高效，有力地促进了这些区域现代高科技产业和新兴产业的发展。

第3节 创新竞争优势与区域产业创新价值链体系

一 创新竞争优势：来自创新价值的分析

产业竞争优势是指一国或区域产业在其发展各个阶段和时期为市场所创造的超过竞争者更多价值的能力。产业竞争优势的内涵、来源和本质构成了产业竞争优势理论的基本内容。赵玉林等学者系统地概括了产业竞争优势理论。[①]

(一) 比较优势与产业竞争优势的界定

迈克尔·波特率先定义了产业竞争优势。他认为，产业竞争优势

① 赵玉林在《基于科技创新的产业竞争优势理论与实证》中系统解释了产业竞争优势理论。

(industry competitive advantage) 是指一国的特定产业在世界市场上均衡地创造出比其他竞争对手更多财富的能力，它可以直接表现为该国的产品价格低于或质量优于其他国家的同类产品。[①] 迈克尔·波特关于竞争优势内涵的阐释如下。

1. 产业竞争优势是某个区域或国家在产业发展某一阶段的优势

根据波特的解释，一个国家或区域不可能在所有产业领域都拥有竞争优势。比如，美国纽约的影视产业、硅谷的电子信息产业等相对于其他国家来说具有竞争优势，中国在纺织、服装等传统劳动密集型产业或高科技产业中的加工环节具有竞争优势。不同国家或地区在同一产业价值链的不同阶段上具有竞争优势。比如，在计算机产业，美国在 CPU 产业、操作系统产业具有竞争优势，印度在应用软件设计产业具有竞争优势。一个区域或一国家在同一产业内不可能永远具有竞争优势。比如，在彩电领域，先是日本拥有强大的竞争优势，后是韩国赶上并超过日本拥有竞争优势。

2. 产业竞争优势是在比较优势的基础上提出的

比较优势 (comparative advantage) 是英国著名经济学家大卫·李嘉图率先提出的概念，它是对亚当·斯密的绝对优势理论的发展，比较优势是现代国际自由贸易的基石。瑞典经济学家埃利·赫克歇尔 (E. F. Heckscher) 和贝蒂尔·俄林 (Bertil Ohlin) 发展了李嘉图的观点，提出了要素禀赋理论。克鲁格曼和斯蒂格利茨提出了内生比较优势理论，内部规模经济和外部规模经济导致规模报酬递增，从而形成了内生比较优势。

比较优势涉及的是各国或各个区域不同的产业间关系，产业竞争优势涉及的是各国或各个区域同一产业的关系。[②]国际贸易中的比较优势理论指出，在不同国家同种产品的生产函数相同的条件下，比较优势产生的根源在于各国生产要素相对禀赋的不同，以及不同商品生产在要素使用密集性上的差别。可见，比较优势可归结为一国或一区域的要素资源禀赋。竞争优势则更加强调一国或一区域企业的战略行为和策略行为。此外，比较优势强调的是潜在的、静态的竞争力，竞争优势强调的是现实的、动态的竞争力。

---

① 迈克尔·波特：《国家竞争优势》，中信出版社 2007 年版，第 6—12 页。

② 金碚：《产业国际竞争力研究》，《经济研究》1996 年第 11 期。

一国或一区域具有比较优势的产业易于形成较强的产业竞争力，因为比较优势可以转化为竞争优势。以中国为例，近年来，东部沿海地区的技术与资本资源相对丰富，而广大的中西部地区劳动力资源、土地资源则相对丰富。在这一总体格局下，随着东部地区劳动力成本及土地成本的不断上升，一些劳动密集型产业开始向中西部地区转移。如浙江温州地区鞋革业向重庆璧山的转移，便促进了重庆“西部鞋都”的形成。相比于成都武侯区的鞋革业，重庆璧山鞋革业的基础较差，并不存在竞争优势。然而，重庆“西部鞋都”之所以能形成，是因为其相比于成都武侯区及浙江温州两地的资源禀赋优势，璧山处于重庆主城区的边缘地带，无论是土地资源还是劳动力资源均具有相对优势。

3. 产业竞争优势是企业竞争优势的集中体现

企业竞争优势是指一个企业在有效的“可竞争性市场”向消费者提供具有某种价值的产品和服务的过程中所表现出来的超越或胜过竞争对手，并且能够在一定时期里形成市场主导权和超额利润，或创造出高于所在产业平均赢利率的属性和能力。①产业是经营同一产品的企业总称。产业竞争优势应当是企业竞争优势的有机整合。在一个产业内，个别企业有竞争优势，绝大多数企业无竞争优势，则整个产业有竞争优势。在一个产业内，绝大多数企业有竞争优势，则整个产业就有了竞争优势。比如，中国家电产业具有全球竞争优势，就在于中国彩电产业内海信、长虹、TCL等五大企业集团具有竞争优势。

4. 产业竞争优势与产业竞争力是一个硬币的两面

产业竞争力或产业国际竞争力有多种版本。比如，OECD（经济合作与发展组织）版本，IMD（瑞士洛桑国际管理学院）版本。根据OECD版本，竞争力是指面对国际竞争支持的企业、产业、地区，国家或超国家在可持续发展基础上进行相对较高的要素投入和较高要素利用水平的能力。而IMD版本指出，国际竞争力是指一国或一公司在国际市场上均衡地生产出比其竞争对手更多财富的能力。这两个版本的共同点是：（1）竞争者是国家、企业；（2）在国际竞争中创造财富的能力。而二者的区别是，OECD版本突出要素投入与利用能力，即要素投入，IMD版本突出创造财富的能力，即产出能力；OECD版本突出了可持续性，而IMD

① 赵玉林等：《基于科技创新的产业竞争优势理论与实证》，科学出版社2011年版，第29页。

版本突出了国际市场均衡。国内学者对二者作了综合陈述。比如，金碚的定义。仔细地把迈克尔·波特有关产业竞争优势的描述与产业国际竞争力的界定作比较，我们发现，二者并没有实质性的区别。具有产业竞争力就具有产业竞争优势，反之则反是。

（二）创新资源优势与创新竞争优势的界定

1. 创新资源优势的界定

“创新资源是指地区参与知识生产活动的要素禀赋，包括创新过程中的人力资源、知识、技能和机器设备等。”①创新资源优势可定义为某一国家或地区对另一国家或地区创新资源的优势。创新资源优势是一存量优势概念。创新资源是一个国家或地区的高级生产要素。一个国家或地区拥有的创新资源越多，其知识生产成本就越低，其创新实力就越强。在国际创新竞争中，该国或该地区就拥有创新比较优势。2008年，北京、上海、广东、江苏、浙江、山东、天津、辽宁、湖北和四川在全国创新综合实力排名中居前10位。②这表明这些省、市有创新资源比较优势。

2. 创新竞争优势的界定

战略管理理论关于竞争优势的来源历来就有外部论与内部论的分野。外部论就是迈克尔·波特的竞争优势理论，即产业竞争优势理论。内部论就是企业资源基础论。根据迈克尔·波特的国家竞争优势理论，高级生产要素、企业战略与结构、市场需求、地方工业体系构成了一国或一地区产业竞争优势的基本要素。高级生产要素、企业战略与结构都与创新资源有着密切关系。在创新竞争时代，高级生产要素实质上就是创新资源、企业战略，在波特的定义中指企业在产业价值链上的地位，而决定企业在产业价值链上地位的力量就是新进入者、替代者、互补者、竞争者等五种力量。企业通过实施差异化战略、低成本战略和聚焦战略获得竞争优势。这些战略在本质上就是企业的创新战略。如何实现这些战略呢？企业资源基础论提供了另一种诠释。根据企业资源基础论的观点，企业必须拥有、控制投入生产经营活动的异质的、有价值的、不可完全模仿的、不可替代的资源。其中，关键资源最为要紧。可见，无论是企业创新竞争优势还是区

① 陈菲琼、任森：《创新资源集聚的主导因素研究：以浙江为例》，《科技管理》2011年第1期。

② 中国科技发展战略研究小组：《中国区域创新能力报告2008》，科学出版社2009年版，第3页。

域产业创新竞争优势，都离不开创新资源比较优势，尤其是关键资源优势。创新资源比较优势是创新竞争优势的基础。

企业能力是把创新资源比较优势转化为创新竞争优势的关键。企业能力包括科技能力、创新能力、制造能力、营销能力等。企业要获得创新竞争优势就必须具有科技能力、创新能力。要获得持续创新竞争优势，企业须满足如下条件：（1）企业拥有异质性资源。（2）企业异质性资源具有李嘉图垄断租。（3）企业有价值的资源是不可完全模仿的。所谓不可完全模仿指的是企业拥有的知识资源、权利资源尤其是关键核心资源完全不能被模仿，或即使能模仿，也将付出高昂的成本。（4）这些不可完全模仿的企业资源是不可替代的。可见，创新竞争优势可被定义为企业拥有具有创新垄断收益的创新资源和实现创新垄断收益的创新能力及其互动关系。

企业创新产出，比如专利、品牌、新产品、新技术等，都是创新资源的函数。企业创新产出切实描述了企业创新竞争优势。依据新产品知识含量或知识创新难度，可用产品创新、技术集成创新、核心技术—产品创新刻画企业创新竞争优势。“产品创新”、“初级产品创新”、“低技术创新”三个术语可通用，描述的都是产品的局部功能、外观设计的创新，其特点是模仿创新，知识含量低，技术含量低，创新附加价值低。“中端或高端产品创新”刻画了一个全新的产品特征，这个中端或高端产品可能集成了众多的成熟技术。这样的产品知识含量高、技术含量高、创新附加价值高，体现了技术集成创新。例如，苹果的 iPhone 产品就是一个典型的例子。高端核心技术产品刻画了一个通用的、基础的、核心的、全新的技术产品。这个产品知识含量最新、技术含量最新、创新附加值高。比如，微软的 Windows 操作系统和 Intel 公司的 CPU 系统。还有美国的特拉斯电动轿车。这些都体现了技术的原始创新。产业创新是企业创新的最高境界。即企业完成了从产品创新、工艺创新、市场创新、组织创新和管理创新的全部过程，开拓了一个全新的产业。20 世纪 90 年代后，企业的产业创新常常表现为产业创新联盟，即产业上、中、下游的企业结成创新联盟以推进新兴产业的发展。

（三）区域产业创新价值链体系的构建

1. 产业创新价值链：创新微笑曲线

在全球视野下，我们发现，产业创新价值体系包括了高端产品价值、中端产品价值和低端产品价值，初级技术创新、中端技术创新和高端技术创新。发达国家的产业创新总是高端产品创新、高端技术创新，还有部分国家或地区的产业创新处于中端产品创新与中端技术创新阶段，发展中国家的产业创新就是低端产品和低端技术创新。

施振荣曲线用产品流程描述了产业创新价值链曲线，称为“微笑曲线”。产品流程一般经过产品研发、产品生产加工、产品营销等环节。随着社会分工的不断扩大和深化，一些产业由于模块化分工的原因而由原来的企业内分工演变为独立的社会分工，模块化技术供应商专门从事专业生产，从而形成了独立的研发产业、设计产业、制造产业等。以服装业、鞋革业为例，设计与品牌的运作与管理大多集中在跨国公司，而产品的生产与加工则大部分集中于发展中国家的外向型加工贸易企业。在这一模式下，跨国公司依靠设计理念与能力、品牌运作管理与市场营销能力占据了价值链的高端，而发展中国家的加工贸易企业则依靠其劳动力优势、土地资源优势或政策优势处于价值链的低端。这种基于产品流程构造的区域产业自主创新价值链如图7.4所示。在这一模式下，处于价值链高端的从事产品研发设计或产品营销的企业创新活动的规模与强度均高于处于价值链低端的从事产品生产加工的企业，从某种意义上讲，价值链低端的非创新型企业为价值链高端的创新型企业集中优势资源进行创新活动创造了条件，而缺乏创新能力的企业则通过产品的生产加工获得资本和产品技术知识经验的积累。

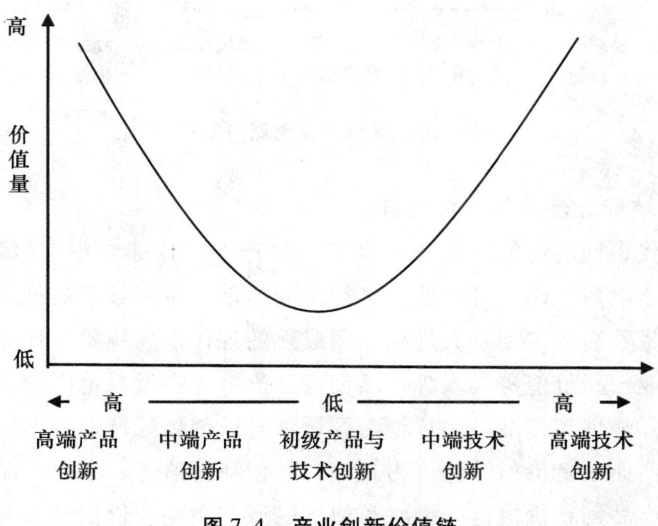

图7.4　产业创新价值链

2. 区域产业创新价值链

普通创新区域的产业创新突出了低端或初级产品创新，或者说技术模仿创新。优势创新区域的产业创新突出了中端产品或中高端产品创新，这在技术上表现为中高端技术创新。理想创新区域或强势创新区域的产业创新是高端产品创新、高端技术创新。普通创新区域的产业创新、优势创新区域的产业创新和强势创新区域的产业创新在全球产业创新价值链上体现为产业创新价值链曲线陡峭程度的不同。普通创新区域的产业创新价值链处于全球产业创新价值链的底部，并且形状陡峭。优势创新区域的产业创新价值链处于全球产业创新价值链的中部，且形状偏陡峭。强势创新区域的产业创新价值链处于全球产业链的顶部，形状平缓（见图7.5）。

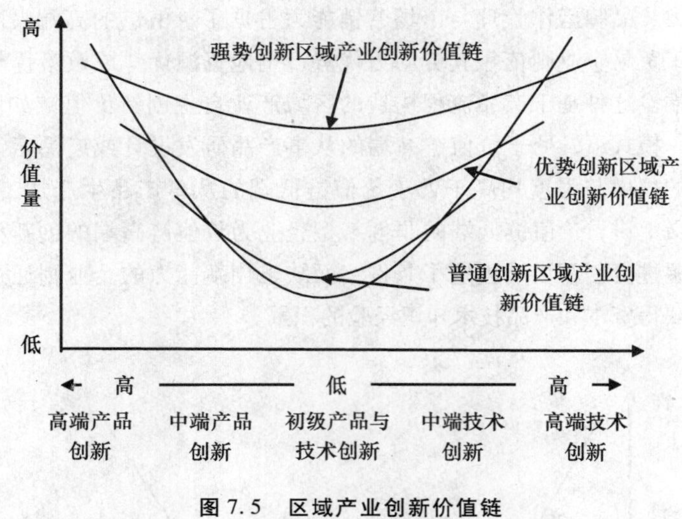

图7.5　区域产业创新价值链

3. 区域传统产业创新价值链

具有代表性的传统产业是劳动密集型产业。比如纺织、服装、鞋帽、领带、低压电器、陶瓷等产业。这类产业的创新特点是产品创新，科学基础知识含量不高，主要是大规模运用成熟的现代信息技术、环保技术。因此传统产业创新价值链表现为产品创新价值链，在世界范围内仍然存在传统产业的强势创新区域、优势创新区域和普通创新区域。在不同的创新区域，传统产业创新价值链体现为高端产品创新价值链、中端产品创新价值链和低端产品创新价值链，形状类似于区域产业创新价值链（见图7.6）。

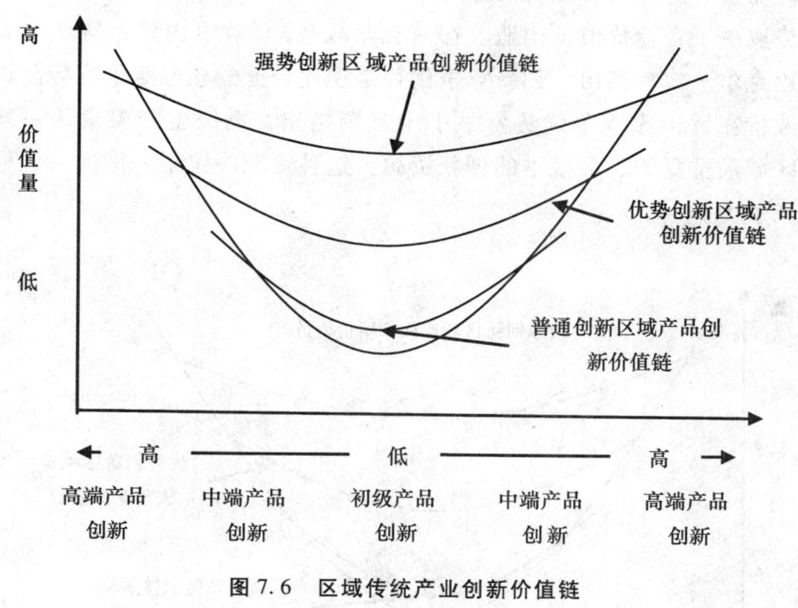

图 7.6　区域传统产业创新价值链

4. 区域现代产业创新价值链

现代产业的本质特征是技术创新，因而现代产业创新价值链体现为技术创新价值链。技术创新有三种形态：模仿创新；集成创新；原始创新。普通创新区域产业创新的特点是技术模仿创新，优势创新区域产业创新的特点是技术集成创新，强势创新区域产业的创新特点是原始创新。因此区域现代产业创新价值链有三种形态：普通创新区域产业技术模仿价值链；优势创新区域产业技术集成创新价值链；强势创新区域技术原始创新价值链。其形态类似于区域产业创新价值链（见图 7.7）。

二　区域产业创新体系是现代产业体系的竞争优势

（一）产业创新资源和产业创新能力是现代产业竞争优势的来源

1. 产业竞争优势来源于产业创新资源

迈克尔·波特认为，企业绩效是现代产业结构的函数。企业盈利能力取决于企业在现代产业结构中的地位和市场位势。现代产业结构是企业行为规则和战略、策略行为的决定性因素，产业吸引力是决定企业绩效的根本因素，而这种吸引力取决于竞争对手的入侵、替代品的威胁、买方讨价还价的能力、卖方讨价还价的能力及在位竞争者的竞争五种力量。企业市场位势取决于企业价值链构造。在《竞争战略》《竞争优势》等经典著作中，迈克尔·波特指出，创新竞争优势是现代企业的核心竞争优势。迈克尔·波特在《国家竞争优势》一书中强调指出，高级生产要素是一国或一个区域最重要的、最根本的创新资源，这种资源决定了一国或一区域的产业竞争力。

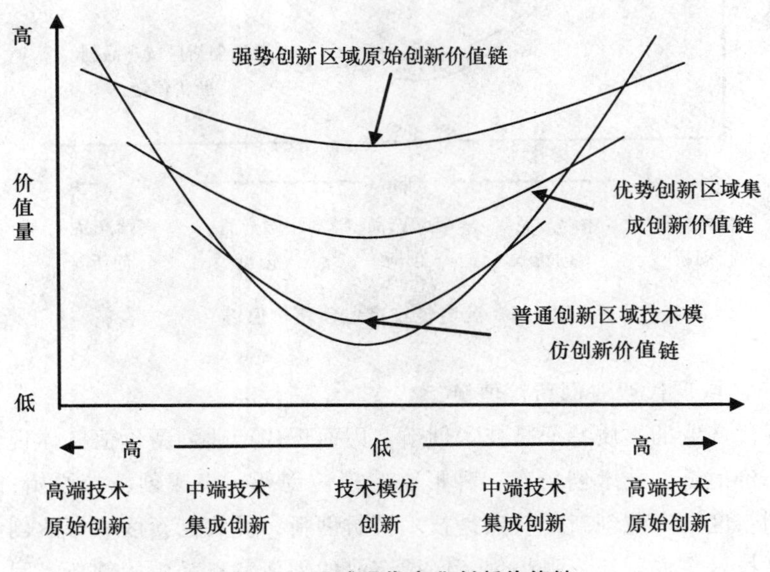

图 7.7　区域现代产业创新价值链

2. 核心创新资源与产业创新能力是现代产业竞争优势的根本来源

1984 年，沃纳尔特发表了《企业资源基础论》一文。在此基础上，格罗姆特（Gromt），B. 杰伊·巴尼（Jay B. Barney）等推进了沃纳尔特的观点，提出了企业竞争优势来源于核心资源的观点。企业绩效来源于那些能够在长期竞争与发展中发挥作用的、稀缺的、不可模仿的、不可替代的核心资源。普拉哈拉德（Prahalad）和加里·哈梅尔（Gary Hamel）系统总结了 20 世纪 80 年代美、日企业竞争绩效的差异及其原因，提出了企业竞争优势来源于企业核心能力的观点。这种能力包括：第一，企业在本质上是一个能力体系；第二，积累、保持和运用能力是企业持续竞争优势的决定性因素；第三，企业能力储备决定了企业经营的广度和深度；第四，产业创新能力是所有企业能力中最核心、最高级的能力。

（二）产业创新体系是现代产业竞争优势的本质

1. 劳动生产率的提高

劳动生产率指在给定社会技术条件的单位时间里的生产能力。单位时间的产出能力越高，劳动生产率就越高。在给定社会技术条件下，新技术创造、新的管理方式的采用都会缩短劳动时间或增加产出。在一个产业中，率先采用技术发明，建立技术创新体系，生产新产品的企业会获得创新利润，在市场竞争中更具有竞争优势。这表现为两个方面：在相同价格条件下，技术创新、管理创新会降低生产成本，形成低成本竞争优势；在相同成本条件下，技术创新、管理战略创新会形成产品与服务品质差异，形成差异化竞争优势。一个产业中技术创新的扩散导致了劳动生产率的全面提高。

2. 产业创新体系的形成

产业创新体系包括传统产业体系升级、新产业形成、现代产业结构体系的形成。传统产业体系升级是传统产业企业创新及广泛使用高新技术的过程，从而导致传统产业技术体系向高端和先进的产业技术体系的蜕变，同时传统产业体系向现代产业体系的转换。新产业形成是指某一时期国家或地区的企业技术创新所引致的新产业。现代产业结构体系的形成是指通过产业创新驱动形成了现代农业、现代制造业、现代服务业及其相结合的产业体系。

区域产业创新体系是区域产业的竞争优势来源。这种竞争优势的形成主要有两种途径：

第一，区域产业核心竞争优势。区域产业核心竞争优势是指由于区域产业掌握了产业发展中的关键技术和产品而形成的产业发展的核心竞争优势。这些优势具体包括产业自主创新能力优势、区域产业品牌优势、区域创新型企业竞争优势、区域知识产权拥有优势、区域产业发展技术标准制定权力等。

第二，区域产业特色优势，即区域产业在其发展中充分结合区域的特色资源所形成的市场竞争优势。这些优势具体包括创新资源的比较优势、区域特色产业的品牌优势、区域特色产业的创新优势等。

三　区域产业创新体系演化与区域现代产业组织

从区域产业创新的对象来看，区域产业创新体系主要包括区域产业结构创新、区域产业组织创新、区域产业技术创新。区域产业创新体系的演化方向是区域现代产业组织。

（一）区域产业结构创新的演化

1. 区域产业结构创新

产业经济学指出，区域产业结构是指某个区域内各个产业之间数量比例关系和技术经济关联关系。在产业发展史上，产业结构大体上表现为劳动密集型产业结构、资本密集型产业结构、技术密集型产业结构或居于其间的过渡性产业结构。比如，资本技术密集型产业结构就是过渡性产业结构。从时代性上看，产业结构可分为传统产业结构与现代产业结构。传统产业结构与现代产业结构内涵通常处于动态变化中。根据科学技术产业发展进程及其在产业结构中的地位演变看，传统产业结构大体上指20世纪50年代以前的产业结构，现代产业结构大体上指50年代以后的产业结构。传统产业结构是一个封闭的、独立的产业结构，现代产业结构是一个开放的、创新的、知识型的产业结构。发达国家的产业结构是现代产业结构。发展中国家正在奋力推进传统产业结构向现代产业结构的转型。就中国而言，改革开放前，中国产业结构总体上是一个传统产业结构。改革开放30年里，中国初步形成了现代产业结构。实证分析表明，“区域产业结构专业化有利于提高创新绩效；区域产业结构的多样化更有利于提高区域创新绩效和技术创新”。[①]区域产业结构由传统产业结构向现代产业结构的转型快慢制约着产业竞争力的提高。西部大开发前后10年的产业结构转型实践就是一个例子。四川、重庆、陕西等西部省、市抓住西部大开发的历史机遇，产业结构转型明显快于其他省区，产业竞争力有了显著提高。[②]

区域产业结构创新就是指区域传统产业结构向区域现代产业结构转型和升级。其内涵是区域劳动密集型产业结构高级化；区域资本技术密集型产业结构知识化；新兴产业结构逐步形成。

2. 产业转移、主导产业转换和新兴产业发展是区域产业结构创新的基本路径

① 郁培丽、刘锐：《区域产业结构对创新绩效影响的实证研究》，《东北大学学报》（自然科学版）2011年第12期。

② 夏泽义、赵羲：《西部开发前后十年产业结构比较》，《价格月刊》2010年第8期。

产业转移有产业国际转移和国内的区际产业转移。产业国际转移指的是发达国家向发展中国家的产业转移。这种产业转移始于第二次世界大战之后，历经三次产业转移浪潮。第一次是 20 世纪五六十年代，美国将纺织、钢铁等传统产业转移到日本和西德，自己则集中力量发展半导体、通信和电子计算机等技术密集型产业。第二次是 20 世纪七八十年代，此次产业转移主要发生在东亚地区。日本先是将纺织等劳动密集型产业转移给东亚“四小龙”，接着又将资本密集型产业转移出去，最终催生了“东亚奇迹”。第三次是 20 世纪 90 年代以来，美国、日本和东亚“四小龙”等进行的产业转移。其显著的特征是，作为全球化主导者的跨国公司，为了获得全球竞争力，将附加值低的产品生产工序进行外包，或投资设厂进行生产，保留产品的研发、设计和营销等附加值高的工序，中国大陆成为这次产业转移的主要目标区域。时至今日，随着大陆劳动力成本、环境成本等的不断上升，位于珠三角地区的一些劳动密集型产业又开始转向东南亚国家或地区，而一些资本密集型和技术密集型产业开始转入珠三角地区。产业转移引致产业资本输出国发展新的产业结构，产业资本输入国的劳动密集型产业升级，形成更加专业化的、高加工度的劳动密集型产业结构。比如，中国加工型的高新技术产业。国内区际劳动密集型产业转移正如火如荼地展开着。东部劳动密集型产业或高新技术产业的加工制造环节向中西部转移。这正在提升中西部劳动密集型产业结构。[①]产业转移新模式表现为多阶段生产、生产分割、价值链切割、产品内分工、外包、国际生产分享、全球价值链和全球价值链转移。工资率变动、资本报酬率变动等要素结构的变动正深刻地改变着全球价值链及全球价值的转移，进而推动区域产业结构的创新。[②]

主导产业转换是区域产业结构创新的根本路径。一个国家或一个区域的主导产业是该国或该地区的支柱产业，同时，更是关键的创新产业部门。增长极理论认为，一个国家或一个区域成长为新的增长极是因为该国家或该区域的新兴产业部门成为主要的创新型产业部门。罗斯托研究了主

① 盛世豪、朱家良：《产业结构演变模式与专业化竞争优势——兼论粤苏浙三省产业结构演变特点》，《浙江社会科学》2003 年第 3 期；盛世豪：《广东、江苏、浙江三省产业结构的演变特点》，《今日浙江》2003 年第 3 期；谢植雄：《深圳经济增长与产业结构演进分析》，《地域研究与开发》2003 年第 3 期。

② 赵君丽：《要素结构变动、产业区域转移与产业升级》，《经济问题》2011 年第 4 期。

导产业扩散效应和经济成长。他认为，主导产业的转换导致了产业结构的不断高度化与合理化。钱纳里的工业化理论解释了经济发展初期、中期和后期主导产业部门的转换情形。简单地说，在经济发展初期，第一产业是主导产业部门；在经济发展中期，第二产业是主导产业部门；在经济发展后期，第三产业是主导产业部门。霍夫曼理论研究了第二产业在各发展阶段的主导产业部门转换。在第二产业发展初级阶段，轻纺工业是主导产业部门；在第二产业发展中间阶段，重化工业是主导产业部门；在第二产业发展高级阶段，高技术装备制造业是主导产业部门。在这之前，马克思扩大再生产理论提出了生产资料部门是主导产业部门的思想。“雁行理论”解释了开放条件下主导产业的转换情形。

主导产业的转换包括主导产业的替代和扩散。技术创新是主导产业转换的动力。熊彼特率先以创新解释了主导产业转换的原因。他认为，在新兴主导产业部门形成过程中，创新竞争代替了价格竞争，技术创新部门首先获得了创新收益；其次随着创新的扩散，技术创新部门的创新收益减弱或被新的创新部门所替代。这种不连续的创新破坏导致了主导产业的转换。熊彼特的继任者新熊彼特学派用技术范式和技术轨道解释技术创新所引致的主导产业转换的内在机理。在新制度经济学家看来，技术创新驱动的主导产业部门的转换是一种表象。制度创新是主导产业部门转换的内在动力。因为制度安排对科技创新的激励是有差异的。

表 7.1　　技术变迁驱动的现代主导产业的转换

时期	主导产业及基础产业	低价提供关键生产要素	潜在的增长产业
18 世纪 60 年代至 19 世纪 40 年代	纺织/纺织机械/制铁/河运、公路运输	棉花/生铁	蒸汽机/机械
19 世纪 40 年代至 19 世纪 90 年代	蒸汽机/轮船/机械/铁路/环球航运	煤	钢/电力/天然气/合成染料/重型工程
19 世纪 90 年代至 20 世纪 60 年代	电力机械/军工/重化工/合成染料/电力/重型工程/钢铁	钢	汽车/飞机/电信/无线电/铝/耐用消费品/石油
20 世纪 60 年代至今	计算机/电子设备/电信设备/光导纤维/机器人/新材料/数据库/信息服务/网络/人造卫星	芯片（微电子）	生物工程/宇航工业/精细制造

资料来源：转引自胡建绩编著《产业发展学》，上海财经大学出版社 2005 年版，第 99 页。

新兴产业的发展主要是新兴主导产业的发展，是主导产业转换的本质内容。现代产业发展史表明，纺纱机和蒸汽机技术的发明引发了近代冶金、机械、交通运输等主导产业代替传统的主导产业部门，即纺织产业部门。能源技术革命导致重化工业部门取代冶金、机械等产业成为新兴的主导产业部门。电子技术、原子能技术、新兴材料技术等现代技术革命使得电子计算机工业、电视机产业、航空航天产业成为新兴主导产业部门。表 7.1 描述了技术变迁所引致的现代主导产业部门替代与扩散的历程。

20 世纪 60 年代发展起来的主导产业部门包括计算机、电子设备、电信设备等，这构成了现代主导产业部门。2008 年国际金融危机爆发以后，循环技术、低碳技术、环保技术等新兴科技革命正处于爆发前夜，互联网产业、高端装备制造业、航空航天、海洋产业、生物医药产业、物联网产业、环保产业等成为潜在的新兴主导产业部门。世界各国政府相继起动了新一代主导产业发展战略。表 7.2 描述了世界主要国家的战略性新兴产业发展重点部门。

表 7.2　　**世界主要国家的战略性新兴产业**

国家	新兴主导产业及基础产业	低价提供关键生产要素	潜在的增长产业
美国	新能源、干细胞、航空航天、宽带网络	知识	新能源产业、航天
中国	新能源、节能环保、电动汽车、新材料、新医药、生物育种、信息产业	知识	电动汽车、信息产业、新能源、新材料
日本	商业航天市场、信息技术应用、新型汽车、低碳产业、医疗与护理、新能源	知识	信息技术产业、低碳产业
德国	电动汽车	知识	电动汽车
英国	电动车、混合燃料车的绿色振兴计划	知识	绿色产业
韩国	绿色技术、尖端产业融合、高附加值服务	知识	高端装备产业

资料来源：根据网络公开资料整理。

中国区域主导产业的转换随着经济发展阶段的变化呈现出阶段性特点。在珠江三角洲地区，1979—1990 年，其主导产业主要表现为轻纺工业和家电产业；1991—2002 年，重化工业、住宅产业、汽车产业是其主导产业部门；2003 年至今，通信设备、计算机及电子设备产业成为其主导产业。[①]由于中国区域产业结构呈现趋同化，其他各区域产业结构的主导产业也正经历着类似的演进。不过，中西部地区与东部地区产业结构的主导产业呈阶梯状特点，即东部地区正在进入后工业化时期的主导产业阶段，中西部地区则正处在工业化中期或中前期的主导产业阶段。[②]

3. 区域产业结构创新的演化路径

以主导产业部门为标志的产业结构被称为创新型产业结构。全面观察当代国内外创新型产业结构可以发现，创新型产业结构在空间上并存着模仿型产业结构、产品创新型产业结构、技术创新型产业结构和核心技术创新型产业结构。模仿型产业结构、产品创新型产业结构都是初级创新型产业结构，技术创新型产业结构则是中级创新型产业结构，核心技术创新型产业结构是高级创新型产业结构。强势创新区域产业结构是高级创新型产业结构，如硅谷产业结构；优势创新区域的产业结构是技术创新型产业结构，如中国台湾新竹产业结构、北京中关村产业结构、上海张江科技园产业结构、深川高新区产业结构等。弱势创新区域或普通创新区域产业结构常常是模仿型产业结构、产品创新型产业结构。区域产业结构的创新演化随着创新区域由弱到强呈现出以下几种路径：

第一，弱势创新区域产业结构的演进路径。弱势创新区域产业结构创新的演化路径是：由加工产业结构依次向模仿型产业结构、产品创新型产业结构、技术创新型产业结构、核心技术创新型产业结构演化。即在区域产业发展的初级阶段，往往通过加工环节获取较低的利润，同时进行生产工艺和技术的积累，随后，产业内一些有着一定技术基础的企业开始进行模仿创新，这是区域产业创新发展的初级阶段。这一阶段的企业并没有摆脱对产业内技术领先者的产品依附，即产品加工、产品模仿。随着企业对产业内领先企业的产品功能及其实现技术认识的不断深化，区域产业创新的第二个阶段就会形成。此时的领先企业将会在产品的差异化方面进行创

① 覃剑、张文霞：《珠三角地区产业结构变迁与优化研究》，《产经评论》2010 年第 6 期。

② 杜丽永：《中国区域经济收敛了吗》，《山西财经大学学报》2011 年第 7 期。

新，具体包括产品的外观、功能、品牌等，实行产品创新的过程会为实现产品差异化的技术创新奠定良好的基础和提供创新激励。随着分工的不断深化，一些产品研发实力较强的创新企业逐渐累积更多的创新优势，形成了正向的产品和技术创新体系，对产品的核心技术进行创新，并开发拥有核心技术的产品，从而形成核心技术创新型的产业结构。以中国彩电业的创新为例，它在一些地区的发展总体上经历了以上的演化历程，即由 20 世纪 80 年代的加工装配到模仿创新，然后到 20 世纪 90 年代的产品创新和技术创新。进入 21 世纪后，中国一些主要的彩电生产企业如长虹、海信等开始实施核心技术—产品创新战略。

弱势创新区域产业结构创新的演化路径还表现为：由加工型产业结构向品牌营销型产业结构或研发型产业结构演化，以及向特色优势产业结构和核心产业结构演化。一些区域的产业在发展中，最初依靠劳动力或自然资源的成本优势，通过加工生产获得生产利润。随着企业对自身在产业价值链上位置的不满，以及企业对产品市场资源（如销售渠道、产业信息等）占有量的不断增加，企业便会在品牌营销、产品技术研发等方面投入更多的资源，从而形成品牌营销型的产业结构或研发型产业结构，使企业的创新活动重点由产品的加工生产转向产品品牌和技术等知识产权的拥有。中国浙江、福建等地的纺织服装业、鞋革业的发展就很好地体现了这一演化路径。在这些产业的发展初期，大多数企业都从事加工贸易，为海外企业进行贴牌生产；随着对海外市场渠道及市场信息的大量掌握，一些企业开始发展具有自主品牌的产品，或注重产品技术的研发，并将原有的生产加工业务逐步外包或转移到内地其他更具有劳动力资源优势的省、区。

区域特色优势产业和核心产业结构的形成是一个演化的过程，这一过程也表现为产业结构创新的演化。区域特色产业的形成往往依赖于一定的自然资源条件，“特色产业”在向特色优势产业的演化过程中，需要形成新的市场竞争优势，如品牌、技术等。同时，一个区域核心产业结构的形成也需要大量的产业创新资源。在区域特色优势产业结构和核心产业结构形成初期，区域产业的创新资源和市场竞争优势比较有限，随着区域特色优势产业结构和核心产业结构的形成，区域产业创新资源将会不断积聚，区域产业市场竞争优势也将得到不断加强。以四川德阳的装备制造产业为例，这一生产基地的形成有其深刻的历史背景及自然地理条件。20 世纪

90年代中期以来，随着国内能源产业的扩张，发电设备的市场需求迅速增加，德阳市抓住这一历史机遇，通过国际合作、产学研合作、国内大中小企业合作等，促进了装备制造业这一区域特色优势产业结构和核心产业结构的形成，一些核心企业的技术创新和产品创新取得了重要的进展，并为新能源装备的技术与产品研发奠定了良好的基础。

第二，优势创新区域产业结构创新演化的路径。优势创新区域产业结构创新演化的路径是：始于优势产业，业内领先企业率先进行进技术创新，推动新技术的扩散，并广泛应用新技术，促进传统技术升级，使传统主导产业部门成为区域创新最活跃的产业部门。同时，高新技术产业由加工型产业部门向研发型产业部门升级。比如，中国长三角、珠三角等优势创新区域通过30年的发展，形成了国际上颇有竞争优势的电子信息产品制造业部门。但这些产业部门都属于加工型产业部门。在这些产业部门内，业已形成了领先企业，如深圳的华为公司、中兴公司等。这些公司率先在业内发起技术创新，广泛应用新技术，推动新技术扩散，促进了电子通信产业部门由加工型向技术创新型的转变。中国优势区域产业结构创新演化路径不仅依赖于技术创新，更依赖于制度创新。研究揭示了深圳、杭州、上海、武汉、成都、西安等优势创新区域的产业结构创新都依赖于地方产业政策的安排激励。例如，深圳市政府在2005年就出台了国内首部促进高新技术产业结构升级的产业创新条例。

第三，强势创新区域产业结构创新的演化路径。强势创新区域产业结构创新的演化路径是：大力发展新兴产业技术，壮大新兴产业企业，推进产业创新合作平台建设，构建公平的竞争环境，保护知识产权，动用一切政策工具促进创新的扩散，重点发展战略性新兴产业部门。北京中关村科技园区、武汉东湖高新区、上海张江高新区、深圳高新区、成都高新区、西安高新区六大世界一流的科技园建设区的产业结构创新实践充分体现了强势创新区域产业结构创新演化的规律。

（二）区域产业组织创新的演化

1. 区域产业组织创新

组织创新就是关于组织的初始条件、组织创新的内涵、组织转换的总称。从经济学角度表述组织创新初始条件就是市场结构与组织创新的关系问题或者说企业规模与技术创新的关系问题。组织转换问题就是一个新组织产生、发展并替代旧产业组织的问题。产业组织理论对这两个问题做了深入系统的研究。[①] 关于组织创新的内涵，创新管理学家做了广泛的全面研究。[②]本书对其的研究定义是，组织创新就是组织转换，包括组织形态转换和新形态组织的产生和发展。产业组织创新就是企业组织形态的转换、市场结构形态的转换和介于企业与市场之间新组织形态的发展。历史性地看，产业组织创新还是传统产业组织向现代产业组织转型或现代产业组织的发展。区域产业组织创新是区域特性与产业特性相互影响和相互作用所导致的某个区域内某个产业的企业组织形态转换、市场结构形态转换及二者间新组织形态的发展。

2. 区域产业组织创新的历史纵向性考察

所谓历史纵向性指的是产业的历史纵向性、企业制度的历史纵向性和企业组织结构的历史纵向性。产业经济学家系统地描述了产业组织的历史变迁，产业组织的历史变迁包括了产业生产组织、产业交换与流通组织的历史演变。从产业生产组织角度观察，我们看到，产业生产组织始于包买商，经历了手工工厂、工厂，发展到纵向一体化企业与网络式生产组织。从产业交换与流通组织的角度观察，产业交换与流通组织始于小商店，历经百货店、连锁店，发展到超市、网购。市场结构经历了完全竞争市场、完全垄断市场及不完全竞争市场结构。表 7.3 描述了产业组织各个阶段的特点。

表 7.3 说明，传统产业组织大体上说是 20 世纪七八十年代以前产业组织的总称。其中，大企业集团或垂直一体化组织是传统产业组织的最高形态。大型企业集团从 20 世纪 20 年代的福特制生产组织发展到 60 年代的 GE 公司 M 型生产组织。现代产业组织可以粗略地说是发端于 20 世纪七八十年代并流行于 20 世纪 90 年代中期的模块化网络生产组织。大型企业组织呈模块化特征是传统产业组织在 20 世纪 90 年代中期的显著特点。[③]马歇尔提出了规模经济和内部经济概念，解释了大企业集团成为传统产业组织主流形态的原因和机理。但是，马歇尔的规模经济与内部经济有着不可克服的内在冲突。威廉姆森在科斯交易成本基础上提出了资产专用性理论，解释了垂直一体化组织的形成机理。胡建绩认为，价值发展是

---

① 戴魁早：《垂直分离、技术创新和生产率增长——基于中国高技术产业的实证研究》，经济科学出版社 2011 年版，第 6—16 页。

② 王华等：《组织创新的概念、类型与测量述评》，《兰州学刊》2009 年第 3 期。

③ 罗珉：《大型企业的模块化：内容、意义与方法》，《中国工业经济》2005 年第 3 期。

决定产业生产组织演变的根本原因。[①]

表 7.3　　产业组织演化

时期	生产组织形式	市场和技术特点	分工与协调特点	效率来源
13—16 世纪中叶	包买商	由于交通不畅、战乱和季节原因而导致市场需求不断波动；生产工具简单、技术落后	分户加工，分工主要存在于生产者与交易者之间，基本无监督和控制能力	对不稳定需求的适应性，利用闲暇劳动力的低成本
16 世纪中叶至 18 世纪中叶	简单分工的手工工厂、分工协作的手工工厂	需求分散，以当地市场为主；交通、通信条件差；产生专门工具，但机器应用很少	以劳动者技能为基础的分工，分工活动之间提出了一定的协调要求	技巧经济、专业化经济
18 世纪中叶至 19 世纪 80 年代	工厂制度	需求上升但仍然以当地市场为主；机器应用开始普遍，成为生产的基本特点	以机械为基础的分工和协作，利用机械力；以企业内分工为主	规模经济、专业化经济
19 世纪 80 年代至 20 世纪七八十年代	出现规模生产下的现代企业组织，包括 M 型组织、垂直一体化组织等	需求大量、稳定，呈较大的同质性；交通、通信条件改善；专用机器、电力等大量应用	以产业内企业间分工为主，利用专业管理阶层满足迅速增长的协调需求	规模经济、范围经济、协调经济
20 世纪七八十年代以后	大规模定制：网络式生产组织、虚拟组织、弹性专业化	需求多样化、个性化，市场不确定性大；交通、通信条件显著改善；网络技术、虚拟技术、柔性制造技术等大量应用于生产和交易	在社会范围内分工环节重组、整合；依靠对不同组织能力的快速和低成本重组应对不确定环境	柔性、不适应、弹性专业化

资料来源：转引自胡建绩编著《产业发展学》，上海财经大学出版社 2005 年版，第 111 页。

① 胡建绩：《产业发展学》，海财经大学出版社 2005 年版，第 112—120 页。

区域产业组织创新，从纵向历史性角度看，就是区域传统产业组织向区域现代产业组织的转型。格林伍德等人认为，组织转型是现有组织模板（organizational templates/archetypes）转向另一个组织模板[①]，而所谓"组织模板"是一个反映单一解释构架的结构和制度体系[②]，或者说是一个关于应该是什么的价值和观念体系。[③]中国区域产业组织创新随着传统计划经济体系向社会主义市场经济体制转型而全面展开。其主要表现是：20 世纪 80 年代的国有工厂组织向行政性企业集团转型，20 世纪 90 年代的行政性企业集团向传统产业企业集团转型。20 世纪八九十年代，浙江、江苏、广东等地的劳动密集型产业的组织创新丰富多彩，各有特色。家族企业兴起并发展为传统产业企业集团是浙江产业生产组织的创新特色。农村集体企业、乡镇企业兴起并向传统产业企业集团发展是江苏苏南地区产业组织的创新特色。"三来一补"的港资、台资、外资三资企业是深圳等经济特区产业组织创新的鲜明特点。军工厂向民用企业转型是四川、重庆和贵州等省、市装备制造、家电等产业的组织创新特色。"抓大放小"战略所导致的国有中小企业向民营企业转型是东北等国有经济重镇的产业组织创新特点。同时，"抓大放小"使得中国石化、钢铁、汽车等产业部门集中地区的产业组织创新有着明显的福特制生产组织特征。[④] 总的说来，福特制生产组织模式是改革开放三十年来中国区域传统产业组织创新的基本特征。[⑤]

21 世纪以后，随着科学发展观的深入贯彻和创新型国家战略的起动与推进，区域传统产业组织创新进入了创新型企业建设的新时期。究竟是大企业拥有创新优势还是小企业拥有创新优势？据企业组织自然演化或渐进式演进理论分析，大企业拥有承担创新风险和获取垄断创新利润的能

---

① Greenwood, R. and C. R. Hinings, "Understanding Radical Organizational Change: Bringing together the Old and the New Institutionalism," *Academy of Management Review*, Vol. 21, No. 4 (1996), pp. 1022-1054.

② Greenwood, R. and C. R. Hinings, "Understanding Strategic Change: The Contribution of Archetypes," *Academy of Management Journal*, Vol. 36, No. 5 (1993), pp. 1052-1081.

③ Greenwood, R. and C. R. Hinings, "Design Archetypes, Tracks and the Dynamics of Strategic Change," *Organization Studies*, Vol. 9, No. 3 (1988), pp. 293-316.

④ 张红光：《国有大型企业集团组织形态研究》，《企业管理》2012 年第 3 期。

⑤ 蒋满元、唐玉斌：《发展中国家与地区企业组织演化：一个解释框架》，《福建工程学院学报》2009 年第 2 期。

力。一大批学者都同意熊彼特关于大企业创新论的观点。经过充分争论，资本技术密集型产业内大企业创新论成为共识。跨国公司是传统产业组织的最高级形态。区域传统产业组织创新突出表现在跨国公司的组织创新上。作为创新组织，随着经济与金融全球化、区域一体化、生产网络国际化、信息网络化，跨国公司研发体系的发展经历了国内特征研发体系、技术驱动研发体系、市场需求驱动研发体系、全球研发网络体系阶段。[①]当前，世界500强跨国公司掌控了全球90%的技术和75%的技术贸易，垄断创新利润成为跨国公司的主要利润来源。

中国区域传统产业组织迈向创新型产业组织的路径是：20世纪八九十年代，在国有企业组织体系改革中，研究机构与国有工厂合并，建立了初步的产品开发体系。进入“十五”期间，国有企业逐步建立了技术研发体系，从“十一五”开始逐步建立了创新型产业开发体系。海尔、海信、长虹、创维、TCL等家电企业集团的产业组织创新是中国各个区域传统产业组织创新的缩影。在中国区域传统产业组织的创新过程中，跨国公司、合资企业、合作企业对中国区域传统产业组织迈向创新型产业组织既有抑制效应又有示范效应。[②] 这在中国各个区域的汽车产业组织创新实践中表现得尤其明显。“十五”期末，“大中型企业研发机构数量较少，以企业为主体、政府为主导的产学研结合的创新体系尚未完全形成”。在27万家规模以上工业企业中，仅有25%左右的企业有研发机构。[③]“十一五”末期，中国各个区域内的汽车产业企业正由产品开发体系向技术研发体系转型，创新型企业特征初现雏形。

3. 区域现代产业组织创新

20世纪90年代以来，大规模定制是现代生产的特点。在大规模定制时代，产业竞争由传统竞争转向了现代竞争。派恩概括了现代竞争的特点(见表7.4)。[④]

---

① 祝影：《全球研发网络：跨国公司研发全球化的空间结构研究》，经济管理出版社2007年版，第31—33页。

② 蒋满元、唐玉斌：《发展中国家与地区企业组织演化：一个解释框架》，《福建工程学院学报》2009年第2期。

③ 沈家文：《加快建设我国工业企业自主创新体系》，《中国行政管理》2008年第8期。

④ 派恩：《大规模定制：企业竞争的新前沿》，中国人民大学出版社2000年版，第33页。

表 7.4　**大规模定制时代的竞争特点**

基于时间的竞争	精益生产
产品品种急剧增加	周期缩短
及时生产	全面质量管理
区域经营	层次扁平化
持续改进	计算机集成制造
产品生命周期缩短	过程重组
市场驱动的质量	服务重要性提高
全球化	分化的市场
网络组织	快速响应
微型市场	柔性制造系统
定制化的组织	数据资源经营

资料来源：转引自胡建绩编著《产业发展学》，上海财经大学出版社 2005 年版，第 110 页。

表 7.4 描述了大规模定制时代现代产业组织的生产特点、市场和技术特点、分工与协调特点和效率来源特点。现代产业组织表现为模块化网络组织、虚拟一体化、研发联盟、制造外包、特许权安排、分包制和集群等形态。产业经济学家对现代产业组织的称谓多种多样，比如说，垂直分离、剥离、非本地化、价值链切割、垂直专业化。模块化网络组织促进了联合研发，国际外包激励了企业创新。高技术产业创新风险大、研发周期缩短、研发投入大，中小企业承担风险的能力弱、研发融资难、创新资源不足。模块化创新网络平台有效地解决了中小企业所面临的创新难题。计算机产业、电子信息服务业的模块化创新网络是其产业组织创新的根本特点。除了 DVD、计算机产品、手机、数码相机等信息家电产品之外，飞机、卫星、火箭等航空航天产品，都由模块化生产网络完成生产、模块化研发网络完成产品创新。在现代产业组织里，模块化生产网络和模块化创新网络形态多样，比如，中小企业创新网络、IBM、Intel、微软等跨国公司构建的全球研发网络。

区域现代产业组织创新取决于区域特点和现代产业的传统特点。硅谷现代信息技术产业组织创新系统地诠释了区域现代产业组织创新的特点。硅谷的区域特点是：由斯坦福大学的产业创新传统构建了大学与中小创业企业的合作创新；由仙童半导体公司裂变而生的创业企业具有科技创新的合作传统；创业企业创造了重长期激励的股权文化；信息技术产业科技创业企业集聚形成的模块化网络。硅谷的区域特点与信息技术的产业特点结合形成了硅谷信息技术产业组织创新的显著特征：由专业化供应商和服务公司组成了一个庞大的、功能齐全的、有效率的创新网络。①

中关村科技园区是中国最强势的创新型科技园区，是中国首家自主创新示范区。中关村科技园区的现代产业组织创新引人瞩目。第一，中关村科技园区借鉴硅谷的基本经验，通过设立留学生创业园区，大力发展具有高成长特征的高科技中小企业或称为“瞪羚企业”。瞪羚企业是产业从形成期到成长期的主要产业创新组织。据德勤 2004 年亚太高科技、高成长 500 强企业报告，中国有 90 家企业入选，其中有 32 家来自中关村。2004 年中关村瞪羚企业数量超过 1000 家。可见，瞪羚企业代表着新兴产业创新的新兴力量。第二，中关村科技园区大力发展为小微企业服务的孵化器，为成长性企业服务的现代企业加速器。孵化器是实施创业孵化功能的产业组织，其表现形态有企业创新中心、科技园、高新技术创业服务中心、大学科技园、创业园。清华科学园是中关村科技园区唯一一家国家 A 级大学科技园。现代企业加速器是为瞪羚企业提供综合服务的产业组织。它具有鲜明的整合资源、市场化和网络化、专业化和知识性的特征。② 第三，大力发展风险资本。风险资本是支撑现代产业创新的新型金融产业组织。美国硅谷拥有世界最发达、最高效的风险投资产业体系。英国、以色列同样建立了有成效的风险产业投资体系。中国借鉴美、英等世界各国的风险投资产业发展经验，经过 10 年的努力，建立了完整的风险投资与资本市场体系。中关村股份代办转让系统是中关村科技园区的风险资本市场体系。第四，中关村高科技园区力促高科技大公司的发展。高科技大公司是强势创新区域高科技产业创新的核心力量。硅谷有惠普公司、Intel 公司、微软公司等跨国公司。中关村科技园区贯彻落实科技企业并购政策，推动了京东方、联想、北大方正等大公司的发展。第五，中关村高科技园区大力发展产业集群。中国高新区是中国具有代表性的创新区域，高新区的产业集群是各区域的现代产业组织创新形态。上海的集成电路产业集

① ［美］安纳利·萨克森宁：《硅谷和 128 公路地区的文化与竞争：地区优势》，上海远东出版社 1999 年版，第 44 页。

② 科技部火炬高技术产业开发中心、北京市长城企业战略研究所：《中国增长极：高新区产业组织创新》，清华大学出版社 2007 年版，第 82、105 页。

群、深圳的电子信息产业集群、长春的汽车及零部件产业集群、西安的通信及软件产业集群、成都的生物医药产业集群、杭州的通信设备产业集群、武汉的光电子产业集群、天津的绿色能源产业集群突显了各区域现代产业组织的创新特征。中关村软件产业集群是北京最鲜明的现代产业组织创新。产业联盟是促进产业集群发展的重要产业组织。研发联盟、生产联盟、市场联盟、创新联盟都是产业联盟的类型。中关村在 2002 年成立了首家产业联盟——TD—SCDMA 产业联盟。到 2006 年底，已成立了 20 多家产业联盟。中关村产业联盟促进了产业创新和合作创新。不同于全国其他各区域产业联盟之处在于，中关村产业联盟形式多样，以市场为导向、以企业为主导、治理方式多样、管理形式灵活和创新。[①]制度创新是高新区产业创新的重要驱动轮。

优势区域的现代产业组织创新突出了优势产业特征。深圳高新区的电子信息产业组织创新代表了深圳高新区的现代产业组织创新，江苏苏南地区现代产业组织创新同样体现了通信等现代高新技术产业的特点。中西部地区的优势区域产业组织创新也各有其特点。比如，成都生物医药产业组织创新。西安通信设备与软件产业组织创新。产业集群分为创新型集群和运营型集群，其中，前者指一系列导致新市场机会辨识与确认、新技术开发以及新产品设计等价值活动在某一特定区位的聚集；后者指生产装配企业及其供应商在特定地理区位的聚集。中国东部沿海地区的产业集群绝大多数都可归结为运营型产业集群。[②] 优势区域产业的现代产业组织创新不仅体现在产业集群、产业联盟方面，而且体现在创新型产业集群上。产业集群的发展必然由运营型集群向创新型集群演化。

特色区域的现代产业组织创新体现了特色优势产业的特征。绵阳高新区是特色创新区域。军民融合产业是绵阳高新区的特色产业。军民融合产业组织的发展是绵阳高新区现代产业组织创新的突出特征。比如，绵阳高新区拥有长虹、九州等 100 亿元级的军民融合企业。不仅大企业的创新驱动了绵阳高新区军民融合产业的创新与发展，而且还有一系列军民融合型高新技术中小企业的发展。军民融合型产学研创新联盟是绵阳现代产业组

---

① 陈小洪、马骏、袁东明等：《产业联盟与创新》，经济科学出版社 2007 年版，第 64—113 页。

② 王益民、宋琰纹：《创新型集群与运营型集群：基于全球价值链的集群间国际分工》，《中国科技论坛》2007 年第 9 期。

织创新的中间组织和载体。在绵阳军民融合产业发展中，第九工程研究院、827空气动力研究中心、绵阳工业研究院、西南科技大学与长虹、九州等组建了产学研创新联盟。长虹构建了跨国研发网络体系，构建了以长虹、九州为代表的军民融合企业创新体系。事实上，中西部绝大多数特色区域都根据各自的特色优势产业发展形成了现代产业组织。中小企业创新能力弱，中小企业创新联盟发展不充分是特色区域现代产业组织创新面临的突出挑战。

（三）区域产业技术创新的演化

1. 区域产业技术由模仿创新向产品创新、技术创新、核心技术—产品创新演化

一般而言，区域产业技术创新最初建立在产品的简单模仿基础之上。随着产业内市场竞争的加剧，为了获取竞争优势，一些具备一定基础的企业开始进行技术创新或核心技术创新。在国际经济领域，发展中国家为了促进本国企业形成技术创新的能力，往往会对市场竞争进行干预。中国家电业产品—技术发展历程便是市场竞争的结果。在20世纪八九十年代，中国家电企业是弱势创新竞争者，它们选择了产品创新战略。产品创新战略在本质上是外围创新，它的易于模仿性和低成本特点使得参与者众多，形成了充分创新竞争市场，并淘汰了弱势创新竞争者，保留了努力创新竞争者、渴望创新竞争者和满意创新竞争者。在21世纪初期，中国家电企业逐步选择了技术创新战略。技术创新战略在本质上是技术范式和技术轨道创新，它不易于模仿，创新成本和创新风险很高。这个特点使得企业创新者参与少，形成了垄断竞争市场。这是一个满意竞争者、渴望竞争者及二者之间的创新竞争。同样，自2003年以后，中国家电企业逐步走上了核心技术—产品创新道路。选择核心技术—产品创新战略的创新竞争者，如海尔、海信和长虹等，都集中于核心技术及其产品的创新竞争。

2. 从消化吸收、引进再创新向集成创新、原始创新演化

从技术创新活动的属性来看，消化吸收、引进再创新是低层次的创新，它对应着企业的模仿创新或产品的简单创新活动，一般只是对引进的技术或产品做市场适应性的变革，它是企业自主创新的起点。而集成创新是指把各个已有的技术单项有机地组合起来，融会贯通以构成一种新产品或新的技术。它不仅需要企业掌握相应的单项产品或技术，还需要企业掌握产品或技术之间的内在知识联系。集成创新最典型的例子是复印机的出

现。在施乐公司发明复印机之前，几乎所有相关的技术都是已知的，却从来没有人想到要把这些不同领域的技术整合在一起，形成新的产品与技术。而原始创新对企业的技术研发能力提出了更高的要求，一方面进行创新的企业积累了大量的技术或产品创新知识，较好地把握了产业技术发展的趋势和方向；另一方面进行创新的企业还需要具有抵御产品或技术创新活动中所面临的各种风险的能力。因此，从技术创新活动的属性来看，区域产业内的企业创新能力决定了区域产业技术的演化阶段及整个演化进程。在实践中，日本汽车、电子等产业自主创新能力的发展正体现了这一演化模式的路径。早在 20 世纪五六十年代，日本汽车、电子产业的自主创新能力仍然较弱，但这些产业内的核心企业就非常注意利用各种可能的机会从事研发和创新活动。日本企业每引进一项技术，总要花费更多的精力和物力进行消化、吸收。它们不仅要完全学会和掌握这项技术，而且要以这项技术为基础，通过创新，研究开发出拥有自主知识产权的专利技术。以本田公司为例，20 世纪 50 年代初期，本田摩托车在欧美国家消费者的心目中也是劣质产品。但该公司创始人本田宗一郎从德国购买了摩托车和技术，并以此为基础进行技术研究和创新，结果生产出世界上享有盛名的高质量摩托车。该公司十分注重研发和自主创新，不断推出新技术、新产品，受到消费者的青睐，事业得到了飞跃发展，现在已经成了以汽车为主打产品的大型跨国公司。正是许多类似的企业推动了日本汽车、电子产业等的自主创新能力的迅速提高和发展。

3. 从传统产业技术创新到信息产业技术创新、绿色产业技术创新

在许多区域经济的发展进程中，传统产业起到了重要的作用。然而传统产业的发展往往以高投入、高能耗、高污染、低附加值为特征，这使得传统产业的发展方式受到资源、环境等的约束，传统产业的技术创新无法改变传统产业的特征。信息产业技术创新、绿色产业技术创新则改变了传统产业的“三高一低”特征。前者强调通过信息技术的渗透与使用，通过提高社会生产和消费活动的自动化、智能化水平和现代化管理水平，降低社会资源的投入，提高产业的产出水平，进而提高社会资源的利用效率。后者强调通过新能源、新材料等的开发和应用，降低社会生产和消费活动对生态环境的负面影响。从区域经济的可持续发展来看，信息产业技术创新和绿色产业创新代表了区域产业技术创新发展的最终方向，利用信息技术和绿色技术对传统产业进行改造是这一技术创新演化路径的具体表

现。以韩国近年来的经济发展为例，李明博政府上台以后，韩国未来企划委员会于2008年7月公布了IT产业新增长战略——《IT韩国未来战略》。该战略提出要在未来5年内投资189.3万亿韩元（约1万亿元人民币）用于发展基于IT的核心战略产业，以实现IT与其他产业的高度融合，为韩国经济发展创造新的动力，核心战略产业遍布汽车、造船、医疗、纤维、机械、航空、建筑、国防、能源、机器人等领域。

第4节　区域现代产业创新体系战略

根据区域产业创新价值链理论，区域现代产业创新体系战略应当是：(1) 实施产品创新升级战略，加快现代高新技术与劳动密集型产业技术的融合，促进传统劳动密集型产业提升为创新性劳动密集型产业；(2) 实施产业融合战略，促进产业结构的创新；(3) 构建战略性新兴产业创新体系。

一　区域劳动密集型产业的创新战略

（一）劳动密集型产业的创新特点

劳动密集型产业包括传统劳动密集型产业和加工型高新技术产业。传统劳动密集型产业指的是纺织、服装、鞋帽、领带、小五金、玩具、陶瓷等产业。加工型高新技术产业指的是现代高新技术产品装配制造业。中国劳动密集型产业的特点是劳动力要素密集、低成本生产、低技术知识含量、低附加值。

长期以来，中国劳动密集型产业都是区域支柱产业，支撑了经济高速发展，吸纳了90%的就业人口。深圳的劳动密集型产业发展在全国具有典型性。1979—1985年，深圳处于工业起步阶段。由于“三来一补”政策，深圳劳动密集型产业发展迅猛，奠定了深圳工业的框架。1986—1990年，深圳形成了以电子、纺织、机械、石化、食品饮料等行业为主的现代化外向型工业，尤其是电子工业成为深圳的第一大支柱产业。其产业特点是后加工装配。1991—1995年，以高新技术产业为龙头的工业结构初步形成，外向型工业主导地位进一步加强。深圳的高新技术产业体系含计算机及其软件、通信、微电子及新型元器件、机电一体化、新材料及新能源、生物工程、激光七大高新技术产业。1995年，高新技术产值占工业总产值的 20.5%，深圳成为全国高新技术产业化基地。1996—2000 年，高新技术产业工业主导地位日益加强，三大产业集群逐渐形成。这三大产业集群是：电子信息产业集群，主要是集成电路、软件、计算机、网络通信、光电子和数字电视等；新兴技术产业集群，主要是生物工程、新材料、光机电一体化等；优势传统产业集群，主要是精密机械、高档钟表、高档服装、珠宝首饰、医药和家具等。2001—2005 年，工业适度重型化、以高新技术为支撑、以先进制造业为主导的新型工业日趋突出。2004 年，深圳高新技术产业实现工业总产值 3266.52 亿元，比上年增长 31.6%，占全市工业总产值的比重为 51.1%。[①] 深圳高新技术产业成为深圳工业增长极。

深圳劳动密集型产业升级的特点就是产品创新，比如，服装、首饰、珠宝和家具等。传统劳动密集型产业升级的特点就是不断推出新产品，提升产品档次，增加产品附加值，推高深圳劳动密集型产业在创新链中的位置。

传统劳动密集型产业在产业生命周期曲线上属于成熟或衰退产业，其特征有：（1）产业竞争能力下降；（2）产业产出水平停滞或下降。衰退产业走出困境，唯有坚定不移地走产品创新的路径。

（二）意大利劳动密集型产业走出衰退的基本经验

1. 实现高端产品创新战略

其战略举措就是：第一，对衰退产业进行信息化改造与创新。随着信息技术的发展，信息化成为当今世界经济社会发展的大趋势。推进衰退产业的信息化改造，应用信息技术促进传统产业的优化升级，有条件的企业开展柔性制造、虚拟制造、敏捷生产等技术的应用示范；推广采用企业资源管理（ERP）、供应链管理（SCM）、客户关系管理（CRM）、柔性制造系统（FMS）、计算机集成制造（CIMS）等信息技术，实现衰退产业生产、管理、控制的一体化，产销、经营、服务的一体化，用信息技术重构过程管理、物流管理和资金管理，提高管理效率，降低运行成本，增强企业的市场竞争力。第二，对衰退产业进行绿色化改造与创新，即利用新材料、新能源技术，对衰退产业进行改造，生成新的技术和产品，形成新的

---

① 关于深圳产业发展情况及数据详见罗清和等著《经济发展与产业成长——深圳产业成长与发展趋势研究》，上海三联书店 2007 年版，第 120—131 页。

市场竞争能力。大力发展循环经济，借鉴新技术、新工艺，利用无毒无害的技术来替代一些传统的生产工艺，将传统产业进行绿色化提升，达到既创造经济价值又创造社会效益的目标。

2. 实施创新型企业发展战略，发展创新型企业

在创新型企业发展战略的指导下，意大利地方政府制定了一系列促进企业创新的政策措施。促进劳动密集型企业积极投入新产品、新工艺开发，鼓励行业协会发挥协调作用。政府从产业政策及制度方面激励衰退产业采用信息技术、绿色技术对传统生产方式进行改革，促进企业进行产品与技术信息化、绿色化的创新，进而促进衰退产业中创新型企业的形成。

3. 关联新产品或新服务发展战略

利用衰退产业来发展旅游观光业是国外的成功经验之一。20 世纪五六十年代，兴起于英国并影响整个欧洲的工业遗产保护运动，为工业旅游的发展奠定了社会基础。所谓工业遗产，是指具有历史价值、技术价值、社会意义、建筑或科研价值的工业文化遗存，包括建筑物和机械、车间、磨坊、工厂、矿山以及相关的加工提炼场地、仓库和店铺、生产、传输和使用能源的场所、交通基础设施等。毫无疑问，一些衰退产业在发展工业旅游方面具有天然的资源优势，它为中国一些煤炭资源型区域经济的发展提供了可行的途径。

（三）不同创新区域的衰退产业创新战略各有其特点

对于理想创新区域而言，传统劳动密集型产业创新战略可选择高端产品创新战略、高端品牌创新战略和国际市场创新战略。比如，意大利劳动密集型产业创新、挪威的农产品加工产业创新、丹麦建筑产业创新等。对于优势创新区域而言，劳动密集型产业创新战略应当是中端产品创新、中端品牌创新和国际市场创新战略。例如，浙江温州打火机产业创新、绍兴纺织产业创新、宁波服装产业创新等。对于普通创新区域而言，劳动密集型产业创新战略应当是初级产品创新战略的或新产品替代战略。产品创新战略的要点就是由产品制造能力向产品模仿创新能力提升。比如，四川夹江的陶瓷产业创新就是从广东佛山引进新的陶瓷产品，从事逆向开发，推出满足四川乃至西南市场需求的新产品。通过逆向开发，构建产品开发体系，培养研发队伍，增强知识产权意识，加强专利保护。新产品替代战略的要点是，选择新的劳动密集型产品对原来的劳动密集型产品进行替代，或者是与原来的劳动密集型产品相关的新产品或新服务。中国资源型城

市，大多属于普通创新区域，选择衰退关联产业是一个重要的发展战略，其中工业旅游的发展成为许多地区优先考虑的方向。国内外资源型城市转型的实践表明，在具备条件的地方，旅游业完全可以成为当地经济的新兴产业，甚至替代产业。河南省焦作市就为我们提供了很好的经验，其旅游业既改变了当地的形象，又促进了服务业的发展。在国外也有不少资源型城市通过发展旅游业成功转型的例子。

二　区域资本技术密集型产业的创新战略

（一）资本技术密集型产业创新的战略特点

资本技术密集型产业指的是能源、钢铁冶金、矿山机械、装备制造、化工、汽车制造等产业部门。资本技术密集型产业是工业化时代的主导产业。发达国家工业化进入了后工业化时期，中国工业化进入了中后工业化时期。资本技术密集型产业部门的技术经济特点是资本投入大，技术含量高。在工业化中期阶段，资本技术密集型产业部门还是高耗能、高污染的产业部门。在工业化后期，资本技术密集型产业部门向着高端制造、极端制造、智能制造方向发展。中国资本技术密集型产业发展正处于工业化中期阶段，正面对着环境、资源、信息技术的挑战。

当前，中国以资本技术密集型产业为代表的工业实力不断增强，结构不断优化。“2012 年全国工业增加值达到了 19.99 万亿元人民币，占国民经济的比重为 38.5%，工业制成品出口占商品出口总额的 95% 左右，在 500 多种主要的工业品当中，有 220 多种产品产量居全球第一位，这些年通过加强企业的技术改造，在 19 个行业加快淘汰落后的生产能力，先进产能的比重也在不断地扩大，重点行业兼并重组取得了新的进展。2011 年汽车、钢铁、船舶、水泥行业前十家企业，占整个行业的产业集中度分别达到了 87%、49.2%、47.7%、26.5%，区域产业布局也在不断地优化，‘十一五’期间中西部地区工业占全国比重提高 5.8 个百分点。”[①]

但是，中国以资本技术密集型产业为代表的工业所存在的问题也十分突出。东部地区工业发展水平显著高于中西部地区，西部地区呈现出与全国平均水平差距扩大的趋势。[②]当前，产能严重过剩，产业结构不合理，

---

① 苗圩在 2013 年经济发展论坛上的主题报告。

② 杜丽永等：《中国区域经济收敛了吗?》，《山西财经大学学报》2011 年第 7 期。

科技创新能力不强，核心技术缺乏，发展层次偏低、先进制造业和生产性服务业发展滞后等矛盾和问题仍然比较突出。汽车产业就是突出的例子。根据国家统计局的统计，中国汽车产业平均研究开发费用占总产值的比例大概是世界发达国家的一半，大概为2%。零部件缺乏核心技术，关键零部件依赖国际资源。没有中高端自主品牌和世界一流的自主品牌。[①]中国石化产业是另一个典型案例。中国石化产业具有自主知识产权的核心技术少，一些关键技术和核心技术以及大型生产设备仍未摆脱依靠国外的局面。低档次、低附加值石化产品生产能力过剩，高技术含量的产品供不应求。[②]

资本技术密集型产业的创新战略就是要加快信息化与工业化的融合，走技术先进、清洁安全、附加值高、吸纳就业能力强的新型工业化道路。具体说就是：（1）实施核心技术—产品创新战略，推动资本技术密集型产品高端化，持续突破核心技术的“瓶颈”。（2）发展创新型企业尤其是创新型企业集团，建设产业联盟，优化产业组织，构造现代产业组织体系。（3）以优势产业创新和主导产业创新为重点，推进产业结构创新。（4）以产业融合促进产业转型和升级。

（二）区域资本密集型产业的创新基础是明确界定区域优势产业和支柱产业

所谓区域优势产业，是指区域产业中具有明显竞争优势或比较优势的产业，它是区域经济发展总体水平及持续发展的重要支撑。其特征是：（1）与其他区域竞争者相比较，具有成本优势。（2）区域产业内的企业特别是核心企业有着较强的经营管理能力，拥有较高的市场占有率。（3）区域已形成了相应的产业集群，或者形成了完整的产业链，并产生了较强的外部规模经济，具有良好的产业技术或产品创新基础。所谓支柱产业，是指在一个国家或区域的经济发展中起着重要支撑作用的产业。支柱产业具有显著的辐射效应。它能够诱导新产业的崛起，并对为其提供生产资料的各部门、所处地区的经济结构及其发展变化有着深刻而广泛的影响。其特征是：（1）产业产出规模大，在区域国内生产总值中所占比重大于

① 2013年中国汽车产业论坛报告。

② 薛风平：《基于PCA的石化产业自主创新能力测评》，《中国石油大学学报》（社会科学版）2007年第5期。

5%。作为区域的支柱产业，一般能够向社会提供大量就业岗位，并成为推动区域经济增长的主要力量。（2）产业市场扩张能力强、需求弹性高，发展快于区域其他行业。（3）产业关联度高。以建筑业为例，它能带动钢铁、水泥等建筑材料的生产，也能拉动居民的住房消费及由此衍生的如家电、家具、装修装饰等行业的发展。

（三）依据创新区域特点选择区域资本密集型创新战略

1. 区域资本密集型产业创新必须界定创新区域

从资本密集型产业角度看，北京、天津、上海、江苏、浙江、广东、山东等沿海地区属于国内的强势创新区域，辽宁、吉林、黑龙江、湖北、湖南、安徽、四川、重庆、陕西等属于国内的优势创新区域，其他省、区则属于弱势或普通创新区域。[①]

2. 强势创新区域的资本密集型创新战略

理想创新区域或强势创新区域在产业的技术创新和产品创新方面有着坚实的基础，同时还拥有丰富的创新资源。制定综合性创新竞争优势战略是比较合理的。所谓综合性创新竞争优势战略指的是协同实施优势产业和支柱产业的核心产品—技术战略、优势产业和支柱产业的创新型企业发展战略。其目的在于破解区域的核心技术、核心产品困境，形成综合性创新竞争优势。重庆汽车产业创新就是这样的案例。汽车产业是重庆的支柱产业，重庆市政府制定了汽车产业振兴战略，这个战略的要点就是以长安汽车集团为核心的自主创新战略，要求在汽车产业的核心技术、关键零部件方面有所突破。吉林汽车产业是另一个案例。吉林汽车产业创新战略的要点是：（1）适时从引进、消化和吸收再创新战略提升到技术集成创新战略，率先在高端产品平台技术上进行突破。（2）坚定不移地实施创新型企业集团战略，自主构建中国第一汽车工业集团具有国际水准的创新体系和创新能力，（3）坚定不移地以“红旗”品牌为龙头构建核心技术—产品创新体系。研发投入率先达到5%，在新能源汽车核心技术、节能技术、汽车零部件核心技术、关键零部件技术方面率先突破，加强基础研究，平台研究，提升数字研发能力。（4）坚定不移地把汽车产业的创新作为构建现代产业体系的核心创新战略。

---

① 资本密集型产业的创新区域特征分析可参看纪宝成、赵彦云《中国走向创新型国家的要素：来自创新指数的依据》，中国人民大学出版社2008年版。

3. 优势区域的资本密集型创新战略

优势创新区域受限于一些创新资源的约束，往往采取优势产业的核心产品—技术战略，或优势产业创新型企业发展战略，或特色优势产业发展战略。东北地区具有装备、石化、钢铁、农产品深加工、医药等优势产业。推进这些优势产业的创新体系建设是东北资本技术密集型产业创新的基本战略选择。[①]四川装备制造业创新战略是另一案例。近十年来，四川已经成为中国重大技术装备制造业三大基地之一，已形成了以中国二重、德阳东汽、四川宏华、眉山车辆厂等为核心企业的装备制造产业集群，产品和技术在国内外市场上具有较强的竞争能力。四川装备制造业创新战略的要点是：（1）坚定不移地实施重点技术产品的创新战略；（2）坚定不移地发展东方电气集团、德阳第二重型机械股份有限公司等重点创新型企业集团的创新优势；（3）坚定不移地贯彻装备制造业等支柱产业的创新驱动战略；（4）坚定不移地推进德阳、成都、自贡等主要装备制造业区域集群化发展。

4. 普通创新区域的资本密集型产业创新战略

对于普通创新区域而言，由于其创新资源和创新能力有限，特色优势产业发展战略成为其最合适的选择。中国西部地区从总体上讲是普通创新区域。实现区域内资源比较优势向市场竞争优势的转化，是西部区域优势产业创新的基本出发点。有色金属冶炼业、化学工业，包括石化、盐化和精细化工、机械工业等是西部地区的资本技术密集型产业。为促进这一层次产业部门的发展，西部地区资本技术密集型产业创新战略的要点是：（1）坚定不移地引进、消化吸收再创新战略，不断加强新技术的积累和储备；（2）建设创新型企业集团战略，大力推进技术创新进程；（3）贯彻本区域重点产品创新专项工程，提高技术密集化程度；（4）加快信息技术、绿色技术、低碳技术和节能技术在资本技术密集型产业中的运用，促进新技术与传统技术融合，产品融合和业务融合，形成本区域资本密集型产业新的综合创新竞争优势。以内蒙古煤化工业为例，内蒙古发展新型煤化工产业在技术、资源、市场条件等方面均具有明显的比较优势。为此，自治区政府结合区域的资源优势，大力发展新

① 王伟光、吉国秀、李征：《东北地区产业创新体系：变革基础、路径选择与政策取向》，《党政干部学刊》2007 年第 8 期。

兴煤化工业，实施支柱产业创新型企业发展战略，具体表现为国家煤制油、煤制烯烃、煤制二甲醚、煤制甲烷气、煤制乙二醇五大示范工程在自治区的全面展开。

三　区域战略性新兴产业创新战略

（一）战略性新兴产业的特点

所谓新兴产业，通常是指基于电子、信息、生物、新材料、新能源、海洋、空间等新技术的发展而形成的产业部门。新兴产业主要包括两种具体形式：新技术所形成的产业和利用新技术对传统产业进行改造。前者如生物工程技术，在20世纪五六十年代，只是一项技术；经过几十年的发展，在发达国家已形成新兴的生物工程产业。后者如利用新材料技术改造钢铁行业，生产复合材料以及抗酸、抗碱、耐磨、柔韧性好的新兴材料。新兴产业的特征是：（1）市场需求的不确定性；（2）新兴产品的科学技术知识含量高；（3）技术原始创新特征显著；（4）创新风险大。

2008年国际金融危机以后，各国相继推出新兴产业以应对国际金融危机和新科技革命，加快产业结构调整，推动经济转型。战略新兴产业是后危机时代改变全球竞争大格局的关键变量。[①] 中国提出了发展战略性新兴产业的政策。此后，战略性新兴产业问题一直是国内学术界的热点问题。依据学术界的研究成果，概括起来讲，战略性新兴产业是指新兴科学技术及其革命所引致的对一国经济发展具有先导性、支柱性和带动性的新兴产业，这个产业是具有全新社会形态、全新经济形态、全新技术形态、全新组织形态的产业群或产业集群。战略性新兴产业有两个基本内涵。第一，战略性新兴产业是新兴技术产业；第二，战略性新兴产业是新兴产业中的战略性产业。作为新兴技术产业，其知识特征是其本质特征；作为战略性产业，其全局性、带动性、长远性是其产业特征。归纳而言，战略性新兴产业又可被界定为拥有核心技术、核心产品和核心企业的产业。[②]

① 赵刚：《战略新兴产业是后危机时代改变全球竞争大格局的关键变量》，《财富世界》（Fortune World）2010年第12期。

② 李晓华、吕铁：《战略性新兴产业的特征与政策导向研究》，《宏观经济研究》2010年第9期；朱瑞博、刘芸：《我国战略性新兴产业发展的总体特征、制度障碍与机制创新》，《社会科学》2011年第5期。

（二）战略性新兴产业技术链模型

战略性新兴产业创新研究十分活跃。① 战略性新兴产业技术链模型是一个重要贡献。②战略性新兴产业技术链模型有纵向技术链和横向技术链。战略性新兴产业纵向技术链描述了战略性新兴产业技术创新主力军、核心企业控制、产业扩散的过程及其价值变动（见图7.8）。

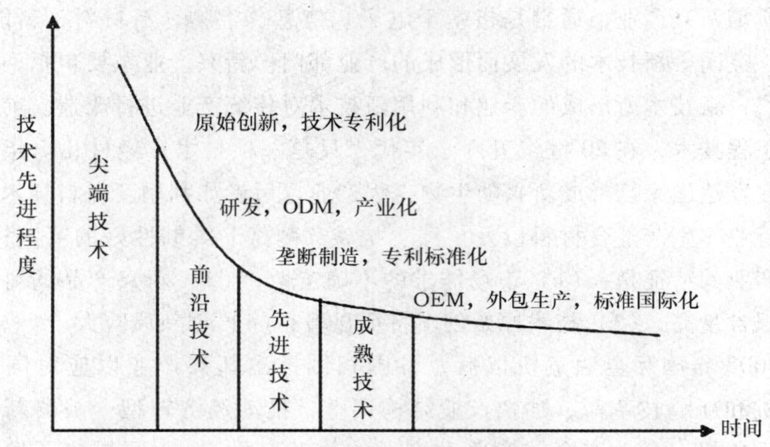

图7.8　战略性新兴产业纵向技术链

资料来源：朱博瑞、刘芸：《战略性新兴产业的培育及其自主创新》，《重庆社会科学》2011年第1期。

战略性新兴产业横向价值链描述了战略性新兴产业主干技术链、配套技术链、辅助技术链、产业装备技术链和产业材料技术链的关系，形状似树叶（见图7.9）。

① 陈柳欣：《战略性新兴产业自主创新问题研究》，《决策咨询》2011年第2期；邓龙安：《战略性新兴产业关键核心技术自主创新理论综述》，《经济研究导刊》2011年第7期；陆国庆：《战略性新兴产业创新的绩效研究——基于中小板上市公司的实证分析》，《南京大学学报》（哲学、人文和社会科学）2011年第4期；欧雅捷、林迎星：《战略性新兴产业创新系统构建的基础探讨》，《技术经济》2010年第12期。

② 朱博瑞、刘芸：《战略性新兴产业的培育及其自主创新》，《重庆社会科学》2011年第1期。

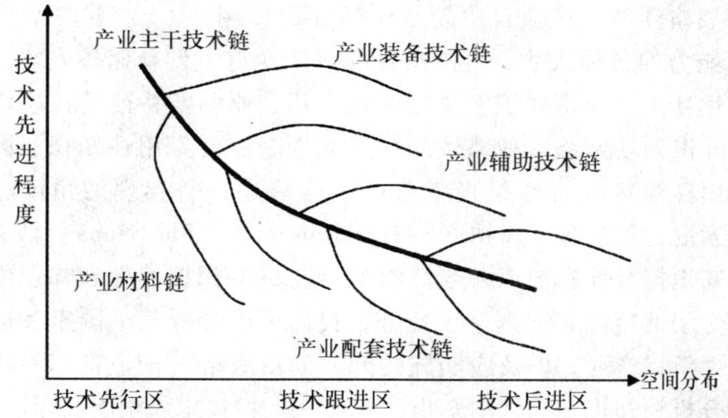

图 7.9　战略性新兴产业横向技术链

资料来源：朱博瑞、刘芸：《战略性新兴产业的培育及其自主创新》，《重庆社会科学》2011 年第 1 期。

根据战略性新兴产业技术链，战略性新兴产业组织创新有明显的阶段性特征。在流动性阶段，“一体化的组织模式是流动阶段的主要范式，其本质是内部分工和效率为基础的大而全的产品设计和生产体系，这种组织模式在流动阶段大大地促进了产品性能提升。”在过渡阶段，“围绕新兴产业的主干技术链，各类企业进行大量渐进式的增量创新，逐步形成了比较完善的专用装备技术链、专用材料技术链、产业配套技术链、产业辅助技术链等，整个产业网络呈现垂直分工的价值链整合模式”。在专业化阶段，形成了模块化生产网络模式。“模块生产网络所体现的主要组织创新使新产品开发从产品制造的规模经济中分离出来，这样就使创新并不必然导致公司的巨型化。”

（三）战略性新兴产业创新的特点

中国各个地方在发展战略性新兴产业的过程中有“浮躁症现象”。掌握核心技术，拥有自主知识产权技术和持续创新能力是发展战略性新兴产业的关键。2013 年春季爆发的欧盟与中国太阳能光伏产品贸易战说明，中国战略性新兴产业缺失的是核心技术和发明专利，因此必须大力发展战略性新兴产业的自主创新能力。（1）突破制度性障碍，切实加快体制、机制的创新；（2）突出企业在自主创新中的主体地位，打造高端产学研合作创新平台；（3）着眼于新兴产业发展和技术应用的方向，围绕全产业链条支持产业自主创新；（4）促进科技和金融更紧密的结合，充分发挥金融在战略性新兴产业自主创新中的促进作用；（5）着力培养和引进富有创新能力的各类人才，为战略性新兴产业自主创新储备人才。①

战略性新兴产业是知识密集型产业，其产业创新特征是在模块化分工情况下的知识创新网络。战略性新兴产业创新需要专用性知识。因此立足于知识专用性构建战略性新兴产业创新体系是一个合理的角度。斯蒂法诺·布鲁索尼、阿尔多·瓜纳（Stefano Brusoni & Aldo Geuna）认为，知识专用性有知识持续性和知识综合性两个维度。②知识持续性和知识综合性构成了知识专用性矩阵。依据这个矩阵，我们可以分析某个国家和区域应选择的战略性新兴产业，以及应实施的产业创新战略。③产业部门专用性知识依据的是分析型知识和综合型知识，农业—生物技术、生物技术、光子学、电子技术属于解析型知识基础。综合型知识基础往往是对现有知识的应用，是对原有知识的重新组合与开发，如设备安装使用工程、专门高级工业机械、造船、家具、食品等。④航天、酿酒、专业食品生产、医药技术、木材加工等产业部门对应的是混合型知识。⑤ 不同的战略性新兴产业的知识基础对应着不同的研发团队，需要不同的专业研究队伍（详见表7.5）。

表7.5　　战略性新兴产业知识基础与研究人员

知识基础分类	研究人员分类		
	爱迪生式	明星式	巴斯德式
解析型知识基础		信息产业、生物育种	
综合型知识基础	电动汽车、新材料		
杂色型知识基础			新能源、节能环保、新医药

资料来源：欧雅捷、林迎星：《战略性新兴产业创新系统构建的基础探讨》，《技术经济》2010年第12期。

① 陈柳欣：《战略性新兴产业自主创新问题研究》，《决策咨询》2011年第2期。

② Brusoni, S, Geuna, A., "The Key Characteristics of Sectoral Knowledge Bases: An International Comparison," http://www.sussex.ac.uk/spru/. 2010-07-01.

③ Brusoni, S., Geuna, A., "An International Comparison of Sectoral Knowledge Bases: Persistence and Integration in the Pharmaceutical Industry," *Research Policy*, Vol. 32 (2003), pp. 1897-1912.

④ Ashein, B. T., Coenen, L., "Knowledge Bases and Regional Innovation Systems: Comparing Nordic Clusters," *Research Policy*, Vol. 34 (2005), pp. 1173-1190; Ashein, B. T., Coenen, L., "Contextualising Regional Innovation Systems in a Globalising Learning Economy: On Knowledge Bases and Institutional Frameworks," *Journal of Technology Transfer*, Vol. 31 (2006), pp. 163-173.

⑤ Gertler, M., "Spaces of Knowledge Flows: Clusters in a Global Context," Paper to be presented at the Druid Tenth Anniversary Summer Conference 2005 on "Dynamics of Industry and Innovation: Organizations, Networks and Systems," Copenhagen, Denmark, June 27-29, 2005.

依据战略性新兴产业部门的知识基础，战略性新兴产业创新的基础应当是建构战略性新兴产业部门的技术体系，培育战略性新兴产业部门研究人员和技术创业家队伍。[①]

（四）战略性新兴产业的基础创新战略应当是关键核心技术战略

美国在 1991 年 3 月发布的《国家关键技术》报告中指出，“国家关键技术”是“对美国的经济繁荣和国家安全至关重要的技术”。德国在《21 世纪初的德国关键技术》报告中认为，所谓“关键技术”指的是“对国家经济有决定性影响”。欧盟制定的《第四次研究、技术开发示范活动总体规划》把“关键技术”定义为：“能够提高产业竞争力，提高生活质量，增加就业机会，增强社会凝聚力的跨部门、跨行业的通用技术”。可见，发达国家战略性新兴产业创新基础战略是关键核心技术战略。

（五）战略性新兴产业创新主体战略先是中小创新型企业战略主导，后是核心创新型企业战略主导

这取决于战略性新兴产业发展的阶段性。前文已指出，在流动性阶段，中小创新型企业是新兴产业创新的主力军，因此必须创造良好的创新创业企业生长环境；在过渡阶段，核心创新型企业是新兴产业创新领导力量，必须发展创新型企业集团；在专业化阶段，战略性新兴产业的创新主力是模块化创新网络组织。但是各国不同产业有着各自的组织特点。日本为解决新兴产业发展问题，引进了合同公司（Limited Liability Company，以下简称“LLC”）和有限责任事业组合（Limited Liability Partnership，以下简称“LLP”）制度。[②]新兴产业市场结构演变的轨迹是：同一产业中核心技术链环节的导入期较长，并形成高集中度的垄断市场结构；而非核心技术链环节则越过导入期直接进入成长期，并形成分散竞争的市场结构，但二者殊途同归——向寡头垄断的市场结构演进。[③]

---

① 欧雅捷、林迎星：《战略性新兴产业创新系统构建的基础探讨》，《技术经济》2010 年第 12 期。

② 平力群：《组织形态创新与新兴产业发展——以日本移植 LLC、LLP 为例》，《现代日本经济》2010 年第 5 期。

③ 吴照云、余焕新：《中国新兴产业市场结构演变规律探究——以有机硅产业为例》，《中国工业经济》2008 年第 12 期。

（六）不同创新区域战略性新兴产业创新发展战略选择

1. 理想创新区域的战略性新兴产业创新战略

理想创新区域的战略性新兴产业创新战略应当选择新兴产业核心技术—产品创新战略、创新型企业均衡战略。首先，理想创新区域或强势创新区域具有实施上述战略的条件。新兴产业的核心技术—产品战略要点是：要求微观经济主体通过技术创新劳动、金融创新劳动和管理创新劳动等各种创新劳动，获取新兴产业核心技术—产品的规模经济优势、标准技术优势、自主知识产权优势和边际成本优势。其具体实施包括形成新兴产业的产品技术标准；形成新兴产业的核心技术和核心产品，拥有核心技术与核心产品的知识产权。理想创新区域汇集了较多的大学和研究机构，这些研究机构创造了世界一流的知识，这为战略性新兴产业创新奠定了坚实的知识基础。同时，庞大的研究队伍是技术创业家的摇篮，技术创业家有肥沃的创新创业土壤。富裕的风险资本强劲地支持着创业企业的成长。众多的科技服务企业连接了科学研究与技术产业。创新文化和有效率的企业制度激励着创业和创新的发展。其次，创新型企业均衡战略要点是：中小企业创新型企业战略和创新型企业集团战略是新兴产业创新的两大主力，不应当忽视任何一方。在理想的创新区域，大学和企业集团所衍生的创新创业能力极为强大。创新创业企业机制健全而高效。一方面，市场需求激励着企业发展新兴产业的相关技术与产品；另一方面，政府通过产业政策的调整、社会制度的创新来引导或激励企业进行新兴产业的技术或产品创新。在市场的吸引和政府的推动下，随着新兴产业技术和产品的出现与发展，区域内新兴产业的创新型企业便会逐步形成。中国六大世界一流园区建设示范区应当选择核心技术—产品创新战略和创新型企业均衡发展战略。

上海临港产业区近年来的迅速发展便体现了理想创新区域新兴产业发展的战略要点，它既强调新兴产业核心技术—产品和新兴产业创新型企业的发展战略，又注重和区域特色新兴产业的发展充分结合。临港产业区于2005年正式起动，到“十一五”末期，临港产业区完成产业项目、基础设施、社会事业等固定资产投资756亿元。以自主品牌和自主知识产权为主的新能源装备（核电、风电、绿色火电、特高压输配电）、大型船舶关键件、海洋工程装备是产业区重点发展的新兴战略产业。到目前为止，临港产业区已经诞生了多项“国内制造的世界一流”

产品。在新能源装备领域，上海电气自主设计的百万千瓦级核电机组产能和市场已占全国半壁江山，国产化率 100% 的堆内构件和控制棒驱动机构在全国市场上占有率达到 100%；目前国内最大的上海电气 3.6 兆瓦海上风电机舱已经研制下线，华锐风电正在研制世界最大的 6 兆瓦风电机舱。在海洋工程装备领域，外高桥造船海洋工程项目年产 2 座自升式钻井平台，2 座半潜式钻井平台，50 个上层建筑，1000 个特殊模块，其中半潜式平台是双井架、完全智能化钻井，属于国际第六代海上深水钻井平台，最大作业水深达 3000 米，最大钻井深度为 12000 米，代表着钻井平台的世界先进水平。①

2. 优势创新区域的战略性新兴产业战略

优势创新区域应当选择依据战略性新兴产业知识基础与本区域知识相符的战略性新兴产业。根据前文述及的战略性新兴产业知识基础，我们应当详尽系统地分析每个优势创新区域的知识基础。比如，中国绝大多数的创新型科技园区应当分析本园区的知识基础，在此基础上制定相应的战略性新兴产业发展战略和创新战略。四川的新兴产业发展战略中的高端装备制造业，则主要强调在四川的历史基础和现有条件上，实施将具有区域特色的新兴产业和新兴产业创新型企业相结合的发展战略。

3. 普通创新区域的战略性新兴产生战略

普通创新区域战略性新兴产业创新战略应当依据战略性新兴产业较低的知识要求选择产品创新战略。西部绝大多数高新区的新兴产业创新战略就应当如此选择。因为西部地区新兴产业的关键技术环节存在着极高的结构性进入壁垒。② 普通创新区域可选择区域特色新兴产业发展战略。以中国的清洁能源生产为例，内蒙古、甘肃、新疆等地是中国风力资源比较丰富的地区，然而这些地区的资金、人才等资源相对稀缺，这些区域可以基于其丰富的风力资源，大力发展清洁能源这一新兴产业。

四　区域高技术产业创新战略

（一）高技术产业的发展

当代的高技术是以现代科学原理为基础的、知识高密度集成的综合性技术。当代高技术的特点是：（1）以现代科学理论为基础；（2）知识高度

① http://info.fire.hc360.com/2011/04/061444427047-2.shtml.

② 蒋清风：《我国西部地区新兴产业市场结构变动探究》，《商业时代》2010 年第 6 期。

集成的技术产品；（3）综合性知识技术的生产手段。[①]当代高技术包括核能技术、计算机技术、新材料技术、遗传技术、航天技术、海洋开发技术、互联网技术等现代科学技术。以 CPU 技术、软件开发技术、网络技术为基础的信息技术是现代科学技术中最基本的、最成熟的、最先转化为经济力量的技术。高新技术产业是指研究开发密度较高的知识密集产业，通常由众多高新技术企业群或高技术企业集团所组成。高新技术产业是在高新技术开发的基础上形成的以技术、智力为基本价值的，具有高附加值的新兴产业，它的生命力源于不断创新。其产业具有五个特征：（1）强化研究与开发（R&D ）工作。（2）对政府具有重要战略意义。（3）产品与工艺老化快。（4）资本投入风险大、数额高。（5）研究与实验成果的生产及其国际贸易具有高度的国际合作与竞争性。中国高新技术产业政策明确将电子信息，软件，航空航天，光机电一体化 ，生物技术、医药、医疗设备，新材料，新能源与高效节能，环境保护，地球空间与海洋，核应用技术以及农业 11 个领域的 2056 种产品定义为中国的高新技术产品，归为七大产业类。

高新技术产业区域分工和全球生产网络。国际产业分工体系分为垂直分工体系和交叉混合网络分工体系。传统资本技术密集型产业分工体系是垂直分工体系。高新技术产业体系是交叉混合网络分工体系，即在国际或区域垂直分工的基础上出现了产业间分工与产业内分工体系。一个完整的产业链主要包括技术、生产和营销三个主要环节。其中，技术环节包括研究与开发、设计、生产及加工技术的提高和技术培训；生产环节包括采购、终端加工、测试、包装和库存管理；营销环节包括物流、批发及零售、品牌管理及售后服务。高技术产业国际分工体系的特点是：发达国家在全球高技术产业链上居于研发、营销和品牌、核心技术产品或核心技术工序环节，而发展中国家在全球高新技术产业链上居于生产环节。全球生产网络（Global Production Network，GPN）最初是由战略管理学家 Ernst 和 Kim 提出的，其意指以某一行业的旗舰企业或主导企业为核心，将不同层次的、遍布全球各地的供应商、物流商、经销商、代理商等相关企业联系起来的企业系统和全球网络。全球高新技术产业生产网络形成了两套生产系统。[②] 在

---

① 威廉·米勒就认为，高技术就是使产品不断更新的一种手段（威廉·米勒：《高技术管理》，《经济学译丛》1986 年第 12 期）。

② 梅丽霞：《全球化、集群转型与创新型企业——以自行车产业为例》，科学出版社 2010 年版，第 24 页。

发达国家中，形成了“高投入研发及营销—控制全球产业中的高附加值产业链环节（标准、专利、营销、渠道、核心部件生产）—高利润率—高投入研发与营销”的生产系统；在发展中国家，形成了“有限的研发及营销投入—被动地承接发达国家低附加值产业环节（组装加工、低附加值配件）—低利润率—低研发投入与营销”的生产系统。[①]这表明，全球高新技术产业有显著的功能差异、企业差异和区域差异。

自 1988 年首个国家高新区成立以来，中国高新技术产业发展迅猛。经过二十多年的发展，高新技术产业已成为国民经济的支柱产业。2007 年，高新技术产业增加值占 GDP 的比重达到了 4.5%（见表 7.6）。2008 年，高新技术产业增加值占 GDP 的比重达到了 8%。高新技术产业总产值为 57087 亿元，居世界第二位。2011 年，全国高新技术产业总产值达到 8.84 万亿元，占当年制造业总产值的 12%。[②] 同时，中国是全球高新技术制造业贸易大国（见表 7.7）。

表 7.6　高新技术产业增加值占制造业增加值及 GDP 的比值　（%）

	2001	2002	2003	2004	2005	2006	2007
增加值占制造业增加值的比重	13.9	14.3	14.8	13.9	14.2	13.9	12.4
增加值占 GDP 的比重	2.8	3.1	3.7	4.0	4.4	4.7	4.5

资料来源：国家统计局等编：《中国高新技术产业统计年鉴》，中国统计出版社 2008 年版。

表 7.7　2001—2011 年高新技术产品对外贸易额占商品和工业制成品对外贸易额的比重　（%）

		2001	2002	2003	2004	2005	2006	2007	2008	2009	2010	2011
占商品	出口	17.5	20.8	25.2	27.9	28.6	29.0	28.6	29.1	31.4	31.2	28.9
	进口	26.3	28.1	28.9	28.7	30.0	31.2	30.0	30.2	30.8	29.6	26.6
占工业制成品	出口	19.4	22.8	27.3	29.9	30.6	30.7	30.1	30.8			
	进口	32.4	33.7	35.1	36.3	38.6	40.9	40.3	44.4			

资料来源：国家统计局等编：《中国高新技术产业统计年鉴》，中国统计出版社 2008 年版；中国科技部编：《中国科学技术发展报告》，中华人民共和国科学技术部网。

① 张克俊、唐琼：《西部高新区提高自主创新能力与促进高新技术产业发展研究》，西南财经大学出版社 2011 年版，第 153—154 页。

② 《中国科学技术发展报告 2011》，中华人民共和国科学技术部网。

2008年，高技术产品出口额超过100亿美元的省、市有广东、江苏、上海、北京、天津、浙江、山东、福建；高技术产品出口额超过10亿美元低于100亿美元的省有辽宁、四川、河北、湖北、江西；高技术产品出口额大于10亿美元小于100亿美元的省、市、区有陕西、安徽、山西、河南、湖南、广西、重庆、吉林、云南、黑龙江；高技术产品出口额大于1亿美元小于10亿美元的省、区有贵州、海南、新疆、内蒙古、宁夏、甘肃。西藏和青海的高技术产品出口额不足1亿美元。[①]中国形成了珠三角地区、长三角地区、环渤海地区、西三角地区高新技术产业集聚区。

中国高新技术产业创新能力逐年提高。2007年，全国高新技术产业R&D支出占GDP的比例上升到1.49%（见表7.8）。2007年，企业研发支出占全部研发支出的72.3%，企业已成为技术创新主体。全国高新技术产业研发支出占高新技术产业增加值的比重达到6.01%。

表7.8　　2002—2007年全国高新技术产业研发经费支出及占GDP的比重

	2002	2003	2004	2005	2006	2007
R&D经费支出（亿元）	1287.6	1539.6	1966.3	2450.0	3003.1	3710.2
R&D经费支出/国内生产总值（%）	1.07	1.13	1.23	1.33	1.42	1.49

但是，中国高新技术产业核心技术较少，自主知识产权专利尤其是重大发明专利少，高新技术企业创新能力弱。2006年，美国、日本、德国、法国、英国、韩国、加拿大和意大利的高新技术产业研发经费支出占GDP的比重分别为2.62%、3.39%、2.53%、2.11%、1.78%、3.23%、1.89%和1.09%。中国高新技术产业研发投入强度仅高于意大利。可见，中国高新技术产业的发展还面临着巨大的挑战。

（二）中国高新技术产业创新战略实践

2006年以后，中国高新技术产业创新战略可归结为三类：一是重大技术专项创新战略；二是创新型企业建设战略；三是创新型高新技术产业集群战略。2007年，中国国家高新区政策发生了重大变化，这就是国家

① 国家统计局等编：《中国高新技术产业统计年鉴》，中国统计出版社2008年版。

把高新区分为三类：一是世界一流科技园区建设示范区；二是创新型科技园区；三是特色产业发展园区。国家高新区分类建设政策明确了中国高新技术产业创新战略应当细化。世界一流科技园区建设示范区具有强势创新区域特征，创新型科技园区具有优势创新区域的特征；特色产业发展园区具有普通创新区域的特征。不过，值得注意的是，这三类园区的政策没有突出科技群集聚、核心技术产品创新的问题。因此三大园区建设的完善方向就是按照知识创新完善园区政策，根据不同创新区域和优势产业方向重点实施三类产业创新战略。

全国六大世界一流园区建设示范区的高新技术产业创新战略应当坚定不移地实施核心技术—产品创新战略，提升园区的创新型企业内生增长能力，做强创新型企业集团，使创新创业企业不断涌现，加快建设园区主导产业创新集群和优势产业创新集群。创新型科技园区建设示范区应当实施技术创新升级战略，全力推进园区的优势高新技术产业创新由技术引进、消化吸收再创新向集成创新升级。特色产业发展园区应当实施特色产业的产品创新升级战略。

第5节 区域现代产业体系创新的战略目标与重点

区域现代产业体系创新政策是国家创新体系政策的具体实施。区域现代产业体系创新政策包括区域创新性传统产业创新政策、区域资本技术密集型产业创新政策和区域高新技术产业创新政策。这些区域现代产业创新政策又由区域核心技术产品创新体系政策、区域创新性企业政策和区域优势产业与主导产业的创新政策构成。我们根据基础创新政策工具、核心创新政策工具逻辑安排本节的结构。

一 区域创新性传统劳动密集型产业创新政策

区域劳动密集型产业创新政策存在的问题是，没有明确提出创新性劳动密集型产业政策。有关创新性劳动密集型产业政策散见于科技政策、中小企业政策、产业转移政策、产业集群政策中。

劳动密集型产业创新政策的目标就是发展创新性劳动密集型产业体系即现代农业、创新性劳动密集型制造业、知识密集型服务业，逐步推进产品创新由低端向高端发展，大力发展创新型中小企业，建立健全产业创新平台，打造具有创新竞争优势的区域劳动密集型产业高端价值链，推动产业集群转型。

区域创新性劳动密集型产业创新政策的重点是：创新性劳动密集型制造业优先，全面制定、落实创新型中小企业认定和管理办法，发展创新型中小企业，做强核心创新型企业，健全现有产业研发中心、产业研究院体系，制定创新性劳动密集型产业集群政策。

强势创新区域和优势创新区域应当率先探索创新性劳动密集型产业政策。比如，浙江、江苏、山东、广东等区域应当先行先试。西部区域应当率先构建基于创新的劳动密集型产业转移政策。

二　区域资本密集型产业创新政策

资本密集型产业包括钢铁、有色金属、装备、机械、汽车、石化等产业。

区域资本密集型产业创新政策所存在的问题是：产业高端化、创新自主化、品牌自主化政策受到了外资政策的挑战；公平竞争体制还没有形成；保护消费者利益的体制机制不健全；政府采购自主品牌政策各地差异很大，影响了政策实施的效果；产业技术标准政策不健全。

区域资本密集型产业创新政策的目标就是突破核心技术、关键零部件技术、高端技术及其产品的“瓶颈”，促进跨国公司与本土企业的关系，坚定不移地支持本土企业做大做强，建设具有创新竞争优势的世界级大企业集团；加快产业融合，发展高端制造业，坚定不移地根据资本密集型产业价值链构建区域资本密集型产业。

区域资本密集型产业创新政策的重点具有区域差异。普通创新区域资本密集型产业创新政策就是根据区域生态功能区定位，推动循环经济技术、清洁生产技术、节能技术与资本密集型产业技术的融合，做大创新型企业集团，以创新型企业集团为中心建立健全资本密集型产业价值链，推动本区域资本密集型产业的高端化。优势创新区域资本密集型产业创新政策的目标与重点就是发展优势产业、支柱产业的核心技术、关键零部件技术，加快提高创新型企业的自主创新能力尤其是集成创新能力和原始创新能力，构建全球性的产业创新网络体系，构建本区域优势产业和支柱产业高端产业价值链，发展高端的优势产业和支柱产业。强势创新区域资本密集型产业创新政策与目标就是发展综合性创新竞争优势，增强高端产品、核心技术、关键零部件技术的研发、设计和创新能力，建设国际一流的自主品牌，打造世界一流的创新型跨国公司。

区域资本密集型产业创新政策的措施就是：全面推进科技体制改革，构建现代产业政策体制，按照区域资本密集型产业价值链的要求，整合资本密集型产业组织创新政策、知识产权政策、产业融合政策、技术标准政策、政府采购政策和外资产业政策，使其相互配合，形成政策合力。

三　区域高新技术产业创新政策

当前，创新型高新技术产业政策体系存在的问题就是创新型政府建设滞后，产业管制改革较慢，公平竞争的科技服务市场和科技金融市场不健全，基础研究投入不足，创新型城市、创新型高新区发展不均衡，等等。

区域高新技术产业创新政策的目标与重点是改革政府治理机制，加快转变职能、还权于市场的步伐，建设创新型政府；加快科技体制改革、金融体制改革、产业体制改革、教育体制改革，激发创新活力，大力发展创新创业企业，发展创新型企业群；抓住知识转化为产业技术的关键环节，大力发展高新技术服务业和科技金融业；以知识产权及其转化为核心构造高新技术产业评价指标体系，加快建设创新型城市、创新型高新区，改善新型高新技术产业发展环境。根据创新区域知识性特征选择重点发展的战略性新兴产业。

东部地区有较多的优势创新区域和强势创新区域，根据这些区域的优势知识体系，率先发展高新技术服务业和科技金融服务业，选择与优势知识体系相符的战略性新兴产业作为发展的优先方向和战略目标，率先构建创新驱动的区域优势高新技术产业创新体系，承担国家战略使命。中西部地区的优势创新区域或个别强势创新区域应当结合本区域的优势知识体系，构建创新型高新技术产业体系。

区域创新型高新技术产业的政策措施是：全面落实国家“十二五”科技发展规划和 2006—2020 年科技规划纲要，制定区域的科技规划及其实施细则；全面落实国家重大科技专项和国家新产品计划，制定区域科技重大专项和新产品计划，力争拥有更多的核心技术及其产品，全面落实国家知识产权战略，制定区域知识产权战略和规划，力争拥有更多的重大发明专利；全面发展区域高新技术服务业和科技金融业，力争使更多的发明专利转化为产业并集聚更多的金融资源；制定更有吸引力的创新型人才发展规划，以集聚创新型人才；制定政府采购自主产品、保护自主知识产权细则，加快专利标准化，标准产业化；完善技术引进政策；通过与国外大公司合资合作，组成项目联合体，引进关键技术，迅速提高企业产品档次和技术水平，政府应从宏观上把握这一趋势，进一步完善国际创新合作政策。

第 8 章

集群创新竞争优势与战略

第 1 节　产业集群是现代产业组织的空间形态

一　产业集群概念、特征与类型

（一）产业集群概念

“集群”（cluster）一词最初用于描述生物群落现象。卡赞曼基斯（Czamanskis）首次将此词引入经济学中，提出了产业集群（Industrial Cluster）概念。1990 年，迈克尔·波特在《国家竞争优势》一书中系统研究了产业集群现象但没有清晰地给出产业集群的定义。目前，引用十分广泛的是迈克尔·波特在 1998 年发表的《集群与新竞争经济学》一书中的定义。迈克尔·波特解释道：“集群是特定产业中互相联系的公司或机构聚集在特定地理位置的一种现象。集群包括一连串上、中、下游产业以及其他企业或机构，这些产业、企业或机构对于竞争都很重要，它们包括了零件、设备、服务等特殊原料品的供应商以及特殊基础建设的提供者。集群通常会向下延伸到下游的通路和顾客上，也会延伸到互补性产品的制造商以及和本产业有关的技能、科技，或是共同原料等方面的公司上。另外，集群还包括了政府和其他机构：像大学、制定标准的机构、职业陪练中心以及贸易组织等——以提供专业的训练、教育、资讯、研究以及技术支援。”[①]国内外学者对产业集群概念并没有取得共识。高怡冰和林平凡归纳了有代表性的产业集群概念（见表 8.1）。[②]

---

① Michael E. Porter, “Clusters and New Economics of Competition,” “*Harvard Business Review*, Vol. 11 (1998).

② 高怡冰、林平凡：《产业集群创新与升级——以广东产业集群发展为例》，华南理工大学出版社 2010 年版，第 2—3 页。

表 8.1　　　　　　　　**代表性的产业集群概念**

组织和个人	定义内容	维度的选择及特点
联合国产业发展组织	生产和销售一定范围相关或互补商品企业的部门地理集中，从而面临共同的挑战和机遇	选择了地理集中维度
经合组织（OECD）	相互依赖的公司、知识生产机构、桥梁机构及顾客以创造附加值的生产连接网络。它超出了公司网络，因为它包括了所有形式的知识共享和交换……并且它还超出了传统的部门分析	选择了网络关系；强调网络关系的种类属于知识交流与外溢型
罗森菲尔德（Rosenfeld，1995）	集群是相似或相关的，可以产生协同效应的公司，在一个有限的地理范围松散地集聚。公司以相互依赖，增进经济活动和促进商业交易为前提，通过“自主选择”进入集群	选择了集群的动因；强调了集群的自主性
罗森菲尔德（Rosenfeld，1997）	集群是对由于地理上接近或相互依赖而产生协同效应的公司集中的一种简单表达，尽管它们的雇佣规模可能不是十分突出	选择了地理接近性；允许地理范围不同
W·皮特、D. E. 兰金（Peter, W. , D. E. Langen）	人口的地理集中及相关的企业单位、协会或公共（私人）组织经济专门化的集中	选择了地理集中；强调专业化；强调接近劳动力和市场
克劳奇和法雷尔（Crouch & Farrell）	集群的更为一般的概念表明，它是较松散的：是一种商业类型相似的公司在一个地方接近的趋势，尽管在一个地区没有特别明显的实体存在	选择了地理接近；强调这种接近可以是趋势，而不一定是现实
费塞尔（Feser）	集群不仅是相关的和提供支持的产业与组织，而且是相关的并提供支持的机构，由于这样的关系而更富竞争力	选择了网络关系
斯旺和普莱斯维塞（Swann & Presveser）	集群在这里被定义为以一个地理区域为基础的一个产业的一群公司	选择了地理集中；强调产业相关性
斯旺和普莱斯维塞（Swann & Presveser）	一个集群意味着在一个特定地方的相关产业的一群公司	
萨米和塞纳特（Smmie & Sennett）	大量相互联系的产业及/或服务公司，它们具有高度的合作性，尤其是通过供应链进行合作，并且在相同的市场条件下运作	选择了网络关系；强调产业相关性且多样性

续表

组织和个人	定义内容	维度的选择及特点
罗兰德和邓赫尔塔 (Roelandt & den Hertag)	大量相互关系的产业及/或服务公司，它们具有高度的合作，尤其是通过供应链进行合作，并且在相同的市场条件下运作	选择了网络关系；强调产业相关性且多样性
凡・邓・伯格・布劳恩和凡・温登（Van den Berg Braun & Van Winden）	专门化组织；地方化网络，其生产过程通过商品、服务和/或知识交换紧密相连	选择了地理集中以及网络关系
曾忠禄	产业集群指同一产业的企业以及该产业相关企业在地理位置上的集中	选择了地理集中
徐康宁	产业集群是指相同的产业高度集中于某个特定地区的一种产业成长现象	选择了地理集中
王冰/顾远飞	集群是一种适应知识经济要求、面向未来的组织，它所具有的两种机制——知识共享机制和信任机制，超越了市场/价格和科层	选择了网络关系；强调了集群机制
仇保兴	将产业集群定义为克服市场失灵和内部组织失灵的一种制度性办法	选择了集群动因
王辑慈	集群是指在某一特定的产业及其相关领域，大量密切联系的企业以及相关支撑机构，如行业协会、金融机构、职业培训和科研机构等，在空间上集聚，并形成强劲的、具有持续竞争优势的现象	选择了地理集中

资料来源：转引高怡冰、林平凡《产业集群创新与升级——以广东产业集群发展为例》，华南理工大学出版社 2010 年版，第 2—4 页。

表 8.1 表明，解释产业集群有经济地理学、社会学、制度经济学等多个角度。结合中国产业集群的实践，我们应当从经济地理学、产业经济学、社会学视角解释产业集群概念。简单地说，产业集群是指一大批各不相同的企业集中于某一特定地理区域经营相似或相近产品从而形成不同于市场和科层组织的生产和交换网络。这个定义的优点在于牢牢抓住了产业集群现象的共同要素即地理要素、产业要素、网络要素。

（二）产业集群的特征

关于产业集群特征的描述同样有分歧。比如，高怡冰、林平凡认为，产业集群的基本特征有地理邻近与组织邻近、地理边界和产业边界的跨越性、专业化分工与网络化、企业间的竞合关系、社会文化共性、路径依赖性。①其基本特征表述了一类事物共有的属性。产业集群的共有属性有：地理集中、企业集中、生产与交换网络。地理集中特征描述了地域的邻近性。地理集中范围或地理跨界是地理集中的两个属性。企业集中的特征描述了从事相同或相似产品的企业集聚现象。这种集聚现象是一种有序现象。专业化分工、企业竞合关系是集聚企业集中的两个特点。生产与交换网络描述了集聚企业立体的生产网络、供求关系网络。这种网络关系有地域社会文化和产业路径依赖的特点。

（三）产业集群的类型

产业集群分类标准多种多样。目前有四类标准：第一类是经济活动的空间组织标准；第二类为产业性质；第三类是集群发育程度；第四类是集群来源。根据经济活动的空间组织标准，产业集群分为马歇尔式工业区、轮轴式产业区、卫星平台式产业区、政府力量依赖型产业区；根据产业性质标准，产业集群有传统产业集群、高技术产业集群、资本和技术结合型产业集群；根据集群发育程度标准，产业集群有初级产业集群、成长型产业集群、现代产业集群。根据集群来源标准，产业集群可分成内源传统型产业集群、内源品牌型产业集群、外商投资型产业集群。这四类标准都出于研究者的目的。产业集群分类标准更应依据产业的集群性质而定。

本书认为，可以产业演化、产业体系、产业要素、产业网络复杂度的结合划分产业集群。从产业演化角度看，产业集群可分为传统产业集群与现代产业集群；按产业体系，传统产业集群可细分为农业产业集群、纺织服装产业集群、食品产业集群、建材产业集群、家电产业集群等。现代产业集群可细分为电子信息产业集群、汽车产业集群、医药产业集群、重化工业产业集群等。按大企业、中小企业在产业体系中的地位和作用，前述的各类产业集群可分为由中小企业主导的产业集群即马歇尔式产业区、大企业主导的产业集群即轮轴式产业区。按产业要素划分，产业集群又可分成劳动密集型产业集群，资本技术密集型产业集群、知识密集型产业集群。按产业网络复杂程度，产业集群可分为初级产业集群、中级产业集群、高级产业集群。

---

① 高怡冰、林平凡：《产业集群创新与升级——以广东产业集群发展为例》，华南理工大学出版社2010年版，第5—7页。

二　产业集群的组织特征分析

（一）产业集群是一种介于企业与市场之间地方稠密的企业网络组织

新古典经济学认为，企业和市场是两种替代性的经济组织。企业与市

表 8.2　企业、中间体组织和市场的区别

项目	科层组织	中间组织	市场组织
资产和资源	资产专用性高	适度资产专用性	低资产专用性
信用	低	中等偏高	低
交易	长期反复内部交易	中等偏长期企业间交易	短期低概率重复交易
边界	固定、刚性	柔性、可渗透性	具体、完全、细微
产品批量	大批量、大规模	规模化、定制化	变化大、现货合约
合作性	最强	较强	差
竞争性	弱	较强	最强
调节参与点	计划	契约和隐性合同	供求
调节分界线	强制调节	联合调节	自我调节
弹性	低	中等	高
行动者意愿	依附	相互依赖	独立
影响模式	地位或规则基础/命令/服从关系	通过形成专业技能或声誉基础连接在一起	通过价格机制取得信念
冲突解决	详尽合约/权威	通过有关系的/经常的合约共同协商、互让互惠	市场规范、法庭、法律、法规
信息来源	静态环境中寻找，通过专业化机构寻找	分配的资源集/中等寻找	通过价格传达信息/通过价格向量寻找信息
决策轨迹	高层、远距离	共同参与或协商/接近行动地点	即时/完全自主
联系	不间断、通过渠道、从一点到多点或从多点到一点	当需要时直接从多点到一点	短期存在，直接从多点到多点

资料来源：吴德进：《产业集群论》，社会科学文献出版社 2005 年版，第 94—95 页。

场相互替代的边界就是交易费用均衡，即企业的交易费用与市场的交易费用相等。当企业交易费用大于市场交易费用时，市场取代企业；当企业交易费用小于市场交易费用时，企业取代市场。在现实生活中，我们发现存在着大量介于企业与市场之间的中间性产业组织。马歇尔在研究集聚经济时已注意到了产业集聚就是一种新的产业组织。他称之为产业区组织。威廉姆森明确提出了中间性产业组织概念，并在《交易费用经济学：契约关系的规则》一文中提出了界定企业、中间性产业组织、市场三者边界的框架。这个界定框架就是交易的不确定性、交易频率和资产专用性及其关系理论。中间性产业组织有企业战略联盟、关系契约，准一体化组织和产业集群。吴德进归纳了企业、中间性产业组织与市场的区别（见表 8.2）。

产业集群不同于其他中间体产业组织之处有：产业集群具有企业网络特征和区域稠集性特征。

（二）*产业集群是实现节约交易费用和实现规模经济的柔性生产组织*

在 20 世纪 80 年代以前，现代制造业在发展过程中诞生了福特制生产组织和丰田制生产组织。福特制生产组织具有生产装配线、高度专业化、大批量、少品种的生产特征。丰田制生产组织具有小批量、多品种、敏捷反应的生产特征。二者的详细区别见表 8.3 所示。

表 8.3 描述了丰田制这种典型的柔性生产组织的特征，但不足以概括其他类型的柔性生产组织的特征。比如“第三意大利”产业区的劳动密集型柔性产业组织。中国沿海地区的产业集群生产系统表明，产业集群不仅具有范围经济优势，还具有专业规模化经济优势。这种专业规模化经济优势表现在模块化分工所引致的每个产品工序分工形成了专业化和规模化经济。丰田制生产方式反映了现代资本技术密集型产业的创新特点。中国浙江、广东等地传统劳动密集型产业集群，无论是本土企业驱动形成的劳动密集型产业集群还是外资驱动形成的劳动密集型产业集群，都缺乏产业创新能力。

产业集群这种柔性生产组织系统具有节约交易费用、实现规模经济和范围经济的优势。科斯在《企业性质》一文中分析企业取代市场的原因在于节约交易费用。福特制生产组织和 M 形产业组织的相继发生发展，皆由于它们把市场交易内部化，整合了资源，节约了频繁和复杂的市场交

表 8.3 **柔性生产系统与刚性生产系统比较**

	柔性生产系统	刚性生产系统
与供应商的关系	密切的功能联系：生产商、供应商、客商以及与其他相关和支持机构的地理空间接近	在功能上和地理上都是远距离关系：大量存货以防供应中断
技术性质	高度灵活的生产技术；使用单体组件；转产相对容易	复杂；严格；使用标准化零部件；向新产品生产过渡时间长，耗资大
经济基础	以范围经济为基础	以规模经济为基础
市场状况	需求不确定性、多样性，不可预测性；买方市场	需求的稳定性、统一性、可预测性；卖方市场
生产过程	以网络经济为基础；同类产品小批量生产；差异性和柔性自动化；无库存或很少库存；生产过程中实施质量控制；损失时间减少	以规模经济为基础；同类产品大批量生产；统一性和标准化；大量缓冲库存；生产结束后进行质量测试；因较长装配时间、次品和库存瓶颈而造成生产时间的损失
劳动力	通过长期的“干中学”减少成本；工人完成多种工作，专业化程度高；长期在职培训	通过工资控制减少成本；工人完成单一任务；减少工作差异，没有或很少在职培训
企业组织形式	垂直分离；网络化组织（转包，动态联盟）	垂直一体化；大企业组织
竞争战略	以产品和过程创新为基础；通过分散化来降低市场风险；不断进行核心业务创新	价格竞争；规模经济；通过调整存货来应付市场竞争
区域基础条件	确保各单位间合作的区域公共政策	确保供需平衡的宏观经济政策
产业创新模式	渐进式创新；创新与生产相结合；频繁的过程创新；满足客户的需求；低成本，短周期	突破性创新；创新与生产相分离；较少的过程创新；忽视客户的需求；高成本，长周期
与供应商的关系	非常紧密的功能上的联系；即时生产要求，客商与供应商在地理上接近	在功能上和地理上都是远距离关系；大量存货堆积在工厂里以防供应中断
区域空间结构	空间集聚；劳动空间整合或分工；垂直一体化公司的空间接近，区域专业化联系的形成	功能空间等级；劳动空间分工；世界范围内寻找零部件及下包商

资料来源：吴德进：《产业集群论》，社会科学文献出版社 2005 年版，第 99—100 页。

易所产生的交易成本。威廉姆森根据资产专用化详细分析了垂直一体化组织演变的交易费用原因。20 世纪 70 年代以后，M 形生产组织面对日趋复杂模块化分工和全球化竞争，其交易费用不断上升。20 世纪 70 年代以来，企业进入创新竞争时代，创新周期明显缩短，需求个性化趋势更加明显，创新风险不断加大，创新投入不断增加。M 形生产组织难以应对这些创新挑战。美国各个大企业集团实施了归核化战略。把非核心业务外包，保留核心业务。围绕大企业归核化形成了全球生产网络，各个业务环节的企业集聚于某一地域形成了产业集群。首先，产业集群减少了企业内部委托—代理关系所导致的信息不对称行为、机会主义行为，增加了相似企业或相同企业的学习机会，从而降低了企业内部的交易费用。其次，产业集群形成了复杂的立体的市场供求网络。这些生产和交换网络节约了集群内企业的生产成本、物流成本和融资成本。最后，产业集群节约了人力资本搜索费用以及培训费用。

产业集群不仅是节约交易费用的产业组织，而且是实现规模经济的柔性生产组织。福特制生产组织和 M 形生产组织是大规模生产组织。这种规模化生产组织的特点是：通过大规模生产降低单位产品的平均生产成本，通过批量销售降低市场销售成本，从而实现产品规模经济效应。不仅如此，福特制生产组织和 M 形生产组织还是多样化的产品生产组织。这种多样化产品生产组织的特点是：通过各种不同类型产品的生产实现范围经济。产业集群同样具有大企业集团生产组织的规模经济与范围经济功能。马歇尔率先意识到产业集群是实现规模经济的空间经济组织。迈克尔·波特从价值角度解释了产业集群的规模经济优势和范围经济优势。企业竞争优势来源于其在产业价值链和区域价值中的地位。产业集群是由企业价值链、企业外部价值链、产业价值链和空间价值链构成的复杂的价值网络。产业集群在全球产业价值链、全球产品生产网络中的地位决定其产业规模经济优势和范围经济优势。①

（三）产业集群是立体型复杂市场网络组织

市场是资源配置组织，它既有灵活性又有效率，市场机制或价格机制充分反映了资源的稀缺程度。自由主义经济学家笃信完全竞争市场是最好

---

① 科技部火炬高技术产业开发中心/北京市长城企业战略研究所：《中国增长极——高新区产业组织创新》，清华大学出版社 2007 年版，第 26—30 页。

的资源配置机制。垄断市场结构砸碎了自由主义经济学家的迷梦。自从凯恩斯主义以来，垄断市场和国家干预受到追捧。然而 20 世纪 70 年代的经济滞胀同样击碎了凯恩斯主义经济学家的幻想。总之，市场和政府都失灵了。不管是完全竞争市场还是垄断市场，抑或是政府都可能会扭曲价格，导致效率损失和抑制创新。自模块化分工以来，企业集聚极大地加速了市场信息的流动性，提高了市场信息的使用效率，减少了导致价格扭曲的信息不对称因素，使各个要素市场更易出清。模块化分工导致了每个工序的细分产业在同一区域的集聚。这种集聚的体现是形成了产业上、中、下游产品供求关系和横向专业化要素市场体系。每一个企业既有自己的价值链系统，又与外部价值链有着密切的合作关系；既在产业价值链某个节点上，又在区域价值链的节点上。区域内每个产业集群既构成自身的价值链，又与相关产业价值链有着复杂的技术经济联系，还与其他区域产业集群有着竞争与合作关系。可见，产业集群是克服市场失灵和企业内部组织失灵的超市场组织和超科层组织。①

三　传统产业集群与现代产业集群

（一）传统产业与现代产业的划分标准

“传统”与“现代”两词被广泛应用于文化学、政治学。“传统”是指每一时代的主流价值观和主流的政治制度的历史沉淀。“现代”是指每一时代的主流价值观和主流的政治制度。在经济时代划分中，马克思认为，每一时代的划分标准是居支配地位的生产方式。列宁认为，每一时代居支配地位的经济关系是划分经济时代的标准。经济学家是按每一产业居支配地位的经济要素特征划分产业时代的。无论按什么标准，凡是在标准以前的时代都可以称为“传统”，凡是标准所处的时代都可以称为“现代”。本书关于产业时代的划分标准是每一时代居支配地位的生产技术标准。

根据马克思生产技术划分时代的观点，人类经济时代依次经历了石器时代、青铜器时代、铁器时代、纺织蒸汽机时代、内燃机工业时代或重化工业时代、自动化工业时代、信息技术时代。其中，石器时代、青铜器时

① 王冰、顾远飞：《簇群的知识共享机制和信任机制》，《外国经济与管理》2000 年第 5 期；仇保兴：《小企业集群研究》，复旦大学出版社 1999 年版。

代和铁器时代被合称为“手工业生产时代”或“农业生产时代”，纺织蒸汽机时代、内燃机工业时代或重化工业时代、自动化工业时代被合称为“大机器工业生产时代”。根据马克思生产关系划分时代的观点，人类经济时代依次经历了原始公有制时代、奴隶制时代、封建时代、资本主义时代和共产主义时代。列宁对资本主义时代做了细分，把资本主义时代分为自由资本主义时代、垄断资本主义时代和国家垄断资本主义时代。依据居主要地位的产业经济要素标准，人类产业依次经历了劳动密集型产业、资本技术密集型产业、技术密集型产业和知识密集型产业。

参照上述定义，传统产业可以被定义为信息技术和知识密集型产业以前各个产业的统称，包括农业、纺织服装、陶瓷建材、家具、石材、五金刀剪、制糖、钢铁、冶金、石化、机械制造、汽车等产业部门。其中，农业、纺织服装、陶瓷建材、家具、石材、五金刀剪、制糖可被称为“劳动密集型产业”，钢铁、冶金、石化、机械制造、汽车等产业部门可被称为“资本技术密集型产业”。

“现代产业”一词首现于中国共产党十七大报告，“现代产业体系”一词首现于中国共产党十八大报告。在这以前，学术界从没有使用过“现代产业”一词。近几年来，学术界有关现代产业体系的讨论兴起，但对于现代产业体系的概念并没有一致的定论。不过，从这些讨论中我们可以得出，现代产业体系包括现代农业、信息技术、绿色技术与工业融合的新型工业、高新技术产业。现代产业体系是一个历史动态概念。创新是传统产业与现代产业区分的标识特征。①可见，现代产业是指融合了信息技术、绿色技术、环保技术、节能技术的传统产业和基于信息技术的高新技术产业的总称。

（二）传统产业集群的定义、特征和类型

1. 传统产业集群的定义

学术界广泛使用“地方产业集群”概念概述珠江三角洲、长江三角洲、环渤海地区的传统产业集群。事实上，地方产业集群不仅有传统产业集群还有现代产业集群。因此我们使用传统产业集群这一术语。“传统产业集群”这一术语广泛出现于国外产业集群文献之中。尽管产业集群有地理集中、企业集中、地域植入等属性，然而，我们在界定传统产业集群

① 赵寅、张永庆：《现代产业体系理论研究综述》，《经济师》2010年第1期。

时仍认为使用产业集群的产业属性更为妥当。传统产业集群就是简单劳动要素集聚的、低成本的、生产低附加值产品的企业按照模块化分工与协作联系集聚于某一地域所构成的生产与市场网络。关于传统产业集群范围存在着争论。有的学者认为，传统产业集群范围指纺织服装产业集群、食品工业产业集群、建材工业产业集群、家电产业集群，但不包括重化工业产业集群。其原因在于重化工业是高集中度产业，搞产业集群会造成严重污染和环境破坏。比如，河北唐山曹妃甸的钢铁产业集群。①根据我们的定义，传统产业集群包括了重化工业产业集群。

2. 传统产业集群的特征

首先，简单劳动要素集聚是传统产业集群的生产要素特征。“珠三角”地区的传统劳动密集型产业集群就是中国农业劳动力流动的主要产业领域。苏南地区的昆山、无锡的高新技术加工型产业集群成为集聚简单劳动力的另一个产业集群领域。其次，低成本生产是传统产业集群的生产特征。富士康公司是世界著名的从事信息技术加工的制造业公司，其制造基地遍及深圳、江苏昆山、河南郑州、重庆和四川成都等地，该公司是这些区域信息技术加工型产业集群的领头公司。据《纽约时报》报道，富士康雇用了来自广东、河北、河南、四川等人口大省近 30 万名工人。凤凰网科技讯于 2013 年 2 月 23 日报道了美国著名市场研究公司 Asymcal 的研究成果。据该公司分析，一部 iPhone 手机的成本包括物料成本、运输仓储成本、制造成本和保修成本。其中，制造成本包括了人工成本。每部手机的制造成本为 12.5—30 美元。每部手机的人工成本仅为 1.78 美元，占手机总成本的 2%—5%。再次，低附加值生产是传统产业集群的产出特征。2010 年，中国占全球制造业的比重达到 19.8%，超过了美国的 19.4%，由此，一个多世纪以来，美国制造业第一大国的宝座首次易主。但是，以传统产业集群为特征的中国制造业的工业附加值远低于美国、德国和日本等发达国家。根据美国国家科学基金会的数据，2008 年，在私营企业的总研发投入中，制造企业占到了 67%。2006—2008 年，22% 的美国制造企业推出了新产品或有显著改进的产品、服务及流程。图 8.1 显示了美国制造业的竞争力。

---

① 王辑慈：《超越集群——中国产业集群的理论探索》，科学出版社 2011 年版，第 124—125 页。

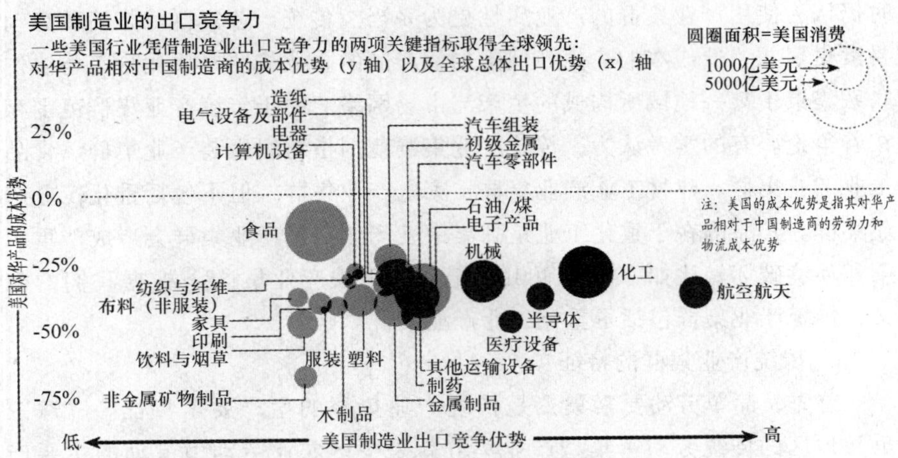

图 8.1　美国制造业出口的国际竞争力

资料来源：美国人口普查局，美国劳工统计局，瑞银集团研究，Capital IQ，美国能源信息署，世界银行，欧盟统计局，世界贸易组织，美国国税局，陶博全球运营学院，博斯公司。

相比之下，中国制造业出口竞争力都集中于传统劳动密集型产业领域。据中国科技部的统计数据，中国制造业领域的企业研发投入不到1%。“珠三角”地区、“长三角”地区传统劳动密集型产业企业绝大多数没有研发机构，没有研发投入。最后，由前文可知，传统产业集群是低端产业集群。

3. 传统产业集群的类型

传统产业集群是生产或加工企业集群。在这类集群中，首先出现的是准生产集群。准生产集群具有某些集群的特征，① 马里奥·迪韦德·帕里利亚（Mario Divide Parriliar）称之为“生存性集群”。这类集群没有产业联系。②其次是生产集群。这类集群是按模块化分工与协作集聚于某一地区的企业生产与交换网络。这类集群具有鲜明的生产与交换网络或产业联系特征。珠江三角洲和长江三角洲的加工型产业集群都属于此类。生产集群类似于马歇尔产业区但又有新特点。王辑慈指出马歇尔式产业区所具有的假设特征（见表 8.4）。

① 王辑慈：《超越集群——中国产业集群的理论探索》，科学出版社 2011 年版，第 20 页。

② Mario, D. P., *SME Cluster Development: A Dynamic View of Survival Cluster in Developing Countries* (New York: Palgrave Macmillan, 2007).

表 8.4　　马歇尔式产业区假设特征

1. 小的地方性企业支配
2. 规模经济相对较低
3. 供应商和买方之间重要的区内贸易
4. 关键的投资决策限于本地
5. 地方供应商和买方之间长期的合同和承诺
6. 与区外企业的合作与联系程度低
7. 劳动力市场在产业区内，有高度的灵活性
8. 工人对区域而不是企业作出承诺
9. 劳动力的迁入比率高，迁出比率低
10. 进化成独特的地方文化特性，团结
11. 有专门的资金源泉，专业技术，存在区内企业外部的商业服务
12. 在区内存在“耐心的资本”
13. 混乱，但是增长和雇佣的长期前景好

资料来源：王缉慈：《创新的空间：企业集群与区域发展》，北京大学出版社 2001 年版，第 168 页。

中国东莞地区的生产集群修正了其中的特征，比如，规模经济不是相对较低，而是较大；由外资企业支配；供应商与买方不限于区内贸易而且主要是国际贸易。根据这些修正，我们同意依据本地关联性和外贸依存度两个维度进一步对中国沿海地区的生产集群分类。中国沿海地区的生产集群可分为高关联、高外向度生产集群，低关联、高外向度生产集群和低关联、低外向度生产集群。①

（三）现代产业集群的定义、特征和类型

1. 王缉慈提出了一个“理想的”产业集群模型解释现代产业集群

地理靠近、行为主体互动和产业联系构成了三角形的三边。这三边是互动关系（见图 8.2）。

① 陈耀、冯超：《贸易成本、本地关联与产业集群迁移》，《中国工业经济》2008 年第 3 期。

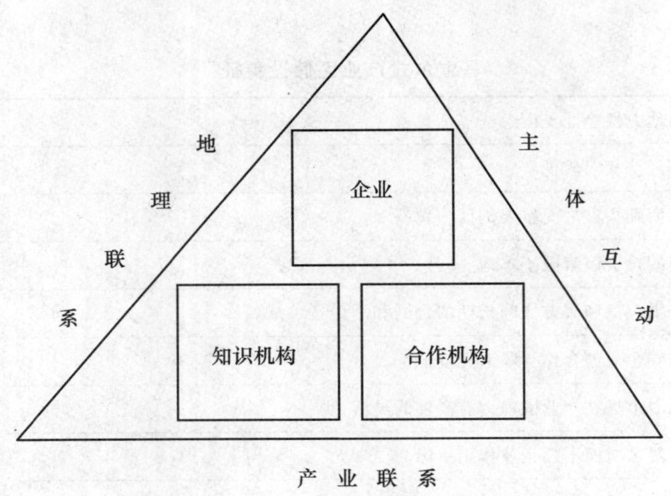

图 8.2 产业集群行为主体之间的关系

资料来源：王辑慈：《超越集群——中国产业集群理论的探索》，科学出版社 2001 年版，第 7—8 页。

现代产业集群是高级生产要素集聚、从事低成本生产、高附加值产品研发和创造的创新型企业、大学、研究机构及相关知识服务组织遵循模块化生产网络规律集聚于某一地域而构成的开放的、模块化的、复杂的产业创新网络。

2. 现代产业集群的特征

首先，高级生产要素大规模集聚是现代产业集群的生产要素特征。迈克尔·波特在《国家竞争优势》一书中首次提出高级生产要素概念。高级生产要素包括专业化人力资本、风险资本。美国硅谷、旧金山湾的半导体产业集群、多媒体产业集群的突出特征就是集聚了发展这些产业的高级人才和风险资本。例如，“20 世纪 80 年代，加利福尼亚州北部每年的风险资本投资额是马萨诸塞州的两倍到三倍”。在 1981—1989 年这 9 年里，“加利福尼亚北部公司获得了 90 亿美元，即占当地筹得的风险资本总额的 130%。硅谷的公司始终至少获得全国风险资本总额的 1/3”①。其次，

① 安纳利·萨克森宁：《硅谷和 128 公路地区的文化与竞争：地区优势》，上海远东出版社 1999 年版，第 120—121 页。

各类创新组织集聚是现代产业集群的组织要素集聚特征。王辑慈在《创新的空间——企业集群与区域发展》一书中系统考察了瑞典、德国、意大利、美国、日本等发达国家的产业集群。其研究结论之一就是，这些产业集群具有创新组织高集聚性特征。第一，创新型企业十发普遍；第二，大学集中；第三，研究机构众多；第四，拥有其他具有创新能力的服务组织，如市场研究公司、管理咨询公司。最后，开放性、模块化、复杂化的产业创新网络是现代产业集群的网络特征。社会学家从社会网络角度研究了产业集群的网络特征。浙江地区的产业集群网络特征是地方文化与家族信任关系网络。东莞地区、苏南地区产业集群的网络特征是台资网络。硅谷电子信息产业集群的网络特征是：契约、合作、开放、科技创业的创新文化，模块化分工与协作的价值生产与交换网络，多重产业联系的复杂产业创新网络。

3. 现代产业集群的类型

现代产业集群有三种类型：创新性产业集群、技术创新型产业集群、产业创新集群。创新性产业集群是指具有产品创新能力的产业集群，包括创新性传统产业集群、高技术产品创新产业集群和新兴产业产品创新产业集群。技术创新型产业集群是指具有技术创新能力的产业集群，包括技术引进、消化再创新技术能力的产业集群、集成创新能力的产业集群和具有基础技术、核心技术和高端技术及其产品创新能力的产业集群。产业创新集群指的是新兴产业技术创新、新兴产品市场开拓、新兴技术创业企业成长的产业集群。

第2节 产业集群创新：含义、特征和类型

一 产业集群创新的含义

“集群创新”（Cluster Innovate）、“集群式创新”（Cluster Innovate）、“创新集群”（Innovative Cluster）等术语既相关又有区别。学术界对之争议极大。目前，“Cluster Innovate”一语在语义学上作如下解释：“Cluster”是“Innovative”一语的定语，强调的是“集群”。因此“Cluster Innovate”简译为“集群创新”。刘友金则译为“集群式创新”。“Innovative Cluster”被译为“创新集群”、“创新性集群”、“创新型产业集群”。译文与学术术语是有差异的。比如，“创新集群”、“创新性集群”、“创新型产

业集群”在学理上是有差异的。“创新集群”在概念外延上十分广泛，用“创新性集群”描述集群的创新程度更为恰当，“创新型产业集群”是集群创新的一种类型。“集群创新”、“集群式创新”有类似的问题。笔者认为，从英文与中文学术术语译文的准确性角度讲，“Cluster Innovate”译成“集群创新”为妥，“Innovative Cluster”译成“创新集群”为宜。“集群创新”、“产业集群创新”、“区域产业集群创新”的准确定义鲜见，类似的、相关的定义亦少。“集群式创新”是与“集群创新”最相类似地描述产业集群创新现象或创新活动的术语。

创新环境学派的代表人物劳森和洛伦兹（Lawson & Lorenz）立足于能力观把握集群创新。他们认为，以集体学习为主要机制的交互式学习是产业集群创新活动的基本特征。[①] 基布尔和威尔基森（Keeble & Wilkinson）详细解释了集体学习和创新能力。[②]区域创新系统学派也有从整体把握创新能力的观点。[③]周泯非和魏江运用结构功能主义研究方法系统地解释了集群创新能力。他们认为：“把集群创新能力界定为蕴含在产业集群整体组织结构中的有利于交互式创新活动的程序性知识总和，体现为集群在搜索与获取外部知识、共享与交流内部知识、协同与整合互补性知识单元，以及在此基础上创造和积累新知识等方面的总体能力，其载体主要是集群企业间、企业与各类机构间以及企业与集群外主体间一套相对稳定的网络化关联机制。”产业集群创新能力归结为产业集群知识扩散能力、产业集群知识互补能力、产业集群知识渗透能力和产业集群知识搜索能力。[④]周泯非和魏江的观点对于把握产业集群创新升级有着重要意义。刘友金对“集群式创新”作出了明确的界定。他说：“所谓集群式创新，通俗地可以理解为运用集群优势进行技术创新。因此，中小企业集群式创新可定义

---

① Lawson, C., Lorenz, E., “Collective Learning, Tacit Knowledge and Regional Innovative Capacity,” *Regional Studies*, Vol. 33, No. 4 (1999), pp. 305-317.

② Keeble, D., Wilkinson, F., “Collective Learning and Knowledge Development in the Evolution of Regional Clusters of High Technology SMEs in Europe,” *Regional Studieo*, Vol. 33, No. 4 (1999), pp. 305-317.

③ Heidenreich, M., “The Renewal of Regional Capabilities Experimental Regionalism in Germany,” *Research Policy*, Vol. 34, No. 5 (2005), 2005, pp. 739-757; Tura, T., Harmaakorpi, V., “Social Capital in Building Regional Innovative Capability,” *Regional Studies*, Vol. 39, No. (2005) pp. 1111-1125.

④ 周泯非、魏江：《产业集群创新能力的概念、要素与构建研究》，《外国经济与管理》2009年第9期。

为：以专业化分工和协作为基础的同一产业或相关产业的中小企业，通过地理位置上的集中或靠近，生产创新集聚效应，从而获得创新优势的一种创新组织形式。借助这种特殊的组织结构，企业之间可以建立长期、稳定的创新协作关系。”[①]这个定义是从集群与技术创新的关系角度着眼的，并且描述了集群的创新集聚效应现象。集群创新是一种获得创新优势的创新组织形式。这是一个合理的见解。不过，这个定义仍没有揭示集群这种创新组织的创新与其他创新组织的创新之间的本质区别。

布罗（Brow）在研究苏格兰地区创新集群时发现，集群成长是科学研究基地商业化转型的过程。[②] 布罗（Brow）的研究成果给予我们如下启示：我们给集群创新下定义时应当考虑创新是科学和技术研究成果产业化这一本质属性。集群是一大批从事相同或相似产品的企业在地理上的集中，这种产业的地理集中使得一群企业的科学技术研究成果被予以商业化应用。传统产业集群与现代产业集群在创新差异上的表现是：传统产业集群仅仅是一群企业从事科学技术研究并将其成果进行产业化应用，现代产业集群不仅有一群企业而且还有一群知识机构从事科学技术研究并将其成果进行产业化应用。因此，我们给产业集群创新所下的定义是：地理集中的组织机构使技术创新向市场集中并向产业集聚转化的过程。类似的定义是，集群创新是“接近性耦合与互动网络的统一”或“耦合互动创新”。“其含义可理解为：区域中的企业集群基于本地相互联系相互作用的经济社会文化诸要素，通过集群内企业间 、企业和集群内的中介机构和研究机构间的知识溢出和交互学习，而实现在同一或相近行业上的生产技术和工艺、生产组织和经营体制等多方面的改进和提升。”[③]

地理集中的组织机构包括企业、大学、研究机构和相关的服务组织，技术创新集聚是熊彼特所谓的技术创新群在时空上的集聚，市场集中指的是新产品研制的相关产业组织所构成的中间品供应的集中，产业集聚就是围绕技术创新商业化所形成的相关产业的集聚。集群创新的定义应强调如下内容：成群的企业组织从事科学技术成果的研发和商业化应用；成群的大学与研究

---

① 转引自陆根尧等著《产业集群自主创新：能力、模式与对策》，经济科学出版社 2011 年版，第 25 页。

② 转引自王福涛《创新集群成长动力机制》，华中科技大学 2009 年博士学位论文。

③ 徐占忱、何明升：《接近性、互动网络与区域企业集群创新》，《科学学与科学技术管理》2005 年第 6 期。

机构从事科学技术成果创造或新知识创造，形成了成群的专利尤其是发明专利；成群的服务机构集聚服务于专利商业化应用；成群的产业兴起和发展。

与产业集群创新密切相关的一个概念是创新集群，国内文献对此作了系统的梳理和辨析。N. 罗森伯格（N. Rosenberg）早在 1976 年就提出了创新集群概念，在英文中有两个词组。一个词组是“Innovation Clusters”，直译为“创新集群”，另一个词组是“Cluster of Innovative Industries”，直译为“创新型产业集群”。这两个词组在国内学术文献中都是指创新型产业集群。2001 年，OECD 在《创新集群：国家创新体系的推动力》研究报告中首次把创新集群作为政策工具。同年，中国科技部制定了国家高新区“二次创业”计划，明确指出高新区产业集群升级应当培育创新集群，这表明中国引入了“创新集群”这一政策工具。随后，国内对“创新集群”的理解出现争议。这种争议来源于国际学术界的争论。外国学者基本上在国家创新体系的意义上解释创新集群，把创新集群定义为简化的国家创新体系。这种认识延伸到对国家高新区的定位时就把国家高新区重新定义为创新集群。王辑慈认为，这是对创新集群的误解。集群可以分为基于创新的集群和低成本的集群。低成本的集群是指参与竞争的基础是低成本的；创新性集群或创新集群（Innovative Clusters）是区别于低成本的产业集群（或低端道路的产业集群）而言的，是指创新性的产业集群或基于创新的产业集群。[①] 王辑慈认为，“创新性集群”与“创新集群”是可以等同对待的。实际上，这二者是有区别的。钟书华认为：“创新集群是由企业、研究机构、大学、风险投资机构、中介服务组织等构成，通过产业链、价值链和知识链形成战略联盟或各种合作，具有集聚经济和大量知识溢出特征的技术—经济网络。”[②]钟书华认为，这个定义有四层含义：“第一，创新集群的构成要素是多元的，从事创新活动的参与者也是多元的；第二，创新集群的内部结构主要是创新活动参与者之间的战略联盟和合作关系；第三，创新集群的外部功能是一种通过自主创新，形成具有竞争优势的产业集群；第四，创新集群是一种创新系统或创新体系。”[③]

创新集群在外延上包括了科技集群、产业创新集群、区域创新集群和

---

① 王缉慈：《关于发展创新性集群的政策建议》，《经济地理》2004 年第 4 期。

② 钟书华：《创新集群：概念、特征及理论意义》，《科学学研究》2008 年第 1 期。

③ 同上。

国家创新集群。可以说，立足于区域创新集群、国家创新集群角度，钟书华对创新集群含义的解释的确是合理的。但是，却与创新集群的实证研究结论相距较远。国外有关创新集群的实证研究表明，创新集群在本质上是创新型产业集群。①

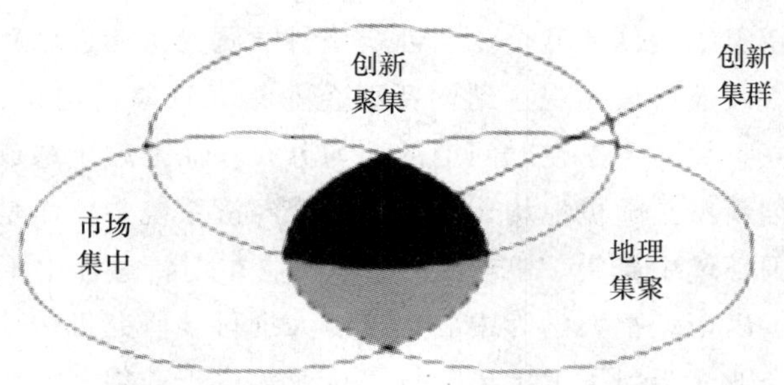

图 8.3　创新集群形成

创新型产业集群既是产业集群的一种类型，又是创新集群的一种类型；既是产业集群发展的高级阶段，又是创新集群的产业化阶段。王福涛不仅使用产业地理集中、技术创新集聚、卖方市场集中的交集来描述创新型产业集群概念（见图 8.3），而且还描述了产业集群、创新集群与 OECD 国家创新集群的关系（见图 8.4）。②

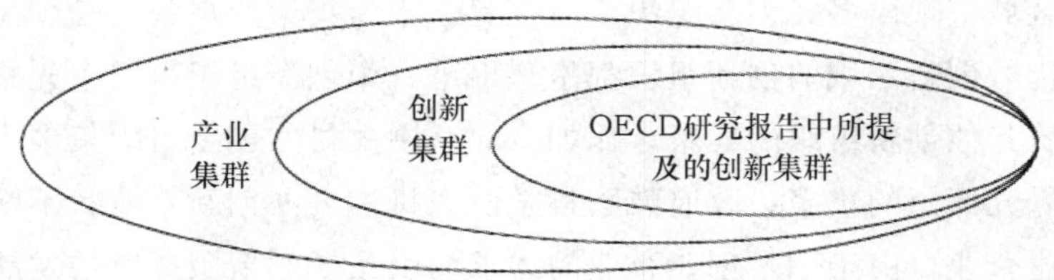

图 8.4　产业集群、创新集群与 OECD 创新集群的关系

二　产业集群创新的特征

产业集群创新不是区域产业内企业创新活动的简单相加，产业集群创

① 王福涛：《创新集群成长动力机制》，华中科技大学 2009 年博士学位论文。

② 同上。

新具有与单个企业创新完全不同的特点。有的学者立足于生态学、社会学、经济地理学观点把产业集群创新的特点概括为互惠共生性、竞争协同性、根植性、知识资源互补性、创新组织开放性五个特点。[①]这一概括与产业集群特征没有实质性区别。

（一）多元创新组织不断集聚

多元创新组织是创新型企业、创新型科学研究机构、创新型产业服务机构的统称。熊彼特最先观察到创新型企业集聚现象。他说："（技术）创新不是孤立事件，不是在时间上的均匀分布，而是趋于结成集群，鱼贯而出。……创新不是随机地均匀分布于整个经济系统中，而是趋于在某些部门及其周围环境中聚集。"[②]硅谷半导体产业在创新过程中不断集聚着科学研究机构。以斯坦福大学为中心集聚了大批科学研究机构，不断培育形成创新创业企业，吸引了大批风险投资企业落户于硅谷。安纳利·萨克森宁概述了在硅谷成长过程中这些创新创业企业、科学研究机构、创新型产业服务机构的集聚过程。他说，硅谷地区工业体系包括地区机构、工业结构和公司内部组织。硅谷工业结构是社会分工—垂直一体化程度以及某个部门或一系列相关部门中客户、供应商和竞争者之间联系的范围和性质。硅谷的地区机构包括"公私组织，诸如大学、企业协会、地方政府以及许多不太正式的业余俱乐部、专业协会和其他形成并经常维持一个地区社会交际模式的场所"。公司组织机构包括"等级的或横向的协调程度，集权或分权、责任的分配以及公司内任务的专门化"[③]。像硅谷这样的强势创新区域呈现出多元创新组织前后继起、不断集聚的现象还是少见的。大部分优势创新区域的创新组织都呈现出某一个创新组织部门率先集聚，并引导着其他创新组织的集聚。比如，北京中关村的创新组织集聚现象起于科学研究部门的集聚，政府鼓励科学研究机构创办创新企业，不断集聚创新创业企业，由于创新创业企业的需求而引致了创新服务业的发展。对于弱势创新区域来说，多元创新组织集聚或者是由两至三个国有大企业发展

① 赵忠华：《创新型产业集群网络结构与绩效研究》，哈尔滨工业大学出版社 2009 年版，第 49—52 页。

② J. A. Schumpeter, *The Theory of Economic Development* (Harvard University Press, 1934) (translated from 1919 German edition), p. 62.

③ 安纳利·萨克森宁：《硅谷和 128 公路地区的文化与竞争：地区优势》，上海远东出版社 1999 年版，第 8 页。

带动的，或者是由一批研究机构带动的。在这些区域里，创新组织集聚的多元化特征并不明显。

（二）创新竞争与创新协同共存

相对于企业技术创新来说，产业集群创新的鲜明特征是创新竞争与创新协同共存。在一个产业集群中，集群内企业就产业部门关注的关键技术问题展开创新竞争。同时，行业协会、私人俱乐部等各个层次的专业协会又提供了关键技术问题的交流。在硅谷地区，创新竞争与创新协同现象是十分普遍的。在 128 公路地区，创新竞争现象十分普遍，同时存在着这样或那样的创新协同现象。创新竞争与创新协同现象广泛存在于飞机制造、计算机制造、手机制造、汽车制造等新兴产业中，尤其是在计算机产业领域特别普遍。经济学家认为，模块化分工是创新竞争与创新协同共存于新兴产业部门的根本原因。[①]网络状的产业链创新是创新竞争与创新协同共存的平台和融合业态。芮明杰和张琰系统地研究了网络状产业链的创新机理，解释了网络状产业链上的模块化创新竞争与创新协同机理。他们认为，模块化分工是功能分工，知识分工是模块化分工的实质。在模块化分工条件下，产业创新有如下特点：第一，产业创新主体是多元的，交叉互动的；第二，产业创新独立性与协同性并存；第三，产业创新速度更快，更深入。产业创新的独立性是产业创新协同的基础，模块化分工既增强了专业化创新能力，又内在地要求专业化创新协同。创新协同要求技术创新协同、产品创新协同、组织创新协同和制度创新协同。在模块化分工条件下，网络状产业链上的企业既有价值互补耦合关系，又有因价值模块差异化而导致的“背靠背”竞争关系。总的来说，创新价值差异性产生了产业的创新竞争，创新价值互补促成了创新合作与协同。[②]

（三）技术创新集聚力的增强

企业技术创新的集聚能力主要表现在企业创新资源集聚的能力上。企业吸引力是企业创新集聚能力的内在动力。企业在产业部门中的竞争优势，企业公正、公平的发展机会对创新型人才具有强大的吸引力，企业创新的产出能力是集聚资本的根本动力。在早期关于技术创新集聚问题的研

---

① 青木昌彦、安藤晴彦：《模块时代：新产业结构的本质》，上海远东出版社 2003 年版。

② 芮明杰、张琰：《产业创新战略——基于网络状产业链内知识创新平台的研究》，上海财经大学出版社 2009 年版，第 40、41、55 页。

究中，大多数学者认为，技术创新集聚缘于经济危机所导致的技术僵局与不稳定经济结构。在20世纪90年代以后，产业研发、科学研究、熟练劳动力等创新资源集聚是技术创新集聚的根本原因。实践中出现的创新资源集聚并不一定会导致技术创新集聚的现象，人们发现，知识外溢、社会资本才是产业集群技术创新能力集聚的更为根本的原因。

与企业技术创新集聚能力不同，产业集群的技术创新集聚能力取决于地区工业体系的吸引力。地区工业体系的吸引力是地区文化吸引力、地区产业创新吸引力、地区服务创新吸引力的总称。地区文化吸引力是指地区包容创新失败的能力，地区产业创新吸引力是指地区支撑创新创业企业体系的能力和地区产业的创新活力，地区服务吸引力是指地区创新服务需求和服务创新活力。强势创新区域都有强大的技术创新集聚能力。比如，硅谷的技术创新集聚能力、剑桥科学园的技术创新集聚能力、北京中关村的技术创新集聚能力。优势创新区域的技术创新集聚能力要弱于强势创新区域的技术创新集聚能力。这是由于优势创新区域的地区工业体系吸引力弱于强势创新区域的工业体系吸引力。普通创新区域的技术创新集聚能力是最弱的。中国绝大多数国家级创新区提供了普通创新区域技术创新集聚能力低的鲜活案例。

（四）“三链”耦合度不断收敛

“三链”指的是价值链、产业链、知识链。价值链是迈克尔·波特最先提出的，它描述了企业价值的创造过程。根据迈克尔·波特的观点，企业的价值链由基本增值活动和辅助增值活动所构成。产业链是指某一经济活动中的企业因其分工关系所形成的企业之间的技术经济联系。产业链的关键是产品的“链接”和“衍生”，核心是“供应”过程中的“价值”增值。产业技术经济关联是指中间产品之间的供求关系、投入产出关系。在模块化分工时代，产业链演变为复杂的网络状产业价值链。知识链是由知识基本价值活动和知识辅助价值活动组成的。知识基本价值活动由知识创造、知识转移和扩散、知识共享、知识整合四个环节构成。知识辅助价值活动包括知识引导、知识协调和知识控制三个模块。在产业集群中，价值链、产业链、知识链相互独立又相互融合，其耦合度不断收敛。首先，价值链由企业外化为企业之间的技术经济价值关联，知识流动与溢出形成的知识链正是价值链外化为产业链的核心，产品链是价值链与企业之间技术经济关联的有形实物链条，产业链不仅指单一产业的上、中、下游之间的投入产出关系和供求关系，而且是产业之间的横向协作关系。产业链的深度体现于知识分工的深度或专业化程度，产业链的广度体现于知识协同的高度和耦合程度。产业链与创新链的高度耦合是集群式创新的本质特征。[①] 可见，网络状产业价值链是产业集群创新的产业创新特点。

（五）产业创新文化的彰显

产业集群创新文化不同于企业创新文化之处还在于文化价值形态。企业创新文化价值形态指的是企业在创新过程中所形成的产品创新价值观、技术创新价值观、市场创新价值观和组织管理创新价值观。在世界各国企业创新文化形态的发展过程中，我们发现，有的企业创新文化形态的特点是技术与产品原始创新价值观，比如，美国 IBM 企业的创新文化；有的企业创新文化形态的特点是技术与产品集成创新文化，比如，日本绝大多数企业创新文化；有的企业创新文化形态的特点是技术与产品模仿创新文化，比如，绝大多数发展中国家的企业创新文化。企业创新文化具有鲜明的企业创新偶然性、企业家特性、企业战略和产业等诸多特点。但是，封闭性仍然是企业创新文化最典型的特点。20 世纪 80 年代，美国 128 公路地区的大公司企业创新文化就是一个鲜活例子。产业集群创新文化的特点就是产业创新文化。学者们通常用创新氛围描述产业创新文化。产业创新文化指的是以产业视角统摄创新活动，用产业理念指导创新战略，遵循创新协同，包容创新失败的产业创新价值观。在强势创新区域，产业创新文化非常突出。在优势创新区域，有一定的产业创新文化，在弱势创新区域几乎没有产业创新文化。

三　产业集群创新的类型

产业集群创新与企业创新的区别是：企业创新是微观经济组织的创新，属于个体创新；产业集群创新是产业集聚组织创新，属于产业整体与区域整体创新。因此产业集群创新的分类标准应当是产业整体性质与区域整体性质。熊彼特最早观察到了产业集群创新并做了分类，欧盟创新政策按产业属性对产业集群创新做了分类。本书的产业集群创新分类是相对于运作型产业集群或“低成本产业集群”的产业集群创新分类。

---

① 刘友金：《集群式创新与创新能力集成——一个培育中小企业自主创新能力的战略新视角》，《中国工业经济》2006 年第 11 期。

（一）T形产业创新集群与M形产业创新集群

罗森伯格（N. Rosenberg）吸取了熊彼特创新群观点，把产业集群创新概括为T形产业集群和M形产业创新集群。[①] T形产业创新集群是指“当出现一项或少数几项可为大量的改进型创新提供基础的重大创新时所诱发的创新集群”。M形产业创新集群是指“技术上无直接联系，仅由需求全面旺盛或其他有利条件共同刺激所引起的创新集群”。“T形产业创新集群是基于技术关联基础的技术创新集群。有三种典型模式：基于技术轨道顺轨性技术创新集群、基于技术平台衍生性技术创新集群、基于技术关联的渗透性技术创新集群。”[②]

（二）传统产业集群创新

传统产业包括传统劳动密集型产业和资本技术密集型产业。因为钢铁、石化、重型装备等资本技术密集型产业适合于大企业集团技术创新体制，所以本书所说的传统产业集群创新主要指传统劳动密集型产业集群创新。这种产业集群创新有产品创新模式、“第三意大利”产业区技术创新模式。这种产业集群创新的主要特点是：对产品功能、外观样式进行改进，易于模仿，技术创新程度不高，因此传统产业集群创新可被称为“创新性传统产业集群”或“产品创新型产业集群”。这与著名产业集群专家王辑慈所讲的创新性产业集群有区别。在王辑慈看来，创新性产业集群与创新型产业集群可通用。[③]

（三）现代产业集群创新

现代产业集群创新是指现代产业技术集聚向产业集聚和卖方市场集中的转化过程。现代产业集群创新是依据现代产业属性提出的集群创新概念。现代产业性质是指现代农业、工业与信息技术融合而成的新型工业和高新技术产业。国外学者广泛重视对现代产业集群创新的研究。例如，苏嘛·阿士叶（Suma Athryer）对剑桥高科技产业群变迁作了研究，布罗（Brow，2000）对苏格兰地区创新集群的发展作了实证研究，结果表明，集群的成长往往是科学研究基地商业化转型的过程。OECD在《创新集群：国家创新体系的推动力》研究报告中对现代产业集群作了重新认定，认为现代产业集群是指“信息与通信技术集群、多媒体集群、农产品生

---

① N. Rosenberg, C. R. Frischtak, “*Technological Innovation and Long Waves*,” *Journal Economics*, Vol. 8, No. 1 (1984), pp. 7 – 24.

② 陆根尧：《产业集群自主创新：能力、模式与对策》，经济科学出版社2011年版，第24页。

③ 王缉慈：《关于发展创新性集群的政策建议》，《经济地理》2004年第4期。

产集群、建筑业集群”。“在中国《国民经济行业分类与代码》中，这四个创新集群实际涵盖了电子业集群、有色金属业集群、化学业集群、种植业集群、饮食业集群、建筑业集群六个产业集群，覆盖率占产业集群亚类的 54.6%，其存在领域涉及制造业、建筑业、服务业。化学产业集群的外延与创新集群完全复合，电子产业集群、建筑产业集群的外延与创新集群的复合度也高达 70% 以上。”① 国内学者王辑慈等研究了高技术产业创新集群、创意产业集群。②综合上述研究成果，我们认为，现代产业集群是科技创新型产业集群。其创新特征是：现代科技创新集聚非常典型，模块分工条件下的网络状产业链知识创新是其本质，由技术融合引致的产业融合是现代产业集群创新的基本形态。

第 3 节　区域产业集群创新价值链与优势

一　区域产业集群创新价值链构建方法与视角

（一）生命周期理论

生命周期是一个生物学概念，它描述了任何生命体由生到死的过程，包括幼年、青年、成年、老年阶段。生命周期作为一个分析工具被广泛应用于经济和管理活动中。20 世纪 60 年代，美国经济学家费农把生命周期概念引入经济分析中，提出了产品生命周期理论。随后，技术生命周期、企业生命周期、产业集群生命周期等概念相继出现。产品生命周期描述了新产品研制、产品成长、产品成熟和产品淘汰的发生、发展过程。技术生命周期描述了技术产生、技术扩散、技术成熟和技术淘汰的发生、发展过程。企业生命周期描述了企业创立、成长、成熟和退出的企业发生、发展过程。产业集群有其自身的生命周期，这已成为集群专家的共识。

（二）施振荣“微笑曲线”

中国台湾著名企业家总结了企业经营过程中各个环节的价值分配（见图 8.5、图 8.6）。

---

① 王福涛：《创新集群成长动力机制》，华中科技大学 2009 年博士学位论文。

② 王辑慈：《超越集群——中国产业集群的理论探索》，科学出版社 2011 年版，第 27—46 页。

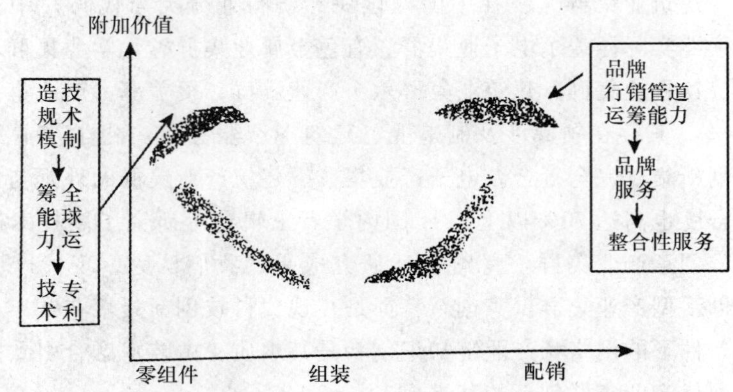

图 8.5 施振荣的“微笑曲线”

资料来源：施振荣：《再造宏碁》，上海远东出版社 1996 年版。

从产品角度看，产品价值随着产品研发、产品试制、产品组装、市场渠道、组织管理和品牌管理的过程呈现先高后低再上升的趋势。产品研发、产品试制、产品渠道、产品品牌拥有更高的价值，产品加工组装拥有最低的价值。比如，宏碁电脑产品微笑曲线（见图 8.6）。“微笑曲线”后被广泛应用于管理研究中，学者们构造了各种各样的价值链曲线。陆明详根据微笑曲线描述了发展中国家产业集群和发达国家产业集群价值链（见图 8.7）。

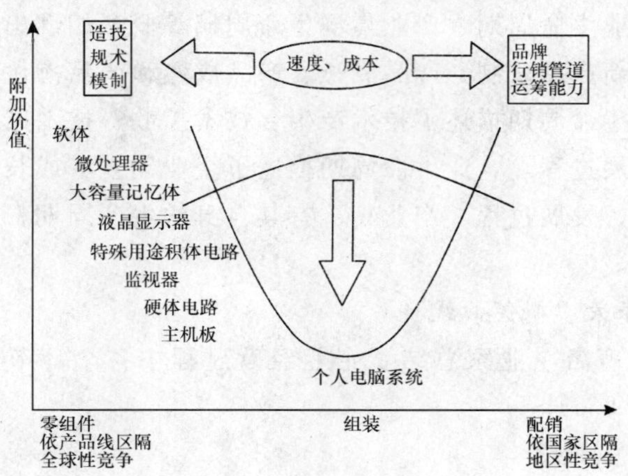

图 8.6 施振荣“个人电脑事业微笑曲线”

资料来源：施振荣：《再造宏碁》，上海远东出版社 1996 年版。

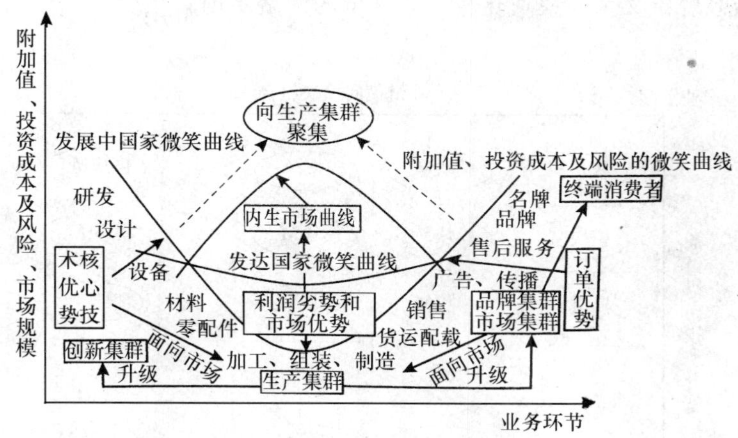

图 8.7　产业微笑曲线与产业集群

资料来源：陆明详：《地方产业集群的起源、生成和演进机理——基于佛山瓷砖集群分析》，经济科学出版社 2010 年版，第 116 页。

（三）创新区域与产业性质是构建区域产业集群创新价值链的两个基本维度

在第 4 章里我们定义了创新区域，并把创新区域分为强势创新区域、优势创新区域和特色创新区域。区域创新系统揭示了创新区域的创新优势。自库克（Cookie）提出区域创新系统以来，区域创新系统的研究文献不断增多。学者们对区域创新系统的理论构架和实证研究从未停止过。概括起来说，区域创新系统的共同构成要素应当有：创新主体系统；生产要素系统；创新环境系统。这些要素的相互关系构成了复杂的区域创新网络系统。按此定义区域创新系统，则产业集群创新系统是区域创新系统的子系统。为了解释区域创新系统对区域产业集群创新的影响，我们在狭义上定义区域创新系统。在狭义上，区域创新系统是指除了产业集群创新系统以外的创新主体系统、创新环境系统所构成的复杂创新网络系统。在这个意义上，区域创新系统是知识创新系统，科技服务创新系统和地方制度、文化和政策所构成的创新系统。知识的生产和使用、知识的传播和扩散是区域创新系统的本质内涵。从供给和需求的角度看，区域创新系统就是知识创新供给系统。关于产业集群创新系统的定义很多，但都没有将其与区域创新系统区分开来。本书根据模块化分工的网络产业链思想，把产业集群创新系统定义为在模块化分工条件下的网络状创新系统（见图 8.8）。

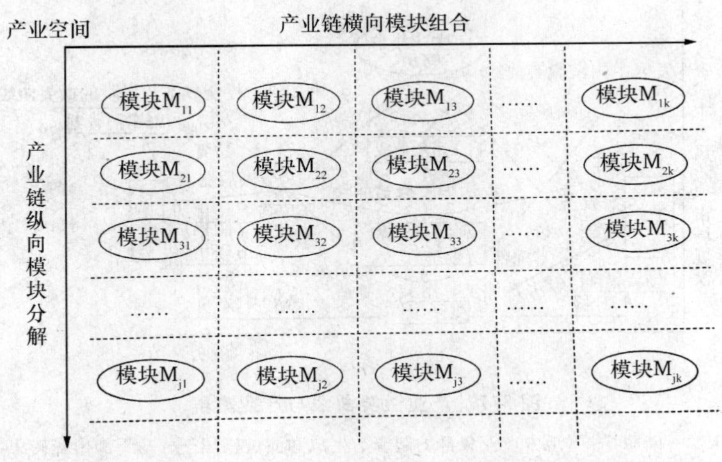

图 8.8　产业集群创新系统

资料来源：芮明杰、张琰：《产业创新战略——基于网络状产业链内的知识创新平台的研究》，上海财经大学出版社 2009 年版，第 79 页。

从这个定义中我们看到，这是一个狭义的产业集群创新系统。从广义上讲，产业集群创新系统还应当包括科技服务业集群创新系统，比如，金融产业创新系统、科技检测服务系统、信息数据服务创新系统，等等。产业集群创新系统在本质上是产品、技术、市场、组织管理所构成的模块化产业创新集成系统。其本质是技术创新系统。从供给与需求的角度看，产业集群创新系统是技术创新系统。

比较区域创新系统和产业创新系统，我们发现，科技服务创新系统既属于区域创新系统，又属于产业集群创新系统。区域创新系统与产业集群创新系统分别构成了知识创新的供给方与需求方，科技服务创新系统就是连接知识创新供给与需求的中介系统。

在普通创新区域里，如果同时存在着产业集群产品创新系统、产业集群技术创新系统和产业集群知识创新系统，那么，产业集群创新系统对知识需求更为强烈，区域创新系统的知识创新供给能力的不足会对产业集群技术创新系统和知识创新系统产生强大的抑制作用，但对产业集群的产品创新系统却没有影响。

在优势创新区域传统里，如果同时存在着产业集群产品创新系统、产业集群技术创新系统和产业集群知识创新系统，那么，区域创新系统的知识供给能力会抑制产业集群知识创新系统的发展，会对产业集群的产品创新系统和技术创新系统产生促进作用。

在强势创新区域系统里，区域创新系统能满足任何产业集群的创新需求。

产业集群创新对区域创新的影响视产业性质而定。传统产业集群创新是产品创新，对区域创新系统的影响力较小。现代产业创新是技术创新和知识创新，对区域创新系统的形成和提升创新优势有较大的影响和较高的要求。

综上所述，我们构建的区域产业集群创新价值链将遵循创新区域和产业性质两个维度。

二　区域传统产业集群创新价值链与优势

（一）创新区域再定义：来自传统产业与全球化两个维度

尽管第 4 章对创新区域做了清晰的界定，但是，本节仍须从传统产业与全球化视角进一步解释创新区域和创新区域的分类。

意大利第三产业区是典型的传统产业集聚的强势创新区域。意大利第三产业有什么特点呢？根据王辑慈关于意大利第三产业区的研究成果，我们对传统产业集聚的创新优势区域做如下描述：

1. 高端产品设计，高技术控制，高质量产品，低成本投入，弹性精专生产。

2. 专业化独立技术供应商和制造商。

3. 中小企业集聚区域。家族是其供应商、制造商和客商之间的主要纽带。

4. 高端客户构成规模的本地市场。

5. 成群的有创新精神的企业家管理着企业。

6. 广泛应用信息技术从事产品创新和工艺创新。

7. 有着完善的知识创造和传播系统。

8. 公平的创新竞争市场。

9. 地方政府职责和功能：建设产业创新的科技服务创新系统和知识创新系统，比如银行体系、专业化学校、企业合作组织、专业协会。

陆明详系统地研究了陶瓷产业集群区域的分布情况。其研究结论是，广东佛山石湾和南庄区域为中国陶瓷第一镇，这是国内的强势创新区域。不过，从全球化视角看，广东佛山石湾和南庄就是优势创新区域。根据陆明详的描述，我们把传统产业集聚的优势创新区域做如下描述：

1. 中端产品设计，中高质量产品，低成本生产，弹性专精生产。

2. 专业化制造商集聚，专业化技术供应商不断增加。

3. 中小企业集聚区域。家族是其供应商、制造商和客商之间的主要纽带。

4. 多样化中的低端国内市场客户。

5. 成群的有创新精神的企业家管理着企业。

6. 从事模仿创新。

7. 有比较完善的知识传播系统。

8. 公平的竞争市场。

9. 发展型政府提供了良好的制度环境和产业政策。

传统产业集聚的普通创新区域是：

1. 低端产品制造，低成本生产。

2. 专业化制造商集聚。

3. 中小企业集聚区域。家族是其供应商、制造商和客商之间的主要纽带。

4. 中低端区域客户市场。

5. 有少量创新精神的企业家管理着企业。

6. 模仿、跟踪、引进和制造新产品。

7. 极不完善和健全的知识传播系统。

8. 区域产品同质化竞争市场。

9. 发展型政府有较好的制度和政策供应能力。

（二）区域传统产业集群创新价值链研究的进展

近年来，区域传统产业集群面临着深刻的危机，这就要求区域传统产业集群进行转型和升级。区域传统产业集群转型与区域传统产业集群升级是既有区别又有联系的两个概念。传统产业集群学者在全球生产网络和全球价值链两种研究框架中描述了这些概念之间的内在逻辑关系（见图8.9）。陆明详运用产业微笑曲线分析了发展中国家产业集群价值链情况。他发现，不同国家的传统产业集群价值链的形状是不同的。发达国家的传

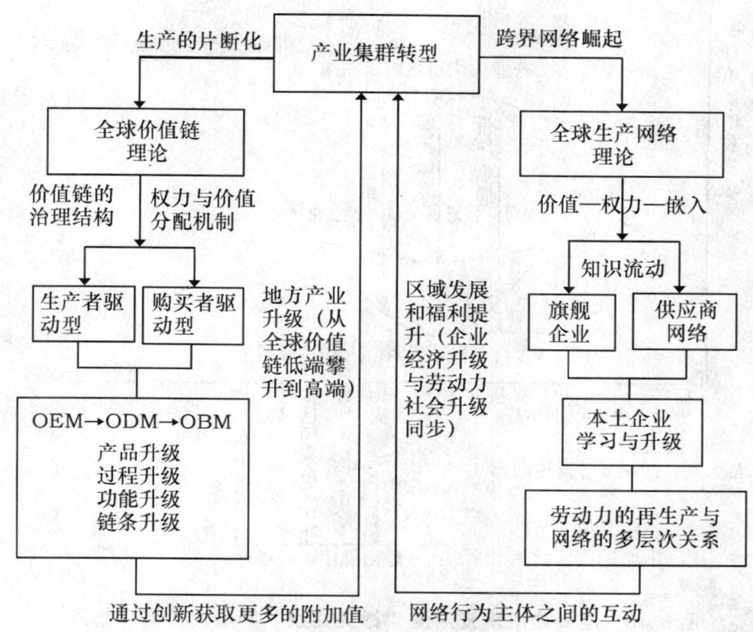

图 8.9　产业集群转型与产业升级之间的逻辑关系

资料来源：梅丽霞：《全球化、集群转型与创新型企业——以自行车产业为例》，科学出版社 2010 年版，第 45 页。

统产业集群价值链要扁平很多，发展中国家的传统产业集群价值链则要陡峭很多。这是因为发达国家传统产业集群的特点是高端产品设计、研发、市场渠道管理和品牌运作与品牌服务，而高端产品制造则大部分外包，只进行少量生产，其附加值很高。发展中国家传统产业集群的特点是中低端产品制造生产，其附加值很低。国际陶瓷产业集群就是一个显著的例子。意大利、西班牙的瓷砖产业集群价值链曲线呈扁平状，中国、巴西等发展中国家的瓷砖产业集群价值链曲线则很陡峭（见图 8.10）。

陆明详还详细考察了佛山陶瓷产业集群不同阶段的价值链。在石湾、南庄、东弹形成了不同的产业“微笑曲线”。石湾陶瓷产业集群正向中端产品创新阶段迈进，其产业价值链曲线陡峭度开始下降。南庄陶瓷产业集群仍处于中低端产品生产阶段，属典型的低成本生产集群，因此其价值链比石湾陶瓷产业集群价值链的曲线要陡峭（见图 8.11）。

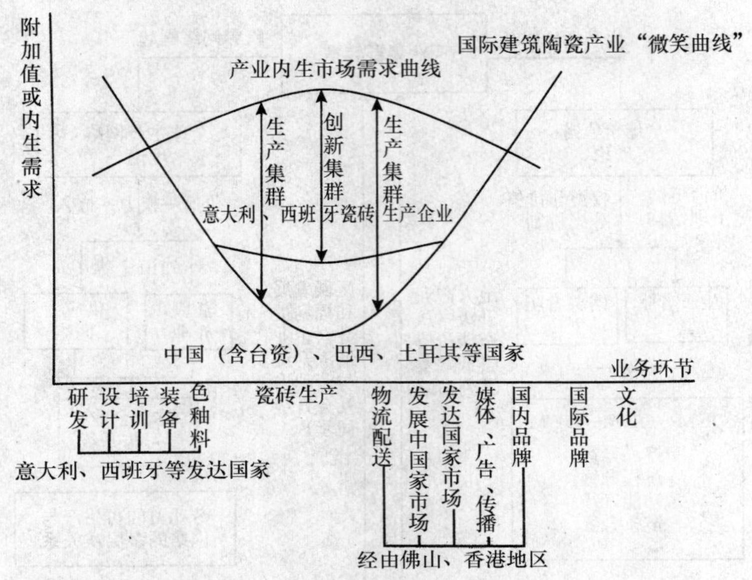

图 8.10　国际建筑陶瓷产业“微笑曲线”和国内外瓷砖集群

资料来源：陆明详：《地方产业集群的起源、生成和演进机理——基于佛山瓷砖集群的分析》，经济科学出版社 2010 年版，第 228 页。

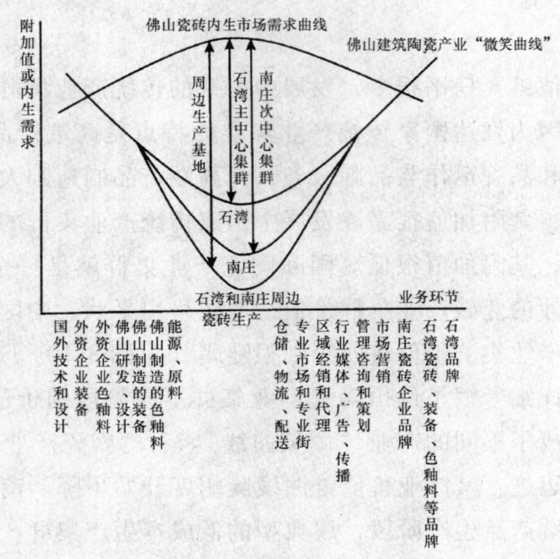

图 8.11　石湾南庄陶瓷产业集群价值链

高怡冰和林平凡对澄海玩具礼品产业集群做了深入研究，其研究结论与陆明详的研究结论有相同之处，但也有不同之处，即明确提出了先进地区传统产业集群"微笑曲线"和后进地区的"苦笑曲线"。这更形象地描述了外源型生产集群的价值链特点（见图8.12）。

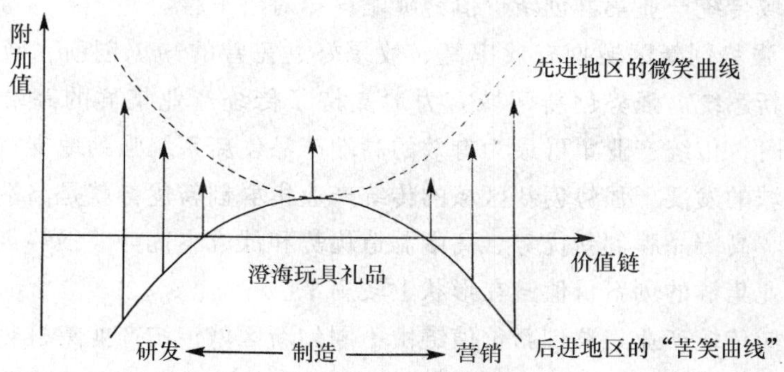

图8.12　澄海玩具礼品产业集群在国际产业链中的位置

资料来源：高怡冰、林平凡：《产业集群创新与升级——以广东产业集群发展为例》，华南理工大学出版社2010年版，第212页。

全球价值链是产业集群专家常用的研究产业集群升级的工具。王传宝运用这个工具，系统地研究了地方产业集群升级的机理，详尽考察了浙江传统产业集群的升级问题。比如，宁波服装产业集群升级问题、温州打火机产业集群升级问题、永康五金产业集群升级问题、绍兴纺织产业集群升级问题。王传宝的研究结论给予我们的启示是：普通创新区域对传统产业集群升级有显著的抑制作用。同时，传统产业集群低端产品模仿创新特点也抑制了普通创新区域创新能力的提高。①

（三）区域传统产业集群创新价值链

1. 普通创新区域的知识创新系统较弱，产业生产网络系统发达，低成本优势显著，模仿新产品能力强，因此普通创新区域传统产业集群创新属于低端产品创新，在传统产业集群创新价值链中处于低端位置。普通创

① 王传宝：《全球价值链视角下地方产业集群升级机理研究——以浙江产业集群升级为例》，浙江大学出版社2010年版，第71—103页。

新区域传统产业集群创新价值链曲线最为陡峭。

2. 优势创新区域拥有较好的知识创新系统，具备知识创造和使用能力，同时拥有相应的知识创新扩散系统，有效地促进了新的科技知识转化为产业创新能力，具备较强的中端产品创新能力。区域传统产业集群创新价值链处于中端位置，优势区域传统产业集群创新价值链的形状不如普通创新区域传统产业集群创新价值链陡峭，相对要平缓。

3. 强势创新区域拥有效率高、效果好、完善的知识创新系统、科技服务创新系统。强势创新区域有力地支持了传统产业集群的高端产品创新。同时，传统产业集群最为有效的高端产品创新系统强劲地支持了强势创新区域的发展。强势创新区域的传统产业集群创新优势就是高端产品创新优势、高端品牌创新优势、高端制造优势和低成本优势。强势创新区域传统产业集群的创新价值链在形状上较扁平。

区域传统产业集群创新价值链由不同创新区域传统产业集群创新价值链组成。图 8. 13 描述了不同创新区域传统产业集群创新价值链及其在区域传统产业集群价值链中的位置。不同创新区域传统产业集群创新价值

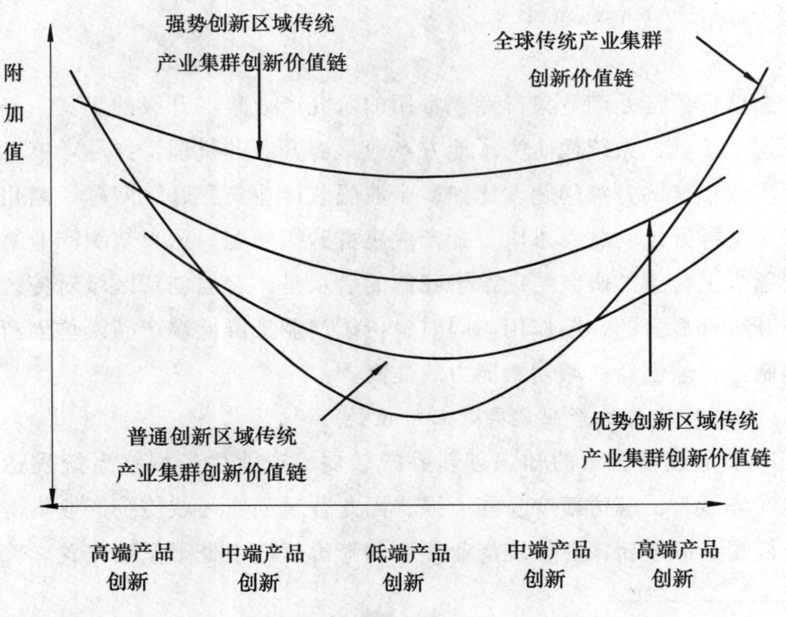

图 8. 13　区域传统产业集群创新价值链

链直观地描述了不同创新区域产业集群的创新优势。从总体上看，普通创新区域传统产业集群拥有低成本优势或模仿创新优势，优势创新区域传统产业集群拥有中端产品创新优势或初步的差异化竞争优势，强势创新区域传统产业集群拥有高端产品创新优势、高端品牌优势、全球市场渠道优势等综合竞争优势。在强势创新区域，传统产业与现代信息技术融合形成了现代产业，因而其传统产业集群已转换为现代产业集群，具有了现代产业集群的优势。在这里，我们具体描述中低端产品创新型传统产业集群的创新优势。

1. 能够对产品进行适度的创新，这些创新包括产品外观、颜色、款式、包装等，相比于加工运作型产业集群中企业的产品，明显具备新产品功能创新竞争优势。如中国广东、浙江等地的一些产品创新型产业集群所生产的产品就体现了这一点。

2. 产业集群内的产品开发协作与分工的程度高于加工运作型产业集群，这主要表现为为了适应模仿创新活动的特征，企业集群建立了企业间更为紧密的产品开发协作与更为明晰的产品开发分工，一方面需要避免集群内企业间产品创新的无序竞争；另一方面需要提高集群内企业间的产品创新协作水平。如浙江温州的鞋革业协会曾制定行业准则，要求协会成员在一定的时间内不能模仿其他成员的创新产品，从而保护模仿创新者的收益，并激励成员进行不同内容的创新模仿。

3. 产品创新型产业集群会获得新产品的创新收益。产品创新使得集群内企业的产品拥有了初步的新产品市场竞争优势，保证了企业获得新产品创新收益，相比于更高层次的创新型产业集群，虽然其创新收益不高，但其所面临的创新风险也相对较低。产品创新型产业集群一般要求区域内产业的制造加工能力有较高的水平。

三　区域现代产业集群创新价值链与优势

（一）创新区域概念：来自现代产业与全球创新竞争的观察

前一节我们立足于传统产业特征和全球化视角讨论了创新概念。本节我们从现代产业和全球创新竞争视角考察创新区域。现代产业在本质上是创新驱动的科技产业，这种产业内在地要求知识创造与应用，知识扩散和传播。具有知识创造能力和应用能力的区域孕育、培育形成了现代产业，具有知识扩散与传播能力的区域使现代产业得以成长和扩张。因此界定符合现代产业发展要求的创新区域应当牢牢把握住知识创新、应用、扩散和传播这一本质。不同区域的知识创造与应用能力、知识扩散和传播能力是有显著区别的，或者说，其创新竞争优势是有大小强弱之别的。我们已进入知识经济时代，产业区位由工业区位、市场区位、商业区位演变到创新区位。仍将工业区位、市场区位、商业区位作为划分创新区域的标准就不妥当了。工业区位回答的是企业的选址问题，市场区位回答的是企业销售渠道的安排问题，商业区位回答的是商业公司的选址问题。在知识经济时代，创新创业如何选址的问题是以前区位理论难以回答的问题。创新区位揭示了知识经济时代的创新创业企业的选址问题。每一个国家或地区都有一个智力密集区，这个智力密集区吸引创新创业企业的能力是考量创新区域的关键因素。这是构成创新区位的关键因素，也是区分创新区位的关键因素。在全球化时代，各国、各个地区、大学、研究机构、企业都迈入了创新竞争时代，因而各国、各地区的创新区位是显著不同的。创新区位、产业区位、市场区位和商业区位共同形成了创新区域。创新区位是创新区域的关键和核心。创新区域的竞争优势取决于创新区位。创新区域的全球性质要求我们界定和分析创新区域应当立足于该创新区域在全球创新中的位置。

根据国内外著名学者关于硅谷、剑桥、印度孟买软件园及中国台湾新竹、北京中关村等创新区域的研究，我们把现代产业发展的创新区域分为强势创新区域、优势创新区域和特色创新区域。美国硅谷是世界上公认的最强的现代高科技产业发展区域，以硅谷为典型案例界定强势创新区域应无可争议；北京中关村科技园区是国际上著名的科技创新区，近年来的科技产业发展成绩举世瞩目，以北京中关村科技园为例定义优势创新区域亦应合理；四川绵阳科技城是国内著名的军民融合产业开发区，它位于西部内陆中等城市；江苏苏州高新区是国内著名的高科技产业开发区，该区域位于东部发达经济区且以外资企业驱动高新技术加工制造业集群的发展。以这些案例界定特色创新区域同样是科学的选择。

根据学者有关硅谷的研究成果，我们对强势创新区域做如下描述：

1. 强势创新区域是世界一流的知识创新区域，世界一流的大学、研究机构集聚于此。

2. 强势创新区域拥有世界上最有效率的科技服务创新网络，这个科技服务创新网络包括专业科技服务创新区域、金融服务创新网络、其他生产性服务创新网络、非生产性服务创新网络。

3. 强势创新区域具有最发达的非正式专业社群网络，比如，专业俱乐部、专业沙龙等。

4. 强势创新区域具有最为有效的激励创新区域文化、区域制度，比如，以包容失败、敢冒风险、乐于合作为特征的激励创新的区域文化，以股权分配为特征的激励制度。

5. 高效率的、最便利的公共服务设施，比如，公共交通体系、公共通信系统。

6. 国家高科技导向的军民融合体系，比如，健全、规范、有效的国防采购体系。

7. 开放发达的国际知识、技术、产业网络。大学的国际合作、企业跨国研发网络、科技园区的技术合作、产业联系。

8. 有效的政府公共服务产品供给体系，比如，政府产业政策、税收政策、创新政策等。

北京中关村科技园区的研究成果告诉我们，优势创新区域应当是这样的：

1. 优势创新区域是世界上有影响力的知识创新区域。国内一流大学和研究机构集聚于此。

2. 优势创新区域有较为健全的科技服务创新网络，比如，比较发达的专业科技服务创新网络、发展迅猛的金融服务创新网络、增长势头良好的生产性科技服务创新网络、高效的非生产性服务网络。

3. 优势创新区域有较多的非正式专业社区网络。

4. 优势创新区域有不断改进的、完善的激励创新的区域文化、区域制度。

5. 优势创新区域有不断完善和改进的公共服务设施。

6. 优势创新区域有不断发展的国际知识、技术、产业网络。

7. 不断健全的新产品政府采购服务体系。

8. 政府公共服务产品供给体系不断完善，供给能力不断提高。

根据我们对绵阳科技城、江苏苏州高新区的观察，特色创新区域应当具有如下特征：

1. 特色创新区域具有较好基础的知识供给体系，但知识创新能力不强，大学和科研机构集聚数量少。

2. 特色创新区域具有某些科技创新服务网络，比如，基础性的科技服务创新体系、初级科技金融服务体系、初级的生产性服务创新体系和健全的非生产性服务体系。

3. 特色创新区域有较强的生产网络。

4. 特色创新区域有不断完善和改进的公共服务设施。

5. 特色创新区域有正在建设和发展中的国际知识、技术、产业网络。

6. 特色创新区域有正在建设的新产品政府采购服务体系。

7. 特色创新区域里政府公共服务产品供给体系不断完善，供给能力不断提高。

（二）区域现代产业集群创新价值链研究的进展

区域现代产业集群创新价值链研究包括现代产业组织垂直分离与创新问题，模块化分工与模块创新，模块化产业价值链创新等内容。

1. 现代产业组织垂直分离与创新问题

现代产业组织垂直分离是一种十分普遍和影响深远的产业组织创新。这种产业组织创新广泛发生于汽车、机械、电子、服装、计算机、家电产品、电子信息、航空航天、轨道交通、报业、银行、通信等产业部门。现代产业组织垂直分离深刻地影响着企业组织运作、产业结构调整、经济发展方式的转变、产业的创新。20 世纪 90 年代末 21 世纪初，青木昌彦等发表了《模块时代：新产业结构本质》一书，深刻地揭示了硅谷高技术产业的结构创新。从 20 世纪 80 年代开始，制造业出现了全球产业布局趋势，逐步形成了全球价值链或全球生产网络。制造业全球布局的表现形式有两种：第一，“制造业公司掌握产品设计、关键技术、授权国外生产厂商按其要求生产产品，自己则在全球建立营销网络，进行产品的广告宣传与销售及提供售后服务”。第二，“制造业公司在全球范围内建立零部件的加工制造网络，自己负责产品的总装与营销”。“在全球化制造体系中，跨国公司依靠较强的核心能力，占据着价值链和产业链的上端，控制核心和高端产品、高附加值环节，借此大规模占领国外市场和获取高额利润”。前者为买方驱动的生产网络，后者为生产者驱动的生产网络。[①]学术界对现代产业组织的垂直分离与创新做了大量、深入、系统的研究。这些

① 张其仔等：《模块化、产业内分工与经济增长方式转变》，社会科学文献出版社 2008 年版，第 49 页。

研究的基本共识就是，现代产业内分工的形态是模块化分工，模块化分工要求专业化分工，模块化分工引致专业技术供应商独立创新及模块创新之间的协同。这种创新既影响着市场结构又改变着市场绩效。现代产业集群在本质上是模块化集群，这种集群可能在全球进行空间配置，也可能在国内进行空间配置。核心创新型企业控制着模块化创新的价值链条，独立的模块技术供应商既是模块化创新价值链条中的一个独立创新模块并相互竞争，又是模块化创新价值链条上相互协同的创新组织。戴魁早还深入研究了垂直分离与技术创新的关系，构建了分析垂直分离影响因素模型、垂直分离影响技术创新投入与产出模型，运用实证研究工具检验了中国高技术产业垂直分离的程度及其对技术创新的影响。其结论是，垂直分离对中国高技术产业 R&D 投入所起的积极作用有一个临界值。垂直分离有利于提高高技术产业的技术创新效率假说，并得到了验证。①

2. 模块化分工、模块化创新与模块化集群问题

模块与模块化是两个不同的概念。“模块通常是指可组成系统的、具有某种确定独立功能的、具有接口结构的单元。”其特征是相对独立性、互换性和通用性。青木等学者关于模块的定义得到了广泛认同。在青木看来，“模块是指具有某种确定独立功能的半自律性的子系统，它可以通过标准的界面结构与其他功能的半自律性子系统按照一定规则相互联系而构成更加复杂的系统”。模块通常有标准模块和功能模块。标准模块是实现大规模定制的核心技术，功能模块是现有技术不成熟或满足客户特殊需求的模块。② 对模块化定义的争议较大，至今没有公认的定义。陈劲等列举了国内外主要学者有关模块化的定义，并从复杂产品系统角度给出了模块化的定义。我们认为，现代产业的绝大多数技术产品都可定义为复杂产品，因而我们引用他们的定义。“模块化是指将复杂产品系统创新任务分解成相对简单的模块进行创新，最后按照界面标准集成为一个复杂产品系统的全过程。复杂产品系统的模块化使各个模块的创新活动能够独立进行，以提高复杂产品系统创新绩效的方法。模块化系统包括系统分解和系

---

① 戴魁早：《垂直分离、技术创新和生产率增长——基于中国高技术产业的实证研究》，经济科学出版社 2011 年版。

② 陈劲、桂旺彬：《模块化创新——复杂产品系统创新机理与路径研究》，知识产权出版社 2007 年版，第 33—34 页。

统集成。"[①]模块化包括技术模块化、产品模块化和组织模块化。张其仔等学者把模块化类型分为青木型模块化、派恩型模块化。青木型模块化包括IBM型、丰田型和硅谷型三类模块化，派恩型模块化包括共享构建模块化、互换构建模块化、"量体裁衣"式模块化、混合模块化、BUS模块化、可组合模块化。[②]

现代产业分工从专业化分工发展到模块化分工。青木昌彦（2003）认为，模块化分工有三个基本特征："一是模块本身可以是复杂的系统；二是不同模块之间的连接规则是进化的；三是模块的包裹化有利于整体系统的改进和创新。"模块化分工包含三层含义：第一，系统中的模块被独立地设计和生产，模块设计的独立性是模块化分工的主要优势；第二，各模块之间协调良好的运行；第三，系统可以运行相同的软件，可以添加新的模块，旧的系统升级可以不必替换原有的程序。[③]传统专业化分工是指"基于线性生产工序、生产工艺的分工，其依据是产业链上技术的关联性和不可分割性"。模块化分工与专业化分工的区分有分工中知识的独立性差异、效率导向差异和内生性增长机制差异。模块化分工的实质是知识的分工。[④]

陈劲和桂旺彬在系统地研究了海豹HP1600型产品创新、城市地铁交通控制系统创新、大型矿山车辆调度系统创新、GWM5000P无线传输通信系统创新等案例后概括出复杂产品系统模块化创新模式（见图8.14）。

这种复杂产品系统模块化创新具有如下特征：模块化创新降低了产品的创新成本、满足了复杂产品用户定制化的需求；模块化创新降低了产品创新的复杂性，提高了集成开发商的核心能力；模块化创新有助于技术与知识的共享，降低了复杂产品研发的资源投入。[⑤]由于模块化分工的本质是知识的分工，模块化创新优于非模块化创新的前述特征不仅在超级复杂产品系统创新中体现得很鲜明，而且在一般复杂产品创新中也有同样的体

---

① 陈劲、桂旺彬：《模块化创新——复杂产品系统创新机理与路径研究》，知识产权出版社2007年版，第36页。

② 张其仔等：《模块化、产业内分工与经济增长方式转变》，社会科学文献出版社2008年版，第34—39页。

③ 芮明杰、张琰：《产业创新战略——基于网络状产业链内知识创新平台的研究》，上海财经大学出版社2009年版，第33—34页。

④ 同上书，第34—39页。

⑤ 陈劲、桂旺彬：《模块化创新——复杂产品系统创新机理与路径研究》，知识产权出版社2007年版，第87—96页。

现。模块化降低了对隐性知识的依赖，减少了学习成本；模块化削弱了知识复杂性，使突破性技术创新难度下降了，因而激进型、结构型创新更有可能。模块化创新还降低了技术创新活动所面临的市场风险、技术风险、资金风险和组织风险。学者们把模块化创新归结为六种形式即分离与替代、去除与增加、归纳与改变。①

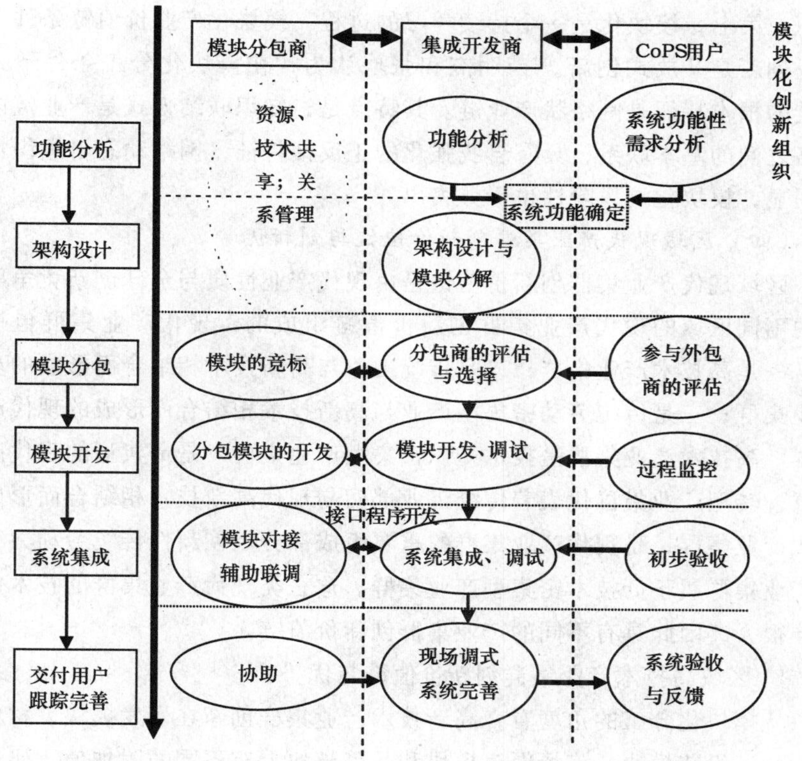

图8.14 复杂产品系统模块化创新模式

（三）模块化产业价值链与现代产业创新

关于产业链的定义很多，有简有繁。总的来看，"产业链是指经济活动中，从事某一产业经济活动的企业之间分工角色不同，在上中下游之间

① 张其仔等：《模块化、产业内分工与经济增长方式转变》，社会科学文献出版社2008年版，第100—110页。

形成的经济或技术关联，产业中产业结点的变动会影响整个链条的变化。产业链的关键是产品的‘链接’和‘衍生’，核心是‘供应’过程中的‘价值’增值”①。张其仔等学者解析了模块化产业链和非模块化产业链的差异。他们认为，二者之间存在如下差异：第一，系统的可分性；第二，市场可模块化；第三，模块内外不同的创新激励机制；第四，灵活程度较高；第五，模块化可满足需求多样性；第六，模块化需要充分利用分布式知识；第七，模块化是一个持续学习的过程。模块化产业价值链条件下的产业创新是开放式创新。②芮明杰和张琰认为，在模块化分工条件下，产业链的根本特征是网络状产业链。其特点是，知识联结方式是产业链内部网络之间的基本联系，具有自我强化的正反馈特征，网络动态自组织性十分明显，模块化抗风险性也十分突出。③

（四）区域现代产业集群创新价值链与创新优势

区域现代产业集群创新价值链是由现代产业性质与全球创新竞争所刻画的不同区域的现代产业集群创新价值链组成的。现代产业集群包括三类：一是高技术产业集群；二是传统工业与高新技术相结合而形成的现代产业集群；三是传统劳动密集型产业与高新技术相结合而形成的现代产业集群。高技术产业集群是技术知识密集型产业集群，是最典型的现代产业集群；转型产业集群代表着传统工业部门与现代高新技术相结合而形成的现代产业集群，是现代产业集群的重要组成部分。创新性传统劳动力密集型产业集群属于低技术密集型产业集群。这三类现代产业集群的技术创新差异很大，因此具有不同的产业集群创新价值链。

1. 区域高技术产业集群创新价值链与优势

从模块化分工的角度看，高新技术产业集群创新在研发模块、材料模块、加工组装模块、市场渠道模块和品牌模块上有不同的附加值。研发模块、材料模块、市场渠道模块、品牌模块有高附加值，而加工组装模块的附加值极低。高新技术产业集群创新价值在全球范围内形成了全球高新技术产业集群创新价值链。普通创新区域或特色产业创新区域的知识创造和

---

① 张其仔等：《模块化、产业内分工与经济增长方式转变》，社会科学文献出版社2008年版，第117页。

② 同上书，第122—130、167—171页。

③ 芮明杰、张琰：《产业创新战略——基于网络状产业链内知识创新平台的研究》，上海财经大学出版社2009年版，第55—60页。

应用能力较弱，特色产业产品创新能力较强，形成了高技术产业制造集群。普通创新区域或特色产业创新区域的高技术产业集群就处于全球高技术产业集群创新价值链的低端。其产业集群创新价值链形状较为陡峭。中国绝大多数高新区的高新技术产业集群创新价值链都属于这种情况。优势创新区域有较强的知识创造和应用能力，知识扩散和传播能力，某些高技术产业的技术创新能力较强。在绝大多数情况下，优势创新区域的高技术产业技术创新能力都是集成创新能力。优势创新区域的知识创新优势对高技术产业集群的技术集成创新能力有较强的支撑作用，不仅如此，它还对高技术产业集群个别环节的技术原始创新能力有较强的支撑作用。在全球高技术产业集群创新价值链上处于中高端位置。强势创新区域有全球最强的知识创造和应用能力、知识扩散和传播能力。在强势创新区域中，高技术产业集群既拥有核心技术产品的原始创新能力，又拥有网络状综合技术创新能力，在全球高技术产业集群创新价值链上处于高端位置（见图 8.15）。

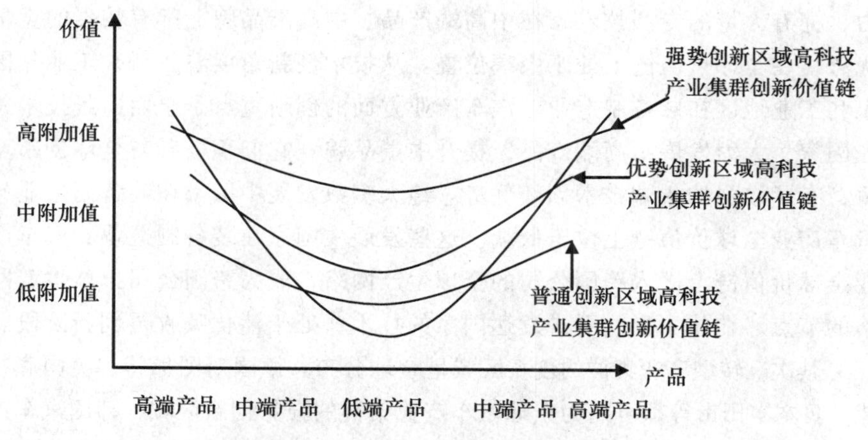

图 8.15　区域高技术产业集群创新价值链

2. 区域转型产业集群创新价值链

中国共产党十八报告提出，传统工业与高新技术尤其是信息技术融合所形成的新型工业是现代产业的重要组成部门，比如，汽车产业部门、能源工业部门、冶金工业部门、装备制造工业部门、建筑工业部门等。这些产业部门的特点，一是传统技术成熟，能耗高，资源消耗大，污染大，劳动生产率低；二是高新技术尤其是信息技术、新能源技术、节能技术、循环经济技术正大规模地运用于这些产业部门。这些产业部门面临着产业转型和升级的问题。我们称这些运用高新技术的产业部门或新型工业化部门为转型产业部门。装备制造业、汽车产业是转型产业部门资本和技术最为密集的部门，它们是传统产业技术部门的典型，国内外形成了具有典型代表性的转型产业集群。转型产业集群全球价值链业已形成。创新是转型产业集群升级的共同特征。我们根据装备制造业、汽车产业集群的情况研究转型产业集群创新价值链。

首先，装备制造业产业集群、汽车产业集群已形成了全球空间布局。德国、美国、日本等发达国家拥有装备制造业、汽车产业的核心技术，控制着高端产品，拥有高端品牌，在全球价值链上居于高端。从技术创新角度看，德国、美国、日本等发达国家在装备制造业、汽车产业上的创新重点是核心产业技术、高端产品、高端品牌，它们之间的竞争代表了全球最高水平的创新竞争，并形成了各自的高端技术创新优势。东亚新兴工业化国家和地区如韩国、中国台湾在装备制造业和汽车产业形成了技术创新能力，拥有大量的专利技术，在中高端产品、中高端品牌上都有较强的竞争优势，在全球价值链上处于中端位置。从技术创新角度看，新兴工业化国家和工业地区在装备制造业、汽车产业方面的创新重点是全面追赶技术领先国家，大力发展中高端产品，提升中端品牌。它们积极参与全球创新竞争，有了较强的中端技术创新优势。绝大多数发展中国家在装备制造业与汽车产业全球价值链上位于低端。这些发展中国家在装备制造业、汽车产业全球价值链上嵌入跨国公司的全球生产网络，成为跨国公司全球生产网络的节点。在技术上，引进发达国家的技术，处于消化吸收再创新阶段。

其次，转型产业集群的创新区域呈全球分布。德国斯图加特、美国底特律、日本丰田市等都可列为全球汽车产业集群的强势创新区域，韩国汽车产业集群可以视为优势创新区域，中国六大汽车产业集群区域位列普通创新区域。转型产业集群强势创新区域的基本特征是：第一，拥有世界上一流的转型产业知识创造和应用能力；其次，拥有世界上一流的转型产业技术研发体系，拥有世界上最强大的技术创新能力。转型产业集群优势创新区域的基本特征是：已形成了转型产业知识创造和应用体系与能力，形成了高水平的转型产业技术研发体系，有较强大的技术创新能力。转型产业集群普通创新区域的基本特征是：正在构建转型产业知识创造和应用体系与能力，正在构建高水平的转型产业技术研发体系，有初步的技术创新能力。

最后，不同创新区域的转型产业集群创新价值链。强势创新区域转型产业集群创新价值链位于转型产业全球创新价值链的高端，强势创新区域强大的创新资源集聚能力、创造能力使传统加工制造业快速向研发、设计、市场营销和渠道、品牌环节移动，因此其附加值曲线呈现出加速上移趋势。比如，北京中关村的高科技加工制造业、上海张江科技园区的高科技加工制造业集群的转型升级就具有这种特征。我们可用加速度曲线来描述。强势创新区域转型产业集群创新价值链的整体加速上移过程平稳。优势创新区域转型产业集群创新价值链位于全球创新价值链的中端，优势创新区域的创新资源呈现出不均衡的产业特征和区位特征，其速度曲线呈多次波动上移形状，波幅大小取决于优势创新区域的创新区位优势和转型产业集群创新优势的双重叠加。普通创新区域转型产业集群创新价值链位于全球创新价值链的低端，普通创新区域的创新区位优势不明显，创新资源集聚能力较弱，没有完整的产业创新价值链，其曲线从施振荣“微笑曲线”底端缓慢上移爬行。比如，东莞加工制造产业集群、浙江传统劳动密集型产业集群都长期处于产业集群创新价值链底端就是典型例子（见图 8.16）。

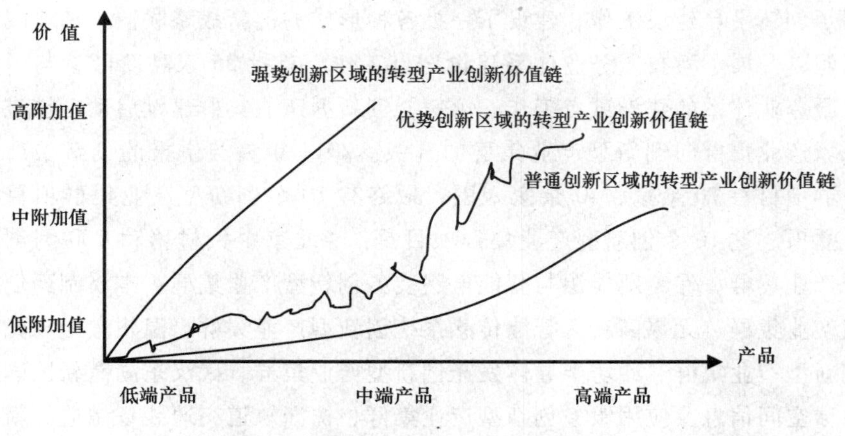

图 8.16　创新区域的转型产业创新价值链速度曲线

（四）产业集群创新优势

高技术产业集群、转型产业集群、创新性劳动密集型产业集群各有自身的创新优势。高技术产业集群的创新优势集中表现为先进知识创新优势、先进技术创新优势、先进高端制造业创新优势以及这些创新优势高度协同而形成的综合竞争优势。转型产业集群的创新优势集中表现为产业技术融合优势。无论何种现代产业集群都具有产业集群共同的创新优势即技术创新效率优势、组织协同创新优势、集体学习能力优势[①]、交易成本优势。

第4节 区域创新型产业集群战略

一 中国区域产业集群创新战略分析

区域产业集群创新战略在理论上应当遵循区域产业集群创新价值链并结合区域产业集群创新的实际情况作出科学合理的选择。中国区域产业集群创新在"十一五"期间既有显著成绩又有突出问题。

(一) 区域产业集群创新的进展

"十一五"期间中国实施建设创新型国家战略，区域产业集群创新实践取得了如下进展：第一，国家制定技术创新引领工程，建设了一批创新型企业。自2007年首批创新型企业建设启动以来，"十一五"期间共建设了500家国家级创新型企业。各省、市、区相继培育创新型企业6000余家。第二，创新平台建设工作取得了进展。国家科技部在国家高新区开展了创新平台建设工作，建设了一批各种形式的创新战略联盟，产业战略联盟，开展了科技服务业体系建设试点工作。首批25家高新区参与了科技服务业体系的建设试点工作。第三，创新型产业集群建设启动，推进了区域产业集群向创新型产业集群的升级。2012年参与申报的创新型产业集群项目有70余家，40余家入围，最终有10个创新型产业集群项目获准立项。这10个创新型产业集群项目是："北京中关村移动互联网创新型产业集群、保定新能源与智能电网装备创新型产业集群、本溪制药创新型产业集群、无锡高新区智能传感系统创新型产业集群、温州激光与光电创新型产业集群、潍坊半导体发光创新型产业集群、武汉东湖高新区国家地球空间信息及应用服务创新型产业集群、株洲轨道交通装备制造创新型产业集群、深圳高新区下一代互联网创新型产业集群以及惠州云计算智能

① 吴友军：《集群学习与产业集群创新》，《科技管理研究》2010年第8期。

终端创新型产业集群。"[①]第四，出台了一批与区域产业集群创新相关的政策。这些政策是：2006—2020年国家中长期科学和技术发展规划纲要，关于深化科技体制改革加快国家创新体系建设的意见，"十二五"国家自主创新能力建设规划，国务院关于进一步支持小型微型企业健康发展的意见，国家重大科技专项政策，十大产业振兴政策，战略性新兴产业政策。还有落实这些规划和政策的配套措施，比如，创新型企业试点管理办法，创新型产业集群试点管理办法，等等。

（二）区域产业集群创新的问题

中国区域产业集群创新实践中存在如下问题：第一，区域产业集群创新在总体上处于产品创新型产业集群阶段。在这个阶段，区域产业集群内创新型企业少，绝大多数集群内的企业没有研发能力，没有开展研发活动，产品创新的特点是产品外观和功能的改进。在创新能力低的企业里，模仿创新是十分普遍的现象。第二，创新型企业繁衍能力弱，创新型企业数量少。北京中关村科技园是中国创新型企业衍生能力最强的高技术产业区，最新数据显示，近三年来，每年衍生创新型企业200家，而硅谷每年衍生创新型企业20000家。第三，知识创新机构集聚能力弱。在中国，北京中关村科技园、武汉光谷、上海张江科技园区、成都高新区、西安高新区、深圳高新区集聚了较多的大学和研究机构，它们是国内知识创新能力最强的区域，其他绝大多数高新区集聚大学、研究机构的能力都不强。有很多高新区只有象征性的大学和研究机构。第四，在国家高新区，知识创新机构与企业技术创新机构的合作互动较少，产业集群内的企业技术创新互动更少。第五，科技服务创新系统不发达是十分普遍的现象。第六，没有系统的产业集群创新政策。

二 区域传统产业集群产品创新升级战略

区域传统产业集群是创新性劳动密集型产业集群。这种产业集群产品的创新升级战略是，由低端产品创新、经中端产品创新向高端产品创新发展。中国绝大多数创新区域属于普通创新区域，其知识创造能力弱，这类区域传统产业集群产品创新升级战略应当是中端产品创新战略。

一般而言，普通创新区域只是在特定时候、特定产业、特定产品中具

---

① 《国际金融报》2013年7月19日。

有次优创新区域的特征。与此对应的是，普通创新区域创新型产业集群的最佳选择是实施模仿创新型、技术引进型产业创新集群战略。一方面，模仿创新型、技术引进型产业创新集群战略对于产业集群的门槛条件要求较低，其创新活动的规模和创新内容往往也容易实现。另一方面，这一产业集群发展战略也使得它与一般的产业集群区别开来，形成相对的市场竞争优势，并能为产业集群向产品和技术的深度创新提供基础。

以特定产业或产品为主的模仿创新型、技术引进型产业集群战略。这里的特定产业主要包括区域的特色优势产业，特定产品往往指带有区域资源特色的产品，它们大多建立在区域的禀赋优势或区位优势基础之上。如在中国浙江沿海地区形成的一定模仿创新型产业集群，其大多集中于劳动密集型产业里，从整体上看，这些产业集群的形成依赖于浙江的区位优势与国内劳动力资源优势。前者主要包括沿海地区更容易发展对外贸易；沿海地区的企业家创新意识和市场意识更强；沿海地区的市场信息和技术信息更为丰富；拥有遍布全球的浙江商业网络等。技术引进型产业集群战略要求普通创新区域的产业具有一定的技术吸收能力，否则容易陷入引进——落后——引进的困境中。如同模仿创新型产业集群一样，技术引进型产业集群战略从根本上说也是一种过渡性战略，如果不能实现产业集群创新能力的提高和产品与技术深度创新的实现，这类创新型产业集群最终仍会因为禀赋优势或区位优势的不复存在而衰落甚至消亡。

当前，东部沿海地区的劳动密集型产业集群正紧紧围绕提升产品质量，开发中端产品，培育中档品牌而努力。比如，浙江永康休闲车产业集群围绕休闲车产品进行开发和创新，提升休闲车产品质量，培育休闲车产品品牌。东阳磁性材料产业集群围绕磁性材料产品上档次、上品牌而从事着创新工作。广东佛山的瓷砖产业集群以开发中档瓷砖产品为中心，着力提升瓷砖品牌。

三　区域现代产业集群技术创新升级战略

区域现代产业集群创新战略应当遵循从产品模仿创新，经中端技术创新到以核心技术为中心的高端技术创新的发展路径。

（一）产品创新型产业集群是普通创新区域现代产业集群创新战略的首要选择

模仿创新是产业集群创新技术周期的第一阶段。在这一阶段里，产业集群主要属于产品创新型，产业集群的创新活动明显强于加工运作型产业集群，其创新的内容主要集中于产品的一些外在特征上，这从根本上决定了产品创新型产业集群的短暂性。一方面，它没有为产业集群形成稳定的市场竞争力，外部的竞争者很容易进行产品模仿。另一方面，产品创新型产业集群的优势更多地体现在产业内企业间的有序竞争上，从而对集群外部的竞争对手形成整体的竞争优势，然而这种有序竞争的格局往往依赖于集群内部成员间强有力的协调制度。成员间个体力量的相对变化，很容易对原有的协调制度形成冲击，并导致产品创新型产业集群的演化。普通创新区域具有支撑产品创新型产业集群的知识基础。中国绝大多数高新区的现代产业集群创新都处于这个阶段。比如，四川德阳的装备制造产业集群创新通过技术引进、消化吸收再创新实现了成套装备产品由技术模仿到技术创新的升级。德阳临近成都，有吸纳成都高校知识扩散和传播的能力。东方电气集团总部设在成都高新区。这样，东方电气集团与四川大学、电子科技大学、西南交通大学等省内著名大学及在蓉的研究机构有可能建立紧密的合作互动关系。四川省建设的先进装备制造产业联盟成为德阳装备制造产业集群与成都的大学科学研究机构之间的中介转换机构。德阳市装备制造产业集群却没有高度发达和完备的装备科技服务创新体系，这极大地限制了德阳装备制造产业集群向技术创新型产业集群的发展能力。德阳装备制造产业集群的核心创新型企业——东方电气集团公司、德阳第二重型机械制造公司的技术创新网络体系并没有扩展为整个装备产业集群的创新网络体系。这两个因素使得德阳市装备产业集群向技术创新型产业集群升级还有很长的路要走。

（二）技术创新型产业集群是优势创新区域现代产业集群创新升级的战略选择

如前文所述，优势创新区域的主要特征包括某些创新型企业可以实现最小交易成本自由进入与退出或在某些时候创新型企业可以实现最小交易成本的自由进入与退出；创新风险配置机制能满足某些创新型企业的风险最小化要求或在某些时候能满足创新型企业风险最小化需要；创新资源能够在任何时候都满足某些创新型企业所从事的创新活动或在某些时候满足创新型企业所从事的创新活动的需求；地方产业体系能满足部分创新型企业创新开发的需要；知识创新服务者能够在某些时候成为创新活动的源泉或能成为某些创新型企业创新活动的源泉。

优势创新区域处于三种创新区域类型的中间位置，相比于普通创新区域，它具备较多的优势，优势创新区域具备了发展技术创新型产业集群的基本条件。在技术产业集群生命周期的第二、三阶段，技术产业集群是一种技术创新型产业集群，其创新内容主要针对产品的内在特征即产品所依赖的技术。这种技术有产品适用技术和产品新技术。同时，优势创新区域集中于发展优势产业部门的技术创新型产业集群。

1. 产业集群所拥有的创新资源相对有限，集群的创新活动被限制在优势产业范围内。由于优势创新区域在对资金、知识型人力资源的吸引方面低于理想创新区域，这使得优势区域的产业集群创新活动的层次和内容受到一定的限制。知识型人力资源的相对稀缺，导致优势创新区域的产业集群难以在多个产业内展开产品和技术的原始性创新。另外，还有区域内配套产业的发展基础、政策支持障碍、创新文化的局限等都使得优势区域的产业集群创新活动往往只能集中于区域之内。

2. 产业集群创新的主要内容是优势产业的核心产品和核心技术。相比于理想创新区域的产业集群，优势创新区域的产业集群所从事的核心产品和技术创新虽然也具备了一定的垄断特征，但往往局限于优势产业或优势产业的某一个或几个环节，即该产品或技术的创新被限制于一定的应用领域，或被限制于一定的区域产品市场，或受更高层次的支撑技术的约束等，不如原始创新型产业集群的产品具有很强的通用性和普适性。然而，相比于普通创新区域的发展战略，优势创新区域的产业集群创新战略强调通过区域自身的创新资源的运用，以形成产品的内在竞争优势，在一定的区域内获得相对较稳定的创新收益。

当前，优势创新区域和技术产业创新体系都满足了技术创新型产业集群升级战略的条件。芜湖汽车产业集群就是一个典型的例子。芜湖创新区域临近合肥，有合肥汽车工业大学等专业大学和研究机构的知识创新体系作支撑，芜湖汽车产业集群的核心创新型企业奇瑞公司构建了先进的、国际化的产业技术研发体系，合肥汽车产业创新联盟推动了芜湖汽车产业集群与其他地区的汽车产业集群技术的创新合作。艾瑞泽 7 产品的面世就是芜湖汽车产业集群由产品创新型产业集群向技术创新型产业集群转型的标志。

（三）高端技术创新型产业集群是迈向强势创新区域产业集群创新的战略选择

中国 2008 年启动了建设世界六大科技园区的工作。这六大科技园区是北京中关村科技园区、武汉光谷、张江科技园区、深川高新区、西安高新区、成都高新区。这些高新区都具备了支持建设高端技术创新型产业集群的强劲知识创新体系、产业创新体系、科技服务创新体系。

本书第 4 章描述了理想创新区域或强势创新区域的基本特征，即创新型企业可以最小交易成本自由进入与退出；创新风险配置最优化即创新型企业的创新风险最小化；创新资源总是能够满足创新型企业所从事的创新活动的需要；地方产业体系总是能满足创新型企业创新开发的需要；知识创新服务者在任何时候都能成为创新活动的源泉。理想创新区域的这些特征决定了其产业集群发展战略主要集中于产业价值链的高端。我们称其为核心技术产品、原始创新型高新技术产业集群战略。

1. 以产业核心产品和核心技术为创新内容的原始创新型产业集群发展战略

理想创新区域的主要优势之一是存在着一些拥有大量创新资源的企业，当这些企业以产业集群形式存在后，其创新活动的协同效应将会进一步提高所有企业的创新能力。同时，产业集群也导致了各种资源特别是资金和知识技术人力资源向理想创新区域的集中，这些都为理想区域的产业集群进行原始创新提供了坚实的基础。另外，较低的交易成本，产业集群内部企业间高度的分工与合作也降低了集群内企业所面临的原始创新风险。更为重要的是，原始创新能给产业集群内部成员带来高额的创新垄断收益，形成产业集群在全球范围内的市场竞争优势。

2. 以产品研发或产品营销等业务创新活动为主的研发型或品牌型产业集群

在理想创新区域，产业集群可以按其业务内容进行进一步的细分，特别是形成以产品研发为业务的原始创新。当然，产品和技术只是从供给的角度强调了企业创新活动的重要性，营销业务的创新同样重要，它强调了品牌对产业竞争优势的重要性。营销业务的创新还是一种新的商业盈利模式或商业理念，产业链中的营销活动从最终环节上实现了产业价值，并为整个产业的创新活动提供了市场基础。

第5节　区域产业集群创新政策

一　区域产业集群创新政策的演化

产业政策还是集群政策？经济学家金碚直言，产业集群政策是现代产业政策。实际上，二者仍是有区别的（见表8.5）。产业集群政策的本质目标是克服集群创新系统的缺陷。①

表8.5　产业政策与产业集群政策比较

	产业政策	产业集群政策
思维范式	线性思维	网状、立体思维
政策原因	针对市场失败	履行政府的角色任务
政府角色	主导者	促进者、服务者
目标对象	产业本身	产业及产业的微观经济环境
政策核心	单个产业扶持，补贴和保护等集群内协调和联系机制的建立	增强集群自身的动力机制
政策组合对企业态度	相对少，政策间联系不强 抓大放小	多部门、多政策协同配合 大小企业共生，同时也突出核心企业的作用
优势培育	产业比较优势	产业集群的竞争优势
竞争优势动态性	静态，政府驱动	动态，系统自组织，多动力
对竞争的影响	扭曲竞争	促进竞争和合作
经济社会关系	—	强调经济和社会的协调发展，同时为经济和社会政策提供指南

资料来源：王岚：《产业集群创新过程中的政府行为与政策选择》，《科技进步与对策》2009年第11期。

结合创新区域特征和产业集群创新生命的周期特点，区域产业集群创新政策有阶段性和创新区域差异性特征。从产业集群创新的政策实践来看，一般而言，产业集群的初期发展阶段、产业集群的模仿创新阶段及普

① 王岚：《产业集群创新过程中的政府行为与政策选择》，《科技进步与对策》2009年第11期。

通创新区域三者结合形成了普通区域的产业集群创新政策，政府区域产业集群创新政策主要支持产业集群产品创新体系和产业制造体系。产业集群的技术引进、消化吸收和再创新阶段与优势创新区域结合形成了优势区域产业集群创新政策，政府的区域产业集群政策主要支持优势产业创新体系发展，构建技术创新型产业集群政策。产业集群的原始创新阶段与强势创新区域相结合形成强势创新区域产业集群创新政策，政府产业集群政策主要支持产业集群及其成员创造公平的市场竞争环境，为产业集群的原始创新活动吸收最优质的资源，特别是创新所需要的知识人力资源。

二　区域产业集群创新政策的目标

产业集群创新政策的制定涉及集群的各个方面，对产业集群有政策意义的众多因素可以组成一个错综复杂的经济社会关系网络。从创新理论上讲，区域产业集群创新政策的一般目标应当是：加强集群内各部门间的紧密联系和信息交流；重视教育和科研，促进科研成果转化；激励集群创新动力的发生，保护企业知识产权。[①] 具体来讲，不同创新区域、不同产业集群创新政策目标是显著不同的。

（一）普通创新区域创新性劳动力密集型产业集群的政策目标

普通创新区域的优势就是构建了完整的劳动密集型产业集群产品创新体系，其劣势就是区域的知识创新体系不发达，科技服务创新体系不健全。东部沿海地区的劳动密集型产业集群所处区域都属于普通创新区域。有关东部沿海地区的劳动密集型产业集群转型和升级的文献都注意到了这个问题，但是，其政策建议的主流是从全球价值链治理角度提出升级建议。王辑慈对此深表担忧。她研究了意大利劳动密集型产业集群后指出，中国的劳动密集型产业集群应当从创新视角立论，即应当发展创新性、低成本的劳动密集型产业集群。梅丽霞认为，应当对东部沿海地区的劳动密集型产业集群向创新性劳动密集型产业集群升级制定促进跨国公司创新体系与本地创新体系融合的措施，比如，苏州昆山的自行车产业集群成功转型就是一个典型例子。欧盟创新集群报告深入讨论了挪威、丹麦、瑞典、瑞士的劳动密集型产业集群政策。这个报告给予我

① 张学伟、刘志峰：《产业集群创新机制的形成机理和影响因素研究》，《科技管理研究》2010 年第 2 期。

们的启示就是：普通创新区域的劳动密集型产业集群创新政策目标应当是加大知识创造能力和应用系统建设，遵守产品创新演化规律，不断提升产品档次和产品品牌。

（二）优势创新区域现代产业集群的政策目标

优势创新区域的优势就是有了较强的知识创造和应用系统，优势产业集群的产业创新体系具有创新竞争优势，其劣势就是科技服务创新体系不发达，产业支撑体系不强，优势创新区域的知识创新优势与产业创新体系高度不对称。比如，被列为创新型产业集群的保定、本溪、潍坊、温州等区域，各有颇具竞争优势的产业研发体系，但都没有强有力的知识创新体系、科技服务创新体系。成都高新区具有强有力的知识创新体系和电子信息产业创新体系，但科技服务创新体系却没有竞争优势。因此优势创新区域现代产业集群的政策目标就是构建强大的科技服务创新体系。

（三）强势创新区域现代产业集群的政策目标

强势创新区域的优势是综合创新竞争优势。如果从全球视野观照，中国则没有强势创新区域。尽管如此，中国却有迈向强势创新区域的创新区域，比如，北京中关村科技园区、武汉光谷、深圳高新区、西安高新区。这些区域产业集群的创新政策目标就是加强综合创新优势建设，发展原始创新的、核心技术的高端创新型产业集群。

三　区域产业集群创新政策的重点

（一）构建区域产业集群知识创新体系和知识资产保护政策

不同产业集群要求区域提供不同的知识创新体系。普通创新区域创新性劳动密集型产业集群、优势创新区域现代产业集群和强势创新区域高新技术产业集群都有各自的知识创新体系。这些差异性的知识创新体系要求区域产业集群具有有效的知识资产保护体制和机制。

1. 普通创新区域的创新性劳动密集型产业集群的知识创新体系和知识资产保护体制与机制。普通创新区域的突出问题就是知识创新组织集聚度不高。比如，大学尤其是满足产业部门发展的科学知识创新组织数量少，知识创新能力较弱。通常只有 1 所教学型大学、教学研究型大学，2—3 所应用型大学等位于区域内。区域内产业集群研发体系不健全，模仿和不遵守知识产权法律法规成为一种常见现象。因此，区域政府的政策重点应当是：建构旨在促进产业部门新的科学知识向产业部门转移的政府知识专利库机制。这个专利库机制的内容应是：采购产业部门基础技术专利、专利许可费转移支付、专利使用服务供应；建设高效率、多样化、多层次的区域产业研究中心。区域产业研究中心运行必须及时、专业、全方位地满足产业集群的研发需求，因此高效率是区域产业研究中心运行的基本要求。产业集群应是产业多样性的，这种多样性要求建设专门化的区域产业研发中心。产业集群有共性技术研发、专业研发，这就要求构建多样化、多层次的研发体系。创新型企业是普通创新区域产业集群知识创造者、知识吸收者、知识采用者、知识扩散者。创新型企业研发体系在普通创新区域产业集群中是一个关键节点。政府应当支持创新型企业研发体系升级和提高开放度。知识资产保护体制和机制有三个层面：国家知识产权法；区域知识产权保护执行体制和机制；产业集群知识资产保护体制和机制。国家知识产权法和区域知识产权保护执行体制和机制都相继制定、实施和得到完善，但产业集群知识资产保护体制和机制却不完善。浙江地区休闲车产业集群等劳动密集型产业集群探索、实施了产业集群知识资产保护机制。魏江等学者对这些产业集群知识资产保护实践作了总结，概括了四种产业集群知识资产保护机制即基于龙头企业治理的知识资产保护模式，基于行业协会治理的知识资产保护模式，基于交叉许可联盟的知识资产保护模式，基于共同治理的知识资产保护模式。①

2. 优势创新区域的产业集群知识创新体系和知识保护政策。优势创新区域的特点是：研究型大学、研究机构集聚比较明显，知识创新体系比较健全，知识创新能力较强。优势产业集群有强劲的研发体系。优势创新区域的产业集群知识创新体系存在的问题是，优势创新区域所创造的新知识向优势产业部门的转换机制和平台都缺乏效率。其主要原因是科技创新服务体系不完善和创新创业企业衍生能力不强。苏州自行车业集群、合芜蚌汽车产业集群、长春汽车电子产业集群、上海汽车产业集群等优势产业集群就知识合作创新体系做了有益探索。这些探索给予我们以有益的政策启示。优势创新区域政府的产业集群知识创新体系政策的重点应当是：加快发展科技创新服务体系，其中，中小企业科技金融服务体系应当优先发展；提升优势产业部门与本地研究型大学和科学研究机构的知识合作创新

① 魏江、孔小磊、周泯非、李红：《基于集群治理的产业集群内企业知识资产保护模式研究》，《科学学研究》2010 年第 9 期。

水平，建设合作创新项目库；促进优势产业集群内企业之间的发展联系，构建多层次的优势产业集群联合研发中心；产业专利池机制分成核心企业的专利池机制、创新创业企业的专利池机制。研究型大学、研究机构和创新型企业的衍生能力促进政策。优势产业集群的知识资产保护机制应当是多样化的知识资产保护机制，其中，特别要注意防止技术泄密。知识资产保护机制有创新型企业与研究型大学、研究机构之间的知识资产保护机制；创新型核心企业与其他创新型企业之间的知识资产保护机制，比如产业专利池机制；专利相互许可机制；专利费评估、定价机制。

3. 迈向强势创新区域的产业集群知识创新体系和知识保护政策。北京中关村科技园区、武汉光谷自主创新示范区、上海张江科技园区、深圳高新区、西安高新区和成都高新区正在建设世界一流的科技园区。这些园区都有密集的知识创新机构，形成了科技知识创新集群。这些地区同样集聚了一大批高新技术企业，形成了产业集群的研发体系。同硅谷、剑桥科学园、法国安提波利斯高科技园的差距在于：国内这些高科技园区知识创新体系的创新创业衍生能力不强，知识密集型产业集群的创新创业衍生能力也不强，这六大高新区的知识创新体系向知识密集型产业集群研发体系转移新知识的体系发展不充分。某型号飞机 MBD 知识创新体系、技术研发体系、人才成长与激励体系高度融合，造就了中国比肩国际一流产业的航空产业集群创新体系。[①]杭州是中国电子商务之都，其成功在于杭州电子商务产业集群的知识创新体系、产业集群服务与产品创新体系、产业人才体系三者高度融合。创新集群政策应当高度融合。[②] 这个案例的政策启示就是：迈向强势创新区域的产业集群创新政策的重点应是新知识，新知识是知识密集型产业集群的基础和源泉。有关创新集群的研究成果表明，知识集群是高技术产业集群的核心，必须建设世界一流的知识创新体系。新知识的应用和实践知识体系是知识密集型高技术产业集群的技术基础，有关发达国家创新集群的研究成果表明，世界强势创新区域的产业集群都有一流的研发体系，必须建设世界一流的知识密集型产业集群研发体系；

① 郑宇钧、崔斌峰：《MBD 技术缩短运 20 研制周期 40% 水平比肩波音 787》，《中国青年报》2013 年 8 月 9 日。

② 李顺才、王苏丹：《创新集群的政策融合研究》，《科技进步与对策》2008 年第 11 期。

知识密集型服务业是集群创新系统的创新桥梁，[1]硅谷高新技术产业集群的创新实践表明，具有强大吸引力和集聚力的创新创业体系既是新知识转换为产业实践知识的主力军，又是科技服务产业创新的主体，必须建设具有强大吸引力、集聚力的创新创业企业体系，建设世界一流的科技创新服务体系；建设世界级知识资产保护体制，这个知识资产保护体制和机制的核心就是既保护创新者获得垄断创新利润，又促进知识的高效扩散。最严格的核心技术专利保护与扩散是重点，建设核心技术专利采购与扩散体制和机制，建设知识密集型产业集群知识专利池、专利共享与相互许可系统。美国硅谷的知识密集型产业集群的创新就得益于创新型人才的高度集聚，这是学术界的共识。欧洲创新型产业集群创新成功得益于欧盟及各成员国有一个高效率的创新型人才成长和激励政策。[2] 应建设具有强大吸引力的知识密集型产业集群人才成长、激励体系。

（二）加快发展科技服务创新网络体系，促进知识应用、转化和扩散

从服务中介、科技服务创新体系到科技服务业，人们对科技服务创新体系在区域产业集群创新中地位和作用的认识不断提高并越来越深刻。加快发展科技服务创新网络体系，加快发展科技服务产业，是各个创新区域提升产业集群创新能力的重要任务。但是，不同创新区域的科技服务创新政策重点显著不同，具体任务也不同。科技部高新区的科技服务业政策变化表明，应当深入研究创新区域科技服务创新政策。

1. 普通创新区域科技服务创新网络体系建设的重点。普通创新区域发展的阶段性与特色产业集群发展的阶段性决定了科技服务创新网络体系建设的重点。2007 年 4 月 4 日，科技部印发了《国家高新技术产业开发区十一五发展规划纲要》。在这个纲要中，科技部明确了国家高新区必须建设成创新区域。特色产业创新区域是其中一类创新区域。当前，中国有 105 家国家高新区，除前 25 家高新区外，其余高新区都将建设成为特色产业创新区域。在“十一五”期间，这些特色产业创新区域的建设工作取得了如下进展：建成了适合于特色产业制造集群的公共服务平台体系。这种公共服务平台体系就是高新区生产力服务中心、高新区孵化中心、高新区人才培训和服务中心。同

---

① 魏江、朱海燕：《集群创新系统的创新桥梁：知识密集型服务业》，《浙江大学学报》（人文社会科学版）2007 年第 2 期。

② 朱滋婷、于丽英：《欧洲创新集群的发展及对我国的借鉴》，《科技管理研究》2010 年第 23 期。

时还建成了产业创新公共服务平台体系，如产业测试中心、产业检验检测中心等。宁波高新区、绵阳高新区、济宁高新区、潍坊高新区、渭南高新区、宝鸡高新区等特色产业创新区域的特色产业研发体系已经形成。其表现是：大企业研发体系健全和高效。绵阳高新区形成了以长虹公司、九州公司为核心的军民融合产业研发体系。特色产业创新建设区域存在如下问题：支持特色产业集群创新的研发、设计、服务外包、科技金融、信息与咨询等科技服务创新产业发展缓慢，园区内专业人才服务体系不健全、专业服务效率不高，公共服务平台效率不能满足特色产业发展的需求。特色产业园区科技创新服务体系建设的重点是：促进支持特色产业集群创新的研发、设计、服务外包、科技金融、信息与咨询等服务产业的发展，提高大企业的创新创业服务企业的衍生能力，健全和提高园区专业人才服务体系与效率，遵循产业“微笑曲线”来发展科技创新服务业，构建特色产业的科技金融服务体系，大力推动政府创新，提高园区政府公共服务效率。

2. 优势创新区域科技服务创新网络体系建设的重点。大连高新区、长春高新区、哈尔滨高新区、天津高新区、石家庄高新区、广州高新区、南京高新区、郑州高新区、长沙高新区、济南高新区、福州高新区、苏州高新区、常州高新区、无锡高新区、重庆高新区等一大批国家高新区迈入了建设创新型科技园区的新阶段。2009 年，天津滨海高新区，广州高新区，苏州高新区，郑州高新区，宁波、无锡、苏州工业园等高新区率先相继启动了创新型科技园区建设工作。2007 年，科技部高新区“十一五”规划方案指出：“创新型科技园区，就是其经济发展主要依靠创新驱动的科技园区。要实现以创新为驱动的经济发展，就必须要有创新要素的富集；必须要有整合利用创新要素的方法与机制；必须要有能够高效收获创新价值的企业群体。”科技部火炬中心主任梁桂总结了创新型科技园区建设的七大基本任务，发展科技服务创新网络体系被列为首要任务。这就是：“发展知识、技术和信息等组织和机构，发展风险资本和商业渠道，发现、培养和使用知识型、创新型人才。建设支撑创新发展的平台，搭建促进知识、资本和价值流动的网络，形成高效创新合作的机制和氛围，促进园区从个体化的项目创新进化为整体性的并由园区社会系统所推动的组织创新。”①优势创新区域建设科技创新服务网络体系，应当满足每个具体

① 胡兰：《创新型园区：国家高新区的中坚力量——科技部火炬中心主任梁桂谈创新型园区建设》，《中国高新区》2009 年第 6 期。

的高新区创新型科技园区的建设定位和发展优势产业集群的要求。天津高新区建设国家创新型科技园区的总体战略定位就是要发展形成支撑中国第三增长极的“创新极”，发挥对滨海新区的“领航”作用。天津高新区的优势产业集群就是新能源、电池产业、先进制造业等产业集群。鉴于此，天津滨海新区的科技创新网络体系建设任务就是，整合区内外科研资源建设科技创新服务平台；创建一批为区内重点产业和特色产业发展服务的科技创新设计服务平台；支持专业化设置、产业化运作的，为检测、设计、技术信息、流程管理、质量控制等提供服务的平台建设；建立科技、法律、政策、人才、市场、资金各类信息平台，建立“环渤海国际专利及知识产权检索中心”、“环渤海高新科技成果交易中心”等辅助性平台。[①]“广州高新区着力打造科技金融服务体系和科技研发服务体系”，“广州高新区科技服务体系建设着重突出企业信用体系平台、科技型中小企业自主创新能力提升平台、生物医药产业化服务平台、科技资源公共服务平台和广州高新区电子信息行业创新服务体系（行业创新驿站）五大平台建设。”[②]优势创新区域产业集群创新服务网络体系的重点应当是：紧紧围绕科技金融服务创新网络，优势产业的研发、设计网络体系，多层次的企业孵化器体系与企业加速器体系，不断健全优势创新区域的科技服务创新网络体系，提高科技服务创新效率。

3. 强势创新区域科技服务创新网络体系建设的重点。强势创新区域及其知识密集型产业、战略性新兴产业是科技服务创新网络体系建设的重点。从政策角度看，强势创新区域就是世界一流科技园区。科技部火炬中心在《建设世界一流高科技园区行动方案》中写道：“世界一流高科技园区普遍具有四个特征，即新兴产业和新业态的发源地，走向产业高端，引领世界产业的发展趋势；具有较强的内生增长机制，能培育出有国际竞争力的跨国大公司；聚集了大量高端要素和专业要素（集群）；创造新时代前沿的模式、制度和文化。”[③] 2006 年科技部选择中关村科技园区、张江高科技园区、深圳高新区、西安高新区、武汉东湖新技术开

① 刘颖：《天津高新区创新型科技园区建设对策研究》，天津大学管理学院 2008 年博士学位论文。

② 广州高新区：《整合资源，构建新型服务体系》，《科技与生活》2012 年第 14 期。

③ 科技部：《建设世界一流高科技园区行动方案》，http：//www. cpt. gw. cn/news/200610/107. html。

发区和成都高新区等作为建设世界一流高科技园区的试点和示范。世界一流科技园区建设示范区的优势是：健全的较高水平的知识创新体系已经形成，主导的、支柱性的知识密集型产业集群技术研发体系已经形成。世界一流科技园区建设示范区有了较明显的综合创新竞争优势。但是，其存在的突出问题是，科技服务创新网络体系不完善，其表现是：研发、设计、测试、策划、科技金融等服务产业发展滞后，研发能力、设计能力、测试能力、策划能力、科技金融服务能力等整个科技服务创新能力不强。《建设世界一流高科技园区行动方案》明确指出："鼓励高新区、高等院校、科研院所、企业等多元主体创办各类专业孵化器。加强和完善孵化功能建设，重点强化创业辅导员、创业律师、创业会计师等抚育功能，在现有基础上进一步提高入孵企业数和企业毕业率。""针对高成长企业需求，鼓励并扶持市场力量创办科技企业加速器，引进专业服务机构，以市场化手段为企业发展提供'三四五'框架服务。'三'指三类保障性服务，即开放和可快速拓展的空间、优质和配套的高增值服务以及优惠和快捷的政策服务；'四'指四个发展型平台，即专业化研发平台、市场网络平台、规模化融资平台和高端人力资源（HR）平台；'五'指五个延伸性服务，即提供全方位的商务服务、开拓性的展会服务、高层次的财务法律服务、合作型的咨询服务和定制的互动式交流服务等。要加强对园区内加速器发展的研究与规划，对专业服务公司提供政策性'后补贴'扶持，促进专业服务公司在初期有效需求相对不足的状况下提供高质量服务。"大力发展科技金融服务业，构建服务于创新创业企业的多层次科技金融服务创新体系。世界一流科技园区建设示范区应当"积极推动快速高成长性企业在'主板'、'中小企业板'上市融资"。"大力发展创业风险投资，满足企业快速成长的资金需求。大力发展专业中介服务，建立以创新创业服务为重点的专业服务体系。"

"中关村科技园区要进一步推动品牌中介服务机构和品牌行业协会的形成和发展，推动服务于技术转移的各类中介机构的发展。张江高科技园区要通过政府购买服务吸引行业协会与著名中介机构入驻园区，努力打造以'浦东创新港'为核心的创新服务集聚区，通过张江创新学院加速培养园区软件、集成电路、生物医药等创新人才，进一步强化对创业型中小企业和园区特色产业集群的支持。深圳高新区要进一步加强科技企业孵化器、科技企业加速器、专业园的产业空间和服务体系建设。武汉要进一步加强中介服务的国际化，构建适应园区发展、符合国际惯例、开放式的专业中介服务体系。西安要进一步推进企业诚信评价体系建设。成都高新区要充分利用国际资源，搭建国际交流与合作平台。”

（三）制定和完善创新型产业集群政策，促进现代产业集群的发展

1. 创新型产业集群政策的提出与问题

20 世纪 90 年代末，OECD 政策制定者提出创新集群政策，其标志是，OECD 成员国于 1999 年发布了《集群：促进创新的动力》的报告及 2001 年进一步推出《创新集群：国家创新体系的推动力》的报告。2001 年，OECD，UNIDO 和 DATAR 等国际组织对集群政策展开了激烈的争论。2013 年，欧盟学者先后集聚丹麦、卢森堡和意大利摩德纳大学就欧洲创新问题做了深入系统的讨论。2006 年，在欧洲再创新会议上，欧洲企业与工业理事会明确提出了创新集群政策。中国科技部紧紧跟踪国际产业政策、集群政策的变化，于 2001 年提出了培育创新集群政策。2003 年起动的国家中长期科技发展规划战略研究再次提出创新集群培育政策问题。2006 年提出创新型国家战略，科技部主管的国家高新区政策发生了重大变化，世界一流科技园区建设示范区、创新型科技园区和特色产业园区成为高新区的新政。创新型产业集群政策成为创新型科技园区的主要考核内容。2013 年 3 月，科技部发布《关于认定第一批创新型产业集群试点的通知》，首批 10 个创新型产业集群项目正式立项。这标志着中国制定了明确的创新区域创新型产业集群政策。中国创新型产业集群政策的特点是：第一，高新区是创新型产业集群政策发展的主体区域。特色产业园区、创新型科技园区和世界一流科技园区建设示范区发展创新型产业集群政策的目标是不同的。创新型科技园区要形成一个以上国内领先的优势产业集群，其中有 1 家以上年销售收入超过 100 亿元的企业，或有 2 家以上超过 50 亿元的企业。第二，创新型产业集群政策的目标是培育高端优势产业，提高高科技产业的创新竞争力。因此创新型产业集群政策实质上是产业发展政策。第三，首批创新集群试点的产业性质全部属于国家战略性新兴技术产业集群。中国创新型产业集群政策有着显著的缺陷，这就是：不能适应中国共产党十八大报告关于转变经济发展方式、构建现代产业体系的要求，不符合全面贯彻创新驱动发展战略的政策要求。

2. 创新型产业集群政策制定的视角和范围

首先，创新型产业集群政策制定视角应当是现代产业体系和发展视

角。中国共产党十八大报告明确指出，转变经济发展方式，必须发展现代农业，推进工业和信息技术融合，发展高新技术产业和战略性新兴产业，构建现代产业体系，实施创新驱动发展战略。创新型产业集群政策不仅应当从创新驱动发展战略视角出发，而且还应当立足于现代产业体系构建和发展的需要。创新驱动发展战略的内涵应当是：科技创新驱动高新技术产业和战略性新兴产业的发展，工业与信息技术等高新技术融合形成创新驱动的资本技术密集型制造业、服务业，广泛促进现代科技与农业的融合，构建现代农业体系。这表明，现代产业体系构建和发展应当是创新型产业集群政策制定的出发点。其次，创新型产业集群政策范围应当扩展到现代产业集群。欧盟创新集群政策的目标不仅有知识密集型产业集群，而且还有传统劳动密集型产业集群，包括农业集群政策、建筑产业集群、瓷砖产业集群政策等。中国传统劳动密集型产业集群是三十年来经济发展的成果。传统劳动密集型产业集群与当代高新科学技术的结合形成创新性的现代产业集群，既是中国转变经济发展方式、调整经济结构、促进就业和稳定经济增长的要求，又是全面贯彻创新驱动发展战略的需要，因此借鉴欧盟创新集群政策关于发展传统劳动密集型产业集群的成功经验是必要的。中国创新型产业集群政策的范围应当由高新技术产业集群、战略性新兴产业集群扩展到传统劳动密集型产业集群。创新型劳动密集型产业集群应当扩展到传统产业集群发展好的区域。把这些区域定义为特色产业发展区域或普通创新区域。

3. 创新型产业集群政策的重点

首先，中国创新性知识密集型产业集群突出分布于世界一流科技园区建设示范区和创新型科技园区，存在的共同问题是，创新集群衍生创新创业企业的能力不强。北京中关村科技园区的创新创业企业衍生能力是每年 2000 家，而硅谷的创新创业企业衍生能力是每年 20000 家。这说明，中国高新区与硅谷等强势创新区域的创新创业企业衍生能力有着很大的差距。在创新型科技园区和世界一流科技园区建设示范区，创新型知识密集型产业集群政策的重点应当是提升创新创业企业的衍生能力。其次，创新性劳动密集型产业集群应当是创新型产业政策的重点。创新性劳动密集型产业集群建设的主要任务是，提升核心创新型企业的创新竞争力、品牌竞争力，构建面向全球的企业研发网络体系，组织和带动产业集群研发体系建设，提升传统劳动密集型产业集群创新能力和产品品牌竞争力。最后，选择合理的创新型产业集群政策工具。创新型产业集群政策工具有研发补贴、产业政策和竞争政策：WTO有关条件中有“黄灯条款”和“红灯条款”的规定，“黄灯条款”指非竞争性研发补贴条款。该条款的内容是，“政府对当前竞争开发活动的补贴不得超过合理成本的50%”。“红灯条款”或禁止条款指竞争性研发补贴，即对以出口绩效为条件和将进口替代作为条件而提供的补贴。中国政府研发补贴政策有的符合“黄灯条款”要求，有的被归为禁止条款。因此应当清理这些研发补贴政策。优化中国政府研发补贴政策，充分利用WTO的“黄灯条款”。应当进一步完善产业政策，其内容就是制定创新性劳动密集型产业集群政策。当前，应当结合产业转移趋势，促进中西部地区创新性劳动密集型产业集群的发展。地方政府应当根据创新驱动发展要求，制定本地区创新性劳动密集型产业集群专项政策。竞争政策是指导产业集群创新的重要政策工具。公平竞争政策是各国的共识。政府创新型产业集群政策的定位应当是促进产业集群的公平竞争。促进公平竞争的着力点应当是：第一，减少不当行政干预，充分发挥市场配置创新资源的作用；第二，反对滥用专利垄断权、市场垄断权，促进专利竞争市场的发展。

（四）加强区域产业集群创新治理体系建设，推进产业的创新转型

1. 产业集群转型、升级和治理

产业集群与产业集群升级是近年来理论界与政府部门高度关注的问题。立足于全球价值链和全球生产网络研究产业集群升级是一种非常流行的思路，并据此提出了产业集群升级路径和政策。梅丽霞认为，产业集群升级遵循“从全球价值链低端攀升到高端”的规律，这是单一化的线性思维。地方产业集群面临的不是升级问题而是转型问题，即地方产业集群应当从低成本、低价格传统产业集群向创新性产业集群转型。[①]在这里，地方产业集群转型的实质问题是，传统劳动密集型产业集群向创新性劳动密集型产业集群转型，低成本高技术产业集群向创新性产业集群转型。FDI引导型产业集群是东部沿海地区广泛存在的一种产业集群。跨国公司脱嵌极大地降低了FDI知识溢出效应，从而使得这类产业集群技术转型与

① 梅丽霞：《全球化、集群转型与创新型企业——以自行车产业为例》，科学出版社2010年版，第46页。

价值升级通道全面受阻。跨国公司与本土企业的联系是依赖联系。本土企业固化于加工组装环节，失去了技术创新和价值升级的动力和通道，本土企业极度依赖跨国公司。在国际经济危机时期，跨国公司收缩业务，本土企业倒闭就是唯一的选择。深圳自行车产业集群就是一个典型案例。跨国公司嵌入本地经济体系，FDI 知识溢出效应显著增强，这就为本土产业集群的技术转型与价值升级提供了有效通道。跨国公司与本土企业的联系是发展联系。通过知识溢出效应，本土企业学会了产品研发技巧，获得了组织产品研发的经验，构造了产品创新知识体系。本土企业与跨国公司的创新合作逐步形成，本土产业集群成功转型。苏州自行车产业集群就是一个例子。产业集群治理被认为是地方产业集群转型与升级的关键因素。

研究治理有三种思路：一是交易费用经济学思路，这是研究治理问题的最为成熟的思路；二是社会学研究思路，这是研究治理问题的又一种最为活跃的思路；三是新公共管理学研究思路。这三种治理研究思路各有侧重。从交易费用经济学视角出发，"'治理'是指'营造秩序，从而减轻冲突和实现共赢的手段和方法'[①]。其主要作用是通过合理的制度设计和安排（治理机制）来推动契约的有效制定和正常履行，从而降低缔约双方的交易成本并保证交易顺利开展。"交易成本治理框架是科层、市场及中间组织。交易成本治理思路突出的问题是过度抽象经济关系，遗忘了产业集群互动过程中的学习效应及治理本身的动态变化。网络治理研究思路在继承交易成本治理合理性基础上运用社会学的网络分析方法提出了网络治理框架。网络治理框架的基本内容是：第一，"网络治理'涉及到许多从事产品或服务创造的自治性企业（或非营利机构）所组成的具有可选择性、持久性和结构性的集合'，这些企业'基于隐性和开放式的契约来适应环境变化、协调和保证交易'，同时，这些契约主要是依靠社会因素而非法律因素而形成的"[②]。第二，网络治理机制有信任、承诺、声誉和非正式制度。新公共管理学的治理理念是新兴的一种治理理念。这种理念认为："治理是各种公共的或私人的个人和机构管理其共同事务的诸多方

① Williamson, O. E., "Transaction-Cost Economics: The Governance of Contractual Relations," *The Journal of Law and Economics*, Vol. 22, No. 2 (1979), pp. 233-261.

② Jones, C., Hesterly, W. S., Borgatti, S. P., "A General Theory of Network Governance: Exchange Conditions and Social Mechanisms," *Academy of Management Review*, Vol. 22 (1997), pp. 22, 911-945.

式的总和，是使相互冲突的或不同的利益得以调和并且采取联合行动的持续的过程；治理既包括有权迫使人们服从的正式制度和规则，也包括各种人们同意或以为符合其利益的非正式制度安排。"①

研究集群治理的思路仍然有三种：第一种是继承制度经济学的研究治理思路来研究产业集群治理问题。德兰金（De Langen）、威塞锐塔（Visseretal）是其代表人物。他们认为，集群治理的定义为"集群内部各种协调机制以及机制之间关系的混合体及相关关系"②，旨在"创造秩序、减少矛盾和实现共同利益"③。信任、中介机构行为、领导企业行业和集体行动体制是集群治理的机制。第二种是以战略决策观的思路研究集群治理问题的，其代表人物是萨格登等人（Sugden et al.）、德·普罗普瑞斯（De Propris et al.）。他们的观点是："跨企业和机构的战略决策权力结构和分布（状态），包括企业对地方政策制定过程的参与"，并认为集群治理本质上反映了代理者的'关系解决方案'。"④第三种是通过联系组织治理观和能力观，试图为集群治理概念注入更为动态的因素。霍奇森（Hodgson）、路德博姆（Nooteboom）是其代表人物。他们认为，集群治理与集群学习之间相互依赖、共同演化。魏江等学者认为，第一种观点存在操作化弱的缺陷，且治理机制之间存在极强内部关联和交叉；第二种观点所倡导的民主式、共同参与治理模式具有可操作性；第三种观点所提出的动态性应受到重视。为此，他们认为："集群治理是指集群层面上对集群参与者交互活动存在约束和激励作用的各种内生性协调机制总体，是同时包含着地方经济和行政权威、社会规范和协调机制等多种微观治理机制的一整套制度安排。"⑤

产业集群治理模式与产业集群转型关联极大。首先，自组织产业集群

---

① Carlsson, I., Ramphal, S., Alatas, A., Dahlgren, H., *Our Global Neighbourhood: The Report of the Commission on Global Governance* (Oxford University Press, 1995).

② De Langen, P., " Governance in Seaport Clusters," *Maritime Economics and Logistics*, Vol. 6 (2004), pp. 141-156.

③ Visser, E-J, Langen, P. D., "The Importance and Quality of Governance in the Chilean Wine Industry," *Geo. Journal*, Vol. 65 (2006), pp. 177-197.

④ De Propris, L., Wei, P., 2007, "Governance and Competitiveness in the Birmingham Jewellery District," *Urban Studies*, Vol. 44, No. 12 (2007), pp. 2465-2486.

⑤ 魏江、周泯非：《产业集群治理：理论来源、概念和机制》，《管理学家》2009年第11期。

治理模式广泛存在于传统劳动密集型产业集群之中，如原生的意大利产业区，南美巴西、智利等国的制造业集群和中国浙江的中小企业集群。自组织治理模式的特点是：中小企业广泛参与者众多，中小企业之间形成松散的竞争合作关系。在创新关系上有模仿、干中学、集群知识的自发溢出。交互式互动学习模式是一种自发创新机制。其次，中心领导型产业集群治理模式同样是产业集群中广泛流行的治理模式。如美国西雅图的航空产业集群、日本的丰田汽车城等，中国浙江东阳的磁性材料集群和乐清低压电器集群。其特点是："集群内少数几个大型的龙头企业控制了产品价值链的核心环节，而将其他次要和辅助的环节通过层层外包分配给集群内各级配套企业，从而将整个集群整合为一个内部关系较为紧密稳固的生产系统。"① 多元协作型治理模式是一种高级产业集群治理模式，如英国剑桥工业园、中国台湾新竹科学园区和20世纪90年代以后的意大利产业区。其特点是，不同类型的治理主体整合各自治理功能的多元化、多中心治理模式。这三种产业集群治理模式的详细区分见表8.6所示。

表8.6　自组织型、中心型、多元协作型三种产业集群治理模式的区别

	自组织型	中心领导型	多元协作型
治理机制排序	市场、社区、层级（弱）	层级、社区（弱）、市场（弱）	层级、市场、社区
约束/激励要素	价格（利润）、地方规范	经济权威	价格、互惠规范、权威
治理主体	所有中小企业自治	以大型龙头企业为中心	多元主体
供应链企业关系	以松散的市场关系为主	稳固的前向依赖关系	相对稳定但有弹性的关系
平行企业间关系	竞争为主；存在非战略性合作	水平分工；无战略性协作	公平竞争；较多战略性协作
与知识机构关系	较少	龙头企业控制	较多交流与合作
与外部主体关系	较少	龙头企业代理	较多交流与合作
多边关系协调	市场协调；传统社会规范协调	龙头企业协调	市场协调；互惠规范协调；集群代理机构协调
集体行动发起	自发出现的集体应急行为	龙头企业组织发起	集群代理机构组织发起

资料来源：周泯非、魏江：《产业集群治理模式及其演化过程研究》，《科学学》2010年第1期。

① 周泯非、魏江：《产业集群治理模式及其演化过程研究》，《科学学》2010年第1期。

上述三种产业集群治理模式有不同的创新特点。自组织型产业集群的创新特点是：从事模仿和实施人员流动等行为；进行垂直企业间生产性合作；实行水平企业间的非正式互助；过度知识溢出效应阻碍了创新企业间探索新的合作关系。中心领导型产业集群治理模式的创新特点是：各级供应商之间紧密协作；领导企业进行群外合作创新，整合知识机构；群内企业会进行主动合作，企业与知识型机构合作，群内外主体间进行主动合作。创新转型是产业集群治理模式演化的动力。

产业集群知识资产治理模式是产业集群治理模式的题中之义。产业集群在初始阶段要求的治理模式是自组织治理模式，这个阶段产业集群的知识创造能力极弱。集群内企业依赖模仿、干中学、用中学以积累产品知识、技术知识、市场知识和管理知识，构建企业知识创新体系。在这个阶段，产业集群知识资产治理的核心任务就是知识资产保护。在自组织产业集群治理模式下，知识资产治理有专利制度、地方政府知识产权保护战略和行业知识产权契约。其中，行业知识产权契约是最直接的知识资产治理模式。浙江永康休闲车产业集群的知识资产治理模式就是行业知识产权契约治理的成功案例。

产业集群成长阶段要求的治理模式是领导型创新组织主导的产业集群治理模式，这个阶段产业集群的知识创造能力极强或产业研发能力极强两种情况同时并存。产业集群或者已有了强大的知识创造体系或者有了强大的技术研发体系，这就要求地方政府制定吸引大学和创新型企业的政策，制定促进本地大学与企业合作创新的政策，构建知识创新平台体系、产业研发平台体系。在这个阶段，产业集群知识资产治理的核心任务就是保护领导型创新组织的知识资产创新收益权和知识资产有序扩散以推动产业集群创新能力的提高。在领导型创新组织主导的产业集群治理模式下，知识资产治理有专利制度、地方政府知识产权保护战略和领导型创新机构知识保护协议。其中，领导型创新机构知识资产保护协议有领导型创新机构主导的专利池战略协议、领导型创新机构的知识资产许可协议等，如法国索菲亚·安提波利斯科学园的产业集群知识治理模式。

产业集群成熟阶段要求的治理模式是多边形产业集群治理模式，这个阶段产业集群的知识创造能力极强、产业研发能力极强并且相互匹配，形成了产业集群创新系统及创新能力。在这个阶段，产业集群知识资产治理的核心任务就是知识资产相互共享、相互保护。其中，产业集群创新机构的知识资产共享与保护协议是最直接的知识资产治理模式。在通常情况下，产业集群成熟阶段的知识治理模式有产业专利池安排、多边交叉许可协议和行业协会治理模式。

2. 区域传统产业集群创新转型与治理

区域传统产业集群转型是指区域传统产业集群由低成本劳动密集型产业集群向创新性产业集群转变的过程。因此区域传统产业集群转型的实质就是创新转型。前节描述的区域传统产业集群创新价值链告诉我们，区域传统产业集群创新有低端产品创新、中端产品创新和高端产品创新，因此区域传统产业集群创新转型表现为低端产品创新向中端产品创新转型，再向高端产品创新的转型。中国区域传统产业集群创新转型，主要有珠三角地区的FDI导向型产业集群创新转型和长三角地区内源型产业集群创新转型。当前，这些地区的传统产业集群创新转型的基本任务就是：吸引大学和研究机构以构造知识创新体系，加快发展以核心创新型企业为中心的产业创新体系，全面提升产业集群的中端或中高端产品创新能力。这些地区的传统产业集群创新转型的关键环节是：FDI导向型传统产业集群必须着力构建跨国公司与本地企业之间的发展联系，全力促进大学和研究机构与本地企业之间的研发合作关系，完善知识共性平台；本地企业主导的传统产业集群必须着力发展核心创新型企业的知识创造能力，构造核心创新型企业与分包配套企业之间的研发体系，促进产业集群研发体系建设。

区域传统产业集群创新转型要求相应的传统产业集群创新治理。为了促进区域传统产业集群创新，地方政府根据创新型国家战略要求制定了促进本地产业集群创新的政策，这些政策包括产品研发税收政策和融资政策、产品研发平台政策、知识产权战略、科技服务体系政策等。当前，这些政策已不适应区域传统产业集群向中端产品创新转型的需要，这就要求重构区域传统产业集群创新治理模式。

区域传统产业集群创新治理的任务是：保证产业集群创新关系和谐有序，提升产业集群的创新效率，实现产业集群创新的可持续发展，控制和抑制产业集群创新风险与创新机会主义。

区域传统产业集群创新治理所面临的突出问题是知识平台治理问题、创新联盟机会主义问题和知识资产保护问题。魏江等学者对浙江传统产业集群创新治理做了较多研究。他们的研究成果集中体现在知识平台治理与知识资产保护问题上，为我们研究区域产业集群创新治理问题提供了重要的知识基础。

浙江绍兴现代纺织研究院和浙江织里童装科创中心是两个有效率的知识创新平台，龚丽敏等学者系统地研究了这两个案例。他们的研究结论是：浙江织里童装科创中心属政府主导的治理模式，浙江绍兴现代纺织研究院属混合治理模式。当集群规模越大、多样性程度越高、开放性程度越高且经历间断平衡的过程时，集群平台更倾向于采用混合式而非政府主导式治理模式。从知识创新平台战略定位看，浙江绍兴现代纺织研究院所有的功能活动均以创新为导向，所有的功能均具有专用性。织里科创中心的大部分行动具有通用性，且以创新为导向。“当集群的技术机会越多、技术独占性越高时，集群平台更倾向于创新体系导向而非生产体系导向。”“政府主导的平台治理模式更倾向于通用性的功能定位，且以生产体系为主要导向，兼顾创新体系；而混合式的平台治理模式更倾向于专用性功能定位，且以创新体系为主要导向。”①

永康休闲车产业集群、东阳磁性材料产业集群、海宁经编产业园在产业集群知识资产保护方面做了有价值的探索。魏江等学者运用产业集群的权威属性与网络特征研究了这些产业集群知识保护模式。他们认为，区域传统产业集群的知识资产保护模式有四种类型：基于龙头企业治理的知识资产保护模式；基于行业协会治理的知识资产保护模式；基于交叉许可联盟的知识资产保护模式；基于共同治理的知识资产保护模式。②

传统产业集群创新治理要素有科学知识、产业知识和科技服务知识。这三类知识要素的所有者是大学和研究机构、企业、科技服务企业。三类知识主体在系统内形成了行业的知识治理关系，三类主体之间形成了跨行业知识治理关系。从行业的知识治理关系看，既有领先型创新机构主导的知识治理模式，又有行业协会治理模式；从跨行业的知识治理关系看，既有强强双边或多边知识治理关系，又有强势方主导的强弱双边或多边的知识治理关系。传统劳动密集型产业集群的劳动产业属性极大地影响了劳动密集型产业集群的创新治理。在产业中，领先创新型企业在传统产业集群知识治理结构中起着核心和中枢作用。中国的大多数传统劳动密集型产业

① 龚丽敏、江诗松、魏江：《产业集群创新平台的治理模式与战略定位——基于浙江两个产业集群的比较案例研究》，《南开商业评论》（*NanKai Business Review*）2012年第15卷第2期。

② 魏江等：《基于集群治理的产业集群内企业知识资产保护模式研究》，《科学学研究》2010年第9期。

正从低端产品创新向中端产品创新转型。在众多小微企业无创新能力的情况下，产品创新周期短，知识过度溢出，这使得传统劳动密集型产业集群创新转型采取自组织型治理模式更为困难。同时，传统劳动密集型产业新的科学知识向转型产业扩散，需要创新型企业极强的吸收能力、消化能力和创新能力。领先创新型企业是承担新科学知识转移的不二组织选择，因此领先创新型企业知识治理模式是传统劳动密集型产业集群创新治理的主要选择。除此之外，行业协会治理模式也可以成为传统劳动密集型产业集群创新治理的重要补充。这种模式的关键是第三方行业协会具有权威性。在传统劳动密集型产业集群创新治理中，区域创新平台只是传统劳动密集型产业集群创新治理所面临的突出问题。

创新区域是影响传统劳动密集型产业集群创新治理的重要因素。在普通创新区域，传统劳动密集型产业集群创新治理必须着眼于创新文化、创新价值观培育，必须着眼于创新体制和机制构建。传统劳动密集型产业集群的创新平台、知识资产保护就是其创新治理体制与机制的组成部分。区域知识产权战略、规划、计划是普通创新区域劳动密集型产业集群创新体制的组成部分。区域知识产权保护体制不可或缺。在优势创新区域，优势的传统劳动密集型产业集群创新治理的核心任务是构造双边或多边知识治理机制。这包括两种情况：一种情况是领先创新型企业与模块化配套创新型企业之间的双边或多边知识治理机制；另一种情况是领先创新型企业与领先的大学、科学研究机构之间的多边知识治理机制。在强势创新区域，传统劳动密集型产业集群创新治理的核心是研发治理模式。其突出表现为研发联盟、产业创新联盟的创新治理。

3. 区域现代产业集群创新治理

创新是现代产业集群的本质，现代产业集群是新的科学知识在产业中大规模运用的产物，因此现代产业集群是创新型产业集群，知识密集型产业集群是现代产业集群的主体形态。高新技术产业集群是知识密集型产业集群的典型形态。现代产业集群的创新转型是中国区域产业集群转型的战略性问题。区域现代产业集群治理是区域现代产业集群转型的驱动力和制度安排。

从创新角度看，现代产业集群创新总是有模仿创新或二次创新、集成创新和原始创新。现代产业集群创新总是有低端技术产品模仿或二次开发、中端技术产品创新、核心技术和高端产品技术创新或产业创新。这些创新在现代产业集群创新价值链上处于不同位置。现代产业集群创新转型就是从技术引进、消化、吸收再创新向技术创新转型，或者说，从中端技术创新向高端核心技术创新转型。中国现代产业集群大多面临着从模仿创新向中端技术或中高端技术创新转型的问题。比如，汽车产业集群创新转型、高新技术产业集群创新转型、新兴太阳能产业集群创新转型都属于此类。2013 年首批创新型产业集群项目试点表明，现代产业集群创新转型正式启动。

现代产业集群知识构成要素有科技知识要素、产业知识要素和以信用知识为核心的科技服务知识要素。现代产业集群创新治理可以被概括为旨在实现高端核心技术创新、高端产品、高端品牌和高附加值的各类创新主体创新活动关系有序、有效、持续和控制的体制和机制。这个定义突出的是现代产业集群创新主体的关系。这种创新主体关系包括企业关系、大学和研究机构关系、科技服务主体关系及三者之间的合作关系。其中，企业关系、大学和研究机构关系、科技服务主体关系构成了核心的创新网络关系。在这种网络关系中，新的科学知识、信用知识、人力资本是核心问题。新的科学知识治理、信用知识治理、人力资本治理就成为现代产业集群创新治理的三个主要问题。人力资本治理机制已形成了长短激励结合、物质与精神激励结合等全方位的激励与约束相统一的治理机构。股权激励、期权激励是人力资本创新激励的主流激励机制。信用知识治理的主流模式是风险资本主导的有限合伙制，它有效地解决了小微企业信用治理问题。中关村科技园区结合中国国情探讨了创新与信用的有效结合问题，摸索出了一套卓有成效的创新创业治理体系。

新的科学知识治理是国内外现代产业集群创新治理中最难以解决的长期问题。从国外看，专利池模式、专利联盟模式、专利许可模式在现代产业集群创新治理中发挥着作用。国内外学者立足于不同视角研究了现代产业集群知识治理模式。这些研究有关集群知识属性和组织属性概念都来源于企业知识属性和组织属性概念。如知识复杂度低而差异性大，则知识整合者治理模式是合适的；如知识复杂度高而差异小，则知识共同体治理模式是合适的。[①] 知识组织属性影响知识治理模式的选择。知识接受者的吸

① Grandori, A., "Neither Hierarchy nor Identity: Knowledge-governance Mechanisms and the Theory of the Firm," *Journal of Management and Governance*, Vol. 5 (2001), pp. 381-399.

收能力和学习能力，知识供应商的独占性和控制能力都低，则专利许可模式和中期联盟模式是恰当的选择；如果知识接受者的吸收能力和学习能力不强，知识供应商的独占程度高，则权益合资企业治理模式是合适的。[①]知识组织属性同样影响着创新集群知识治理模式的选择。如果知识组织和谐度低，则共同体和任务治理模式都可能会失败。知识特性、知识活动主体、知识活动环境对创新集群治理具有不同的影响。知识的隐性会影响创新集群的知识治理诊断和评价，知识差异性和情境嵌入性会影响创新集群知识传播和共享，知识公共物品属性会影响创新集群的创新动力。除知识属性外，知识活动主体的动机和能力、知识活动环境都对创新集群治理有重要影响。[②] 有的学者以集群知识库和集群联盟库描述集群的知识属性和组织属性，据此研究了创新集群的知识治理机制，并提出了如下观点：第一，政府立足于公共秩序供给发起成立了知识平台，企业参与知识平台建设，推动知识整合和知识螺旋形演进。如中关村信用知识平台治理就是一个典型案例。第二，领先企业立足于市场秩序供给发起成立了知识平台，其他企业和机构广泛参与平台建设，推动产业知识整合和知识螺旋形演进。如杭州电子商务集群治理就是这样的例子。第三，创新集群组织类别极为复杂，但像研发中心、地区研究中心等各种形式的创新服务组织是创新集群的中介联结组织。各种研发机构、专业协会发挥着促进创新集群合作研发的重要作用。集群规模、集群合作研发程度和难度对创新集群治理有着重要影响。硅谷创新集群治理模式与弗兰德斯创新集群治理模式是两种典型的创新集群治理模式。第四，创新集群知识、组织与制度共生演化。[③]

区域现代产业集群创新治理不仅应当从微观上考察还应当从宏观上考察。创新区域知识属性与产业集群的产业知识属性是考察区域现代产业集群创新治理的两个维度。创新区域的知识属性特征有通用性、基础性的科技理论知识创新性和产业性的科技理论知识创新性。这就是创新区域的知识创新性；产业集群的产业知识属性有产业集群产业知识体系属性、产业

① Contractor, F. J., Ra, W., "How Knowledge Attributes Influence Alliance Governance Choices: A Theory Development Note," *Journal of International Management*, Vol. 8 (2002), pp. 11-27.

② 薛晓梅、孙锐：《创新集群知识治理机制选择的影响因素分析》，《科技管理研究》2012年第8期。

③ 丁魁礼：《创新集群知识治理机制》，华中科技大学2009年博士学位论文。

集群的产业阶段性知识体系属性和产业创新转换知识属性，这就是产业集群产业的知识实践性。根据创新区域知识创新性的高低和产业集群产业知识实践性的强弱，我们构造了区域现代产业集群创新治理机制（见图 8.17）

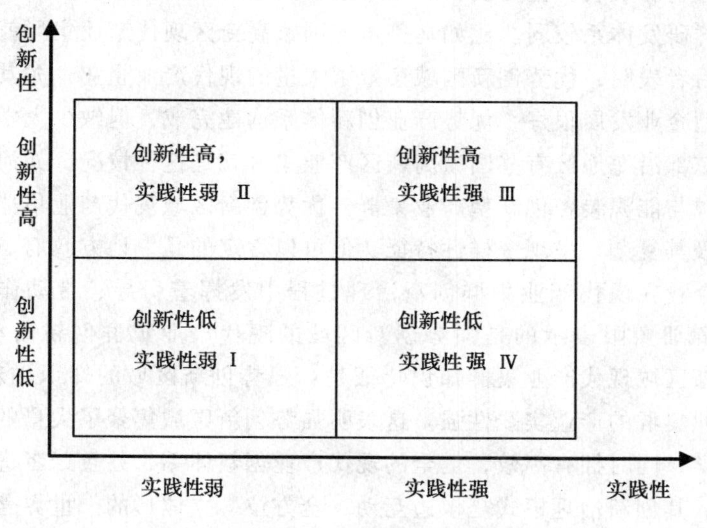

图 8.17　区域现代产业集群创新治理

图 8.17 中第Ⅰ象限表示该普通创新区域现代产业集群的知识特征，这就是创新区域的知识创新性低和产业集群产业的知识实践性弱。中国中西部地区国家高新区的现代产业集群就是这种情况，如太原国家高新区煤化工产业集群。这表明市场治理不适合普通创新区域现代产业集群知识治理模式，而政府主导的治理模式则比较适合。政府通过引进技术项目机制、产学平台机制、创新联盟机制，提升区域现代产业集群的知识实践性，同时，政府通过产业政策发展创新知识转换系统，如科技服务业、科技金融业、科技中介服务体系、其他生产性服务体系。中国绝大多数国家级高新区发展的第一阶段都属于这种情况。普通创新区域的现代产业集群创新治理随着特色产业的创新型企业的成长，其治理模式会转变为地方政府与领先创新型企业合作的现代产业集群创新治理模式。在这种情况下，地方政府会实施知识产权战略，领先创新型企业会率先制定企业知识产权战略，领先创新型企业的知识资产保护要求其配套企业制定相应的知识产

权战略，领先企业会和配套企业签订知识资产保护协议、专利许可协议、专利池等多种契约。图 8. 17 中第Ⅱ象限和第Ⅳ象限表示了优势创新区域的现代产业集群知识特征。这就是创新区域的知识创新性高和现代产业集群知识实践性弱，或者是创新区域的知识创新性低和现代产业集群知识实践性强。前者表明，优势创新区域集聚了大量的研究机构、大学，但现代产业集群研发体系较弱。比如乌鲁木齐国家高新区现代产业集群就是这种情况。后者表明，优势创新区域集聚了大量的现代产业企业，尤其是领先的创新型企业发展很好，优势产业创新体系构建完成，但缺少大学和研究机构。东部沿海地区有些国家高新区产业集群就是这种情况，如河北保定的新能源与能源装备创新型产业集群。优势创新区域现代产业集群创新治理模式极其复杂，呈现多样性特征。但可以肯定的是，地方政府、领先的创新型企业在现代产业集群创新治理过程中发挥着引导、带动作用。图 8. 17 中第Ⅲ象限表示的是强势创新区域的现代产业集群创新治理模式。强势创新区域现代产业集群知识特征是：强势创新区域的知识创新性高，现代产业集群的产业实践性强。这表明强势创新区域集聚了大量的研究机构和大学，同时拥有高效、健全的现代产业创新体系，并且二者进行着有效互动。其创新治理模式是多边互动、全方位、立体形的。世界著名的硅谷产业集群就是典型例子。北京中关村科技园区具有这种治理模式的雏形或者说框架，在创新转换知识体系、产业创新体系完整性、立体性、大学和研究机构的企业衍生能力等多方面都与世界一流的创新区产业集群创新有着明显的差距。

第 9 章

区域现代产业发展的创新战略环境

环境的动态性、复杂性、差异性、生态性会影响创新驱动战略。本章研究影响区域现代产业发展创新驱动战略的环境问题。系统论和战略环境理论是分析区域现代产业创新战略环境的两个维度。区域现代产业创新战略环境包括政策环境、发展环境和国际环境。中国区域现代产业创新战略环境建设亟待加强。应当完善强势创新区域、优势创新区域和普通创新区域的现代产业创新战略环境。

第 1 节　区域现代产业发展的创新战略环境的系统论解释

一　区域现代产业发展的创新战略环境界定及其意义

（一）战略环境的概念、特征和类型

社会学者极为重视环境研究，他们通常把环境视为其研究对象边界以外的所有事物。战略管理学家在讨论战略问题时都认为，战略是企业等各种组织应对环境变动的工具。比如，明茨伯格（Mintzberg）认为，“环境是组织以外的所有事物”①。达夫特（Daft，2001）② 认为，组织环境是存在于组织边界之外，并可能对组织的全部或部分产生影响的所有因素。不确定性是环境的基本特征。战略管理学者认为，不确定性的含义应当分为客观的不确定性和主观的不确定性。客观的不确定性指的是环境本身的属性，主观的不确定性指的是管理者感知的不确定性。奈特（Knight）关于

---

① Mintzberg, H. , “ Productivity Killing American Enterprise,” *Harvard Business Review*, Vol. 7-8（2007）, p. 25.

② Daft, R. L. , *Organizational Theory and Design*（Cincinnati, OH: South-Western, 2001）.

不确定性的观点被引入环境的不确定性分析，可以量化描述环境的不确定性，这种概率化处理的不确定性就是环境风险性质。环境不确定性源于人类在信息获取能力、计算能力以及认知能力三方面的不足。[①] 邓肯（Duncan）认为，简单—复杂维度是感知环境不确定性的前提。邱尔德（Child）认为，静止—动态维度是分析感知环境不确定性的另一前提。除了这些维度外，我们还可以从同质—差异、人造—绿色维度感知环境的不确定性。根据简单—复杂维度，我们可以界定环境的复杂性，从静止—动态维度可描述环境的动态性，从同质—差异维度可定义环境的差异性，人造—绿色维度提供了观察环境生态性的认识角度。

现有的理论成果根据简单—复杂、静止—动态维度对环境类型做了划分。环境类型有确定环境、风险环境、奈特环境、沙克尔环境（见图9.1）。其中，确定环境是由有限、确定要素所构成的环境状态且仅具有确定性特征；风险环境是在已知状态空间下具有稳定的概率关系的环境状态且具有一阶不确定性特征；奈特环境是在已知状态空间下具有不稳定概率关系的环境状态且具有二阶不确定性特征；沙克尔环境是在未知状态空间下的环境状态且具有三阶不确定性特征。

战略环境是指战略边界以外的若干要素所构成的各子系统的集合。由于战略多样性，对战略环境的解释有明显的差异性。面对不同战略，其战略环境构成因素显然不同。各种不同战略环境应当有各自的宏观环境、区域环境、产业环境、市场环境。迄今为止，迈尔斯和斯诺（Miles & Snow）提出的防御者（Defender）、分析者（Analyzer）、前瞻者（Prospector）和反应者（Reactor）战略导向分类方法得到了广泛的证实。[②]根据这种分类方法，企业战略环境有防御者战略环境、分析者战略环境、前瞻者战略环境和反应者战略环境。迈克尔·波特在分析国家竞争战略时研究了产业竞争战略环境，产业竞争战略环境由要素条件、企业战略与竞争、市场需求和地方工业体系构成。

---

① Lawrence, P. R., Lorsch, J. W., *Organization and Environment* (Cambridge: Harvard University Press, 1967). Duncan, R. B., Characteristics of Organizational Environments and Perceived Environmental Uncertainty, *Administrative Science Quarterly*, Vol. 17 (1972), pp. 313-327. Milliken, F. J., "Three Types of Perceived Uncertainty about the Environment: State, Effect and Response Uncertainty," *Academy of Management Review*, Vol. 12, No. 1 (1987), pp. 133-143.

② Miles, R. E., Snow, C. C., *Organizational Strategy, Structure and Process* (New York: McGraw-Hill, 1978).

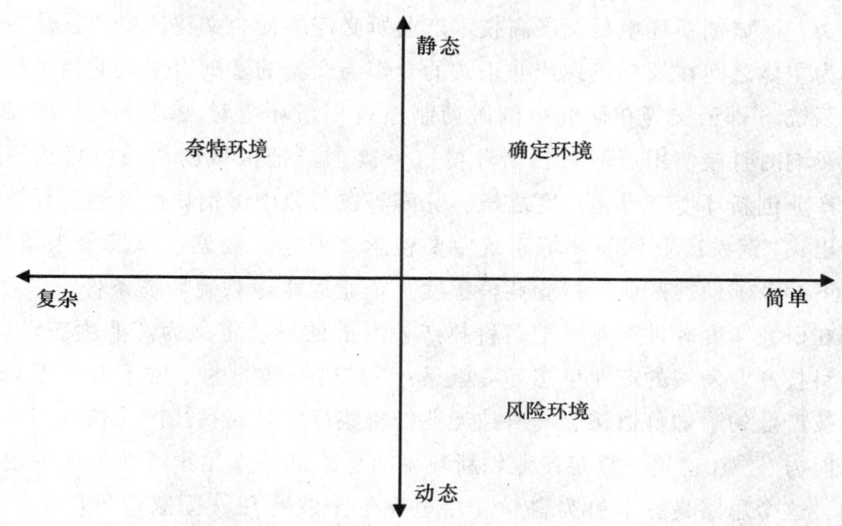

图 9.1　基于 Duncan 框架的环境不确定性程度分类

（二）区域创新环境是产业创新战略的环境吗

区域创新环境的概念，最初是由 1985 年成立的欧洲创新研究小组 GREMI 提出的。他们将创新环境定义为是在有限的区域内，主要的行为主体通过相互之间的协同作用和集体学习过程所建立的非正式的复杂社会关系，这种关系提高了本地的创新能力。国内学术界对区域创新环境也有很多定义。这些定义说法不一。引用最多的是中国科技发展战略研究小组在《中国区域创新能力报告》中定义的区域创新环境。该报告认为，区域创新环境包括基础设施、市场需求、金融环境、劳动者素质、创业水平。国内部分学者在产业创新研究中直接把区域创新环境解读为产业创新环境。比如，邱成利研究了新兴产业成长的创新环境，他认为，新兴产业成长的创新环境是“区域创新环境由若干子系统、创新基础（技术标准、数据库、信息网络、科技设施等）、创新资源（人才、知识、专利、信息、资金等）和制度环境（政策法规、管理体制、市场和服务等）构成；从创新的动态过程上看，区域创新环境由研究与开发、创新导引（创新计划与战略）、创新运行与调控（制度、规则和政策）、创新支撑与服务构成；从创新对象上看，区域创新环境由技术创新、制度创新、组织创新和管理创新等部分构成。”[①]王辑慈研究了高技术产业发展的创新环境，她认为，区域创新环境是发展高技术产业所必需的社会文化环境，它是地方行为主体之间在长期正式或非正式的合作与交流的基础上形成的相对稳定的系统。[②]邵云飞等在研究中国医药制造业创新环境对区域技术创新绩效的影响时直接使用了区域创新环境这一概念。[③]把区域创新环境直接等同于产业创新环境有界定过宽之嫌。陈涛等在研究中国钢铁产业创新环境时指出："钢铁产业创新环境系统主要包含产业生产要素、市场需求条件、上下游及辅助性产业、行业竞争程度及企业战略等软硬环境条件。”[④]孟微等在研究印度软件产业时把高科技产业发展的环境定义为产业生态环境。高科技产业发展的产业生态环境就是："高科技产业的上中下游关系、高科技产业的附加价值链、高科技产业的密集度以及高科技产业技术与商品化能力。”[⑤]在这里，界定产业创新环境的思路都是立足于产业创新的定义的。这个思路是一个更为科学、由迈克尔·波特在《国家竞争优势》一书中加以系统解释的。

二　区域现代产业创新环境的波特解读

迈克尔·波特在《国家竞争优势》一书中明确指出："国家与产业竞争力的关系，也正是国家如何使产业改善和创新。”国家能够提供产业快速持续创新的环境即钻石体系。[⑥] 迈克尔·波特的钻石体系就是区域现代产业创新环境。区域现代产业创新环境是区域现代产业创新战略的外部环境因素的总和。它包括高级生产要素体系、市场需求条件、域外企业战略、企业结构和同业竞争、域外相关产业和关联产业、机会和政府。

（一）高级生产要素体系

生产要素是一个国家在特定产业竞争中有关生产方面的表现。生产要

① 邱成利：《创新环境及其对新产业成长的作用机制》，《数量经济技术经济研究》2002年第4期。

② 王缉慈：《创新的空间祥——企业集群与区域发展》，北京大学出版社2001年版。

③ 邵云飞、谢义秘、孔祥和：《中国医药制造业创新环境对区域技术创新绩效影响的实证研究》，《经济视野》2013年第6期。

④ 陈涛、王彩娟、周姗姗：《我国钢铁产业创新环境研究》，《冶金经济与管理》2006年第6期。

⑤ 孟微、钱省三：《印度软件产业研究》，《科研管理》2005年第1期。

⑥ 迈克尔·波特：《国家竞争优势》，中信出版社2007年版。

素被归结为人力资源、天然资源、知识资源、资本资源和基础设施。生产要素分为初级生产要素和高级生产要素。高级生产要素和专业型生产要素是产业创新的基础。我们必须注意高级生产要素和专业型生产要素是一个动态概念，随着时代的发展，知识和科学的进步，专业型生产要素必须持续不断升级。高级生产要素和专业型生产要素还是一个十分复杂的系统。初级生产要素短缺会促进产业创新。初级生产要素短缺可能是因为产业需求量大、消耗快。当前，初级生产要素短缺更可能是因为污染。创造生产要素的部门有公立、私立教育机构，技职训练计划，政府和民间研究机构，社区民间医院和港务局等基础设施。

高级生产要素体系包括促进现代产业创新的高级生产要素和专业型生产要素。这包括知识创新人才、职业经理人、创新创业人才、科技服务业人才、科技金融人才、高端技能型人才、风险资本。知识创新人才是指从事基础研究和应用研究的大学教授、研究机构的研究员。知识创新人才密集区或称智力密集区是现代产业诞生的温床。职业经理人是创新型管理人才，包括企业首席执行官、首席财务执行官、首席市场执行官、首席信息执行官等专业高级企业管理者。创新创业人才指的是应用新的科学基础理论知识和技术发明知识创造新产品和创办新企业的科技创业家群体。创新创业人才是新兴产业兴起的主力军。科技服务业人才指的是从事科技转化服务的专业人才，这包括研发设计人才、检验检测专家、工程师、试验工程师和实验科学家、科技创业项目评估专家等。科技服务业人才是新知识转向新产品的中间人才，他们是联系大学和研究机构人才与创新创业人才的中间经纪人。科技金融人才是专门从事创新融资的金融资本人才。风险投资专家是科技金融人才的主要力量。高端技能型人才是指从事新产品生产制造的专业人才，他们是把知识转化为新产品的关键制造人才。他们的职能是改进生产工艺和制造合格的新产品。风险资本指的是满足创新创业需求的资本。这些资本不同于传统银行资本的特征就是高风险。培育区域高级生产要素和专业型生产要素的机构包括政府公立、私立教育机构，研究机构，职业培训体系。

（二）市场需求条件

需求条件是指本国为该项产业所提供的产品或服务的需求。内需市场的要点是：国内市场的性质；国内市场的大小与成长速度；从国内市场需求转换为国际市场需求的能力。国内市场的性质可以刺激产业创新，形成产业竞争优势。市场规模和成长决定着分工，波特赞同斯密的论点。市场规模大常常有利于需要大量研发、大量生产并且技术差距较大或具有高度风险的产业。国内市场成长率具有与国内市场规模一样的功效。国内市场预期需求、国内市场提前饱和、机动性高的跨国客户是由国内市场需求向国际市场需求转化的前提条件。

市场体系指的是激励现代产业创新的客户体系，这包括高端客户、挑剔客户和时尚客户，市场需求量的大小和市场成长率，国内市场和国际市场一体化的能力。首先，市场性质是非常重要的。市场性质指的是市场客户结构体系。市场客户类型有高端客户、挑剔客户和时尚客户。时尚客户指的是具有尝试新产品的特质和能力的客户。时尚客户是新产品的首批客户，其数量越大则越有利于新兴产业的发展。挑剔客户指的是对产品品质特别苛求且具有购买力的客户，挑剔客户是市场性质由低端向中高端发展和升级的标志。挑剔客户是中高端产品市场、中间产品市场的中坚力量。挑剔客户驱动着企业不断创新，向市场提供高品质的产品。高端客户不仅具有时尚客户和挑剔客户的特征，还具有个性化、个别化、豪华客户的特质。这部分客户在一个区域体系中人数不多但却是极具消费力的金字塔顶端的客户，他们是消费的引领者。除这些客户外，还有政府国防部。政府国防部是现代高科技产品的首席客户。

其次，市场规模和成长率是现代产业创新的直接驱动力量。市场规模越大，越有利于现代产业的发展。通常，北京、上海、广东、江苏等省、市和国内的经济发达城市如深圳、广州、上海、北京、南京、杭州等城市的市场规模很大，这些城市是中国现代产业发展的首批推动力量。这些区域不仅具有足够大的市场规模，而且其市场成长率非常高。比如，杭州电子商务市场就是一例。在中国还有一些特殊的区域，比如保定本地的市场规模不大，但其成长性却很高。因此，保定的太阳能产业发展起来了。

最后，国内市场和国际市场应一体化。现代产业发展不仅需要足够大的、高成长的内需市场，还需要强劲的外需市场。从区域角度看，其关键就在于把某一区域市场转化为国内市场，把国内市场转化为国际市场。中国光伏产业的成长得益于国内市场和国际市场一体化的能力。

（三）现代相关产业和关联产业是现代产业创新的基本环境要素

相关产业和支持性产业是产业创新的直接环节。供应商、企业、客户三者形成了产业供应链。供应商与企业的互动关系、合作关系会帮助供应商发展新技术和自我创新并培育开发新产品的环境，同时帮助企业认知、了解新方法、新机会和新技术的应用。“当供应商成为各下游企业之间信息传递渠道时，整个产业创新步伐也会迈得更加迅速。”[①] 本地供应商对企业创新的重要性胜过外国供应商。本地供应商应当坚定不移地走出去，成为国际竞争的优势方，这对本国产业创新具有积极的意义。关联产业具有提升新产业的效应。

现代相关产业指的是现代产业的上、下游产业及其配套产业。现代产业分工的特点是模块化分工。模块集成供应商、模块供应商在产业内分工形成了纵向产业链即工序前后相继的模块供应商分工链。模块集成供应商的核心技术创新能力与模块供应商的模块创新能力互动形成了模块化分工的知识创新价值链，同时模块供应商之间的创新竞争加快了产品创新速度，缩短了产品创新周期，降低了创新风险。模块供应商之间的创新合作关系对于技术创新起着积极的作用。

现代相关产业和关联产业不仅存在上下游关系，而且其产业研发、设计、试制、生产、市场运作和品牌管理之间呈现出网络关系。由于垂直分离的发展，企业内部分工独立形成了模块化产业，比如，研发产业、设计产业、检验检测产业、制造产业、市场运作产业、品牌产业等。科技服务业是现代制造业最直接的配套产业。现代制造业系统形成了原材料采购、半制成品或零部件供应、系统集成、配套服务、市场渠道、仓储物流、终端客户的供应链系统。每个产业节点都形成了产业供应链网络。各个节点之间形成了供应链网络。

（四）企业发展战略、企业结构和同业竞争

企业发展战略、企业结构和同业竞争是影响企业创新战略选择的直接要素。企业管理模式极为重要，但是，民族文化、民族特性、企业家和管理者态度、政府政策都会影响企业的管理模式。企业目标尤其是企业长远发展目标有利于技术创新。影响企业目标的因素很多，比如股东结构、持有人的进取心、债务人的态度、内部管理模式、高层资源主管的动机等。企业员工的民族荣耀感、使命感、忠诚度等都会影响企业发展目标。国家发展战略、产业国际竞争、全球市场体系、创新竞争者等是影响企业发展目标的宏观因素。政府目标就是提供公平竞争的环境。

---

① 迈克尔·波特：《国家竞争优势》，中信出版社 2007 年版，第 93 页。

企业规模是现代产业竞争力的主要指标。一个国家或一个区域的企业集团在世界同行业中的地位是这个国家或地区现代产业竞争力强弱的表现。通常，一个国家或地区的企业集团数量越多，规模越大，这个国家或地区的现代产业竞争力就越强。中小企业是现代产业竞争力的重要力量。中小企业数量多是区域现代产业活力的表现。

核心技术创新的高风险、新兴产业发展的风险、新兴市场开拓的风险，迫使企业合作。企业合作形态多样，产业联盟是企业合作的高级形态。各种各样的产业联盟是现代产业的重要组织形态，它是现代企业合作的主要组织形态。

随着全球创新竞争的日趋激烈，开放式创新成为企业选择的重要创新模式。依靠开放式创新整合行业创新资源，以及区内外、国内外创新资源，增强企业的综合创新竞争优势。自主创新和模仿创新通常是现代企业技术创新的基本模式。领先者企业选择自主创新，追随者企业选择模仿。企业构造了适合自己战略的供应链网络。

企业结构通常指的是企业治理结构即利益相关者关系的制度安排。在企业中，资本结构即股东结构、债务结构是企业治理结构的基本内容。股权激励、期权激励影响着股东结构和债务结构，股权激励制度、期权激励制度等各种各样的激励制度构成了现代企业治理结构的重要制度安排。在企业集团中，资本治理结构关系极大地影响着企业的发展目标。德国、瑞典和日本银行信贷体系激励着大企业集团长期投资，政府的企业长期投资税收政策可以稳定企业股东结构，促进企业创新。企业债权人会影响企业战略。

现代产业竞争的特点是创新竞争、产业链竞争、产业可持续竞争、国际化竞争、全球竞争。创新竞争包括产品创新、技术创新、市场创新、管理创新等的竞争。竞争性市场结构更有利于产业创新，因为这种市场结构形成了创新压力和竞争优势升级的新途径。美国风险资本市场激励了新兴科技产业和企业的成长。产业链竞争指的是区域现代产业竞争优势所表现出的产业链优势，包括企业产业链、企业之间的产业合作协作、区域产业合作协作和国际产业合作协作等多种合作协调关系。产业可持续竞争指的是现代产业对环境生态系统的贡献或优势。产业节能技术、循环技术、清洁技术的融合是产业可持续竞争优势的表现。国际化竞争指的是现代产业在全球产业价值链中的位置。现代产业治理目标就是提高区域现代产业在全球价值链中的位置。

（五）机会

机会是影响现代产业发展和创新的重要因素，构成现代产业发展和创新的机会因素包括以基础科技的发明创新为特征的国家或区域的创新体系；解决产业竞争挑战的国家创新战略；传统制造技术出现断层；现代制造成本突然提高；国际金融危机、全球金融格局发生变化；全球或区域市场需求剧增；外国政府的重大决策；当代环境恶化；现代局部战争。

（六）政府

政府在产业创新中的作用不可或缺。政府在钻石体系中与其他因素构成互动的关系。比如，政府与生产要素的关系，政府在教育方面的投资可以增加高级生产要素和专业型生产要素，政府在自然资源使用方面的严苛标准可以改善环境，节约资源，促进清洁生产技术、循环经济技术、环保技术的创新、扩散。政府关于企业的政策可能会为企业提供一个有效率的公平的竞争平台。比如，政府执行反垄断政策效率的高低对企业创新会产生不同作用。但政府过度保护专利垄断可能会阻碍创新。政府建构专利池政策可能既会促进创新又会促进扩散。政府采购政策在培育市场需求方面所起的作用不可或缺。有效的政府采购政策会加速新产品国内需求市场的形成，提高内需成长率。政府产业政策对本国或本区域产业体系竞争优势有着极大的影响。颇受诟病的产业管制政策是一把双刃剑，这需要政府高超的产业平衡管理能力。

现代产业基础设施体系主要是指为企业创新提供服务支撑的区域基础性机构及软、硬件条件，包括交通、通信、学校、生活服务、科技服务和其他生产服务等基础设施。首先，现代产业基础设施体系是指交通、通信、学校和生活服务等基础设施体系。其次，现代产业基础设施是指科技服务基础设施体系，包括生产力促进中心、孵化器体系、加速器体系、信息服务平台、公共技术检验检测平台、技术交易市场、实验室体系。最后，应建立现代产业风险预警管理体系。这个系统包括产业风险预警组织网络体系、产业风险预警的产业竞争情报系统、产业风险预警的政策响应系统、产业风险预警的企业响应系统和金融机构系统。

产业政策主要是政府为支持企业创新所提供的优惠条件和环境，包括促进企业创新活动的融资政策、税收政策、风险投资政策、知识产权等有关政策。产业体制与机制主要是指支持创新的制度体系，包括政府管理体制、知识产权制度、金融体制、会计审计制度、企业组织制度等。政府公共服务体系提供现代产业创新的公共服务产品。政府公共服务体系包括政府投资服务体系、政府环境评估与能源评估服务体系、政府政务服务体系、政府政策咨询服务体系。

三 区域现代产业发展的创新战略环境的作用

现代产业创新环境与现代产业发展与创新的关系可以概括为：一个良好的现代产业创新环境会激励、支持、促进现代产业的发展与创新；一个不利的现代产业创新环境会抑制、阻碍现代产业的发展与创新。

（一）一个良好的现代产业创新环境具有公平、效率、活力、有序、包容、开放特征

现代产业发展与创新要求具有高效率的基础设施、健全的科技服务体系、配套的充满活力的产业体系、包容开放的文化。一个良好的现代产业创新环境拥有高效运作的、便捷的交通、通信、学校、生活服务基础设施，可以解决创新创业企业的交易成本、生活成本，吸引高级生产要素的集聚。一个良好的现代产业创新环境拥有丰富的高级生产要素和专业型生产要素，为现代科技创新创业企业提供了强大的生产要素支撑体系，极大地降低了生产要素搜寻成本、交易成本。一个良好的现代产业创新环境集聚着数量庞大的创新型企业，这些企业之间的竞争与合作形成了集体学习的动力、合力，培养和提高了知识吸收能力、获得能力和创造能力。一个良好的区域现代产业创新环境拥有良好的市场条件，提供了潜力巨大的、高成长的新产品市场，为现代创新创业企业的成长提供了市场动力，降低了创新创业企业的市场风险，提供了创新创业企业成长的市场条件。一个良好的区域现代产业创新环境拥有发达的、有效率的、有序的产业供应链网络。这为新兴产业的成长提供了强大的产业支持。

（二）一个不利的现代产业创新环境具有低效、僵化、无序、排斥、封闭的特征

一个不利的现代产业创新环境提供了低效、不便的交通、通信、学校和生活服务基础设施，提高了创新创业企业的生产成本、贸易成本和生活成本，难以吸引高级生产要素和专业型生产要素的集聚。一个不利的现代产业创新环境无法提供门类齐全的各类高级生产要素和专业型生产要素，极大地提高了生产要素的搜索成本和交易成本。一个不利的现代产业创新

环境只有数量不多的创新型企业，创新合作机会少，难以形成集体学习的动力、合力，极不利于创新型企业创新能力的提高。一个不利的区域现代产业创新环境的市场条件较差，比如客户结构不合理，少量的高端客户、挑剔客户和时尚客户，大规模的普通客户无法使供应商形成提高产品品质的动力，降低创新风险的能力有限。一个不利的区域现代产业创新环境没有发达高效的产业供应链网络，无法为新兴产业的成长提供产业支撑体系。

第 2 节　区域现代产业发展的创新战略环境理论分析

一　战略与环境的一般分析

企业的战略环境一直是影响企业领导者决策的重要因素。钱德勒（Chandler，1962）指出了环境、战略和组织结构之间的互动关联性，认为企业战略应当适应环境变化以满足市场需要，而组织结构又必须适应企业战略的要求。安索夫（Ansoff，1965）认为，企业的战略出发点是追求自身的生存和发展，战略行为是对其环境的适应过程以及由此导致的企业内部结构化的过程。赵锡斌（2004）认为："企业内部环境与外部环境之间、企业环境各构成要素之间以及企业与环境之间是一种相互依存、相互影响的动态、互动的关系。"由此可见，企业战略和环境之间存在着双向复杂的协同演进关系。

（一）环境对战略的影响

企业的宏观环境是指对所有企业的经营管理活动都会产生影响的环境方面的各种因素，其中政治法律环境（制度环境）和社会文化环境尤为重要。彭维刚（2006）在《全球企业战略》中提出，制度比背景条件更为重要，当企业尽力制定和执行战略并创造竞争优势时，制度直接决定了企业所要做的决策。

企业所处的产业市场环境对企业战略具有不可忽视的影响。安索夫（Ansoff，1997）指出："战略是对公司实力和机会的匹配。这种匹配将一个公司定位于它所处的环境之中。"安德鲁斯（Andrews，1971）建立了著名的 SWOT 战略形成模型，全面分析了公司的外部环境因素和内部环境因素，并要求企业通过这种模式，将企业目标、方针政策、经营活动和不确定的环境结合起来，从而使公司形成自己的特殊战略属性和竞争优势。

计划学派和设计学派都将市场环境、定位和内部资源能力视为战略的出发点。在环境发生变化时，分析具体的变化因素，在企业内外部实现良好匹配。这个时期，战略受制于既定的产业结构，战略变革的空间非常小，仅限于企业内部的微观环境变革。环境是决定企业战略的主导力量，环境的特点决定着企业的组织设计以及资源配置，从而最终决定企业战略。上述经典战略理论派系都存在一个缺陷，就是忽视了对企业竞争环境的分析与选择，仅从现存的产业市场出发，要求企业适应已结构化的产业市场环境，这势必会限制企业生存与发展的空间，导致企业被动地适应环境。

波特（Porter）代表的定位学派将产业组织理论中的结构—行为—绩效（SCP）分析范式引入企业战略管理研究之中，提出以产业结构分析为基础的竞争战略理论。波特（1985）认为，企业在考虑竞争战略时必须将企业与所处的环境相联系，而行业是企业经营的最直接的环境；每个产业的结构决定了企业的竞争范围，从而决定了企业的潜在利润水平。因此影响企业获取竞争优势的因素，一是企业所处产业的盈利能力；二是在产业内的相对竞争地位。企业可以采取成本领先战略、差别化战略或目标集聚战略，以增强其在产业内的竞争地位。这样，分析的重点就由一般的框架深入了与企业联系更加密切的外部产业环境的分析中，从而为企业的经营活动提供了有效的指导。与波特强调战略定位及企业的竞争优势主要来源于外部不同，资源基础理论更为强调企业内部特有资源以及核心竞争力。该理论认为，持续的竞争优势来自于内部的资源或者核心竞争力，企业应着手培育自身的核心能力，更好地适应环境的变化。

（二）战略对环境的影响

对于企业战略影响环境持肯定态度的是战略选择理论。邱尔德（Child，1972）提出，企业不总是被动地适应环境，组织同时有机会和能力去重新塑造环境以满足其自身的目标。该理论认为，组织战略对组织环境具有很大的影响力。企业可以考虑采用多种战略，通过与外部环境的相互影响来为组织谋求最有利的发展空间。邱尔德（Child）还指出，权变理论忽略了组织具有改变或支配组织的人员的选择权。波特（Porter，1985）指出，竞争战略对产业吸引力的增减颇具影响力。与此同时，企业可以通过战略选择明显增强或削弱其在产业内的竞争地位。所以，竞争战略不仅对环境作出反应，而且试图根据企业的利润来塑造环境。可见，企业战略对企业环境具有改造作用。

20 世纪 80 年代出现的资源学派将战略研究重点放在企业价值链的个别关键优势上，形成了核心竞争力理论。20 世纪 80 年代，库尔和辛德尔（Cool & Schendel）通过对制药业若干企业的研究，进一步确定了企业的特殊能力是造成它们业绩差异的重要原因。

（三）环境与战略协同演进

随着产业环境的日益动态化，企业之间、企业与环境之间以及不同层次环境之间的边界变得模糊不清。普拉哈拉德和哈梅尔（Prahalad & Hamel，1990）在《竞争大未来》中提出了环境的动荡与企业战略的内在关系。其战略逻辑是通过创新未来产业或改变现有产业结构来为企业寻求战略发展空间，企业战略可以能动地改造企业环境。在先前的一些流派中已经蕴含了环境与战略互相影响的思想。考夫曼（Kauffman，1993）和麦克维（Mckelvey，1999）认为，应该根据时间条件具体分析环境与组织的关系，二者之间存在着协同演进的关系。目前环境与战略关系研究的两个前沿学派是组织理论与复杂理论。它们为环境与战略协同演进提供了必要的理论支撑和方法指引。

进入 21 世纪，企业战略管理的范式正在发生变化，一种新的“为未来而竞争”的战略观正在形成。这种新的战略观就是以创造与把握不断出现的商机为核心，进而创造光辉未来的战略（Prahalad & Hamel，1994）。总之，以全球化和技术变革为主要特征的环境变化，最终促使战略研究在环境和内容方面趋向动态化发展，即不仅注重外部环境的不连续变化，而且注重企业远景、战略、组织能力和内部系统与过程等不同内容之间的相互联系和动态适应。

二 中国高级生产要素的变化与挑战

近十年来，中国区域现代产业创新要素环境既对区域现代产业的发展提出了挑战又为其带来了新的机遇。一方面，10 年高等教育的大发展为区域现代产业创新提供了更多的高级生产要素；另一方面，高技能人才的培育不足又极大地限制了现代产业的创新能力。中国区域现代产业创新所面临的要素环境的基本特点是：规模庞大的高级人力资本与高级技能人才严重短缺并存；生产成本不断上涨、能源紧张和环境恶化等问题并存。

（一）中国劳动力要素环境发生了巨大变化

1. 高等教育 10 年的发展，形成了世界上最大规模的高级人力资本体系。2000 年，中国大学扩招，2013 年和 2014 年，中国大学招生人数规模突破了 700 万。表 9.1 统计了 1977 年以来中国大学本科招生人数。

表 9.1　　1977—2014 年中国大学本科招生人数　　（万人/年）

年份	人数	年份	人数	年份	人数	年份	人数	年份	人数
1977	27	1985	62	1993	92	2001	310	2009	629
1978	40.2	1986	67	1994	90	2002	320	2010	657
1979	28.4	1987	62	1995	93	2003	382	2011	675
1980	28	1988	67	1996	97	2004	420	2012	685
1981	28	1989	60	1997	100	2005	504	2013	700
1982	32	1990	60	1998	108	2006	530	2014	722
1983	39	1991	62	1999	160	2007	556		
1984	48	1992	75	2000	180	2008	599		

1977—1998 年累计招收大学本科生 1365.6 万人，1999—2012 年累计招收大学本科生 6607 万人。扩招以来，累计培养了大约 8000 万大学本科生。这是全球最庞大的高级人力资本资源库。这个规模的高级人力资本为区域产业创新提供了坚实的人才基础。

但是，中国大学毕业生却存在不适应产业结构要求的问题。中美大学毕业生就业的产业部门比例分别是：农业部门大学毕业生就业比分别是：中国 0.6%，美国 24.6%；制造业部门大学毕业生就业比分别是：中国 10.3%，美国 30.6%；交通方面大学毕业生就业比分别是：中国 10.8%，美国 27.1%；商贸方面大学毕业生就业比分别是：中国 11%，美国 28.6%。①

据统计，2005 年，全国仅有中等职业学校 11611 所，当年招生 537.29 万人，在校学生 1324.74 万人。经过 3 年的发展，2008 年，全国中等职业学校共有 14767 所，招生规模达 810 万人，在校生达 2056 万人。2008 年，全国中高等职业教育人数达到 1100 万人规模。2009—2013 年，中国中等职业教育招收人数分别为 869 万人、870 万人、814 万人、754 万人、698 万人。5 年来，累计培养技能型人才 4005 万人。中国技能人才教育有了显著改善，满足了日益增长的技能人才的需求。但是中等职业技术教育招生人数呈现下降趋势。这不仅没有缓解日趋紧张的技能人才的需

① 鲁昕在 2014 年发展高层论坛上的发言，中国发展高层论坛，2014，http://finance.sina.com.cn/focus/2gfzgc/t2014。

求形势，还加剧了始于“十五”末期技能型人才供给短缺的状况。

中国劳动力短缺始于“十五”末期，爆发于欧美金融危机时期。国家统计局数据显示，2009 年底，农民工总量全口径统计是 2.3 亿人，其中流动农民工 1.45 亿人，全口径统计增加了 436 万人，外出农民工增加了 490 万人。新型产业对普工的需求逐渐降低，对技能人才的需求则日益加大，自 2003 年以来，中国低价劳动力供给短缺现象日趋普遍。国内学者称之为“民工荒”现象。“据统计，2003 年东部沿海地区民工短缺主要集中于服装、制鞋、电子配件等劳动密集型产业，普遍缺工率达 30% 到 40%，一部分企业甚至出现停产情况；2004 年，浙江省劳动力供给缺口在 34% 左右；根据中山大学劳工研究与服务中心的调查结果显示：2007 年珠江三角洲缺工达 64%，比 2006 年增长了 10%；同时中国社科院 2007 年公布的《企业春季用工需求调查表》也显示，能够全部招满工的企业只有不足 32%，另有 32% 的企业招到用工量的 75% 以上，至少有 1/3的企业缺工在 25% 以上。”①

2. 高级技能人才严重短缺

2008 年以后，中国有高等职业学院 1100 余所，在校人数达 3000 余万人。2004—2008 年，每万人受高等职业教育的人数分别为 54.9、62.78、67.23、67.83、70.83 人。高等职业教育的发展仍没能赶上社会对高技能人才需求的增长。比如，“2011 年 1 月深圳缺工达 11.3 万人次。短缺的技术工种包括：动漫设计，园林设计，家具设计，园艺技术工人，电子工程技术人员，标准化、计量、质量工程技术人员，保险业务人员，运输车辆装配工，机械设备维修工以及制版印刷人员等等”②。“广东现有大专以上文化程度人数共 381.8 万人，占全省人口总数 4.77%，与美国 46.5%，日本 20.7%，韩国 21.1% 水平相比，差距甚大。广东高级技能人才也只占到全省技能人才队伍总数的 39%，还达不到全国 4% 的水平，与发达国家占 35% 的比例更是相距甚远。”③

① 转引自于晓萍、崔岩《“民工荒”现象引发对我国劳动密集型产业比较优势的思考》，《学理论》2008 年第 20 期。

② 赵忠旋、关维惠：《沿海地区劳动密集型企业技术工人短缺问题研究——基于“机会成本”的分析》，《贵州大学学报》2011 年第 5 期。

③ 转引自陈淑妮、黎友焕《SA8000 对广东劳动密集型产业人力资源管理的影响及应对策略》，《中国人力资源开发》2006 年第 11 期。

（二）生产成本上涨

随着“4050”劳动力渐渐退出低工资劳动力市场，“8090”劳动力成为劳动力供给大军，中国劳动力供给减少，这直接导致劳动工资上涨。《劳动合同法》的修改保障了劳动者的合法权益，最低工资保障线提高了劳动力市场的门槛，按共享经济发展成果的要求调整的收入分配制度改革，大大提高了劳动者的工资，使得生产成本不断上升。在微观上，企业不得不开始全面上调员工工资。富士康就是一个典型的例子。“2010年6月1日富士康科技集团宣布全面上调薪酬标准，基层员工上调薪资30%以上，其中作业员从原来每月基本薪资900元上调至1200元，一线组长在原有薪资标准基础上调升30%以上；2010年6月6日，富士康再次公布自2010年10月起实行深圳各厂区基层员工调薪计划，薪金增幅达66%。调薪后，经考核合格的深圳各厂区员工月工资平均达2000元人民币。”富士康公司上调员工工资直接减少了运营收入10%—12%。①

企业应对工人短缺、劳动成本上升的办法很多，既有短期的办法，也有长期的办法。其中，企业发展战略由低成本加工企业战略向技术密集型战略转型是根本出路。比如，富士康公司准备购买机器人代替劳动力就是加工型企业向技术型企业转型的开始。事实上，中国劳动密集型产业向创新性劳动密集型产业转型已成为必然趋势。

（三）能源紧张和环境恶化

目前，中国能耗水平从长期来看呈下降趋势，但能源增长率始终快于经济增长率。② 其次，中国形成了以煤为主要能源的生产结构和消费结构（见图9.2）。③

① 竺印：《劳动密集型企业人工成本上涨的应对策略——以富士康集团为例》，《财会月刊》2011年第5期。

② 据2008年《中国统计年鉴》数据测算，1989年、2003年、2004年、2005年，能耗增长速度分别达到4.23%、15.28%、16.14%和10.56%，但经济增长速度仅为4.1%、10.0%、10.1%和10.4%，这4年经济增长速度均落后于能源消耗增长速度。GDP能耗在三次产业结构中表现为第一产业下降，而第二、三产业呈高增长态势。其中，第二产业的能耗增长高企不下。

③ 自1978年以来，各年煤炭在能源生产总量中的比例均占70%以上（1980年除外），2007年更是达到76.6%，是除2006年外的最高值。而石油产量处于下降趋势，1989—2007年，其比重均低于20%，而且从1998年开始其比重逐年降低，2007年只占11.3%。天然气和水电、核电、风电等比重很低，变化不大。

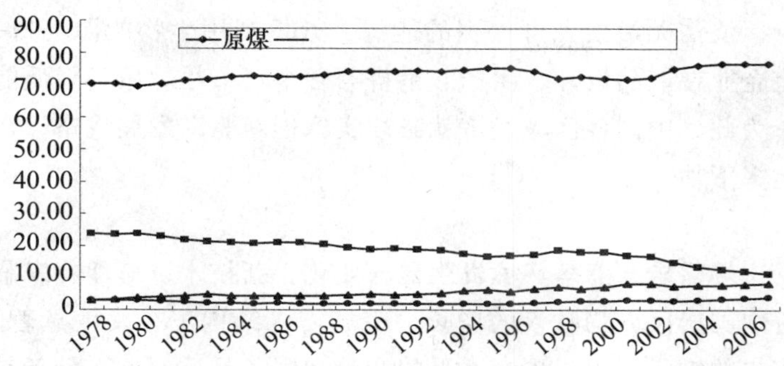

图 9.2　能源生产结构（1978—2007）

长期以来，中国以煤为主的能源结构支撑了中国经济的高速增长。以煤为主的能源结构能效低、污染重。2007 年，中国煤炭消费量占总能源消费量的 69.5%，石油占 19.7%，水电、核电、风电等可再生能源占 7.3%，天然气只占 3.5%。以煤为主的能源消费结构所带来的主要问题在于：环境污染严重；运输紧张；能源利用效率低下。

2003 年，中国石油进口量剧增，迅速成为世界石油进口大国。十年来，中国石油对外依存度超过 50%。2003 年以后，国际市场原油价格迅速上升，急剧动荡。这对中国制造业成本和利润都造成了很大的影响。有研究文献证实，国际原油市场价格变动显著，一路飙升之后又迅速回落，会给中国制造业及其次级行业的利润和价格水平产生影响并带来风险。国际原油价格的持续上涨无疑会给制造业企业带来更大的成本压力。

《国家统计公报》显示，2009—2013 年，中国单位 GDP 能耗分别下降了 2.2%、4.01%、2.01%、3.6%、3.7%。这种趋势表明，2014—2015 年节能减排目标有望实现。①当前，转变经济发展方式，就是要按照中国共产党十八大报告提出的建设生态文明和创新驱动发展的战略要求，加快推进节能减排工作，加快建立资源节约型技术体系和生产体系，以创新驱动现代产业发展。一方面，这会促使各地区尽快研发相关的能源技术，大力开发新能源，充分利用风力、太阳能、地热、潮汐等储量巨大、

① 李克强：《硬措施见成效 节能减排创 6 年来最好成绩》，中国政府门户网站，2014 年 8 月 12 日。2009 年中国政府郑重承诺：到 2020 年，单位 GDP 碳排放比 2005 年下降 40%—50%。2011—2015 年单位 GDP 能耗、化学需氧量、二氧化硫、氨氮、氮氧化物排放量逐年分别下降 3.9%、2%、2%、2%、5%以上，单位 GDP 二氧化碳排放量两年分别下降 4%、3.5%以上。

分布广泛、清洁无污染和可再生的能源，开发利用生物能源。另一方面，要求所有企业在产品设计、生产、销售等各个环节尽力做到降低能耗、低碳排放。为此，中国各区域经济就必须实施创新驱动发展战略，在现代产业创新上多下功夫。

三　市场需求与竞争环境发生显著变化，新技术革命即将来临

随着中国居民人均收入的增长，市场需求结构正在发生显著的变化。挑剔型客户的增长提出了更高水平的产品和服务品质要求，创新是应对这种需求变化的根本战略。世界正处在新技术革命的前夜。

（一）中国市场需求正发生显著变化

1. 中国居民人均收入不断增长

2010年，中国人均国民收入为4400美元，2012年，中国人均国民收入为6100美元。2012年，全国城镇居民人均可支配收入中位数为21986元，农村居民人均纯收入中位数为7019元。国家统计局数据显示，2012年，中国城镇居民人均可支配收入扣除价格因素之后的实际增长率为9.6%，农村居民人均纯收入实际增长率为10.7%。中国已成为中等收入国家。据林毅夫预测，2020年，中国人均国民收入将达到1.27万美元，将步入发达国家行列。

2. 居民消费需求出现了新的变化

收入水平提高，消费范围不断延伸，需求领域不断扩大，消费需求呈现多样化；居民不仅仅满足于物质生活需求，更会追求社会发展和精神生活的需求，消费呈高品质化趋势。情感需求成为消费需求的重要特征。过去，居民的消费需求主要是物质感受。现在，居民的消费需求不仅有物质感受而且有情感体验。享受快乐成为居民消费需求的新特征。个性化需求成为消费需求的新特点。随着物质产品质量得到满足，消费者个人偏好、体现个性成为潮流。同一顾客对同一产品消费的需求出现多样化，同一顾客对不同领域会提出不同层次的需求。健康需求成为消费者的显著追求。食品消费追求安全、绿色。舒适、安全、节约成为新的消费时尚。总的来说，追求高品质生活将成为消费者需求大趋势。

3. 挑剔客户更快增长

长期以来，中国客户都是普通客户。近年来，这种情况正在发生显著变化。首先，客户的产品知识、技术知识和消费知识显著增加，这种情况

使得客户辨识产品品质的能力显著提高。其次，客户维权能力不断提高。从实际情况看，中高端客户人数迅速增加。客户对产品品质和服务质量越来越挑剔。

（二）全球创新竞争更加激烈

1. 中国创新能力不断提高

中国创新指数2012年比2005年提升了48%，[①] 在全球40个国家中，中国科技创新能力2013年排名第19位；[②] 在全球143个国家中，2014年，国家创新能力提升到第29名。[③] 某些关键指标取得了突破。比如，企业研发支出占全社会研发支出的实际比例为76%，企业研发人员占全社会研发人员的比例为75%。2013年，全社会研发支出达1.2万亿，占GDP的2%。涌现了一批世界级的创新企业，如华为、联想、腾讯和阿里巴巴等。中国白色家电、电信系统设备制造、电子商务、高铁、特高压输变电等产业领域的创新能力达到世界级领先地位。

2. 中国创新竞争力与创新强国相比还有较大差距

无论是科技部科技发展战略研究院编制的创新指数还是WIPO和INSEAD联合发布的全球创新指数，都揭示了中国创新能力与创新强国还有较大的距离，在某些关键指标上的差距还非常明显。比如，中国全社会研发强度与发达国家平均2.5%的研发强度相比还有差距。大中型企业有研发活动的比例为30%，规模以上企业有研发活动的比例为16%。高技术产业创新与世界强国有较大的差距。中国仍是知识产权净进口国。

3. 中国大多数产品仍主要集中在低附加值产品领域，企业普遍缺少核心技术和核心产品，严重依赖国外的技术创新

过于依赖技术转移大大减弱了中国企业增强自主创新能力的主动权。专利垄断成为跨国公司打压中国企业创新的主要手段，本土企业面临着十分严峻的创新竞争压力。在战略性新兴产业领域，中国光伏产业设备对外依赖度在50%以上，缺失核心技术；美国、日本和欧洲公司垄断信息设备核心技术，如CPU、存储器及其关键材料单晶硅技术等。

① 国家统计局社会科技和文化产业统计司《中国创新指数（CII）研究》课题组编制并发布2005—2011年中国创新指数。

② 中国科学技术发展战略研究院发布《国家创新指数报告 2013》。

③ 世界知识产权组织（WIPO）和欧洲工商管理学院（INSEAD）联合发布2014年全球创新指数研究报告。

4. 战略性新兴产业创新竞争更加激烈

美国在先进制造业、新能源产业等战略性新兴产业领域加大了研发力度。2011 年，美国研发投入达 4360 亿美元，占 GDP 的 2.8%，占全球研发投入的比重超过 31%，美国研发投资量占世界第一位。其中 3/4 投向航天、医药、军工、合成生物、先进材料、快速成形技术等先进制造技术，在无线网络技术全覆盖、云计算、智能制造、页岩气新能源技术等战略高技术领域掀起了创新热潮。[①] 各国研发投入如表 9.2 所示。

表 9.2　**世界主要国家和地区研发投入强度**　(%)

国家/地区	2010	2011	2012
美洲	37.8	36.9	36
美国	32.8	32	31.1
亚洲	34.3	35.5	36.7
日本	11.8	11.4	11.2
中国	12	13.1	14.2
印度	2.6	2.8	2.9
欧洲	24.8	24.5	24.1
其他	3	3.1	3.2

* 研发投入强度指研发支出占 GDP 的比例。

资料来源：2012 Global R&D Funding Forecast，Battelle，December，2011.

（三）新技术革命即将来临

根据康德拉季耶夫长波理论，当前，世界经济处于第五次长波阶段，并处在第五次长波的第三产业革命时期。第三次产业革命是以计算机、互联网技术、空间技术和生物工程技术的发明和应用为主要标志的，涉及信息技术、新能源技术、新材料技术、生物技术、空间技术、海洋技术等多个领域（见图 9.3）。第三次产业革命将对完善国际产业体系、优化国际产业结构、转变生产方式和完善资源配置方式起到决定性的作用。

① 杨世伟：《国际产业发展与展望》，中国国际经济交流中心编著：《国际经济分析与展望》（2012—2013），社会科学文献出版社 2013 年版，第 121—140 页。

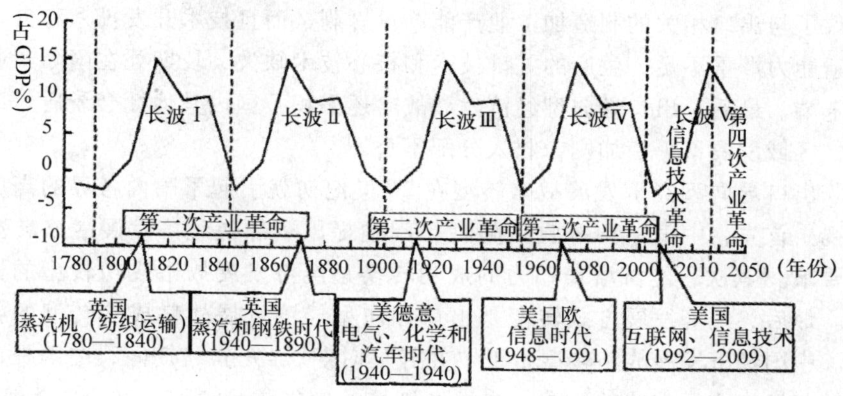

图 9.3　1780—2050 年世界经济五个长周期演变

四　中国发展战略转变

（一）出口导向型发展战略的缺陷明显

1979—2009 年，中国借鉴日本、韩国等亚洲新兴国家和地区经济发展的成功经验，制定和实施了出口导向型发展战略。出口导向型经济发展战略适合了 80 年代以来经济全球化开放浪潮，满足了贸易自由主义经济政策和经济发展周期的国际需求以及大国实施出口导向型战略等条件，中国经济发展取得了举世瞩目的成就。国内经济增长速度在 30 年内保持了 9.7% 的增长率，成为世界第一大制造业大国、国际贸易大国，吸引外商投资居世界第二位。

出口导向型经济发展战略的天生缺陷就是：一国的发展是建立在牺牲他国利益基础上的。因此，出口导向型经济发展战略必然会给中国经济发展带来诸多问题。首先，中国经济的发展更严重地依赖外资外贸和国际市场。中国对外贸易依存度直线上升，2004 年，中国进出口总额约 1.15 万亿美元，占调整后的国内 GDP 1.93 万亿美元的 60%。其次，出口导向型经济发展战略导致越来越多国家的贸易保护主义抬头，反倾销、反补贴等贸易摩擦事件急剧增加。2008 年国际金融危机爆发后，发达国家和发展中国家对中国发起的“双反”调查更加频繁。中国与发达国家在国际政治经济领域的冲突日趋突出。再次，出口导向型发展战略致使中国产业结构失衡问题更加突出，升级优化难度加大。据统计，改革开放以来，中国引进的外资大约 70% 投在了制造业方面。大量外国投资投向出口产业，导致了与出口相关的制造加工业产能严重过剩，而且技术开发投入和自主创新能力严重不足，生产的关键技术和核心技术缺失，长期处在国际产业链末端。最后，出口导向型经济发展战略还累积了国内其他社会矛盾。比如，区域发展不平衡加剧，收入分配不公。①

出口导向型经济发展战略转型在21世纪初就引起了国内各界的高度重视。首先，中国“中等收入陷阱”问题提出了加快经济发展战略转型的要求。②其次，经济增长动力的成功转换是经济发展战略成功转型的标志。最后，经济发展方式转变是出口导向型经济发展战略成功转型的核心。中国经济发展战略转型始于“九五”时期。“九五”期间，中国提出了转变经济增长方式的要求，要求经济增长走集约型道路。北京、上海、深圳等有条件的地区率先探索在高新技术产业领域实施创新驱动的战略，但效果不明显。中国自2006年以后就步入了中高收入发展阶段，党中央实时提出了经济发展战略转型问题。

（二）新型工业化战略包含了创新驱动发展战略

随着经济发展战略的转型，转变经济发展方式成为更为紧迫的战略问题。“十五”期间，中国提出了科学发展理念，走新型工业化道路。首先，2004年，胡锦涛要求“切实改变高投入、高消耗、高污染、低效率的增长方式，努力走出一条科技含量高、经济效益好、资源消耗低、环境污染少、人力资源优势得到充分发挥的新路子。”③ 中国共产党十六届六中全会明确提出“扎实促进经济又好又快”发展的新方针。“这个重要调整，强调的是更加注重发展质量和效益，走生产发展、生活富裕、生态良好的文明发展道路”④。“提高自主创新能力、加快技术进步是调整经济结

① 孔祥敏：《从出口导向到内需主导——中国外向型经济发展战略的反思及转变》，《山东大学学报》2007年第3期。

② 转引自关丽洁《“中等收入陷阱”与中国经济发展战略》，吉林大学2013年博士学位论文。2006年世界银行在其《东亚经济发展报告》中提出并对“中等收入陷阱”作了界定。所谓“中等收入陷阱”指的是经济发展由于其成功的低收入阶段发展经验所引致的发展模式的制度、路径锁定，导致经济发展缺乏动力、经济增长停滞、产业结构难以升级。“中等收入陷阱”是世界上绝大多数发展中国家都遇到的经济发展现象，成功突破“中等收入陷阱”的国家不多。2008年世界银行发布了《东亚复兴：关于经济增长的观点》和《东亚与太平洋地区报告：危机10年后的状况》。在这两份报告中，世界银行告诫东亚国家要高度重视“中等收入陷阱”问题。东亚国家要跨越中等收入陷阱，就必须完成经济发展战略的转型。

③ 《十六大以来重要文献选编》（中），中央文献出版社2006年版，第64页。

④ 《科学发展观重要论述摘编》，中央文献出版社2008年版，第21—22页。

构和转变经济增长方式的关键环节。”①与此相应，中国共产党十六大报告明确提出新型工业化战略。新型工业化战略就是工业化与信息化融合的产业、技术、组织战略。通过信息技术大规模地应用于工业发展，走出一条高附加值、高产出、低污染、低能耗、低排放的工业化道路。新型工业化战略要求钢铁、有色金属、煤炭、水泥等传统的资本技术密集型产业实施创新驱动战略。循环经济战略、信息化战略、清洁技术战略、区域创新体系都是新型工业化战略的具体表现。

“十一五”期间，中国明确提出了转变经济发展方式的要求与政策。2007年6月，胡锦涛在中共中央党校的重要讲话中第一次提出转变经济发展方式的要求：“实现国民经济又好又快发展，关键要在转变经济发展方式、完善社会主义市场经济体制方面取得重大进展。”② 中国共产党十七大报告明确提出了转变经济发展方式的三个要求：“一是由主要依靠投资、出口拉动向依靠消费、投资、出口协调拉动转变；二是由主要依靠第二产业带动向依靠第一、第二、第三产业协同带动转变；三是由主要依靠增加物质资源消耗向主要依靠科技进步、劳动者素质提高、管理创新转变。”③

随后，面对国际金融危机，中国深化和完善了转变经济发展方式的内涵。与此相应，中国提出了发展现代产业、建设创新型国家的战略，明确了现代产业创新在建设创新型国家战略中的位置。现代农业、新型工业化和高新技术产业构成了现代产业发展的重点。现代农业通过种业创新、农机设备创新、食品创新及农业技术扩散实现创新驱动发展。新型工业化战略就是指产业融合战略、绿色发展战略、低碳战略和十大产业调整与振兴战略。高新技术产业战略演变为战略性新兴产业发展战略，区域经济发展战略演变为天津滨海新区开发开放战略，武汉、长珠潭两个统筹战略，成渝实验区战略，中原崛起战略和东北振兴战略等。区域发展战略与新型工业化战略使得区域现代产业的创新驱动力更加强劲。

（三）中国共产党十八大报告明确提出了创新驱动发展战略

当前，中国经济发展战略已进入了新阶段。中国共产党十八大报告明确提出了两个100年目标，到2020年实现全面建成小康社会的目标。李

① 《十六大以来重要文献选编》(中)，中央文献出版社2006年版，第818页。

② 胡锦涛：《在中共中央党校的讲话》，《人民日报》2007年6月26日。

③ 何树平：《十六大以来党中央转变经济发展方式思想的形成与发展》，《党的文献》2012年第4期。

克强总理在上海、广西等地调研时明确提出要打造中国经济升级版。2013年，国务院制定了上海自由贸易实验区政策并获全国人大常委会通过。这标志着中国开放进入了新阶段。根据中国社会新的发展战略，中国共产党十八大报告明确指出，经济发展必须实施创新驱动发展战略。中国共产党十八大报告关于转变经济发展方式的新思路主要表现为 一个“立足点”，四个“着力”，五个“更多”，四个“同步”。即“把推动发展的立足点转到提高质量和效益上来，着力激发各类市场主体发展新活力，着力增强创新驱动发展新动力，着力构建现代产业发展新体系，着力培育开放型经济发展新优势，使经济发展更多依靠内需特别是消费需求拉动，更多依靠现代服务业和战略性新兴产业带动，更多依靠科技进步、劳动者素质提高、管理创新驱动，更多依靠节约资源和循环经济推动，更多依靠城乡区域发展协调互动，促进工业化、信息化、城镇化、农业现代化同步发展”[①]。

（四）经济发展方式进入“新常态”是创新驱动发展战略环境的重大变化

2012年以后，中国经济增速进入了7%的区间，这标志着中国经济发展进入“新常态”[②]，这种“新常态”的特征是：

1. 中国经济的中高增长速度是经济发展进入新阶段的正常状态。2012年、2013年经济增长速度均为7.7%，2014年上半年为7.4%（见图9.4）。

2. 中国经济结构正发生转折性变化。2013年，中国第二、三产业的比重出现了历史性变化，第三产业的产值首次超过第二产业，达到46.1%；2014年上半年，第三产业发展延续了上年的势头，达46.6%（见图9.5）。

3. 消费需求首次超过投资需求，成为中国经济增长的第一推动力，同时，中国经济运行步入增速换档期、转型阵痛期和改革攻坚期“三期”叠加状态。2012年，消费对经济增长的贡献率占比首次超过投资。2014年上半年数据显示，最终消费对GDP增长的贡献率达54.4%，投资为48.5%，而出口则为负2.9%。中国外贸出口增幅已从20%以上回落至5%—10%的增长区间（见图9.6）。

---

① 武国友：《党的十八大报告关于转变经济发展方式的新思路与新亮点》，《北京交通大学学报》（社会科学版）2013年第1期。

② 习近平总书记2014年5月在河南考察时提出，从当前中国经济发展的阶段性特征出发，适应新常态。

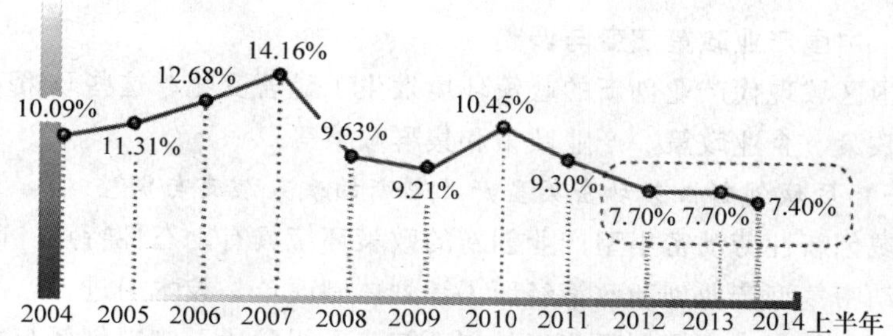

图 9.4　2004—2014 年中国经济增长速度

资料来源：国家统计局网站。中国经济网整理，郑汉星制图。

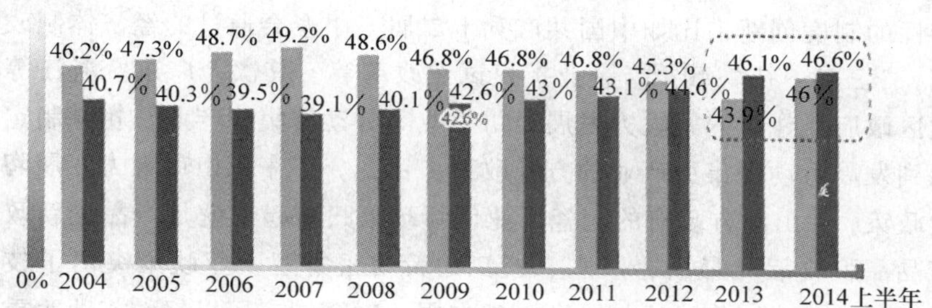

图 9.5　2004—2014 年中国第二、三产业比值

资料来源：国家统计局网站。中国经济网整理，郑汉星制图。

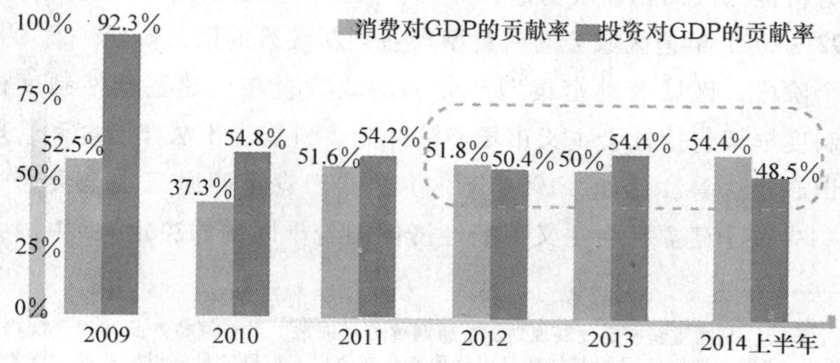

图 9.6　2004—2014 年中国消费/投资对 GDP 增长的贡献

资料来源：国家统计局网站。中国经济网整理，郑汉星制图。

五　中国产业政策演变与调整

中国区域现代产业创新的政策环境发生了显著变化，这些政策变化包括产品政策、企业政策、产业政策和集群政策等。

（一）区域创新性劳动密集型产业创新的政策演变与调整

区域创新性劳动密集型产业创新的政策环境具有动态性特点。区域创新性劳动密集型产业创新政策经历了计划体制改革、技术引进、产品创新阶段，制度创新、市场创新与产品创新初步升级阶段，制度创新与集群创新阶段。经历了这三个阶段的演变后，区域创新性劳动密集型产业创新的政策逐步成熟。

1. 1978—1991 年是区域劳动密集型产业创新政策的第一阶段

计划体制改革、劳动密集型产业重点发展、技术引进和技术改造是第一阶段区域劳动密集型产业集群创新政策的特点。首先，计划体制改革是基础性的制度创新，比如中国共产党十二届三中全会通过的经济体制改革决定，“三来一补”政策，企业扩权试点改革等。其次，广东、浙江等沿海地区政府抓住机遇，大力发展轻纺工业等劳动密集型产业，相继制定了一系列发展劳动密集型产业的方针政策。比如，广东佛山市大力发展陶瓷产业政策，佛山地方政府的陶瓷产业创新政策归结起来就是产品创新政策和产品品牌政策。[①]最后，广东、浙江的劳动密集型产业政策突出了技术引进和技术改造工作。比如，浙江省在同一时期制定了以轻纺工业为重点的劳动密集型产业创新政策。该政策有两个突出的创新特征。其一，建立了科技和研发意识，启动了市场型科技体制；其二，以技术引进、消化吸收再创新为特征的产品创新成为浙江劳动密集型产业创新战略的特征。

2. 1992—2001 年是区域劳动密集型产业创新政策的第二阶段

在这个阶段，区域劳动密集型产业创新政策重在构建基础性制度框架。这些制度框架包括社会主义市场经济体制、科技进步法律制度和管理体制、知识产权法等。比如，1994 年，中国共产党十四届三中全会通过了《中共中央关于建立社会主义市场经济体制若干问题的决定》；中国共

① “四个重新”是指重新制定发展规划、重新调整力量部署、重新调整产品结构、重新安排技术改造项目；“四个取胜”是指坚持产品以优取胜、花色以新取胜、价格以廉取胜、服务以好取胜；“四抓”是指一抓产品升级换代、二抓产品开发、三抓产品延伸、四抓产品扩散；“三个一批”指的是增产一批适销对路的产品，发展一部分新的拳头产品；研制和投产一批新产品、新品种、新花色，使产品结构有新的改善；创造一批优质名牌产品。

产党十五届四中全会通过了《中共中央关于国有企业改革和发展若干重大问题的决定》；1992 年，全国人民代表大会常委会通过了《中华人民共和国科学技术进步法》；1995 年发布了《中共中央、国务院关于加速科学技术进步的决定》；1999 年发布了《中共中央关于改革科技体制，促进科技创新的若干决定》等。广东佛山地方政府坚决贯彻中国共产党十七大报告精神，抓大放小，构建陶瓷企业的现代企业制度和管理体制。浙江劳动密集型产业创新政策有如下特点：第一，逐渐加大研发投入，形成了以企业为主的研发投入体系，构建企业产品创新体系；第二，加强技术交易市场建设，构建配置科技资源的市场体系；第三，专利意识得到加强，产品创新能力逐步形成。

3. 2002—2012 年是区域劳动密集型产业创新政策发展的第三阶段

这个阶段呈现了区域创新性劳动密集型产业政策现状。区域劳动密集型产业创新政策发展到构建区域创新体系、产业技术体系、提升中小企业技术创新能力政策、发展专业市场和产业集群、促进产业结构转型和升级阶段。

首先，区域创新体系是区域劳动密集型产业的支撑体系。各个区域落实科教兴国战略、科学发展观和创新型国家战略，加快构建区域创新体系。

其次，构建产业技术体系。各个区域根据国家有关创新问题的决定、决议和安排相继制定了本区域的产业技术体系。比如，2003 年 3 月和 8 月，浙江相继出台了《关于主动接轨上海 积极参与长江三角洲地区合作与交流的若干意见》《先进制造业基地建设规划纲要》等。

再次，落实区域中小企业创新能力政策。各省、市、区全面落实中小企业法和发展中小企业的系列政策，相继制定本省、市、区的中小企业工程。比如，2010 年制定的小微企业发展政策，明确提出了创新型、创业型劳动密集型企业概念。在中小企业政策中，提出了构建产业共性技术平台，设立中小企业基金，发展中小企业金融体系等。

最后，提高产业空间集聚度，拉长产业链，发展专业市场是区域劳动密集型产业创新政策的突出特点。广东陶瓷产业创新政策的目标就是陶瓷产业链向高端化提升。加快发展陶瓷产业研发体系；发展和培育了佛山陶瓷等一批龙头企业，形成了面向国内外市场的制造网络体系；发展物流、营销、总部基地、品牌，形成了面向全球的专业批发市场体系和国际市场体系。佛山陶瓷产业创新竞争优势形成了。

浙江省构建了开放型科技创新体系，出台了一系列产业创新政策。这些政策明确要求，加快推进制度创新、科技创新和管理创新，打造“品牌大省”，实现“块状经济产业层次得到显著提升，培育和建设30个左右以若干核心区块、核心企业为主体的产业集群，其中10个左右为全国性制造中心，20个左右为国内重要的产业基地。培育30家左右具有较强竞争力的大企业集团”等发展目标；推动浙江传统劳动密集型产业集群率先向创新性劳动密集型产业集群转型。集群创新是浙江传统劳动密集型产业创新政策的特点。

区域劳动密集型产业创新政策所存在的问题是没有明确提出创新性劳动密集型产业政策。有关创新性劳动密集型产业政策散见于科技政策、中小企业政策、产业转移政策、产业集群政策中。

（二）区域资本密集型产业创新的政策环境

资本密集型产业包括钢铁、有色金属、装备、机械、汽车、石化等产业。中国资本密集型产业创新政策历经孕育、提出和完善阶段。区域资本密集型产业创新政策随着国家资本密集型产业创新政策的演进有了相应的发展。

1. 区域资本密集型产业创新政策的孕育阶段

中国资本密集型产业是工业化的象征和主体。经过26年的建设，形成了较为完整的国民经济体系。中国产业政策在相当长时期内执行产业管制政策即严格的指令计划管理。1979—1991年是区域资本密集型产业创新政策的孕育阶段。在这个阶段，区域资本密集型产业创新政策的特点是，扩大产业规模，加速技术改造，引进成套设备，限制一般加工制造业，发展基础产业和支柱产业，“扩权让利”，搞活国有企业。为此，国务院出台了一系列产业政策。①

① 1982年，国务院下达了《机械工业技术改造试行条例》；1983年，国务院办公厅下发了《机械电子工业技术改造试行条例》；1984年，国家计委发布了《关于“七五”行业技术政策和技术改造的意见》；1985年，中共中央发布了《关于科学技术体制改革的决定》；1989年，国务院发布了《国务院关于当前产业政策要点的决定》。在这些产业政策中，技术改造政策有了产业创新政策的萌芽。比如，1982年，国务院关于下达《机械工业技术改造试行条例》的通知指出，技术改造就是用先进技术取代落后技术，成套设备引进及技术改造是主要路径，技术改造还要考虑产业链协作。关键性的、急需的、出口潜力大的重点新产品是优先方向并被优先列入计划。企业、大专院校和研究机构要协同完成技术改造的任务。

2. 1992—2001 年是区域资本密集型产业创新政策的提出阶段

在这个阶段，中国出台了一系列发展资本密集型产业及其创新政策。[①] 其中，1999 年《中共中央国务院关于加强技术创新，发展高科技，实现产业化的决定》是资本密集型产业创新政策的纲领性文献。该决定不仅总结了资本密集型产业创新政策的要点，而且进一步明确描述了资本密集型产业创新政策的框架。第一，明确将电子信息技术与传统产业结合；第二，建立健全技术创新机制是国有企业建立现代企业制度的重要内容，国有企业是技术创新主体；第三，大中型企业要建立健全企业技术中心；第四，促使企业主动增加科技投入，第五，实施以市场为导向的企业技术改造；第六，乡镇企业要提高技术创新能力；第七，大力发展科技型企业；第八，培育和健全技术市场；第九，实施财税、金融和人才扶持政策。

3. 2002—2012 年是区域资本密集型产业创新政策的发展阶段

在这个阶段，国务院及其下属部委主要出台了一系列资本密集型产业创新政策。[②] 这些资本密集型产业创新政策的特点就是：发展大企业集团，实现产业整合，放松产业管制，引入民营资本，以制度创新驱动信息化与工业化融合战略，产业融合是资本密集型产业创新政策的本质。创新型大企业集团是推动资本密集型产业创新的主力军。产业高端化、创新自主化、品牌自主化是资本密集型产业创新政策的明确目标。资本密集型产业创新政策措施更加配套和完善。除了税收、金融等传统的鼓励创新的政策措施外，还制定了政府采购、技术标准、产业创新联盟等政策措施。资本密集型产业创新政策明确了东部地区和中西部地区的差异和目标。比如，《国务院关于中西部地区承接产业转移的指导意见》明确指出，要“坚持节能环保，严格产业准入”。“引进优质资本和先进技术，加快企业

---

① 主要的政策有：1993 年全国人大常委会通过的《中华人民共和国科学技术进步法》，1994 年国务院印发的《90 年代国家产业政策纲要》，1995 年《中共中央、国务院关于加速科学技术进步的决定》，1996 年《国务院关于“九五”期间深化科学技术体制改革的决定》，1997 年《国家重点新产品计划管理办法》。

② 2004 年《汽车产业发展政策》；2005 年国务院发布实施《促进产业结构调整暂行规定》；2007 年全国人大常委会通过了技术进步法修改方案，《新技术进步法》颁布并实施；2009 年出台了汽车、石化、装备、船舶等资本技术密集型产业调整与振兴专项规划和实施细则；2010 年发布《国务院关于中西部地区承接产业转移的指导意见》；2012 年中共中央、国务院印发《关于深化科技体制改革 加快国家创新体系建设的意见》；2012 年《国务院关于促进企业技术改造的指导意见》。

兼并重组，发展壮大一批装备制造企业。积极承接关联产业和配套产业，加大技术改造投入，提高基础零部件和配套产品的技术水平，鼓励有条件的地方发展新能源、节能环保等产业所需的重大成套装备制造，提高产品科技含量。”全面落实区域生态功能产业区，严禁高耗能、高污染产业的进入，加强环境监测，严把产业准入门槛。“鼓励东部地区转让先进技术，大力发展跨区域产业技术创新联盟，促进中西部地区完善产业技术创新体系。”

区域资本密集型产业创新政策所存在的问题是：产业高端化、创新自主化、品牌自主化政策受到了外资政策的挑战；公平竞争体制还没有形成；保护消费者利益的体制机制不健全；政府采购自主品牌政策各地差异很大，影响了政策效果；产业技术标准政策不健全。

(三) 区域高新技术产业创新的政策环境

区域高新技术产业创新政策经历了孕育、提出和完善阶段。区域高新技术产业创新政策包括智力密集型产业开发区政策、高新技术企业政策、高新技术产业创新政策等内容。

1. 1979—1991 年是区域高新技术产业创新政策孕育与提出阶段

这个阶段的两项主要政策是：1985 年出台的《中共中央关于实施科学技术体制改革的决定》，1991 年《国务院关于批准国家高新技术产业开发区和有关政策》。1985 年科技体制改革的决定有三点值得关注：第一，提出了新的知识产业概念；第二，“促进技术成果的商品化，开拓技术市场”；第三，新兴产业开发区是智力密集区，新的知识产业应当在新兴开发区得到发展，应当建设若干新兴产业开发区。1991 年的高新技术产业开发区政策构建了高新技术产业政策框架。这个系列政策的要点是：第一，确定了首批 21 家高新技术产业开发区；第二，划定高新技术范围，出台高新技术企业认定办法，明确指出：高新技术企业是知识密集、技术密集的经济实体；第三，出台了高新技术产业开发区系列政策，包括税收政策、信贷政策、投资项目政策、产品出口政策、关税政策等。在区域高新技术产业创新政策孕育阶段，明确了高新技术产业的性质、高新技术企业的性质、高新技术产业开发区的性质，并出台了支持高新技术产业发展的税收、信贷等政策。

2. 1992—2001 年是区域高新技术产业创新政策的发展阶段

在这个阶段，除了将高新技术产业纳入 90 年代产业发展规划纲要外，还主要体现在科技体制改革等系列政策上，这些政策就是：1995 年《中共中央、国务院关于加速科学技术进步的决定》，1996 年《国务院关于“九五”期间深化科学技术体制改革的决定》，1999 年《中共中央国务院关于加强技术创新，发展高科技，实现产业化的决定》。这些政策的贡献点是：

第一，高技术研究与开发是高技术产业发展的源泉；第二，国家产业政策和发展规划要把发展高技术产业摆到优先位置，在财税、信贷和采购等政策上给予重点扶持；第三，国家高新技术产业开发区是培育和发展高技术产业的重要基地，要进一步发展高新技术产业开发区；第四，构建高技术企业研发体系，重点塑造大型高技术企业或企业集团；第五，实施体制改革，市场导向是发展高技术，实现产业化的方向；第六，自主研究开发与引进、消化吸收国外先进技术相结合是高技术创新的基本原则，必须在自主知识产权上获得重大突破性创新；第七，规定高技术企业研发投入每年应达到年销售额的 5% 以上；第八，高技术产业发展政策系统化。从总体上看，这个阶段的高新技术产业创新政策的主要任务是构建政策框架。

3. 2002—2012 年是构建创新型高新技术产业政策的阶段

在这个阶段，国家出台了如下政策：2005 年发布《国家中长期科学和技术发展规划纲要（2006—2020 年）》，2006 年颁布《国家“十一五”科学和技术发展规划》，2007 年全国人大常委会发布修改后的《技术进步法》，2008 年发布第三次修改的《中华人民共和国专利法》，2008 年出台《国家知识产权战略》，2010 年颁布《国务院关于加快培育和发展战略性新兴产业的决定》，2011 年发布《国家“十二五”科学和技术发展规划》，2011 年发布《国务院办公厅关于加快发展高技术服务业的指导意见》，2012 年中共中央、国务院印发了《关于深化科技体制改革 加快国家创新体系建设的意见》。科技部还相继出台了一系列具体的技术创新政策，比如，技术创新工程、创新型园区工程、创新型城市建设工程、创新集群工程等。这些政策的特点是：

第一，构建了具有中国特色的国家创新体系。国家“十一五”规划明确指出，国家创新体系应当包括以企业为主体的技术创新体系，大学和研究机构协同的知识创新体系，军民融合的国防科技创新体系，特色鲜明且优势突出的区域创新体系，社会化、网络化的科技中介服务体系。

第二，构建基地化、区域化、国际化、创新集群型的高新技术产业体系。“以建设高新技术产业基地和创造有利于高新技术产业发展的环境为核心，以发展产业创新集群为重点，充分发挥国家高新区在高新技术产业化中的作用，加大对火炬计划和星火计划的支持力度，强化先进适用技术推广，深入实施科技兴贸战略，促进高新技术成果商品化、产业化、国际化。”

第三，努力形成一批集研究开发、设计、制造于一体，具有国际竞争力的大型骨干企业。开展创新型企业试点，促进形成一批有特色的创新企业集群。

第四，实施重大技术专项，实现战略性高新技术产业领域的核心技术、高端技术和基础技术创新目标。贯彻国家知识产权战略，争取实现更多的原始创新技术发明专利。

第五，大力发展战略性高新技术产业和高新技术服务业。

第六，发展创新型高新技术产业的政策措施是指以创新型城市和创新型高新区为重点的区域创新体系、知识创新体系、创新型人才战略、科技金融体系、产业创新联盟、创新集群、开放式创新等。

当前，创新型高新技术产业政策体系存在的问题就是：创新型政府建设滞后；产业管制机制改革较慢；公平竞争的科技服务市场和科技金融市场不健全；基础研究投入不足；创新型城市、创新型高新区发展不均衡，等等。

（四）区域产业创新的制度环境正在大调整

中国共产党十八届三中全会通过了全面深化改革的决定，列出了15项60个领域的改革要求。其核心是确立市场在资源配置中的决定作用，发挥好政府的作用。2014年1—7月，中央全面深化体制改革领导小组召开了七次会议，起动了39项改革试点工作并出台了热点领域的改革方案：《关于十八届三中全会“决定”提出的立法工作方面要求和任务的研究意见》《关于经济体制和生态文明体制改革专项小组重大改革的汇报》《深化文化体制改革实施方案》《关于深化司法体制和社会体制改革的意见及贯彻实施分工方案》《深化财税体制改革总体方案》《关于进一步推进户籍制度改革的意见》《中央管理企业主要负责人薪酬制度改革方案》《关于合理确定并严格规范中央企业负责人履职待遇、业务支出的意见》《关于深化考试招生制度改革的实施意见》《关于推动传统媒体和新兴媒体融合发展的指导意见》《党的十八届三中全会重要改革举措实施规划(2014—2020 年)》。

其中，户籍制度改革不仅要打破城乡樊篱，推倒城乡“隔离墙”，而且要为高级生产要素在城乡全面自由流动提供制度保障。“全面实施注册资本登记制度改革”为创新创业者降低了制度准入成本，激发了创新创业的热情。累计取消了600 项行政审批事项，加速了行政审批体系改革，全面构建政府权力清单制度。积极开展负面清单管理试点工作。权力清单和负面清单的有机结合，为发挥政府作用划定了明确的边界，将从根本上理顺政府和市场的关系，权力清单制度和负面清单制度试点工作为发挥市场配置创新资源的决定作用奠定了基本制度基础。随着全面深化改革的稳步推进，区域产业创新的政策环境和制度环境都将会发生根本性的变化，其变化方向就是市场在创新资源配置中起决定作用。

六　中国区域现代产业创新的国际环境分析

中国区域现代产业创新的国际环境正在发生深刻的变化。这种变化表现为：一是国际经济体系、秩序和格局正在发生深刻变化；二是国际经济运行态势复杂性、不确定性、失衡更加突出；三是国际经济摩擦更加频繁，冲突烈度升级；四是国际产业结构发生了分裂与新变化。

（一）国际经济体系、秩序和格局正在发生深刻变化

现行国际经济体系是美欧发达国家构建的一整套正式的政府间和非政府间国际组织，正式的经济交往规制和行为准则及非正式的国际惯例，比如国际经济组织有经合组织（OECD）、国际货币基金组织（IMF）、世界银行（WB）和关税贸易总协定（GATT）/世界贸易组织（WTO），再加上联合国经济和社会理事会（ECOSOC），以及由美、英、德、法、意、日、加拿大组成的七国集团。俄罗斯加入七国集团 17 年后因乌克兰事件而退出。现行的国际经济体系的特点是：美欧占统治地位，七国集团拥有国际政治、经济金融事务规则的创制权、决策权和发令权，是全球经济治理的权威制度性平台。这套国际经济体系始于 20 世纪 50 年代，历经美苏冷战，扩展于 20 世纪 90 年代。进入 21 世纪后，现行国际经济体系正在发生深刻的变化。

首先，巴西、印度、俄罗斯和中国等构成的新兴经济体国家集团即金砖集团经过 6 届峰会成为正式的、更加紧密的国际组织。2014 年，巴西

金砖峰会发表《福塔莱萨宣言》。该宣言确认成立金砖国家开发银行和应急储备基金。这标志着金砖国家集团成为一个正式的代表发展中国家利益的国际组织。

其次，20国集团成为国际经济事务中具有全球影响力的新的国际经济组织，一个新的国际经济体系正式诞生，发达国家正式承认了发展中国家在国际经济金融事务中的话语权、发言权、规则制定权。[①] 20国集团机制的形成仅仅是国际经济体系变革的开始，随着全球经济力量发生更大的变化，现行的国际经济体系还将发生更加深刻的调整。

进入后国际金融危机时代，国际经济格局的深刻变化总体上表现为新兴经济体力量上升，发达经济体力量下降；南升北降的格局加剧；北美、西欧、东亚板块结构性调整加快。[②]具体地讲，国际金融格局变化表现为国际汇率体系弹性增大，国际收支总体失衡程度下降；欧元在全球储备货币中的份额继续增加，进一步缩小了与美元份额的差距；人民币在国际货币体系中的地位上升，人民币崛起势头不可阻挡，以美元为主的国际储备体系呈多元化趋势；先进经济体与新兴发展经济体的经济协调正在加强。国际贸易与投资格局变动如下：在债务危机的影响下，欧美发达经济体在全球贸易中的比重进一步下滑，新兴经济体在国际贸易中的份额继续上升。新兴经济体吸引的FDI占全球FDI的比重不断上升，而发达经济体所占比重持续下降。中国在全球贸易与投资格局中的地位不断上升，与美国的经济总量差距逐渐缩小。[③]

“国际经济秩序，就是指处于某一时期国际交往中的国际行为主体，彼此间为各自经济利益的最大化而相互竞争、博弈形成的相对稳定的力量均衡状态。”[④] 现存的国际经济秩序始于17世纪，历经19世纪至第二次

① 20国集团的演变：1999年9月组成20国集团（G20）论坛，20国集团即七国集团加上澳大利亚、欧盟和俄罗斯，再加上10个发展中国家（中国、印度、巴西、墨西哥、南非、韩国、印度尼西亚、沙特阿拉伯、土耳其和阿根廷）。为应对2008年国际金融危机，美国、英国邀请20国集团领导人相继在华盛顿、伦敦、匹茨堡召开全球金融经济峰会。在匹茨堡会议上发表的《领导人声明》首次明确指定，20国集团成为国际经济合作的主要平台（伍贻康：《国际经济体系的变革、转型与中国的应对》，《学术月刊》2006年第11期；曹广伟：《一种新的国际经济协调机制的建构》，《东南亚纵横》2010年第5期）。

② 陈风英：《新兴经济体与21世纪国际经济秩序变迁》，《外交评论》2011年第3期。

③ 宋国友：《欧美债务危机对国际经济格局的影响》，《现代国际关系》2011年第12期。

④ 李素琴：《全球经济失衡下国际经济秩序演变路径》，《领导之友》2011年第3期。

世界大战，成熟于20世纪90年代。现存的国际经济秩序具有强权、规则、市场自主等特点。在后国际金融危机以来，新兴经济体的地位上升，欧美强权遭到弱化，发展中国家与发达国家在国际经济事务中互动频繁，新的国际经济协调机制逐步形成。当前，现存的国际经济秩序正由强权型秩序向多国互动协调民主型秩序演变。①

（二）国际经济运行态势的复杂性、不确定性、失衡更加突出

2008年美国次贷危机爆发以来，国际经济增长跌到冰点，这一局面一直持续到2009年底。2010年，国际经济启动了复苏进程，并呈现出复苏不稳定、新兴经济体复苏快于发达经济体的特点。但是，据IMF预测，2013年全球经济出现微增长，增长率为2.9%，发达国家复苏势头表现抢眼，新兴经济体经济发展减速，世界经济依旧处于复杂多变的深度结构调整期，各国从自身利益出发展开的非合作博弈将使国际经济环境充满复杂性和不确定性。发展战略性新兴产业，加快产业结构调整，实现创新驱动，可能是实现稳定、持续复苏的根本之策。②但国际经济“滞胀”梦魇挥之不去。2014年，国际经济形势仍然十分复杂，充满了不确定性。2014年上半年美国经济增速大幅度下降，2014年第一季度，美国经济增长环比为0.1%，创三年来最低，增长几乎陷于停滞。第二季度，实际增长2.4%，环比增长1%。据欧盟统计局公布的数据，欧元区经济复苏缓慢。在2014年第一季度，欧盟和欧元区GDP环比增长0.3%和0.2%，基本上与上季度的增速持平，同比分别增长1.4%和0.9%，均高于上季度增速。第二季度则为零增长。日本内阁府公布的数据表明，日本经济复苏乏力，2014年第一季度同比实际增长5.9%，第二季度同比大幅度下降了6.8%。新兴经济体经济增长继续呈现疲弱状态。

（三）国际经济摩擦更加频繁，冲突烈度升级

在后金融危机时代，国际金融波动加剧，国际贸易摩擦频繁，国际利益冲突烈度升级。首先，在后金融危机时代，发达经济体相继推出宽松货币政策，竞相压低本币汇率，汇率冲突一触即发。自2008年以来，美元汇率持续贬值，英镑汇率跟随，日元兑美元升值。中美之间人民币汇率低估

① 徐崇利：《新兴国家崛起与构建国际经济新秩序》，《中国社会科学》2012年第10期。

② 白永秀、吴航：《2013年世界经济走势及应对之策》，《西北大学学报》（哲学社会科学版）2013年第2期。

博弈非常激烈，人民币升值达20%有余。巴西财长吉多·曼特加甚至说，一场汇率大战已经爆发。国际金融市场产品价格差异性和错落性调节特点鲜明。黄金价格暴涨。2010年，从每盎司1095美元猛涨到1400美元。石油价格平稳，维持在70美元/桶。国际汇率体系空前动荡。①其次，在后金融危机时代，国际贸易摩擦频繁。美国率先启动了国货法则，其他国家相继跟进，国际贸易保护主义持续升温。根据WTO的统计，2008年10月至2009年10月，新增的贸易限制措施或救济措施最多只涉及世界货物贸易量的1%。中国遭受的贸易摩擦增多，已成为国际贸易保护主义的主要对象国和全球贸易摩擦的中心。②通过产业创新应对国际贸易摩擦是根本的选择。③

（四）国际产业结构分裂与新趋势

国际产业结构分裂指的是经常账户逆差国产业结构软化，服务业高度发达，而顺差国的产业结构硬化，制造业竞争优势比较突出。④

2005—2011年，世界主要制造业国家和区域份额发生了根本性的变化，发达经济体制造业份额占比下降，发展中经济体的制造业份额上升。中国成为世界上最大的制造业大国（见表9.3）。

表9.3　2005—2011年世界各国/地区制造业份额　（%）

年份	2005	2006	2007	2008	2009	2010	2011
新兴市场国家	31.1	33.9	36.4	39.7	42.4	43.4	46.0
中国	9.8	11.1	12.7	15.2	19.3	17.7	19.9
其他国家	21.3	22.8	23.7	24.5	24.1	25.7	26.1
西方发达国家	68.9	66.1	63.6	60.3	57.6	56.6	54.0
美国	23.8	22.9	21.2	18.9	19.8	19.2	18.0
日本	13.1	11.6	10.3	10.3	10.3	11.0	10.2
其他国家	32.0	31.6	32.1	31.1	27.5	26.4	25.8

资料来源：Peter Marsh, *The New Industrial Revolution: Consumers, Clobalization and the End of Mass Production* (Yale University Press, 2012).

① 丁志杰、孙晓娟：《最新十年国际汇率体系变迁》，《国际贸易》2009年第12期。

② 杨益：《“后金融危机时代”国际贸易摩擦新特点及我国产业安全面临的新形势》，《武汉商务》2010年第10期。

③ 黄晓风：《广东产业创新与国际贸易摩擦的避免》，《科技管理研究》2011年第6期。

④ 胡超、张捷：《新形态国际分工与国际经济失衡——基于跨国截面和中美贸易数据的实证》，《产业经济研究》2011年第3期。

在后金融危机时代，以美国为代表的发达经济体的现代服务业仍然具有强大的竞争力。比如，美国金融业在危机中没有受到重创，反而一步步走上了复苏之路。美国银行业在 2012 年四季度净利润总额达 347 亿美元，较上年同期的 254 亿美元增长了 37%，创下 2006 年同期最高水平。全年净利润达 1413 亿美元，同比增长 19%，接近历史最高水平。这体现在服务贸易上，美国的服务贸易竞争优势非常突出。经常账户逆差国的服务贸易水平远远高于经常账户顺差国的国际贸易水平。世界银行统计资料显示，美国与中国是这种情况的代表国（见表 9.4）。

表 9.4　**部分国家服务贸易发展水平比较**

服务贸易具有比较优势的国家							
	克罗地亚	爱尔兰	英国	丹麦	约旦	印度	美国
服务贸易出口比重（%）	49.7	44.7	39.2	38.1	37.5	36.8	30.5
服务贸易出口 RCA	2.46	2.21	1.94	1.88	1.85	1.82	1.51
制造品出口具有比较优势的国家							
	墨西哥	中国	印度尼西亚	俄罗斯	越南	马来西亚	日本
服务贸易出口比重（%）	6.1	9.1	9.6	10	11	14.3	15.9
服务贸易出口 RCA	0.30	0.44	0.47	0.49	0.45	0.71	0.79

数据来源：根据世界银行《世界发展指标》（*world development indicators*）数据库数据计算得出。

当代世界产业发展的特征是："以石油等化石能源为基础的传统产业发展达到巅峰时期；以电子信息技术为代表的高技术产业发展处于高平台期；以金融为代表的现代服务业发展进入扩张期。体现时代特征的三类产业——传统产业（主要是工业）、高技术产业（包括工业和服务业）和金融服务业，成为经济增长的三大支柱，彼此相互渗透、相互依存。"①

各国应对国际金融危机产业政策的着力点就是回归制造业。首先，美国再制造业计划带动发达国家重振制造业。在国际金融危机期间，美国政府颁布了《复兴与再投资法案》《清洁能源与安全法案》《制造业促进法案》，制定了《"先进制造业伙伴"计划》《重振美国制造业框架》《先进

① 金碚：《国际金融危机下的中国工业》，《中国工业经济》2010 年第 7 期。

制造业国家战略计划》，还实施了一系列税收优惠政策，颁布了《出口倍增计划》。英法等欧洲发达国家也相继制定了先进制造业计划和政策措施。

其次，发展战略性新兴产业是各主要工业国家共同的产业政策。据美国威尔逊研究中心 2012 年发布的《全球先进制造业发展趋势报告》，美国确立了发展先进制造业和新能源产业，加快了页岩气等新能源产业的开发。英国 2003 年发布了《我们未来的能源——创新低碳经济》白皮书，2006 年发布《斯特恩报告》，2007 年通过了《气候变化草案》，2009 年布朗政府将碳预算列入政府预算框架，并发布《英国低碳转换计划》《英国可再生能源战略》。这表明，英国形成了发展新能源产业的系列政策。2007 年欧盟提出了《欧盟战略能源技术计划》，2008 年欧盟发布了《低碳经济政策框架》，2009 年欧盟提出了《绿色知识经济体战略构想》。可见，欧盟加大了在新能源产业、低碳技术开发上的投入，并形成了发展低碳产业的系统政策。德国、日本、韩国等国家也制定了类似的政策。

最后，充分利用信息技术改造传统制造业，推动了生产性服务业的发展。自 2005 年以来，生产性服务业是世界上增长最快的产业，它已成为 FDI 投资的重点（见表 9.5）。

表 9.5　　2005—2011 年 FDI 项目的部门比例

年份	价值（10 亿美元）			比例（%）		
	第一产业	制造业	服务业	第一产业	制造业	服务业
2005—2007 年均值	130	670	820	8	41	50
2008	230	980	1130	10	42	48
2009	170	510	630	13	39	48
2010	140	620	490	11	50	39
2011	200	660	570	14	46	40

资料来源：联合国贸易和发展组织：《世界投资报告——迈向新一代投资政策》，经济管理出版社 2012 年版。

当前，金融危机深化的表现是欧洲债务危机，在新的挑战和机遇下，全面构建现代产业体系，全面实施创新驱动战略，是增强区域经济竞争力，保持经济社会发展强劲动力的必然选择。在全球金融危机不断深化的背景下，加快实施区域现代产业创新战略，建设具有地域特色的创新型区域经济结构，对提升区域经济竞争能力，促进经济平稳、较快的发展具有重要的战略意义。

第 3 节 中国区域现代产业创新战略环境建设的进展与问题

区域环境是制定区域现代产业创新战略的约束变量。区域环境对促进区域创新能力（采用发明专利、实用新型专利、外观设计专利以及三项专利之和来衡量）是有影响的①，创新环境中的基础设施、市场需求、劳动者素质及金融环境对区域技术创新效率有着显著影响（无论在经济上还是在统计上），其中尤以基础设施、劳动者素质、市场需求的影响最为重要，金融环境影响次之。②强势创新区域、优势创新和普通创新区域的现代产业体系创新战略的环境建设取得了显著进展，但也存在突出的问题。

一 中国强势创新区域现代产业创新战略支撑体系的成效与问题

（一）中国强势创新区域现代产业创新战略支撑体系的探索与进展

上海、北京、江苏和广东现代产业创新战略的支撑体系较为完善，主要表现在如下方面：

1. 构建了支持区域产业创新的制度框架体系。制度重于技术。美国硅谷高新技术产业发展得益于一系列支持产业创新的制度安排，如股权激励制度、创新价值观、风险资本制度等。中国高新技术产业开发区的产业发展同样得益于支持产业创新的体制机制改革。比如，知识财产权制度的建立和完善，企业产权制度改革，企业股票期权激励制度，支持产业创新的国家财政政策、金融信贷政策。

2. 构建了支持区域产业创新的要素市场框架体系。北京、上海和广东按照专业化、多层次要求建成了较为发达的人力资本市场体系与管理体

① 党文娟、张宗益、康继军：《创新环境对促进我国区域创新能力的影响》，《中国软科学》2008 年第 3 期。

② 张宗益、张莹：《创新环境与区域技术创新效率的实证研究》，《软科学》2008 年第 12 期。

系。比如，专业技术人才市场体系、职业经理人市场体系。北京依托中国金融政策与金融机构总部中心建立了北京金融市场体系，上海和深圳建立了支持产业创新的强有力的金融中心，尤其是创业板开市以来，强势创新区域的产业创新得到了更加有效的金融市场体系的支撑。

3. 建立了国内较为发达的中介服务支撑体系。经过二十多年的建设，上海、北京和广东等强势创新区域基本上形成了专业分工明确、满足产业创新需求的中介服务体系，比如，管理咨询体系、会计师事务所体系、律师事务所服务体系、科技服务体系等。①

4. 建立了形式多样的产学研合作创新平台体系。如中关村地区集中了各类高等院校68所，其中国家重点大学39所，技术人员50多万，为产学研的合作搭建了很好的平台。

5. 形成了政府服务创新体系。例如，上海张江科技园区创新集群发展的政策体系②，江苏常州支撑民营企业创新的科技政策体系。③

（二）中国强势创新区域现代产业创新战略的支撑体系所存在的问题

中国强势创新区域现代产业创新战略的支撑体系存在效率不高的问题，这突出表现在如下方面。

1. 激励企业和高端人才从事原始创新的制度驱动力不足

20世纪80年代以来推行了一系列促进创新的大型计划，如“863”计划、国家科技攻关计划等，科技成果产业化是这些计划的重点内容之一。这些计划存在的缺陷是：企业参与计划不足，极大地抑制了科技成果的产业化。④ 尽管北京、上海和广东等地在探索激励创新的体制和机制方面取得了明显的进展，如股权激励机制，但是人才管理体制和机制仍有明显缺陷。

2. 资本市场体系管理存在体制与机制问题

经历了“十五”和“十一五”资本市场体系建设和股权分置改革，中国多层次的资本市场体系得以建立，创业板市场和风险投资市场得到了迅速发展。资本市场管理体制得到进一步完善，比如，股票发行机制、融

① 戴杨：《促进企业自主创新的政策激励因素》，《科技管理研究》2010年第11期。

② 沈开艳、徐美芳：《上海张江高科技园区创新集群模式的特征及主要政策》，《社会科学》2009年第9期。

③ 米慧蓉：《长三角城市科技创新政策体系的演变历程》，《价值工程》2011年第5期。

④ 曾珠：《美国技术创新政策分析及其对中国的启示》，《甘肃联合大学学报》（社会科学版）2008年第2期。

资融券机制、信息披露机制都得到了进一步的完善。不过，资本市场体系仍不健全，这表现在区域金融中心建设滞后，还没有建立区域证券交易所；资本市场管理体制和机制仍有待完善，比如，发行市场机制的建设，内幕交易的监管，分红机制的完善等方面。

3. 强势区域创新政策支持体系的效率问题

近年来，北京、上海和广东等强势创新区域在创新政策支撑体系方面做了大量探索。北京中关村按照建设全球科技创新中心的要求，积极探索了创新政策支撑体系，深圳高新区和上海张江科技园区亦根据国家一流科技园区的要求完善了创新政策支撑体系。这类政策措施促使这些区域的自主创新能力有了明显提高。比如，北京中关村自主创新示范区在产业核心技术方面取得了突破，深圳高新区在通信技术方面取得了突破。但这并没有改变这些区域关键技术自给率低，对外技术依存度高，高科技含量的关键装备仍需依赖进口，发明专利数量较少的状况。导致这种状况的原因仍然是企业在创新政策支撑体系中的主体地位没有得到解决。[①] 珠海市科技政策就是一个有代表性的例子。[②] 长三角区域科技创新政策与珠海市科技创新政策有些相似。[③] 总之，强势创新区域科技政策目前存在着诸多“瓶颈”问题，其主要原因是：政策制定不尽合理；政策评估机制缺失；政策宣传力度不够；政策协调机制不畅。

二　中国优势创新区域现代产业创新战略的支撑体系优劣分明

中国优势创新区域产业自主创新战略的支撑体系优劣分明。其优势表现在如下方面：（1）拥有比较发达的教育和科学研究体系，科技资源优势明显。如陕西拥有科技人员107.9万人，各类科研机构1061家，高校综合科技实力居全国第四位。（2）拥有比较发达的区域制造业体系。陕西形成了以电子信息、装备制造、能源化工等为代表的较为完整、富有特色和竞争力的工业体系。湖北在激光、光纤通信、电子信息、生物医药、

① 曾珠：《美国技术创新政策分析及其对中国的启示》，《甘肃联合大学学报》（社会科学版）2008年第2期。

② 罗山、杨正浒、邓伟东、许亚冰：《珠海经济特区自主创新政策体系实效评估暨优化》，《科技管理研究》2010年第9期。

③ 杨耀武、张仁开：《长三角区域科技创新政策评估及路线图研究》，《科研管理》2010年第S1期。

新材料、精细化工、环保、植物转基因等产业形成了较完整的工业体系，有较强的制造和研发能力。（3）拥有较高水平的公共实验体系。如湖北有13个国家重点实验室，12个国家工程（技术）研究中心，14个国家企业技术中心。（4）初步建立了政府创新服务体系。

中国优势创新区域产业自主创新战略的支撑体系劣势也比较突出。其表现是，中国优势创新区域金融体系缺陷显著。天津是中国工业重镇，但没有金融交易中心，辽宁、浙江、湖北、四川和陕西都没有区域资本市场，为中小企业提供的金融服务还远远不能满足企业的需要。除此之外，中国优势创新区域的中介服务业水平不高，难以支撑这些区域产业自主创新战略的实施。中介服务业普遍存在以下问题：体制存在缺陷，统一管理格局难以形成；中介机构规模偏小，专业化程度不高；中介机构行为不规范，自律严重不足；从业人员素质参差不齐，职业道德评价偏低；法律、法规不完善，缺少宏观调控和有效的监督管理。

四川省是中国优势创新区域之一，通过“十一五”建设，初步构建了支撑四川省产业自主创新战略的支撑体系。比如，金融后台服务体系、人力资源政策体系、金融和税收政策体系等。但是，四川省产业自主创新战略支撑体系仍有明显不足，如基础性机制不足。[①] 首先，四川省技术市场发育不完善，缺乏科技成果转化的市场体系。其次，企业之间协作联系薄弱，缺乏相应的专业化分工协作，技术激励不足，创新能力不够。再次，技术中介服务机构规模小，专业化不强，服务功能弱。在技术信息服务、开发与推广、新技术交易服务及其他专业化服务等方面还未能发挥应有作用。最后，以竞争精神为核心的市场文化发育滞后。

四川产业创新政策不适应问题在战略性新兴产业领域表现得非常明显。例如，四川生物技术产业自主创新政策就是一个典型例子。[②] 这项政策仍没有解决生物医药产业创新存在的问题，如企业仍认为，创新是科研机构的事，不愿增加技术创新的投资，缺乏创新的动力；前期研发创新与后期产业化衔接存在问题；从事生物技术产业创新活动的人才结构还不合理。

---

① 丁英：《创新四川产业集群外部环境政策的路径分析》，《理论月刊》2010年第6期。

② 李后卿、杨国军：《提升四川省生物技术产业自主创新的政策研究》，《科技管理研究》2009年第8期。

三　中国普通创新区域现代产业创新战略的支撑体系不完整

中国普通创新区域产业自主创新战略支撑体系的特点是依据国家创新体系复制、建构其支撑体系，这明显不适应本区域特色产业创新战略的要求。普通创新区域产业自主创新战略建立了初步的教学科研体系、公共实验室体系、政府服务体系、中介服务体系并拥有特色鲜明的制造业体系。这些支撑体系除具有优势创新区域产业自主创新战略支撑体系的缺陷外，在效率、效能方面普遍偏低。总之，这些区域没有紧紧围绕区域特色产业创新战略建构支撑体系。有关研究系统地描述了东北地区、中部地区产业自主创新战略的支撑体系问题。

东北地区产业创新及其支撑体系存在的问题是：科技创新尚未成为产业结构优化升级的根本动力，科技战略与技术创新宏观调控机制缺位，创新体系与经济体系错位，企业的创新主体作用缺失。东北地区的产业创新支撑体系存在着科技政策不完善，金融市场体系发展滞后，创新中介服务体系不发达，政府服务体系效率不足等明显的问题。[①] 李锦慧有关黑龙江省科技政策的研究系统描述了东北地区产业创新支撑体系方面的问题。[②]

黑龙江省自主创新政策与北京、上海、广东、江苏等发达地区的自主创新政策（主要包括财政投入、税收优惠、政府采购、风险投资、知识产权保护、中小企业及科技中介服务等政策工具）在实施效果方面有显著差距。因此黑龙江省须进一步加快自主创新政策的完善，以促进具有地方特色并具有现实针对性的自主创新政策支持体系的形成，从而为黑龙江的自主创新发展提供切实可行的政策保证。[③]

中部地区的产业自主创新政策类似于东北地区。洪超选取地方经济发展环境、技术创新政策投入、技术创新政策产出三类指标，建立了一套技术创新政策效果评估体系，利用 2006 年和 2007 年全国 30 个省级行政区域数据研究各个区域的技术创新政策效果。其结论是，同全国其他省份相

---

① 王伟光、吉国秀：《东北地区产业创新体系：变革基础、路径选择与政策取向》，《桂林发展研究》2007 年第 5 期。

② 李锦慧：《黑龙江省自主创新政策研究》，哈尔滨工程大学 2008 年硕士学位论文。

③ 李锦慧：《黑龙江省自主创新政策研究》，哈尔滨工程大学 2008 年硕士学位论文；杨志安：《构建沈阳自主创新科技投融资体系的途径选择》，《辽宁大学学报》（哲学社会科学版）2008 年第 11 期。

比，安徽省的技术创新政策效果处于中游水平，与处在前列的城市的差距明显，在中部六省中也位列河南、湖北之后。安徽省技术创新政策的投入效率低下。因此，在今后的技术创新政策制定、实施过程中，在扩大投入的同时要注重提高效率，从而增强技术创新政策的效果，提高政府的技术创新政策水平。①

武汉市的区域产业自主创新政策较安徽完善，但与东部地区的产业自主创新政策支撑体系相比仍有显著差距。比如，区域金融体系、人力资本体系都需要加以进一步完善。②

第4节　完善中国区域现代产业创新战略支撑体系的政策建议

本节的主要任务是，按照强势创新区域、优势创新区域和普通创新区域的逻辑分别研究完善中国区域产业自主创新战略支撑体系的政策问题。

一　强势区域完善产业创新战略支撑体系的政策措施

制度创新是强势创新区域产业创新支撑体系建设的基本经验。强势区域产业创新的基本目标和任务是促使中国产业核心技术少、产业原始创新能力较弱的先行区域发展战略性新兴产业。中关村国家高新技术产业开发区主任认为，中关村自主创新示范区的成功经验就是先行先试。在体制机制上先行先试是核心。要实现强势区域产业的创新目标，就必须继续在体制和机制上先行先试，推进产业创新支撑体系的进一步完善。

（一）改革并推进创新要素有序流动的制度体系建设

中国为推进人力资本有序流动做了大量人事管理体制改革。王海芸和温珂研究发现，北京、上海、深圳三市的人力资本体制改革正向纵深推进，逐步向人力资本体制创新、机制创新和营造综合创新环境方面转变。③ 薛丹丹等人的研究结论是，中关村、上海、深圳等强势创新区域都非常重视利用人才政策引进、选拔、培养创新型和高端人才。人才政策基

---

① 洪超：《安徽省企业技术创新政策效果的比较研究》，中国科技大学2009年硕士学位论文。

② 喻金、田昊倩：《武汉市自主创新政策实施效果评价》，《科技创业月刊》2010年第12期。

③ 王海芸、温珂：《京沪深三市创新政策比较研究》，《中国青年科技》2007年第3期。

本上侧重于留学归国以及各类高端人才的引进，通常采用户籍、住房、购车、事业启动费、子女入学、生活安置以及配偶安置等多方面的举措来促进人才引进。深圳侧重于对创新创业人才的激励，激励机制相对灵活。在人才测评与评价政策、人才退出机制与政策方面，强势区域缺乏有效政策，还应进一步加强并落实这方面的举措。①

当前，创新型人力资本主要集聚于大学和研究机构，企业仍然缺乏足够的创新型人力资本。创新型人力资本不能在第一时间满足企业创新工作的需要。中国企业从事原始创新所需要的人力资本长期滞留于大学和研究机构。主要原因在于创新型人力资本的风险分担体制和机制不健全。大学和研究机构有一套完整的风险防范体制和机制，企业的这类体制和机制不健全，因此必须健全和完善创新型人力资本风险分担体制和机制。首先，应当推进大学和研究机构人力资源管理体制的改革，促进大学和研究机构人力资本有序流向企业；其次，应当完善企业的创新型人力资本激励体制和机制。在这方面，企业应当做好如下制度安排：第一，建构高端创新型人力资本激励制度；第二，构建创新型人力资本创新风险保障体制和机制；第三，构建高端创新型人力资本测评体系和退出机制。②

国有大企业产业创新体制和机制建设是强势区域产业创新制度体系建设的主要内容之一。国有大企业没有理顺产业创新的体制和机制，其核心问题是，激励国有大企业从事原始创新的制度激励功能很弱。面对产业结构调整和升级，面对战略性新兴产业的发展，必须深化国有大企业考核体系改革。创新转型、反垄断和保护消费者利益是大型国有企业激励体制改革的目标。要发挥中小企业在原始创新方面的优势，就必须建立系统、有效的中小企业创新保护体制和机制。

进一步理顺产业创新合作联盟机制应当是强势区域产业创新制度体系建设的又一紧迫任务。强势区域产业创新合作联盟发展很快，但产业创新合作联盟的体制机制不畅制约了区域产业的创新发展。

中国强势创新区域产业创新战略面临着深层次的制度“瓶颈”。比如，资源价格体制不能反映资源价值和供求情况，中央直属企业居垄断地

---

① 薛丹丹、周彬、刘志迎：《国内区域创新政策比较对合芜蚌试验区的启示》，《合肥学院学报》（社会科学版）2010 年第 9 期。

② 佟锐、高旭、王伟青：《人力资本对高新技术产业创新能力的作用》，《经济研究导刊》2008 年第 16 期。

位，收入分配制度不能保障全体人民分享经济发展成果，个人创新收入税收制度激励效应不强，住房市场制度不能有效配置土地资源和住房资源，医疗和养老制度不能有效保护参保人的权益，知识产权制度的激励创新效应不强，这些制度"瓶颈"极大地制约了创新和创新扩散、产学研合作、高端人力资源流动并向企业集聚。更为严重的是，这些制度没有成为原始创新、鼓励核心技术—产品创新的内生激励机制。

政府行政干预体制无法鼓励企业进行原始创新，因而必须推进政治体制改革。中国强势创新区域是建设创新型国家的先行区，产业创新依赖制度创新，是区域的基本经验。汲取这些成功经验，深化体制改革，尤其是分配体制、社会保障体制改革，是强势创新区域推进核心技术—产品创新战略、创新型企业战略、优势产业创新战略等区域产业创新战略的强大制度推动力。

(二) 构建高端要素市场体系是强势区域产业创新支撑体系建设的重点

中国强势创新区域多层次人力资本市场体系初步形成，但是还不完善。比如，高级专业人力资本市场体系还不完善。现在，还需要进一步完善高级人力资本市场体系。具体地说，应当按照区域产业自主创新战略要求及现有人力资本市场体系情况，有针对性地建立区域高级人力资本市场体系。其中，高级创新型人才市场体系、职业经理人人才市场体系都需要加以进一步完善。应当加强高级人力资本市场诚信体系、监管体系建设。

"十一五"期间，强势区域资本市场体制和机制创新得到有序推进。在风险投资、担保、信用体系的构建上，中关村鼓励设立风险投资机构和信用担保机构，建立信用担保机构风险准备金制度和财政有限补偿担保代偿损失制度；上海将重点放在信用体系的建立上，加强信用制度建设，完善个人和企业信用联合征信系统，建立科技企业、中介机构和个人信用信息共享机制，创立适合科技型中小企业特点的信用评级体系，推进信用产品的使用；深圳正在加快创业投资体系的建设步伐，并向着创新信用再担保体系方面努力。在资本市场方面，深圳证券交易所推出了创业板市场；北京启动了证券公司代办系统的股份转试点工作；上海加快了国际金融中心战略实施步伐，多层次的资本市场建设取得了进展。但是，强势区域面向战略性新兴产业和中小企业发展的资本市场体系还不够完善，远不能满足战略性新兴产业和中小企业创新过程所要求的投融资需求，因此"十二五”期间，必须打通主板市场、创业板市场和三板市场退出和进入通道，建立统一的资本市场体系。强势创新区域的资本市场体系还应当在产品创新、信息披露、机构监管等体制和机制创新方面着力，以满足该区域创新型企业规避创新风险的要求。①

完善的资本市场体系是强势创新区域产业创新的资本市场制度支撑体系。当前，应当根据中国共产党十八届三中全会决定精神，加快资本市场制度建设步伐。首先，应修改和完善证券市场法律法规，科学界定证券监管机构与证券交易所的职能、权限，构建无缝的证券监管体系。其次，完善风险资本体制和机制。中国风险资本发展很快，但是风险资本的监管体制和机制却十分低效。这就带来了两个负面效应：第一，风险资本市场无序流动，风险资本不能流向最有前景的技术项目或原创性很高的高风险项目；第二，风险资本市场规模不足。因此，风险资本体制和机制创新的重点应当是：完善风险资本的市场配置机制，重点推进专业化风险资本体制机制的建设。最后，率先探讨可复制可推广的债券市场监管体系，重点是地方政府债券市场监管体系，为大力发展地方政府债券市场建立风险监管体制机制。

（三）建立高效率的、开放的中介服务体系

一个有效的中介服务体系应当有四个特点：（1）具有专业的服务机构体系；（2）具有高效率的专业服务体系；（3）具有机构完整的专业服务体系；（4）具有一个有序竞争、开放合作的服务体系。中国强势创新区域的中介服务体系存在的问题是，首先，专业服务机构体系的专业水平不高；其次，专业机构的服务效率较低；再次；专业机构服务体系不完整；最后，专业服务机构之间存在无序恶性竞争、开放层次较低等问题。②

浙江的经验表明，强势创新区域要积极发展各种形式的技术中介服务机构，促进科技成果的引进和转化，并采取有效措施对中介服务加以规范。尤其要加强对无形资产评估机构的管理，要求其按照所规定的评估程序、方法和手段对技术成果进行合理评估和综合量化，比较客观地分析、

① 朱孟进、荆娴：《我国高技术产业的资本市场支撑体系研究》，《上海经济研究》2008 年第 6 期。

② 王涛、林耕：《科技中介服务体系的经济学视角》，《科学管理研究》2004 年第 6 期；李欣、邹礼瑞：《科技中介服务体系发展动力机制分析》，《科技进步与对策》2008 年第 4 期。

评估科技人才和技术成果在企业成长中的贡献份额，为产学研合作以及高技术企业创业与发展提供高水平的专业化服务。此外，还要提高专利代理机构的整体水平，以适应高技术企业和产业日益增加的对创新成果知识产权保护和战略管理的需要；要提高专利代理人的素质，可按专业对之进行分类管理，定期进行资质审查，根据其业绩实行等级评定等；还要建立由政府、企业、科研院所和高校共同参与的知识产权保护网络，建立一种快速反应机制；要建立由政府、企业、科研院所和高校共同参与的知识产权信息共享平台，以及由政府、企业、科研院所和高校共同参与的知识产权信息交流平台等。①

二　优势区域完善产业创新战略支撑体系应突出重点

当前，优势创新区域产业创新战略支撑体系之突出问题有区域资本市场体系问题、高端人力资本体系问题、区域创新文化体系问题和区域技术创新体系问题。优势区域应当牢牢抓住这些问题，推进优势创新区域的产业创新战略支撑体系建设。

（一）推进区域证券交易所和零售市场建设，为优势创新区域实施产业创新战略提供资本市场支持

中国优势区域产业创新战略的实施需要强有力的区域资本市场支持。长期以来，天津、湖北、成都、西安等区域在核心技术—产品创新领域取得的突破较少，其中的一个重要原因是，这些区域没有获得强有力的资本市场支持。这些区域没有区域证券交易所，没有零售证券交易市场或OTC市场（柜台交易），因而风险资本缺乏退出通道。区域证券交易所和零售市场滞后，不仅延缓了全国多层次资本市场的建设，而且阻碍了调结构、转方式、促发展，即阻碍了这些区域产业创新战略的有效实施。因此推进区域证券交易所和零售市场建设将会极大地完善优势创新区域产业创新战略体系。

（二）高端人力资本体系是优势区域产业创新战略的首要人力资本支撑体系

人力资本体系有初级、中级和高级三个层次。中国优势创新区域已经

① 徐明华、包海波、谢芳：《完善技术要素激励与促进自主创新的政策研究——基于浙江的经验调查分析》，《中国软科学》2007年第11期。

建立了全面、系统的初、中级人力资本体系，高级人力资本体系则不健全、不完整。高级人力资本体系指高端技术创新人才、技术创业家和职业经理人的市场配置、流动和管理体系。随着创新型国家战略的实施，中国优势创新区域高端人力资本体系建设工作取得了显著进展，比如，“百千万”人才工程。但是，中国优势创新区域高端人力资本体系缺乏市场配置原则、有效激励约束体系和管理体系。当前，应当按市场配置原则、激励约束原则、自由流动原则建构高端人力资本体系。通过高端人力资本体系建设，推动高端技术创新人才向企业集聚，激励高端人力资本从事原始创新、核心技术—产品创新，壮大技术创业家和风险投资家队伍，完善职业经理人市场和管理。①

（三）优势创新区域文化一直是优势区域产业创新战略创新价值的支撑体系

最近十年来，中国优势创新区域文化对产业创新的促进作用有了明显增强，但与中国强势创新区域相比，优势创新区域文化的这种促进作用有着明显的差距。其原因在于，优势创新区域同强势创新区域创新文化之间存在着差距，即在创新态度、创新意识、创新理念和创新价值等方面的差距。中国优势创新区域创新文化建设体系表现为低层次、单一特点。根据优势区域产业创新战略的需要，中国优势创新区域创新文化建设体系应当着眼于家庭、中小学校、社区、街道，运用形式多样的方法，构建长短结合、各个层级的创新文化建设体系。地方政府最高行政长官的行为具有引导作用。政府服务创新在优势区域创新文化体系建设中起着关键作用。

（四）积极构建优势创新区域技术创新体系

优势创新区域技术创新体系建设是完善优势区域产业创新战略支撑体系的基础性工作。丁英以四川省技术创新体系为例，研究了区域技术创新体系在区域产业创新战略支撑体系中的重要性。他认为，要使区域技术创新体系成为提升四川省产业集群竞争力的重要支撑，就必须满足以下条件：首先，创新主体多元化。既要强调企业的主体地位，又要积极促进科研机构和其他组织的参与。其次，运作市场化。技术的研究开发、转让和运用，都应在统一的市场机制基础上展开。最后，创新方向集群化。区域技术创新所关注的技术问题，不应过分强调高精尖，而是要密切结合产业

① 周万生：《人力资本与区域创新能力研究》，四川大学 2008 年博士学位论文。

集群发展的实际，致力于促进集群整体技术水平的提高。①

此外，为了促进区域技术创新体系与工业产业集群的对接，政府可以采用以下方式：（1）构建集群技术研发平台，为集群内企业参与技术创新、了解技术研发趋势创造条件。（2）在运用政策鼓励企业向工业发展区集聚的同时，鼓励研究机构向发展区集中。（3）对规划的优势产业，可以运用优惠政策激励企业接纳有实力的技术机构参股。（4）对大企业带动中小企业形成的集群，可以运用优惠政策鼓励大企业转移技术；在以中小企业为主的集群中，可以由政府设立并培育核心技术研发机构，并运用政策鼓励其向集群内中小企业提供技术支持。（5）鼓励技术引进，规范技术交易。②

三　立足特色，建构普通创新区域的产业创新战略支撑体系

普通创新区域的产业创新战略支撑体系具有鲜明的特色产业创新要求，建构全面的、综合的区域产业创新战略支撑体系显然不合适。立足特色，建构普通创新区域的产业创新战略的支撑体系是必然选择。

在中国56个国家级高新区中，绝大多数中西部国家级高新区都属于普通创新区域，并且都是中国普通创新区域的代表。这些区域集聚了当地的创新资源，拥有特色鲜明的产业。根据比较优势原则，这些区域通常应把特色产业作为当地战略产业、支柱产业和优势产业。这些特色产业绝大多数是传统产业，比如资源型产业、劳动密集型产业、机械制造业。绵阳国家高新区是罕有的例外。因为绵阳国家高新区的产业是以军民融合为特征的数字视频产业。

传统产业面临着环境挑战。迎接环境挑战，必须运用循环经济思想、低碳经济思想，开发和运用清洁生产技术、低碳技术，大力发展环保节能产业，通过环保节能产业技术的创新和扩散，带动传统产业的技术改造，实现传统产业的技术升级、结构调整。传统产业创新的关键有二：一是传统产业中领头企业的产业创新作用；二是节能环保技术在传统产业中的应用。

---

① 丁英：《创新四川产业集群外部环境政策的路径分析》，《理论月刊》2010年第6期。

② 关啦啦、吕少辉：《河南省高新技术产业发展的人才支撑体系研究》，《现代商贸工业》2008年第11期。

基于普通创新区域的产业创新战略需要，其战略支撑体系的目标在于：（1）构建发展节能环保产业的战略支撑体系；（2）构建节能环保技术与传统产业相结合的战略支撑体系。普通创新区域的产业创新战略支撑体系建构重点在于特色产业创新的人力资本体系；特色产业的金融支撑体系；特色产业创新的中介服务体系；特色产业创新的财税体系。

创造有利于知识型企业家成长的制度环境，这对于普通创新区域的产业创新战略支撑体系尤其重要和迫切。（1）应逐步清除“官本位”思想。（2）完善企业家人力资本市场。（3）健全对企业家的激励机制。（4）建立和健全对企业家的约束机制。

绵阳科技城是中国唯一的科技工业城。绵阳拥有丰富的科技资源，世界著名的研究机构集聚于此，绵阳拥有完善的世界数字视听产业体系。绵阳科技城的产业特色为军民融合。立足于绵阳科技城的产业特色，绵阳科技城的产业创新体系是军民融合的数字视听产业创新体系。这个产业创新体系拥有核心技术—产品创新优势、创新型企业优势、数字视听产业优势。

十年来，绵阳科技城围绕这个产业创新体系构建了初步的战略支撑体系。当前，其主要任务是进一步完善这一战略支撑体系。其主要战略措施是：

1. 构建促进军民融合的产业创新人才体系。这个体系有两方面内容：第一，国防科技人力资源向创业人才转化体系；第二，民用高科技人才向国防科技产业转化的人才体系。

2. 构建促进军民融合的产业创新资本体系。当前，绵阳科技城已建立了中小科技型企业创新创业基金和产业发展基金。这仍不足以支持军民融合产业的发展。构建并完善军民融合的产业创新资本体系，要求必须推进国防科技产业融资平台的市场化，建构民用资本向军用资本转化的资本平台。

3. 构建军民融合的产业技术创新平台，比如，国防科技实验室体系民用化，民用科技实验室体系国防化。

4. 构建军民融合产业中介服务体系。目前，绵阳科技城的产业服务体系仅限于民用且层次低、水平低。军民融合产业中介服务体系的特点是，既要为国防科技工业服务，又要为民用产业服务。这就要求必须大力构建军民融合型中介服务机构。

第5节　构建支撑创新的各类创新区域现代治理体系

普通创新区域、优势创新区域、强势创新区域发展现代产业，都面临着制度的约束和挑战，都需要依靠制度创新，以构建支撑现代产业发展的区域现代治理体系。

一　构建各类区域现代治理体系的指导思想和目标

中国改革开放的实践经验表明，每个改革阶段都有特定的制度建构指导思想和目标。20世纪80年代，中国共产党十二届三中全会《关于经济体制改革的决定》确立了构建区域制度创新体系的指导思想和目标，即发展有计划的商品经济体制，引入市场机制，减少指令性计划，增加指导性计划。“一个中心，两个基本点”就是20世纪80年代区域制度创新体系的指导思想。20世纪90年代，中国共产党十四届三中全会通过的《中共中央关于建立社会主义市场体制若干问题的决定》确立了20世纪90年代区域制度创新的指导思想和目标，即建立社会主义市场经济体制，充分发挥市场在资源配置中的基础性作用和政府的调控作用。2013年，中国共产党十八届三中全会《关于全面深化改革的若干重大问题的决定》确立了当代区域制度创新的指导思想和目标，即建立国家现代治理体系，发挥市场在资源配置中的决定作用，更大限度地发挥政府的作用。

从发展区域现代产业角度看，强势创新区域的现代产业发展需要率先构建完善的支撑创新驱动的区域制度体系，优势创新区域优势产业发展的特点是需要构建与之相符的支撑创新驱动的区域制度体系，普通创新区域的特色产业发展特点是需要构建与之相符的支撑创新驱动的制度体系。无论强势创新区域、优势创新区域还是普通创新区域在构建支撑创新驱动的现代产业发展的制度体系时都应当以“三个坚持”为指导思想，即坚持法治先行，坚持发挥市场在资源配置中的决定作用，坚持最大限度地发挥政府的作用。

二　构建各类区域现代治理体系的重点

强势创新区域、优势创新区域和普通创新区域的现代产业发展有显著的差异性，这种差异性要求构建支撑创新的区域制度体系各有侧重。

强势创新区域支撑创新驱动的制度体系的重点应当是，构建全面的、高效率的产业监管体系、政府诚信体系、企业诚信体系、个人诚信体系。首先，构建全面的、高效率的产业监管体系是支撑创新驱动的现代产业发展的第一制度创新。全面的产业监管体系应当是能源与资源监管体系、产品质量监管体系、市场公平竞争秩序监管体系、社会责任监管体系。高效率的产业监管体系的监管过程应当是快速的、有效的预警、事件调查、处理和控制体系。其次，构建全面的、有效的社会责任与自然生态监管体系。社会责任监管体系和自然生态监管体系是现代产业发展的基础监管体系。建立无条件的失职终生问责机制，这包括应构建政府诚信监管体系、企业诚信监管体系、个人诚信监管体系。最后，构建法治监管体系。这包括应构建立法监管体系、司法监管体系、执法监管体系。

优势创新区域支撑创新驱动的制度体系的重点应当是，率先构建优势产业发展的创新驱动制度体系。优势产业发展的创新驱动制度体系应当是高效率的创新资源市场配置制度体系。首先，应当借鉴强势创新区域市场配置创新资源制度体系的做法，构造本区域创新资源市场配置体制和机制。对于优势创新区域来说，要素市场发展不充分是普遍现象，应当加快构建高端人力资本市场制度体系、有特色的区域资本市场制度体系。其次，应当坚定不移地加快简政放权步伐，还权于市场，减少行政审批，建立高效、廉洁、法治、服务于优势产业发展的监管体系。最后，应当率先构建政府诚信监管体系，引领区域社会诚信监管体系建设。

普通创新区域支撑创新驱动的制度体系的重点应当是，率先构建特色产业发展的创新驱动制度体系。特色产业发展的创新驱动制度体系应当是高效率地吸引创新资源向特色产业集中的市场配置制度体系。首先，应当学习强势创新区域市场配置创新资源制度体系的经验，构建本区域创新资源配置体制和机制。对于普通创新区域来说，其要素市场发育不充分，有限创新资源配置受到严重扭曲，创新资源集聚力弱，这就要求率先在特色优势产业部门构建可以发挥市场决定资源配置作用的体制机制，建设高效率的特色产业要素市场体系、特色产品市场体系。其次，积极构建高效率的政府特色产业监管体系，包括产品质量监管体系、企业社会责任监管体系、政府诚信监管体系。最后，有序地构建法治政府服务体系。

三　构建支撑创新驱动的区域现代治理体系的路径

支撑创新驱动的区域现代治理体系的路径应当是坚决按照构建国家现代治理体系和提高现代治理能力的全面深化改革总目标要求，依法试点，结合经济发展和产业发展的实际情况，确定优先改革方向、领域，重点在关键环节上获得突破，有序推进。

中国共产党十八届三中全会关于全面深化改革的决定明确指出，国家现代治理体系和现代治理能力是全面深化改革的总目标。各类创新区域构建支撑创新驱动的区域现代治理体系必须坚决贯彻这个总目标，按照总目标的要求，遵循治理结构体系、治理功能体系、治理制度体系、治理方法体系的思路在政治治理、经济治理、社会治理领域构建一个立体网络的、合作协同的、和谐有序的区域现代治理体系。这个区域现代治理体系包括地方政府治理、区域市场治理和区域社会治理三个次级治理体系。这个区域现代治理体系应当全面体现社会主义核心价值观，社会主义核心价值观应当是做好区域制度体系顶层设计的指导思想和价值原则导向。区域现代治理体系是中国特色社会主义制度在区域的体现。构建区域现代治理体系是区域制度的创新。

依法试点是指各项体制改革试点必须于法有据，根据法律授权，开展制度创新。待试点取得成功经验后，再渐进展开，这是中国改革开放30年体制改革的成功经验。过去，中国特色社会主义法律体系还未形成，试点常常在没有法律授权的情况下进行的，因此试点无法可依，试点于法无据。学界称这种试点为先破后立。2010年，中国特色社会主义法律体系形成。因此把顶层设计与试点相结合既可保证制度创新更加科学合理，又可减少行政违法现象。依法试点工作要求各个创新区域构建支撑创新驱动的现代治理体系必须坚持顶层设计与试点要求相结合的原则。

经济发展与产业发展实际情况的结合是构建支撑创新驱动的区域现代治理体系的现实要求。中国共产党十八大报告指出，经济发展仍然是中国共产党执政兴国的第一要务，改革是经济发展的根本动力。各个区域的经济发展和产业发展差别极大，各有特色。本着有利于本区域经济发展和产业发展的原则既是中国长期改革实践的基本经验，又是改革的最终目标。只有本着经济发展、产业发展与制度完善相互促进的原则设计本区域的体制改革目标，体制改革才能有效推进、有序展开，取得令全体人民满意的效果。

确定优先改革方向和领域是成功构建区域现代治理体系的关键。中国共产党十八届三中全会全面深化改革的决定包括了 336 项改革内容。各个区域如何贯彻落实这些改革内容呢？吴敬琏认为，应当选出那些最为重要的和关联性最强的少数改革项目，形成一个最小的一揽子改革方案。强势创新区域、优势创新区域、普通创新区域要详细研究哪些改革项目是本区域最为重要的、与本区域关联性强的，这些改革项目的实施可以使创新资源向本区域优势产业集聚并获得合理配置，以促进本区域产业竞争力的提高，增强本区域产业创新竞争优势。2013 年以来的行政审批改革实践表明，行政审批改革、财税改革、土地改革应当是各个区域共同的优先改革方向。

关键环节率先突破是构建支撑创新驱动的区域现代治理体系的着力点和抓手。普通创新区域、优势创新区域和强势创新区域现代治理体系构建具有不同的关键环节。牢牢抓住这些关键环节，各个创新区域的制度建构就可以有效并有力地推进。从实践上看，地方政府治理、区域市场治理是关键环节。构建权力清单制度和负面清单制度是政方政府治理的关键环节。所有创新区域都应当积极探索，制定地方政府行政改革与地方政府治理体系建设方案。公平竞争、和谐有序的市场竞争环境是现代市场治理目标。强势创新区域和优势创新区域都存在着阻碍技术创新的不公平竞争环境，比如，跨国公司滥用专利垄断权、大企业侵害中小企业专利问题。构建区域反垄断治理体系是现代市场治理体系的关键环节。强势创新区域和优势创新区域应当积极探讨构建区域现代反垄断治理体系。

有序推进指的是制度创新的成功经验在其他领域可复制、可推广。支撑创新驱动的现代治理体系既是一个系统，又是一个制度创新链。区域现代治理体系的内容包括地方政府现代治理体系和制度创新链；区域现代市场治理体系和制度创新链；区域现代社会治理体系和制度创新链。我们应当系统地研究各类区域现代治理体系的创新链，把关键环节治理创新的成功经验沿着最紧密、最直接的治理创新链扩散。

参考文献

[美] 约瑟夫·熊彼特:《经济发展理论》,商务印书馆 2000 年版。

[美] 约瑟夫·熊彼特:《资本主义、社会主义与民主》,商务印书馆 2000 年版。

[美] 弗兰克·奈特:《风险、利润与不确定性》,波士顿,1965 年。

[美] 斯蒂格利茨:《经济学》(上),中国人民大学出版社 1997 年版。

[美] 谢勒(F. M. Scherer):《技术创新——经济增长的原动力》,新华出版社 2001 年版。

[美] 詹姆士·奎恩、乔丹·巴洛奇、卡伦·兹恩:《创新爆炸——通过智力和软件实现增长战略》,惠永正、靳晓明等译,吉林人民出版社 1999 年版。

[澳] 杨小凯、张永生:《新兴古典经济学和超边际分析》,中国人民大学出版社 2000 年版。

[美] 卡尔·夏皮罗、哈尔·瓦里安:《信息规则——网络经济的策略指导》,中国人民大学出版社 2000 年版。

[美] 派恩:《大规模定制:企业竞争的新前沿》,中国人民大学出版社 2000 年版。

[美] 艾尔弗雷德·D. 钱德勒:《战略与结构:美国工商企业成长的若干篇章》,云南人民出版社 2002 年版。

[美] 迈克尔·波特:《国家竞争优势》,李明轩、邱如美译,中信出版社 2007 年版。

[美] 迈克尔·波特:《竞争优势》,陈小悦译,华夏出版社 1997 年版。

[美] 迈克尔·波特:《竞争战略》,陈小悦译,华夏出版社 1997 年版。

[美] 迈克尔·迪屈奇、王铁生:《交易费用经济学——关于公司的新的经济意义》,葛立成译,经济科学出版社 1999 年版。

[美] 奥利弗·E. 威廉姆森:《反托拉斯经济学——兼并、协约和策略行为》,张群群、黄涛译,经济科学出版社 1999 年版。

[澳] 杨小凯、黄有光:《专业化与经济组织》,张玉纲译,经济科学出版社 1999 年版。

[美] 鲁迪·拉各斯、丹·霍尔特休斯编:《知识优势——新经济时代市场制胜之道》,吕巍、吴韵华、蒋安奕译,机械工业出版社 2002 年版。

[美] 安纳利·萨克森宁:《地区优势:硅谷和 128 公路地区的文化竞争》,曹蓬、杨宇光等译,上海远东出版社 1999 年版。

[美] G. 多西等编:《技术进步与经济理论》,钟学义、沈利生、陈平等译,经济科学出版社 1992 年版。

青木昌彦、安藤晴彦:《模块时代:新产业结构的本质》,上海远东出版社 2003 年版。

[美] 埃德加·M. 胡佛:《区域经济学导论》,商务印书馆 1990 年版。

[美] R. 科斯、A. 阿尔钦、D. 诺思等:《财产权利与制度变迁——产权学派与新制度学派译文集》,上海三联书店、上海人民出版社 1995 年版。

[英] 肯·格林、萨莉·兰德勒斯 (Ken Green, Sally Randles)、鞠美庭:《产业生态学与创新研究》,张琳等译,化学工业出版社 2010 年版。

《全球化与技术相互依赖、创新系统与产业政策》,知识产权出版社 2011 年版。

《刘诗白文集》,西南财经大学出版社 1999 年版。

刘诗白:《现代财富论》,三联书店 2005 年版。

吴敬琏:《制度重于技术》,中国发展出版社 2002 年版。

杨吾扬:《区位论原理——产业、城市和区域的区位经济分析》,甘肃人民出版社 1989 年版。

魏后凯:《现代区域经济学》,经济管理出版社 2006 年版。

汪涛:《竞争的演进——从对抗的演进到合作竞争》,武汉大学出版社 2002 年版。

张磊:《产业融合与互联网管制》,上海财经大学出版社 2001 年版。

傅家骥主编:《技术创新学》,清华大学出版社 1998 年版。

尚勇、朱传伯:《区域创新系统的理论和实践》,中国经济出版社 1999 年版。

李廉水、杜占元：《中国制造业发展研究报告》（2005、2006、2007），科学出版社 2005、2006、2007 年版。

中国科技发展战略研究小组：2003—2011 年《中国区域创新能力报告》，经济管理出版社 2004—2012 年版。

中国创新型企业发展报告编委会：2009—2011 年《中国创新型企业发展报告》，经济管理出版社 2009—2011 年版。

科学技术部专题调研室：《我国产业自主创新能力调研报告》，科学出版社 2006 年版。

周元、王海燕、赵刚等：《中国区域自主创新研究报告（2006—2007）》，知识产权出版社 2007 年版。

四川省科技厅：《四川科技统计年鉴（2008）》，D/B. http：//www. scsti. org. cn/。

四川省统计局：《四川统计年鉴》（2003—2007），http：//www. sc. stats. gov. cn/sctj。

仇保兴：《小企业集群研究》，复旦大学出版社 1999 年版。

许庆瑞：《研究与发展管理》，高等教育出版社 2000 年版。

王辑慈：《创新的空间——企业集群与区域发展》，北京大学出版社 2001 年版。

陆国庆：《衰退产业论》，南京大学出版社 2002 年版。

邓金堂：《高技术经济的制度演化——兼论中国高技术经济的制度创新》，西南财经大学出版社 2003 年版。

顾新：《区域创新系统论》，四川大学出版社 2005 年版。

吴德进：《产业集群论》，社会科学文献出版社 2005 年版。

管顺丰：《产业创新理论研究与实证分析》，湖北人民出版社 2005 年版。

雷礼良：《中国智能手机产业竞争分析研究》，复旦大学工商管理学院 2005 年硕士学位论文。

林迎星：《 区域创新优势》，经济管理出版社 2006 年版。

郑刚：《全面协同创新——迈向创新型企业之路》，科学出版社 2006 年版。

赵玉林：《 创新经济学》，中国经济出版社 2006 年版。

《十六大以来重要文献选编》（中），中央文献出版社 2006 年版。

隆国强等：《跨国产业转移与产业结构升级》，中国商务出版社 2007 年版。

陈劲、桂彬旺：《模块化创新——复杂产品系统创新机理与路径研究》，知识产权出版社 2007 年版。

科技部火炬高技术产业开发中心、北京市长城企业战略研究所：《中国增长极：高新区产业组织创新》，清华大学出版社 2007 年版。

陈小洪、马骏、袁东明等：《产业联盟与创新》，经济科学出版社 2007 年版。

张东风：《基于复杂性理论的企业集群成长与创新系统研究》，中国社会科学出版社 2007 年版。

贾生华、疏礼兵：《产业演进、协同创新与民营企业持续成长：理论研究与浙江经验》，浙江大学出版社 2007 年版。

罗清和等：《经济发展与产业成长——深圳产业成长与发展趋势研究》，上海三联书店 2007 年版。

四川省经济委员会编：《四川工业强省战略问题研究》（2），西南财经大学出版社 2007 年版。

祝影：《全球研发网络：跨国公司研发全球化的空间结构研究》，经济管理出版社 2007 年版。

《十七大以来重要文献选编》（上），中央文献出版社 2008 年版。

《科学发展观重要论述摘编》，中央文献出版社 2008 年版。

刘颖：《天津高新区创新型科技园区建设对策研究》，天津大学管理学院 2008 年博士学位论文。

张其仔等：《模块化、产业内分工与经济增长方式转变》，社会科学文献出版社 2008 年版。

唐浩、蒋永穆、贺钢等：《西部大开发特色优势产业发展研究》，四川大学出版社 2008 年版。

纪宝成、赵彦云：《中国走向创新型国家的要素：来自创新指数的依据》，中国人民大学出版社 2008 年版。

孙福全、陈宝明、张华胜等：《创新型企业发展模式研究》，中国农业科学技术出版社 2008 年版。

王树海：《2008 年度国家高新技术产业开发区综合发展与数据分析报告》，《中国高新区》2009 年第 9 期。

胡建绩编著：《产业发展学》，上海财经大学出版社 2008 年版。

柳卸林：《全球化、追赶与创新》，科学出版社 2008 年版。

陈劲：《浙江产业与科技创新》，浙江大学出版社2008年版。

周万生：《人力资本与区域创新能力研究》，四川大学2008年博士学位论文。

芮明杰、张琰：《产业创新——基于网络状产业链内知识创新平台的研究》，上海财经大学出版社2009年版。

胡树华、牟仁艳：《产品—产业—区域创新路径》，经济管理出版社2009年版。

刘建兵、柳卸林：《服务业创新体系研究》，科学出版社2009年版。

屈援：《基于SCP分析的我国中药产业创新能力提升研究》，经济科学出版社2009年版。

王福涛：《创新集群成长动力机制》，华中科技大学2009年博士学位论文。

丁魁礼：《创新集群知识治理机制》，华中科技大学2009年博士学位论文。

赵忠华：《创新型产业集群网络结构与绩效研究》，哈尔滨工业大学出版社2009年版。

高汝熹、车春鹂、吴晓隽：《上海健康医学产业创新集群研究》，上海社会科学院出版社2009年版。

陆明详：《地方产业集群的起源、生成和演进机理——基于佛山瓷砖集群分析》，经济科学出版社2010年版。

王传宝：《全球价值链视角下地方产业集群升级机理研究——以浙江产业集群升级为例》，浙江大学出版社2010年版。

梅丽霞：《全球化、集群转型与创新型企业——以自行车产业为例》，科学出版社2010年版。

高怡冰、林平凡：《产业集群创新与升级——以广东产业集群发展为例》，华南理工大学出版社2010年版。

周轶昆：《基于厂商学习的产业创新机制研究》，经济科学出版社2010年版。

魏达志、张显未、郭启华：《制度变迁中的解构与创新——深圳电子信息产业崛起路径的当代考察》，人民出版社2010年版。

屈超：《中国城市软件产业自主创新能力研究》，知识产权出版社2010年版。

张克俊、唐琼：《西部高新区提高自主创新能力与促进高新技术产业发展研究》，西南财经大学出版社 2011 年版。

赵玉林等：《 基于科技创新的产业竞争优势理论与实证》，科学出版社 2011 年版。

刘世庆等：《军民融合：提升西部地区自主创新能力和高技术产业研究》，人民出版社 2011 年版。

戴魁早：《垂直分离、技术创新和生产率增长——基于中国高技术产业的实证研究》，经济科学出版社 2011 年版。

王辑慈：《超越集群——中国产业集群的理论探索》，科学出版社 2011 年版。

陆根尧等：《产业集群自主创新：能力、模式与对策》，经济科学出版社 2011 年版。

张秀武：《中国高技术产业集群与技术创新互动关系研究》，社会科学文献出版社 2011 年版。

肖雁飞、廖双红：《创意产业区——新经济空间集群创新演进机理研究》，中国经济出版社 2011 年版。

中国电子信息产业发展研究院、赛迪顾问股份有限公司：《 战略性新兴产业发展及应用实践》，机械工业出版社 2012 年版。

王敏、何雨欣：《产能过剩成经济发展之癌 须促方式 调结构》，新华网，2013 年 9 月 5 日。

刘明宇、芮明杰：《全球化背景下中国现代产业体系的构建模式研究》，《中国工业经济》2009 年第 5 期。

张耀辉：《传统产业体系蜕变与现代产业体系形成机制》，《产经评论》2010 年第 1 期。

龚绍东：《产业体系结构形态的历史演进与现代创新》，《产经评论》2010 年第 1 期。

严潮斌：《产业创新：提升产业竞争力的战略选择》，《北京邮电大学学报》（社会科学版）1999 年第 3 期。

安维复：《从国家创新体系看现代科学技术革命》，《中国社会科学》2000 年第 5 期。

万迪昉、王宇光、朱伟民：《西部产业创新发展及重组的初步研究》，《西安交通大学学报》（社会科学版）2001 年第 1 期。

张璞:《区域产业创新体系构建研究》,《现代财经》2003 年第 10 期。

洪名勇、董藩:《西部地区重工业发展构想》,《民族研究》2003 年第 4 期。

黎苿楚等:《中国区域产业创新系统选择与评价》,《科学学与科学管理》2005 年第 2 期。

王伟光、吉国秀、李征:《东北地区产业创新体系:变革基础、路径选择与政策取向》,《党政干部学刊》2007 年第 8 期。

王缉慈:《关于发展创新性集群的政策建议》,《经济地理》2004 年第 4 期。

魏江、朱海燕:《集群创新系统的创新桥梁:知识密集型服务业》,《浙江大学学报》(人文社会科学版)2007 年第 2 期。

钟书华:《创新集群:概念、特征及理论意义》,《科学学研究》2008 年第 1 期。

欧雅捷、林迎星:《战略性新兴产业创新系统构建的基础探讨》,《技术经济》2010 年第 12 期。

陈柳欣:《战略性新兴产业自主创新问题研究》,《决策咨询》2011 年第 2 期。

平力群:《组织形态创新与新兴产业发展——以日本移植 LLC、LLP 为例》,《现代日本经济》2010 年第 5 期。

吴福象、王新新:《行业集中度、规模差异与创新绩效——基于 GVC 模式下要素集聚对战略性新兴产业创新绩效影响的实证分析》,《上海经济研究》2011 年第 7 期。

Lawrence, P. R., Lorsch, J. W. *Organization and Environment*. Cambridge: Harvard University Press, 1967.

Duncan, R. B. " Characteristics of Organizational Environments and Perceived Environmental Uncertainty. "*Administrative Science Quarterly*, Vol. 17(1972), pp. 313-327.

Miles, R. E., Snow, C. C. *Organizational Strategy, Structure and Process*. New York: McGraw-Hill, 1978.

Malerba, F. *Sectora System of Innovation: Concepts Issues and Analyses of Six Major Sectors in Europe*. Cambrige: Cambrige University Press, 2004.

Malerba, F. "Sectora System of Innovation. "In Fagerberg, I., Mowery, C. M.,

Nelson, R. *The Oxford Innovation Handbook.* Oxford: Oxford University Press, 2005.

William , J. Abernathy and James M. Utterback. "Pattems of Industrial Innovation." *Technology Review*, Vol. 80, No. 7(1978).

Williamson, O. E. " Transaction-Cost Economics: The Governance of Contractual Relations ." *The Journal of Law and Economics*, Vol. 22, No. 2(1979), pp. 233-261.

N. Rosenberg, C. R. Frischtak. "Technological Innovation and Long Waves." *Journal Economics*, Vol. 8, No. 7(1984), pp. 7-24.

Milliken, F. J. " Three Types of Perceived Uncertainty about the Environment: State, Effect and Response Uncertainty." *Academy of Management Review*, Vol. 12, No. 1(1987), pp. 133-143.

Freeman, C. *Technology Policy and Economic Performance: Lessons from Japan.* London: Printer, 1987.

Carlsson, I. , Ramphal, S. , Alatas, A. , Dahlgren, H. *Our Global Neighbourhood: The Report of the Commission on Global Governance.* Oxford University Press, 1995.

Dasgupta, P. , and Stiglitz, J. " Industrial Structure and the Nature of Innovative Activity." *Economic Journal*, Vol. 90(1980), pp. 266-293.

Dasgupta, P. and Stiglitz, J. " Entry, Innovation, Exit: Towards a Theory of Olipolistics Industrial Structure." *European Economic Review*, Vol. 15(1981), pp. 137-158.

Greenwood, R. and C. R. Hinings. "Design Archetypes, Tracks and the Dynamics of Strategic Change." *Organization Studies*, Vol. 9, No. 3(1988), pp. 293-316.

Cooke, P. " Regional Innovation System: Competitive Regulation in the New Europe." *Geoforum*, Vol. 23, (1992).

Greenwood, R. and C. R. Hinings. "Understanding Strategic Change: The Contribution of Archetypes." *Academy of Management Journal*, Vol. 36, No. 5 (1993), pp. 1052-1081.

Greenwood, R. and C. R. Hinings. " Understanding Radical Organizational Change: Bringing together the Old and the New Institutionalism." *Academy of Management Review*, Vol. 21, No. 4(1996), pp. 1022-1054.

Jones, C. , Hesterly, W. S. , Borgatti, S. P. " A General Theory of Network Governance: Exchange Conditions and Social Mechanisms. " *Academy of Management Review*, Vol. 22(1997), pp. 911-945.

Michael E. Porter. "Clusters and New Economics of Competition. "*Harvard Business Review*, Vol. 11(1998).

Davies, A. , Brady, T. " Polices for a Complex Product Systems. " *Futures* , , Vol. 30, No. 4(1998), pp. 293-304.

He, C. Q. , National Knowledge Innovation System: Structure, Function and Indicatiors//Wu Shuyao, Papon P. Proceedings of 98' Sino-French Workshop on S&T Policy. CHEP, Springer, 1998.

Chris Freeman and Luc Soete, *The Economics of Industrial Innovation*, Third Edition. Cambridge, MA: The MIT Press, 1999.

Lawson, C. , Lorenz, E. " Collective Learning, Tacit Knowledge and Regional Innovative Capacity. "*Regional studies*, Vol. 33, No. 4(1999), pp. 305-317.

Keeble, D. , Wilkinson, F. " Collective Learning and Knowledge Development in the Evolution of Regional Clusters of High Technology SMEs in Europe. " *Regional Soudies*, Vol. 33, No. 4(1999), pp. 305-317.

Hobday, M. , Rush, H. " Technology Management in Complex Product Systems (CoPS): Ten Questions Answered. " *International Journal of Technology Management*, Vol. 17, No. 6(1999), pp. 618-638.

Daft, R. L. *Organizational Theory and Design*. Cincinnati, OH: South-Western, 2001.

Cooke, P. " Regional Innovation Systems: General Findings and Some New Evidence form Biotechnology Clusters. "*Journal of Technology Transfer*, Vol. 27 (2002), pp. 133-145.

Asheim, B. T. , Isaken, A. " Regional Innovation Systems: The Intergrational of Local' Sticky' and Global ' Ubiquitous' Knowledge. " *Journal of Technology Transfer*, Vol. 27(2002), pp. 77-86.

Jiandong Ju. " Oligopolistic Competition, Technology Innovation and Multiproduct Firms. " *Review of International Economics*, Vol. 11, No. 2 (2003), pp. 346-359.

Brusoni, S. , Geuna, A. "An International Comparison of Sectoral Knowledge

Bases: Persistence and Integration in the Pharmaceutical Industry. "*Research Policy*, Vol. 32(2003), pp. 1897-1912.

De Langen, P. " Governance in Seaport Clusters . "*Maritime Economics and Logistics*, Vol. 6(2004), pp. 141-156.

Asheim, B. T., Coenen, L. "Knowledge Bases and Regional Innovation Systems: Comparing Nordic Clusters." *Research Policy*, Vol. 34(2005), pp. 1173-1190.

Gertler, M. Spaces of Knowledge Flows: Clusters in a Global Context. Paper to be Presented at the DRUID Tenth Anniversary Summer Conference 2005 on "Dynamics of Industry and Innovation: Organizations, Networks and Systems. "Copenhagen, Denmark, June 27-29, 2005.

Heidenreich, M. " The Renewal of Regional Capabilities Experimental Regionalism in Germany. "*Research Porticy*, Vol. 34, No. 5(2005), pp. 739-757.

Tura, T., Harmaakorpi, V. " Social Capital in Building Regional Innovative Capability. "*Regional Studies*, Vol. 39, No. 8, pp. 1111-1125.

Asheim, B. T., Coenen, L. "Contextualising Regional Innovation Systems in a Globalising Learning Economy: on Knowledge Bases and Institutional Frameworks. "*Journal of Technology Transfer*, Vol. 31(2006), pp. 163-173.

Visser, E-J, Langen, P. D., " The Importance and Quality of Governance in the Chilean Wine Industry." *Geo Journal*, Vol. 65(2006), pp. 177-197.

Mario, D. P. *SME Cluster Development: A Dynamic View of Survival Cluster in Developing Countries*. New York: Palgrave Macmillan, 2007.

De Propris, L., Wei, P. "Governance and Competitiveness in the Birmingham Jewellery District." *Urban Studies*Vol. 44, No. 12(2007), pp. 2465-2486.

Mintzberg, H. " Productivity Killing American Enterprise. "*Harvard Business Review*, Vol. 7/8(2007), p. 25.

Brusoni, S., Geuna A. The Key Characteristics of Sectoral Knowledge Bases: An International Comparison. 2010-07-01. http://www.sussex.ac.uk/spru/.

后 记

年年岁岁花相似，岁岁年年人不同。本书历经5载，终见读者。回望2007年，本研究团队获得西南科技大学产业经济学学科建设支持，同年承担了中国—加拿大政府合作项目“西部自主创新战略研究”之四川课题的研究。课题完成后，获得了同行的鼓励，于是萌生了把本项研究成果转变为产业创新战略理论专著的愿景。在写作过程中一直面临着团队成员专业背景、工作压力的挑战。2010年，区域自主创新战略研究初稿呈现于书案。读后发现，还有很多有待深入研究的问题。在这4年间，课题组成员还承担了两项四川省软科学项目：“依托核心技术产品，促进四川省企业自主创新的跨越式发展”（2008ZR0048）、“发展原创性，提高四川高新技术产业核心竞争力”（2009ZR0105）和四川省社会科学规划项目“四川创新型企业集团技术创新能力发展的帕累托制度改进研究”（SCIIXK009）。随着三项目的结题，深感本书的内容需要进一步深化。正值此时，作为研究团队主要成员，我却因承担工商管理系的管理工作而无法将足够的精力投入研究。在2010年以后的2年里，中国区域创新政策发生了显著变化，社会创新氛围更加浓厚，现代产业发展又遇新挑战。2012年，本研究团队承担了四川省软科学课题：“区域创新资源向创新型企业集聚的机制与四川对策研究”（2012ZR0056）、“基于区域创新型产业集群的四川高端装备制造业培育研究”（2012ZR0054）。这两个项目的结题极大地推进了本书研究的进度并使本书的结构得到进一步完善，思考进一步深入。在2013年以后，我有了系统总结和梳理研究成果的时间，2014年上半年到英国做访问学者，最终促成了本书的成稿和定型。实施创新驱动发展战略，建设现代产业体系是中国共产党十八大报告提出的两大课题。希望本书的出版能为推动这两大课题的深入研究添砖加瓦。本书是产业经济学产业创新团队的处女作，团队成员的识见、学科背景所存在的差异，可能是本书研究留有瑕疵的原因，唯有同仁的批评才是推动本学科团队学术进步的源泉。作为本学科团队的主要负责人，我热忱欢迎学界的指正。

研究团队成员各有工作，在完成《区域现代产业发展的创新驱动战略研究》初稿后，再继续完成结构作了重大更改的书稿实为困难。团队主要成员李进兵博士、陈文君博士、王德平博士承担了本书的早期工作，在此深表致谢。我承担了后期的全面重写工作，本书保持了他们的部分研究成果。保留部分在前言中已有叙述。本书的研究工作表明，建设一个具有强大创新能力的、高效的研究工作团队任重道远，西南科技大学 2013 年启动的学科创新团队项目必将有力地促进创新团队的建设。建设有力、有效的创新团队制度体系、平台更为重要和迫切。

在我集中精力写作期间，我的夫人曾永嘉女士给予我有力的支持，在此向其致以深深的谢意。

作者

2014 甲午年秋于科大花园